·光明文丛系列·
Guangming Wencong series

系统理论
与翻译和教学研究

张湖婷 ◎著

光明日报出版社

图书在版编目（ＣＩＰ）数据

系统理论与翻译和教学研究 / 张湖婷著. -- 北京：
光明日报出版社, 2024.8
ISBN 978-7-5194-7912-1

Ⅰ. ①系… Ⅱ. ①张… Ⅲ. ①翻译－教学研究 Ⅳ.
①H059

中国国家版本馆 CIP 数据核字(2024)第 079215 号

系统理论与翻译和教学研究

XITONG LILUN YU FANYI HE JIAOXUE YANJIU

著　者：张湖婷

责任编辑：鲍鹏飞　　　　　　　　　　　责任校对：李月娥
封面设计：李　阳　　　　　　　　　　　责任印制：曹　净

出版发行：光明日报出版社
地　　址：北京市西城区永安路 106 号，100050
电　　话：010-63169890（咨询），010-63131930（邮购）
传　　真：010-63131930
网　　址：http://book.gmw.cn
E － mail：gmrbcbs@gmw.cn
法律顾问：北京市兰台律师事务所龚柳方律师

印　　刷：北京科普瑞印刷有限责任公司
装　　订：北京科普瑞印刷有限责任公司
本书如有破损、缺页、装订错误，请与本社联系调换，电话：010-63131930

开　　本：170mm×240mm　　　　　　印　　张：25
字　　数：380 千字
版　　次：2024 年 8 月第 1 版　　　　　印　　次：2024 年 8 月第 1 次印刷
书　　号：ISBN 978-7-5194-7912-1
定　　价：96.00 元

最有价值的知识是方法的知识

——勒内·笛卡尔（René Descartes）

前　言

　　正如书中引论所言："系统理论是现代先进的科学理论。系统理论在现代社会化大生产和现代社会生活中得到了广泛应用，为现代科学的发展，为解决现代社会中的政治、经济、军事、科学、文化、教育等方面的各种复杂问题，提供了科学的理论和方法论基础，系统观念正渗透到各个领域。系统理论为现代翻译和教学研究工作者研究各种复杂的翻译和教学理论问题，提供了科学的认识手段。"

　　在人文社科研究中，系统理论最先在俄国用于文学研究，20世纪70年代才由以色列学者埃文·佐哈尔引入翻译研究。埃文·佐哈尔[①]从形式主义出发提出了多元系统翻译理论。中国改革开放初期，有很多学者撰文探讨埃文·佐哈尔的多元系统翻译理论，如丁科家[②]的《社会系统理论在现代翻译研究中的应用》，隋荣谊[③]的《多元系统论》，刘玲[④]的《多元系统论及其在翻译研究中的运用》等。这些评价和探讨都未脱离文学研究层面。随着中国改革开放的深入，系统理论被广泛引入翻译和教学理论研究，各种研究系统翻译和教学理论的论文纷纷出现。司显柱、陶阳[⑤]在《中国系统功能语言学视角翻译研究十年探索：回顾与展望》中，对中国数十篇从系统功能语言学视角研究翻译理论的论文做了全面归纳总结。他们的归纳总结从主题上就已经说明了国内系统翻译理论研究多限于语言层面。司显柱、陶阳的研究从一方面说

---

　　① 陆阳.源头、范式与局限——评《借鉴与开拓：多元系统翻译理论研究》[J].中国教育学刊，2014（3）：111.
　　② 丁科家.社会系统理论在现代翻译研究中的应用[J].英语知识，2012（11）：30-31.
　　③ 隋荣谊.多元系统论[J].英语知识，2009（11）：31-32.
　　④ 刘玲.多元系统论及其在翻译研究中的运用[J].西安社会科学，2010（4）：138-139.
　　⑤ 司显柱，陶阳.中国系统功能语言学视角翻译研究十年探索：回顾与展望[J].中国外语，2014（3）：30-32.

明中外系统翻译理论研究尚处于探索初期，还有一个系统理论向翻译理论、系统方法向翻译方法的深入转化过程，用系统理论研究教学以及其他人文社会科学亦如此。

系统理论用于翻译和教学研究，是跨学科应用。系统理论是所有学科理论的集大成者，其内涵"博大精深"，使得从事翻译和教学研究工作者用系统理论来研究翻译和教学问题时，在理解应用上有较大难度。

孟子曰："不以规矩，不能成方圆。"（出自《孟子·离娄上》）"规"和"矩"是画圆形和方形的两种工具，没有"规""矩"，就很难画出方圆。同理，系统理论用于翻译和教学研究，没有一种"规矩"作为工具，也很难"画"好"系统理论与翻译和教学研究"这篇文章。

该书的写作目的，是尝试探讨将系统理论转化为翻译和教学以及其他人文社科研究的系统"规矩"，以辅助翻译和教学以及其他人文社科的系统研究。基于这一思想，作者力求在学习、理解、应用中，把系统理论转化为现实的翻译和教学以及其他人文社科研究的理论和方法，用于指导翻译、教学和相关的人文社科系统研究。

该书的写作意义在于：通俗介绍或讨论了系统的一般概念，探讨了人文社科相关的系统理论；探讨了方法的系统性，探讨了系统方法定义的系统研究过程及系统超循环研究方法，探讨了系统理论与系统超循环研究方法在论文、项目（著作）研究中的应用；讨论了系统基本原理、基本规律与翻译和教学研究的联系；讨论了应用系统理论、系统超循环研究方法，探究翻译和教学理论的论文范例。该书的核心意义在于用系统思维导图的形式统合了本书的核心观点，以期作为人文社科研究的系统"规矩"。

该书对如何学习、应用系统理论研究翻译、教学以及其他人文社科的理论和实践问题，具有一定的参考意义。

作者在澳大利亚悉尼大学攻读应用语言学硕士学位期间，有幸作为马丁（Martin）先生的学生学习系统功能语法课程，开始重视"系统"一词与"语言学"的关系。随后由此涉猎系统理论的学习并应用于翻译和教学研究实践，受益匪浅。魏宏森、曾国屏先生的《系统论》一书是《系统理论与翻译和教学研究》的助催化剂，促成了作者完整地用系统理论和系统方法研究翻译和教学以及其他人文社科的理论和实践问题的写作构想。在此，特向魏宏森、曾国屏先生致以深深的谢意！

常言道，"隔行如隔山"。笔者想努力正确理解并将系统理论转化为翻译和教学的系统研究方法，但心有余而力不足，自感十分困难。本书仅是笔者探讨将系统理论转化为翻译和教学以及其他人文社科的理论和实践研究的系统尝试，书中的观点，包括对相关系统理论的理解和认识，仅系笔者一己之言，片面、不足、错误在所难免，敬请指正！错误之处，作者文责自负！

张湖婷
2023 年 6 月 16 日 于贵阳

目　录

引论 ···································· 001

第一篇　系统基础

第一章　系统的一般概念 ···································· 010

第二章　人文社科相关的系统理论 ······················ 036

　　第一节　系统的基本形式 ······························ 036

　　第二节　系统的基本运动 ······························ 041

　　第三节　系统的超循环运动 ·························· 049

第二篇　方法的系统探究

第一章　方法的系统性 ···································· 071

　　第一节　方法的意义 ···································· 071

　　第二节　传统方法定义 ································ 079

　　第三节　系统方法定义 ································ 085

第二章　系统方法定义的系统研究过程及系统超循环研究方法 ······ 094

　　第一节　系统方法定义的集合形式、静态形式 ·············· 095

　　第二节　系统方法定义的两种超循环研究形式图、动态层次等级、

　　　　　　层次秩序、要素类型 ·························· 106

　　第三节　系统方法定义的坐标推演过程及系统流程图 ·········· 115

　　第四节　系统超循环研究方法 ························ 135

第三章　系统理论与系统超循环研究方法在论文、项目（著作）

　　　　研究中的应用·······················147

　　第一节　系统整体最优原则 ·······················147

　　第二节　系统理论与系统超循环研究方法在人文社科研究中的综合

　　　　　　应用 ·······························152

　　第三节　系统超循环研究思维导图在论文、项目（著作）研究中的

　　　　　　具体应用 ·························157

第三篇　系统的基本原理、规律与翻译和教学研究的联系

第一章　系统的基本原理与翻译和教学研究的联系·······180

　　第一节　系统的整体性原理与翻译和教学研究的联系 ·······180

　　第二节　系统的层次性原理与翻译和教学研究的联系 ·······188

　　第三节　系统的开放性原理与翻译和教学研究的联系 ·······196

　　第四节　系统的目的性原理与翻译和教学研究的联系 ·······205

　　第五节　系统的突变性原理与翻译和教学研究的联系 ·······212

　　第六节　系统的稳定性原理与翻译和教学研究的联系 ·······221

　　第七节　系统的自组织原理与翻译和教学研究的联系 ·······230

　　第八节　系统的相似性原理与翻译和教学研究的联系 ·······240

第二章　系统的基本规律与翻译和教学研究的联系·······254

　　第一节　系统的结构功能相关律与翻译和教学研究的联系 ·······254

　　第二节　系统的信息反馈律与翻译和教学研究的联系 ·······266

　　第三节　系统的竞争协同律与翻译和教学研究的联系 ·······279

　　第四节　系统的涨落有序律与翻译和教学研究的联系 ·······285

　　第五节　系统的优化演化律与翻译和教学研究的联系 ·······294

第四篇　翻译和教学理论的系统探究

第一章　翻译理论的系统探究·······················303

　　第一节　结构功能翻译理论 ·······················303

第二节 从多民族地区的无字方言谈语言翻译的悖论
———以贵州方言为例 ·················· 320
第三节 少数民族语地名译写标准的系统策略探究 ·············· 332

第二章 教学理论的系统探究 ···················· 346
第一节 高校课程教学的系统整体研究原则及方法 ·············· 346
第二节 系统视角下从外语课程思政教育机制铸牢中华民族共同体
意识——兼论课程思政教育机制的系统建设 ········· 366

参考文献 ···················· 381

附录 第一至第三篇图 ···················· 384

后记 ···················· 386

引 论

"法国哲学家笛卡尔说，最有价值的知识是方法的知识。"[①]

系统理论是现代先进的科学理论。系统理论在现代社会化大生产和现代社会生活中得到了广泛应用，为现代科学的发展，为解决现代社会中的政治、经济、军事、科学、文化、教育等方面的各种复杂问题，提供了科学的理论和方法论基础，系统观念正渗透到各个领域。系统理论为现代翻译和教学研究工作者研究各种复杂的翻译和教学问题，提供了科学的认识手段。

《系统理论与翻译和教学研究》一书，是从人文社科的角度探讨如何将系统理论转化为翻译和教学的理论和实践的系统研究方法的研究，对其他人文社科的研究也具有一定的参考意义。

作者之所以萌生写作《系统理论与翻译和教学研究》一书，基于以下想法。

一、系统理论用于翻译和教学研究，需要全面认识系统理论

由系统理论可知，万事万物都由系统组成，但系统是有层次的。关于翻译和教学问题的系统研究，亦是有层次的。

从人文社科研究的角度来看，所谓"系统研究"，就是用系统理论的原理、规律、方法、概念，去发现人文社科不同层次特定研究对象的理论认识和方法途径。

---

① 李鸥，宗强. 最有价值的知识——经济分析方法漫谈［J］. 中国统计，2009（4）：52-54.

所谓"系统研究方法",是把所有不同层次的特定研究对象看作一个相对性的系统整体,用系统的一系列原理、规律、方法,从环境（整体）与系统（部分）、系统（整体）与要素（部分）、要素（部分）与要素（部分）、要素（部分）与系统（整体）、系统（部分）与环境（整体）,即整体与部分、部分与部分、部分与整体的关系入手,研究系统的环境、系统、要素、结构、功能的相互联系、相互制约的变动规律,用"系统整体最优"的观点来研究解决问题。

系统理论用于翻译和教学研究,是近几十年的事情。在现代,随着系统理论的发展,谈系统翻译研究和系统教学研究的文章不断涌现。但系统理论用于翻译和教学研究,国内外尚处于一个缓慢发展的认识阶段。

在人文社科研究中,系统理论最先在俄国用于文学研究,"俄国形式主义首次提出了'系统'这一概念。他们指出,系统作为一种多层结构,构成要素之间有相互作用①,整体的系统功能大于各个要素的总和"。20 世纪 70 年代才由以色列学者埃文·佐哈尔引入翻译研究。"具体到翻译领域,以色列学者埃文·佐哈尔在 20 世纪 70 年代从形式主义出发提出了多元系统理论",将系统理论引入翻译理论研究。但其系统翻译理论"是从文学系统本身的运作来假说的,而没有顾及其他系统（如意识形态系统）对文学的影响"②。对于多元系统理论,中国先后有很多译者撰文评价和探讨,如丁科家③ 的《社会系统理论在现代翻译研究中的应用》、隋荣谊④ 的《多元系统论》、刘玲⑤ 的《多元系统论及其在翻译研究中的运用》,等等。这些评价和探讨是对原作的讨论,未能脱离原作研究对象的层次局限性,实际上是属于翻译系统的某一层次某一要素的研究。

改革开放以来,随着系统理论的兴起,中国学者谈系统翻译研究和系统

---

① 相互作用, 指系之间的排斥和吸引、竞争和协同的线性和非线性作用。

② 陆阳. 源头、范式与局限——评《借鉴与开拓: 多元系统翻译理论研究》[J]. 中国教育学刊, 2014（3）: 111.

③ 丁科家. 社会系统理论在现代翻译研究中的应用 [J]. 英语知识, 2012（11）: 30-31.

④ 隋荣谊. 多元系统论 [J]. 英语知识, 2009（11）: 31-32.

⑤ 刘玲. 多元系统论及其在翻译研究中的运用 [J]. 西安社会科学, 2010（4）: 138-139.

教学研究的论文如"春潮涌现"。

对于国内运用系统理论研究翻译的现状，司显柱、陶阳①在《中国系统功能语言学视角翻译研究十年探索：回顾与展望》中，实际上早就做了全面总结。该文"对国内2004年后十余年系统功能语言学视角翻译研究文献进行搜集与梳理，在此基础上，从系统功能语言学与翻译质量评估模式建构、纯理功能理论、语境理论、评价分析及语法隐喻理论与翻译研究等五方面，就其取得的成绩、存在不足开展评述"。该文全面归纳总结了国内系统功能语言学视角翻译研究十年来的成绩："以系统功能语言学为理论指导翻译质量评估模式的整体构建，已经取得的主要成绩是搭起了较为完整的框架。""运用纯理功能开展翻译研究可以摆脱传统译论的随想式、印象式的见仁见智的批评方法，能够对翻译问题和译文进行多维、立体，定性、定量的科学分析。""上述研究从语境、形式和意义互动的视角探讨了译作如何做出适切的形式调整，实现译文相对于原作的情景语境下功能意义对等，跳出了以往拘泥于单一的从形式到形式，从意义到意义的静态、孤立的狭隘视野，具有新意。""评价分析应用于翻译研究起步虽晚，但取得结果较为可观，既有研究方法上的客观、量化……也在研究语料的文本类型上有所拓宽……""利用语法隐喻理论研究翻译中不同表达的选择问题，是一种新探索……从宏观上开拓了这一研究视角。""系统功能语言学及其组成部分应用于翻译研究，领域上不断扩展，深度上进一步发展，方法上不断创新，成绩斐然，其对翻译研究的学术价值与借鉴意义毋庸置疑，越发彰显。"该文同时全面归纳总结了国内系统功能语言学视角翻译研究十年来的不足。"但是，目前的研究还存在着缺陷和不足：其一，系统功能语言学视角翻译研究专注于翻译中情景意义及其对等，而相对忽略了对翻译的审美性和艺术性的探索；其二，研究路径和方法上创新不足，致使不少研究止于泛泛概述其对教学研究有何启示或借鉴，缺乏深度；其三，实证研究不够充分，对应用类体裁等非文学文本探讨不够。"这些不足，从系统角度来讨论，是纵向上的系

① 司显柱，陶阳.中国系统功能语言学视角翻译研究十年探索：回顾与展望［J］.中国外语，2014（3）：30-32.

统层次和横向上的要素类型在研究过程中尚未"穷尽一切因素"。

由引入翻译研究开始，改革开放以来，系统理论逐渐引入教学研究，发展迅速，随意上中国知网搜索，就能看到数万篇论文。但存在的问题同应用系统理论研究翻译的现状相似：其一，系统理论用于教学研究，基本上是具体问题的研究，虽冠名为系统研究，但大多属于传统的综合研究，缺乏系统理论、方法的支撑；其二，在方法上创新不足；其三，对特定研究对象的系统规律性研究不够，缺乏创新。

就整体而言，系统理论用于翻译和教学研究，大多都存在以下不足：一是缺乏对系统理论的全面认识；二是缺乏层次、要素、结构、功能、环境相互作用的有机联系的系统整体研究；三是讨论层次较低，多属具体问题的研究，没有普遍意义的理论突破。

从用系统理论研究翻译和教学的现状来看，系统理论用于翻译和教学研究，现今仍属于起步阶段，需要全面认识如何应用系统理论，才能在不同层次的翻译和教学以及人文社科的理论和方法途径的研究方面有较大的理论突破。

二、系统理论用于翻译和教学研究，需要一种系统"规矩"

孟子曰："不以规矩，不能成方圆"（《孟子·离娄上》）。"规"和"矩"是画圆形和方形的两种工具，没有"规矩"，就很难画出方圆。同理，系统理论用于翻译和教学研究，没有一种系统"规矩"作为工具，也很难"画"好"系统理论与翻译和教学研究"这篇文章。

系统理论是研究系统一般规律和方法的理论，它除了要研究系统的原理、系统的规律、系统的方法，更重要的是要运用系统的原理、规律、方法对特定研究对象的层次、要素、结构、功能、环境的有机联系进行系统研究，从中寻求系统整体最优化的解决方案，将系统理论转化为特定研究对象的理论和方法途径的规律性认识。

现阶段系统理论用于翻译和教学乃至其他人文社科的研究，尚缺少一种由系统理论转化的系统研究方法，缺少一种系统"规矩"。

　　系统理论用于翻译和教学研究，是跨学科应用。系统理论是各门学科理论的集大成者，是迄今为止关于自然科学和社会科学所有学科理论的精要概括。系统理论的专业性致使翻译和教学研究工作者要学习理解系统理论并用于翻译和教学研究，必然存在"鸿沟"。举简单的例说，与系统理论直接关联的前阶科学理论，如控制论、信息论、耗散结构理论、协同学、超循环理论、突变论、混沌学、分形论等一系列理论，它们的精要都是系统理论的基石，系统理论是在上述前阶理论基础上的系统的分析综合、演化发展。作为非常专业的系统理论书籍，当然免不了对这些学科理论的阐述、探讨、总结、概括。非系统专业的翻译和教学研究工作者要从系统理论的专业书籍中去学习系统理论、应用系统理论研究翻译和教学理论问题，至少应在学习了以上系统科学的前阶知识以后。否则，就会被专业书籍中那些专业的推论和专业的概念、原理、规律等知识搞得云里雾里，短期内很难理解系统理论的精要。但作为非系统专业的大多数翻译和教学研究工作者，要逐一学懂这些前阶理论知识后再学习应用系统理论，又会花费太多的时间。

　　非系统学科的翻译和教学研究工作者要将系统理论系统地应用于翻译和教学研究，要运用系统理论来解决翻译和教学研究的实际问题，无须也无力去深究系统理论的"因"，只能应用系统理论的"果"。犹如电脑、手机对于使用者，什么硬件、软件、线路、原理、程序，使用者不懂也不必去弄懂。使用者的目的就是学会操作使用，满足自身需要。对系统理论的应用亦应如此。我们不必去深究系统理论的"因"，如控制论、信息论、耗散结构理论、协同学、超循环理论、突变论、混沌学、分形论等一系列前阶理论，我们只摘系统理论的"果"，我们只要弄懂系统理论本身相关的概念、形式、原理、规律、方法的意义，能系统地用来解决实际问题就行。问题是，所有系统理论的专业书籍中，其系统理论都是所有学科的总结概括，都充满所有学科的专业术语，"因"和"果"都紧密相连。这就使得非系统理论专业的翻译和教学研究工作者若不弄懂那些前阶理论及其专业术语，就很难从系统理论的专业书籍中去学习、理解、掌握、应用系统理论的概念、形式、原理、规律、方法来系统地研究翻译和教学问题。

常言道："隔行如隔山"。系统理论的"博大精深"，极大阻碍了系统理论在翻译和教学领域的应用，使得现代系统理论很难在翻译和教学研究中真正"系统"地发挥作用。

作为翻译和教学研究工作者，要能真正理解系统理论的原理和方法论并用其指导翻译和教学研究，其实是十分困难的，难在高深的理论没有一个简单的方法可循。

国内外系统理论与翻译和教学研究的现况说明，非系统专业的翻译和教学及人文社科研究工作者要想摘系统理论的"果"，也并非易事，需要一种"易于操作"的翻译和教学及人文社科研究的系统"规矩"。这一"易于操作"的系统"规矩"，不仅要使系统理论的理解及应用"通俗易懂"，而且也要使翻译和教学及人文社科研究的理论和方法的系统研究有系统"规矩"可循。因此，本书探讨了一种"系统超循环研究方法"及"系统整体最优原则"作为人文社科研究的系统"规矩"。

本着"通俗易懂"，有系统"规矩"可循的思想，笔者尝试写了《系统理论与翻译和教学研究》一书，以期研究者尽快掌握和运用系统理论去进行系统化的翻译和教学研究乃至其他人文社科的研究。

三、本书的创新意义及研究方法

《系统理论与翻译和教学研究》一书共四篇，其创新意义在于：第一篇"系统基础"，通俗介绍或讨论了系统的一般概念，探讨了人文社科相关的系统理论；第二篇"方法的系统探究"，探讨了方法的系统性、系统方法定义的系统研究过程及系统超循环研究方法、系统理论与系统超循环研究方法在论文、项目（著作）研究中的应用；第三篇"系统的基本原理、规律与翻译和教学研究的联系"，讨论了系统的基本原理与翻译和教学研究的联系、系统的基本规律与翻译和教学研究的联系；第四篇"翻译和教学理论的系统探究"，讨论了运用系统理论和方法探究翻译理论、教学理论的论文范例。该书的核心创新意义，在于用系统思维导图的形式统合了本书的"系统超循环研究方法""系统整体最优原则"等核心观点，系统思维导图成为人文社科研究的具体的系统"规矩"。

系统理论的核心思想是系统的"整体性"。系统的"整体性"要求研究问题时，总是要将研究对象放到系统整体和相对整体中去研究。但如何在人文社科研究中对特定研究对象的系统、层次、要素、结构、功能的有机联系进行系统的整体研究，没有一个通俗易操作的系统整体研究原则。本书根据系统理论的整体性核心思想探讨了"系统整体最优原则"。

系统的整体性核心思想决定了"系统研究方法"是"在分析基础上的综合，在综合之中的分析"①。但如何在人文社科研究中进行"在分析基础上的综合，在综合之中的分析"，并没有现成方法可供应用。本书因此根据系统的超循环理论和传统的分析、综合方法，探讨了一种"系统超循环研究方法"。"系统超循环研究方法"以系统思维导图为"规矩"，可以同时站在整体和部分的层次，对同一研究对象从系统整体向要素部分和从要素部分向系统整体进行双向的以分析为目的和以综合为目的的系统超循环研究，是一种可以双向进行系统协同的研究方法。从系统整体向要素部分是以分析为目的的系统分析超循环研究方法，从要素部分向系统整体是以综合为目的的系统综合超循环研究方法。

该书是如何将系统理论转化为翻译和教学的系统研究方法的应用探究，其研究方法必然是系统理论下的系统方法。本书在研究"系统理论与翻译和教学研究"时，总是将大大小小的研究对象作为不同层次的系统问题，将研究对象放到不同层次的系统环境中，在"系统整体最优原则"的指导下，用"系统分析超循环研究方法"或者"系统综合超循环研究方法"的系统思维导图，从研究对象的层次、要素、结构、功能、环境的相互联系、相互作用入手，用系统理论的某一或某些相关的原理或规律去对翻译和教学问题进行研究。本书的研究和写作贯彻了这一系统研究方法。

该书偏重于从人文社科的角度讨论系统理论及其应用，对如何学习、应

① 魏宏森，曾国屏．系统论——系统科学哲学［M］．北京：世界图书出版公司，2009：213.

用系统理论研究翻译、教学以及其他人文社科的理论和实践问题，具有一定的参考意义。

书中的内容是数年研究的集成，为保证各部分研究内容的相对完整性，书中论文范例与主要研究内容有重复之处。为便于查找，本书第一至第三篇图例统一编号，在附录中列出，第四篇图例按论文范例原作编号，在附录中未列出。

书中用词：凡冠以"介绍"者属于已有研究，文中的基本观点系普遍共识；凡冠以"探讨""探究"者属于创新研究，文中的基本观点系作者观点；凡冠以"讨论"者属于应用研究，文中的基本观点系引用观点，应用研究的观点系作者观点。

第一篇 系统基础

本篇共两章，主要从人文社科研究的角度介绍和讨论"系统概念"，探讨"人文社科相关的系统理论"。

第一章　系统的一般概念

　　系统的一般概念是用词或词组表达出来的人脑对系统客观本质的反映，这种反映的本质属性是一种思维形式。人类在认识过程中，把所感觉到的事物的共同的系统特性，从感性认识上升到理性认识，抽出本质属性形成系统的一般概念。

一、系统理论、系统思想、系统研究、系统研究方法的概念

　　系统理论是对系统规律性的理解和认识，泛指系统的概念、形式、原理、规律、方法。系统理论属于钱学森院士倡立的系统科学，它研究的是系统的一般模式、结构、规律，寻求和确立适用于一切系统的原理、原则和模型。

　　系统思想即用普遍联系的系统整体观分析综合解决问题。系统思想的核心思想和核心观点是系统的整体性。系统的整体性是说，系统整体是由具有独立性质和功能的相互关联的要素部分组成，要素部分一旦组成系统整体，系统整体就具有大于独立要素所不具有的整体性质和功能，系统整体制约要素部分，即亚里士多德所说的"整体大于部分之和"。从研究方法的角度，"整体大于部分之和"即"系统整体最优"，即用"系统整体最优"的观点来分析综合问题。

　　从人文社科角度来看，系统研究是用系统的原理、规律和方法去发现其他学科的理论认识和方法途径。

系统研究方法，是把所有研究对象看作一个相对性的系统整体，用系统的一系列原理、规律、概念、方法，从环境（整体）与系统（部分）、系统（整体）与要素（部分）、要素（部分）与要素（部分）、要素（部分）与系统（整体）、系统（部分）与环境（整体）即整体与部分、部分与部分、部分与整体的关系入手，研究系统的环境、系统、要素、结构、功能的相互联系、相互制约的变动规律性，用"系统整体最优"的观点来研究解决问题。"系统研究方法"的核心是结构，只有通过结构才能把系统的环境、系统、要素、结构、功能所有要素相互联系起来。

二、系统和要素的概念

（一）系统概念

系统理论认为，系统是万事万物的存在方式，是万事万物的普遍联系形式。系统无时不在，无时不有，普遍存在。世界上任何事物、任何研究对象，都可以看成是不同层次的相对性的一个系统，小至微观原子，大至渺茫宇宙以及各种社会文化现象，都可以认为是不同层次的系统集合。所以，系统理论和系统方法既适用于自然科学，又适用于社会科学，也适用于翻译和教学研究。

通常把系统定义为：系统是由相互作用的两个以上的要素结构而成的具有特定功能的有机联系的整体。系统是由两个以上的要素按照一定的结构形式结构而成，系统的要素形成结构必须具有相互作用的有机联系，没有相互作用的有机联系的要素胡乱堆积在一块不能形成系统，要素结构成系统即为整体，即具有独立要素不具有的整体性质和特定功能。性质指一事物或概念与它事物或概念的根本区别，是事物或概念具有的本质属性。功能指系统本身具有的性质、能力和功效对环境产生的有效作用。

系统具有多样性，可按不同的原则和方法划分系统的不同类型：按学科领域，可划分为自然系统、社会系统和思维系统；按人类干预情况，可划分为自然系统、人工系统；按范围大小，可划分为宏观系统、中观系统、微观系统；按系统与环境的关系，可划分为开放系统、封闭系统、孤立系统；按状态，可划分为平衡系统、非平衡系统、近平衡系统、远平衡系统；按存在形式，可划分为实体系统、概念系统；按研究角度，可划分为不同角度系统，等等。翻译教学研究属于概念系统。

系统是以复合体进行研究的认识对象。系统作为复合体来认识时，系统具有完整的层次、要素、结构、功能，与系统外的环境（系统界面之外为系统环境）有有机联系。任何系统，无论宏观和微观，都有层次，都由要素、结构、功能三要素有机构成，都受环境的制约，系统处在层次、要素、结构、功能、环境的有机联系之中。对系统层次、要素、结构、功能、环境有机联系的研究，是系统研究的特征。凡属系统研究，无论是哪一层次的系统研究，都是该系统的层次、要素、结构、功能、环境的有机联系的整体研究。缺乏对系统的层次、要素、结构、功能、环境有机联系的整体研究，就是非系统研究。从系统理论来讨论，非系统研究仍属于系统演化范畴，但就研究方法而言属于传统的思维方式和行为方式、"分析"或"综合"的研究方法，缺乏系统性。

系统理论的核心思想是系统的整体性，"系统的整体性，常常又被说成系统整体大于部分"①。系统的整体性认为，世界万事万物都是不同层次要素构成的系统，当多种要素一旦构成不同层次相对性的系统整体，不同层次相对性的系统整体便具有了不同于独立要素的性质和功能，具有新的整体性质和功能。这种系统的整体性质和功能不是独立要素的性质和功能的简单线性叠加（机械和），而是由排斥和吸引、竞争和协同的非线性相互作用的竞争协同机制形成。这种非线性相互作用、相互联系的竞争协同机制使得整体的性质和功能大于部分的性质和功能，即"系统整体大于部分"。

系统的整体性要求我们在研究系统问题时，要把研究对象作为系统，总是从系统整体的性质和功能的需要去研究要素与要素、要素与系统、系统与系统、系统与环境不同层次的结构和功能在存在形式和演化过程的相互关系和变动规律性。

---

① 魏宏森，曾国屏．系统论——系统科学哲学［M］．北京：世界图书出版公司，2009：209.

对同一研究对象，系统的整体研究是一个相对完整的研究过程，这一过程是"环境—系统""系统—要素""要素—要素""要素—系统""系统—环境"的相互联系的"系统整体最优"的研究过程。在这一整个研究过程中，"环境—系统""系统—要素""要素—要素"是对同一研究对象从整体到部分的逐级分析过程，"要素—要素""要素—系统""系统—环境"是对同一研究对象从部分到整体的"逐级综合过程"。系统的整体研究过程始终在相对性的整体和部分两个层次之间进行研究。

系统的整体性决定了系统的研究方法，是"在综合指导下的分析和在分析基础上的综合"[1]。系统的演化发展具有一定的规律性，现代系统科学对系统原理、规律性的认识已经有了深刻的总结，在现代科学研究中发挥了巨大的作用。

根据以上系统概念，从系统角度探讨系统问题：首先，将研究对象作为一个系统问题进行研究；其次，从系统的层次、要素、结构、功能的有机联系入手，用系统理论对研究对象的相互作用进行系统的整体研究。

（二）要素概念

在系统理论中，元素和要素是一个十分模糊的概念。有人认为，"元素是整体中的一个单体，要素是主要的元素"[2]；有人认为，"系统要素是构成系统的基本组成部分或基本单元，或最小组成单元"[3]；有人认为，"构成系统的最小组分或基本单元，即不可再细分或无须再细分的组成部分，称为系统的元素……元素的不可再分性是相对于它隶属的系统而言的，离开系统，元素本身又可以看作由更小组分组成的系统。系统的组成或者组成元素，有着许多不同的层次……元素这一概念来自自然科学，物质系统一般可以明确划分出最小组分，因而称为元素。人文社会系统一般难以划分出彼此界限

① 魏宏森，曾国屏．系统论——系统科学哲学［M］．北京：世界图书出版公司，2009：215.

② 360问答．"要素""因素""元素"的区别［EB/OL］.（2014-02-28）［2019-12-25］. https://wenda.so.com/q/1465946681721111.

③ 360百科．系统要素［EB/OL］.（2018-04-19）［2019-12-25］.https://baike.so.com/doc/27620317-29028981.html.

分明的元素，此时称为要素更适宜。"①这三种认识说明了元素和要素概念的模糊性。

系统理论下的元素或要素概念，其模糊性原因在于研究系统的组成部分时，纵向上需要区分不同的纵向层次，横向上需要区分不同的横向类型。系统具有无数纵向层次和无数横向类型，在纵向上，系统有 N 多层次，在横向上，系统有 N 多类型，N 多类型之下又有 N 多层次。系统就是层次之下有类型、类型之下有层次的系统集合形式。那么，在系统集合中，哪一层次的类型是元素，哪一层次的类型是要素，在系统理论下两者是无法区分的。所以，在系统理论下，元素和要素应是同一概念，但称为要素更适宜一些。

那么，究竟什么是要素？我们认为，要素是构成系统下级层次的独立单元，是以单体进行研究的认识对象。

要素作为单体来认识，对翻译、教学以及其他人文社科理论研究，都有重要的概念意义。由于我们所研究的对象，无论是一个整体或无数个部分，其欲知的系统、结构、性质、功能往往是一个未知数，我们只有首先将研究对象作为要素单体，按照相对性概念用系统方法进行研究，才能搞清楚欲知的系统、结构、性质、功能，从而将要素单体的研究转化为系统复合体研究。

由于研究目的、研究角度的不同，对同一个系统的要素会有不同的分类标准。系统的要素通常按照质量大小、运动状态、时空尺度、组织结构、历史长短、范围大小、地位作用、颜色、质地、数量、强度、形状、能力等来分类。

（三）系统和要素的相对性

系统和要素是一个具有层次性的相对性概念。

系统和要素的划分标准是相对的。要素和系统的关系，是部分与整体的关系。系统和要素概念总是在相对的两个层次之间进行划分。一个要素只有相对于它构成的上级系统整体而言才是要素；而相对于构成它的下级组成部

---

① 搜狐. 关于系统的基本理论［EB/OL］.（2019-04-16）［2019-12-25］.http: //www.sohu. com/a/308294932_120109270.

分（要素）而言则是系统。所以，由于系统划分标准的相对性，任一系统，我们都可以作为相对性要素进行研究；任一要素，我们也都可以作为相对性系统进行研究。在一个相对性系统整体中，内部具有诸多不同层次的相对性的"系统和要素"，诸多不同层次相对性的"系统和要素"都可以一律认为是一个相对性系统整体内部的不同层次的"要素"。

要素单体和系统复合体同样是一个相对性概念。一要素相对于它所在的上一层次系统它是单体，是构成系统的独立单元，是要素，相对于它所在的下一层次要素它是复合体，是系统，它扮演要素和系统的双重角色。所以，系统每一层次的组成部分，都可以认为是相对性的要素单体或相对性的系统复合体。

在系统理论下，系统的某一层次的某一类型：该类型以单体出现时，该类型有其相对独立的部分性质和功能，它以其相对独立的部分性质和功能作为要素服从上级层次，上级层次是相对性系统；该类型以复合体出现时，该类型有其相对独立的整体性质和功能，它以其相对独立的整体性质和功能作为系统制约下级层次，下级层次是相对性要素。所以，在一个系统层次内，某一层次的某一类型以单体出现时是要素，以复合体出现时是系统。

在研究过程中，要素单体和系统复合体是这样一种概念：某一要素，暂时不考虑下级层次关系而只考虑上级层次关系时是要素单体；暂时不考虑上级层次关系而只考虑下级层次关系时是系统复合体。

我们可以用图来说明要素单体和系统复合体概念的相对性。

图 1 中："1 父系统"是"1.1、1.2、1.3、1.4、1.5、1.6"六个下层子系统的复合体，是系统，"1.1、1.2、1.3、1.4、1.5、1.6"六个下层子系统分别是不同的分类，各子系统暂时不考虑下级层次关系而只考虑上级层次关系时，是"1 父系统"复合体的六个同一层次不同类型要素单体；再往下分析，"1.3"要素暂时不考虑上级层次关系而只考虑下级层次关系时是"1.3.1、1.3.2、1.3.3"三个下层要素单体的复合体，是"1.3 子系统"。系统都可以这样进行相对性的逐级分析，直至"穷尽一切因素"。这种相对性的"系统—要素"的划分，实际上形成了一种"系统—要素（系统）—要素（系统）—要

素（系统）—要素（系统）……"的"复合体—单体（复合体）—单体（复合体）—单体（复合体）—单体（复合体）……"这样一种相对性的"系统链接形式"。所以，系统的某一层次，我们都可以根据研究目的需要，作为相对性的"系统"或"要素"来研究。

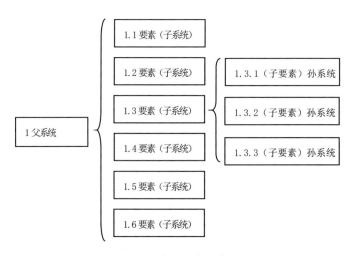

图1　系统—要素示意图

图1中，"1"制约"1.1、1.2、1.3、1.4、1.5、1.6"，"1.3"制约"1.3.1、1.3.2、1.3.3"；"1.1、1.2、1.3、1.4、1.5、1.6"要服从"1"的整体协同，"1.3.1、1.3.2、1.3.3"要服从"1.3"的整体协同。系统与要素的关系就是一种逐层次相对性的整体制约部分、部分作用并服从于整体的系统关系。

由于系统是一个相对性概念，在一个相对性系统内部，该相对性系统具有多级层次的整体与部分，因此，系统逐层次相对性的整体制约部分、部分作用并服从于整体的系统关系，最终在一个相对性的系统整体内部形成一种最高层次的整体制约所有不同层次的部分、所有不同层次的部分作用并服从于最高层次的整体制约的系统关系。

我们可以举例来说明单体要素和复合体系统概念的相对性：

从自然系统分类来看，宇宙作为各星球的复合体时是相对性系统，各星球作为宇宙的单体时是相对性要素；地球作为各板块的复合体时是相对性系统，各板块作为地球的单体时是相对性要素。从人工系统分类来看，如一所学校作为各院系的复合体时是相对性系统，各院系作为学校的单体时是相对性要素；各院系作为各专业的复合体时是相对性系统，各专业作为院系的单体时是相对性要素。作为翻译系统，属于社会系统的微观系统，仍可以按复合体和单体的相对性概念来认识系统、要素。如果说翻译是一个复合体系统概念，那么它的下面可以划分无数类型概念，这些无数类型概念相对于翻译系统概念是单体，是相对性要素，以此往下类推。如教师承担的一门课程教学，一门课程是复合体，是系统，各章节相对于一门课程，是单体，是相对性要素；如教师的一篇科研论文，论文总论点是复合体，是相对性系统，分论点相对于总论点是单体，是相对性要素。我们都可以从层次、要素、结构、功能、环境的联系和作用来系统研究它们。

系统有线性系统和非线性系统，系统与要素、要素与要素之间的关系有线性关系和非线性关系，系统的要素有线性要素和非线性要素。现实中的系统只要有一个非线性环节就是非线性系统。按系统与要素、要素与要素之间的关系，线性要素与要素之间的功能可以叠加使用，可以分开讨论，要素与要素之间的功能作用是一种机械和；非线性要素与要素之间的功能不可以叠加使用，存在排斥和吸引、竞争和协同的整体协调，不可以分开讨论，要素与要素之间的功能作用是一种耦合。[①] 不同性质的要素具有不同的地位和功能，受系统排斥和吸引、竞争和协同的非线性作用。当一要素不适应系统整体要求时，就会自行脱离整体或被整体清除；当一要素的演化发展过度偏离系统的整体性质和功能时，会产生涨落放大，会得到其他要素的整体响应，使系统产生质变。

划分相对性系统和要素概念，其研究意义在于：

一方面，要素作为相对性系统有自己内部的要素、结构、功能，但各层次要素是以各层次分系统的整体形式组成更大的系统。各层次系统有各层次系统相对的整体性质和功能，各层次要素有各层次要素相对独立的性质和功能。系统与要素的关系，表现在系统通过整体功能作用支配和控制要素，"整

---

① 耦合：这里指相互联系、相互作用的协同整合。

体大于部分"；要素通过部分的功能作用适应整体并独立发挥作用，影响整体。要素是以自己相对独立的功能影响整体，所以，研究要素，既要研究要素对相对性系统整体的破坏性，也要研究要素对相对性系统整体的创新性，遏制破坏性，发展创新性。

另一方面，我们可以根据研究需要应用系统和要素概念。当我们不知道研究对象内部的层次、要素、结构、功能时，无论我们的研究目的是获取整体的性质和功能或者是获取部分的性质或功能，我们都可以先作为要素单体进行研究，然后将要素单体演化发展为系统复合体。

三、系统的环境概念

环境是一个相对性概念，大系统是小系统的环境，即小系统是"系统"、大系统是"环境"。环境的实质是指小系统与边界之外的大系统进行物质、能量和信息交换的总和。系统是边界，在边界之内是系统的内部要素，由于系统的作用，系统边界内的变化会给外部环境带来某些变化；在边界外是系统的外部环境，系统外部环境的性质和功能发生变化，会引起系统内部的性质和功能发生变化。因此，任何一个具体的系统都必须具有适应外部环境变化的功能，它是系统存在、变化和发展的必要条件。否则，系统将难以生存和发展。环境概念告诉我们：任何一个小系统不仅影响环境的变化，而且还要受到环境的制约，要主动适应环境的整体需要进行适时调整。

四、系统的结构和功能概念

"结构和功能是系统普遍存在的两种既相互区别又相互联系的基本属性。"[①] 结构和功能相生相伴，它们的关系是对立统一的辩证关系。

对于系统而言，要素、结构、功能是一个系统最基本的三元素，缺一就不能构成系统。结构由要素构成，功能是结构外在的动态表现。

---

① 魏宏森，曾国屏. 系统论——系统科学哲学［M］.北京：世界图书出版公司，2009：293.

（一）系统的结构概念

"结构是指系统内部各个组成要素之间的相对稳定的联系方式、组织秩序及其时空关系的内在表现形式。按照这里的定义，系统的结构就取决于系统之中的要素，由这些要素联系形成的关系及其表现形式的综合，并由这样的综合导致了系统的一种整体性规定。"[1]

任何系统都有自己要素排列和组合的具体形式，有自己的特定结构，决定了各个要素在系统中的地位和作用。系统的整体性原理认为，整体大于部分之和，结构是实现整体大于部分之和的关键，系统的整体功能是由结构来实现的。总之，系统结构的变化制约着整体的发展趋势。当然，构成系统整体的要素发生数量比例关系的变化，也会导致系统整体结构和性能的改变。研究要素的相互结构关系，对改变系统的整体性质和功能有重要作用。所以，系统的要素、结构、功能的相互作用具有密不可分的关系。

系统的不同结构具有不同质的规定性，具有不同质的区别。因为系统理论所说的结构概念，不仅仅是指系统要素的空间排列和分布，更重要的是强调系统内部要素之间的相互联系和相互作用的方式。

系统的结构是一种系统内在的规定性。系统是由要素组成的，而系统的要素之间是通过一定的相对稳定的联系方式、组织秩序及其时空关系形成的一种有机联系的整体。系统的要素之间的相对稳定的联系方式、组织秩序及其时空关系的表现形式说明系统结构具有相对稳定性，既然是相对稳定，就说明这种稳定性是动态和发展变化之中的稳定性。系统总是处于绝对运动、发展、变化的演化之中，系统结构的联系方式、组织秩序及其时空关系的相对稳定性可以说是一种不显著的发展和变化。系统的要素之间的相对稳定的联系方式、组织秩序及其时空关系的表现形式，使系统各要素之间具有了紧密的相互联系、相互作用、相互制约，形成一种有机联系的整体，系统便有了整体性和整体行为。

系统的结构由要素组成，要素之间具有相互联系，但是系统的众多要素

---

① 魏宏森，曾国屏.系统论——系统科学哲学［M］.北京：世界图书出版公司，2009：294.

在系统结构中的地位不平等、分布不均匀、作用不划一，这就使得系统结构的内部联系是多样性的统一性。这种多样性的内部关系的统一性表现为："系统结构具有不同的类型和层次，具有关键结构和非关键结构部分，具有实质性结构部分和非实质性结构部分。"①

系统结构具有稳定性、有序性、层次性的基本特点：

稳定性。结构具有稳定性、相对不变性，是系统内在关系中相对不变的一种状态，可以用结构作依据来划分系统属性的不同类型。

有序性。结构的有序性是指结构作为要素与要素、要素与系统、系统与环境之间受一定规律支配的相互联系的方式，在时间或空间上表现为排列组合或联系结合、相互作用的一定方式。结构的有序性是系统有序性的基础。

层次性。系统由横向并列关系和纵向递进关系结构而成，系统的层次性是指在纵向上系统关系的不同层级，指系统关系由低级到高级、由简单到复杂的发展序列。系统的不同层次具有不同层次的结构功能。

系统的层次如同套箱，具有嵌套结构，总是大层次嵌套着小层次。系统的套箱结构决定了系统的整体性质和功能，系统总是整体大于部分，系统的低级层次总是服从系统的高级层次。

对系统结构的层次，应从空间状态和时间状态进行考察。只认识空间状态的层次而不认识时间状态的层次，对于系统的演化发展的层次结构性就无从考察。

从空间状态来考察系统结构的层次性，是比较容易理解的。从空间状态，我们可以把研究对象整体作为父系统，可以看作由若干子系统结构而成，子系统可以看作若干孙系统结构而成，还可将孙系统看作由更小的孙孙系统结构而成，父、子、孙、孙孙不同等级就构成了系统的空间层次。例如，将国家看作一个社会大系统，那么，国家由政治子系统、经济子系统、文化教育子系统、国家安全子系统等构成。为进一步考察下层子系统，这些子系统又可以分别分解为若干个更小的子系统，如经济子系统可以分解为工业、农

① 魏宏森，曾国屏.系统论——系统科学哲学 [M].北京：世界图书出版公司，2009：296.

业、商业、交通运输等子系统。又如，从社会大系统的层次结构研究翻译教学研究对象系统，社会大系统是父系统，精神生产系统是子系统，文化系统是孙系统，翻译系统则是孙孙系统，往下研究还可划分孙孙孙系统……

　　从时间状态来考察系统结构的层次性，比较难于理解。一个系统总是处于不断的演化发展过程中，这个演化发展过程就是时间状态。时间状态的层次性由时间的连续性和阶段性表现出来。时间状态的层次性也要从系统的相对性来讨论，若以某一个时间段来讨论，这一时间段的连续性是父系统层次，这一时间段的阶段性是子系统层次。从系统和要素的角度来理解，时间状态的连续性是系统层次，时间状态的阶段性是要素层次。时间状态的层次性具有重要的理论和实践意义。当系统处于演化发展中时，时间状态的连续性是一个相对完整过程，时间状态的阶段性是一个相对部分过程，系统从一个相对部分过程到另一个相对部分过程，系统的部分性质和功能也会发生质的变化，也就是说同一个系统对象，随着时间状态的阶段性层次的不同，其性质和功能会发生阶段性变化，哪怕这种变化很微小。譬如，研究人类历史，历史学的结构层次就明显具有时间状态的层次性。就拿中国上下五千年的文明史来说，五千年是一个连续性的时间状态，其中的唐、宋、元、明、清等是阶段性的时间状态，它们虽然都是阶段性的"历史"，但时间状态的不同阶段性过程使不同阶段的社会性质和功能发生了变化，以至发展到今天的中国特色社会主义初级阶段。所以，历史研究的结构层次显然就是一个时间状态的结构层次，仍然具有"父系统""子系统""孙系统""孙孙系统"的层次结构形式。

　　从空间状态或时间状态来研究系统的层次，是从不同角度研究系统。

（二）系统的功能概念

　　"功能是指系统与外部环境相互联系和相互作用中所表现出来的性质、能力和功效，是指系统内部相对稳定的联系方式、组织秩序及时空形式的外在表现形式。系统的功能是与系统的结构相对应的范畴。"[1]

---

① 魏宏森，曾国屏.系统论——系统科学哲学 [M].北京：世界图书出版公司，2009：296.

功能是系统的性质、能力和功效对外部环境产生的作用。如果说系统结构是系统内部各个组成要素之间相对稳定的联系方式、组织秩序及其时空关系的内在表现形式，那么，系统功能就是系统内部各个组成要素之间相对稳定的联系方式、组织秩序及其时空关系的外在表现形式。从系统结构来理解，系统结构是系统内部要素的联系形式，而从系统功能来理解，系统功能则是系统与外部环境的联系形式。

理论上封闭系统是没有功能可言的，但现实系统都是开放系统。系统的功能是系统结构的外在表现，也就是说系统必须向环境开放，与环境进行物质、能量、信息的交换，这样系统结构的内在表现形式才能通过系统功能的外在形式表现出来。也就是说："没有内部的联系，就不会形成系统的结构；而没有外部的联系，就谈不上系统的功能。"①

从运动状态来认识，系统结构是系统的相对稳定状态，系统功能是系统的绝对运动状态。

（三）系统结构和功能的关系

系统的结构和功能是对立统一的辩证关系。系统结构决定系统功能，系统功能反作用于系统结构，结构和功能相互转化，统一于系统运动之中。

"从系统的过程来看，系统的结构具有相对稳定性，而系统的功能则是易于变化的。"② 系统功能具有灵活易变性和多样化，这一点是和系统的相对稳定性不同的。系统的环境一旦发生变化，系统功能"瞬时"就会发生变化。所以，同一个系统，在一定的环境下可以具有多种功能，在不同的环境下也可以具有多种功能。随着环境条件的改变和变化，系统功能也会呈现多样化改变。

系统的结构和系统的功能是相互联系的。一定的系统内部结构必然具有一定的系统外在功能，系统结构的优化必然导致系统功能的优化。

系统的结构和系统的功能是相互区别和相互分离的。结构是系统的内在表现，功能是系统的外在表现，它们的规定性是有区别的。所以，"结构侧

---

① 魏宏森，曾国屏．系统论——系统科学哲学［M］．北京：世界图书出版公司，2009：296.
② 魏宏森，曾国屏．系统论——系统科学哲学［M］．北京：世界图书出版公司，2009：302.

重于从实体系统、系统要素之间的关系看问题，功能着眼于从系统的特性、系统具有的能力看问题"[①]。

系统的结构和系统的功能是相互作用和相互转化的辩证统一关系。由于系统结构和系统功能的辩证统一关系：我们研究系统结构，必然决定着系统功能，系统结构的优化必然使系统功能得以优化；我们研究系统功能，必然作用于系统结构，系统功能的优化必然使系统结构得以优化。在实际研究中，可以根据需要，或侧重从结构出发研究功能，或侧重从功能出发研究结构，根据不同的研究需要从不同的出发点去研究系统的结构和功能的规律性。

系统的功能蕴含于系统的结构之中，和系统的结构是相对应的范畴，结构决定功能，有什么结构就有什么功能。由于系统的功能是系统对环境所产生的有效作用，系统功能表现于系统结构之外。系统的功能是由系统的开放性质决定的，是系统具有的与外部环境不断进行物质、能量和信息交换的性质。系统的功能取决于要素与要素、要素与系统的有机结构形式，通过运动表现出来。要素的胡乱堆积不能形成一定的有机结构，过程的混乱无序也无法形成一定的功能。系统功能离开了要素与系统之间及系统与外部环境之间的物质、能量和信息的有机联系的功能交换过程，就无法考察系统功能。系统结构和系统功能，都是按物质的时间、顺序、运动状态、质量、能量、空间尺度、组织化程度等多种标准，根据系统结构和系统功能方面的等级秩序的多样性和层次性划分结构和功能的不同层次。不同层次具有不同的性质、结构和功能，既有共同的规律，又各有其特殊规律。

五、系统的层次概念

系统的层次概念指的是，"由于组成系统的诸要素的种种差异包括结合方式上的差异，从而使系统组织在地位与作用、结构与功能上表现出等级秩序性，形成了具有质的差异的系统等级，层次概念就反映这种有质的差异的

---

① 魏宏森，曾国屏.系统论——系统科学哲学［M］.北京：世界图书出版公司，2009：299.

不同的系统等级或系统中的高级差异性"①。

"系统层次性是指系统各要素在系统结构中表现出的多层次状态的特征。任何系统都具有层次性。一方面，任何系统都不是孤立的，它和周围环境在相互作用下可以按特定关系组成较高一级系统；另一方面，任何一个系统的要素，也可在相互作用下按一定关系成为较低一级的系统，即子系统，而组成子系统的要素本身还可以成为更低一级的系统。任何系统总是处于系统阶梯系列中的一环。"

"层次性是系统本身的规定性，它反映系统从简单到复杂，从低级到高级的发展过程。层次不同，系统的属性、结构、功能也不同。层次愈高，其属性、结构、功能也就愈复杂。我们创建控制、干预系统必须以系统的层次性为基础。（1）系统中的每一要素都依自身的属性和功能，从属于与之相符的层次，执行系统分配的职能。因此，创建新系统必须以层次结构明确为基本要求。（2）对系统管理、控制的过程，实际上就是对系统层次进行协调的过程。系统层次之间，各依自己的职能，循系统的总目标运动。这是系统有序化的保证。（3）对系统进行干预和改造，关键就在于对系统层次及要素之间比例关系的调整，必须把不适合居于较高层次的要素调整到低层次，而把低层次要素中已具备高层次属性和功能的要素，调整到高层次，保证系统从层次内容到层次形式的真正统一。这是系统平衡和稳定的保证。"②

六、系统的联系概念

系统的联系是指"环境与系统""系统与要素""要素与要素""要素与系统""系统与环境"之间的排斥和吸引、竞争和协同的相互作用、相互制约关系。一方面，作为一个相对独立的整体系统，系统内的要素，其功能处于不断的运动之中，系统中任何一个要素功能的变化都会影响其他要素功能的变化，影响系统的整体功能；同时，要素功能的发展变化要受到系统整

① 魏宏森，曾国屏．系统论——系统科学哲学［M］．北京：世界图书出版公司，2009：217.
② 360百科．系统层次性［EB/OL］．（2020-03-27）［2020-04-25］.https：//baike.so.com/doc/28308140-29727149.html．

体功能的制约，要根据系统整体功能的最优化进行适时调整，系统整体功能是要素功能存在和发展的前提条件。另一方面，作为一个相对独立的整体的系统，它要与系统外部环境进行物质、能量和信息的功能交换，服从外部环境物质流、能量流、信息流的整体功能的需要进行调整。总之，系统扮演着"系统""要素"的双重角色，同时总是在"系统"和"要素"的上下层次的联系中运动，在运动中发展联系。系统的运动需要从系统的纵向层次上和横向类型上来研究系统有机结构和功能的普遍联系，研究系统的排斥和吸引、竞争和协同的相互作用、相互制约的线性和非线性关系。

七、系统的相对性概念

系统具有相对性。系统相对性是指衡量系统层次的划分标准是改变的，其划分标准的改变呈相对性，其相对性总是体现在两个层次之间。系统相对性表现在系统的方方面面，系统的系统、要素、环境、结构、功能，均具有相对性。

从衡量系统的开放层次即系统内部关系和外部环境大的方面划分，系统可分要素、系统、环境三个层次。系统的相对性表现在系统内和系统外：在系统内，其相对性表现为要素和系统的相互关系，相对而言，低层次是高层次的要素，高层次是低层次的系统；在系统外，其相对性表现为系统和环境的相互关系，相对而言，低层次是高层次的系统，高层次是低层次的环境。

依衡量系统功能的划分标准，可按系统的范围、要素的结构形式、功能的交换过程来划分系统的相对性层次。

按系统的范围划分，系统功能可分整体功能、部分功能两个层次。其相对性表现在，高层次系统功能是低层次系统功能的相对性"整体功能"，低层次系统功能是高层次系统功能的相对性"部分功能"，以此类推。所以，系统的不同层次都是相对性的"整体功能"或"部分功能"。

按系统内部要素的结构形式，系统功能可分为元功能、叠加功能、结构功能三个层次。元功能是单个要素在孤立状态下不依赖整体所具有的功能，叠加功能是元功能简单相加之和，结构功能是系统诸要素通过竞争和协同的非线性关系，通过结构形式在物质、能量和信息的交换过程中产生的系统整体功能。由于"叠加功能"是"元功能"的机械之和，系统的相对性表现在"元功能"和"结构功能"两个层次之间。高层次是低层次的相对性"结构功能"，低层次是高层次的相对性"元功能"，以此类推。所以，不同层次的功能都是相对性的"元功能""结构功能"。

按系统功能的不同过程，系统功能又可分内在功能、结构功能、外在功能三个层次。内在功能为元功能和叠加功能，结构功能是内在功能参与系统内部物质、能量、信息的功能交换过程中对系统产生的有效作用的合力，外在功能是结构功能参与系统外部环境的物质、能量、信息的功能交换过程对外部环境产生的有效作用。"内在功能—结构功能—外在功能"之间的"功能关系"，实质反映的是"要素—系统—环境"之间的"功能关系"。其相对性表现在"内在功能""结构功能""外在功能"的相对应关系上。高层次功能相对于低层次功能叫"结构功能"，低层次功能相对于高层次功能叫"内在功能"，或高层次功能相对于低层次功能叫"外在功能"，低层次功能相对于高层次功能叫"结构功能"，以此类推。所以，不同功能交换过程中的功能都是相对性的内在功能、结构功能、外在功能。

由于衡量系统的划分标准呈相对性改变，系统任一层次，我们都可以认为是相对性的要素、系统、环境；系统任一层次的功能，我们都可以认为是相对性的"整体功能""部分功能"，相对性的元功能、结构功能，相对性的内在功能、结构功能、外在功能。

系统相对性概念在系统研究方法中具有重要的思维导向作用。系统任一层次的运动过程，都是低层次系统和高层次系统的相互开放过程，是低层次和高层次相互适应相互反作用的运动过程。例如，根据相对性概念，系统任一层次的功能我们都可以叫"结构功能"。而"结构功能"是系统诸要素通过结构形式在交换过程中产生的相对整体功能，由横向的并列关系和纵向的递进关系整体构成，是要素、结构、功能三要素的有机结合，是相对性的系统整体功能。"结构功能"对系统内部、系统外部均具有重要作用。"结构功能"：在系统内它是整体，结构功能既要作为相对整体功能制约内在功能的优化，又是内在功能优化的必然结果；在系统外它是部分，结构功能要变身外在功能，作为相对部分功能适应外部开放环境，服从上层结构功能的调控需要。结构功能在系统功能交换过程中扮演着重要的中间角色。好的结构功能：在系统内部可以优化元功能和内在功能，提高结构功能；在系统外部可以发挥适宜的有效作用，提高外在功能。结构功能的优劣，取决于系统要素与要素之间的结构形式是否合理。好的结构形式，系统各部分之间的组织合理，存在有机联系。在系统要素数量一定的情况下，"结构决定功能"。所以，可以从系统的结构形式去认识系统的整体功能，可以从寻找系统最优的结构形式去获取最佳的结构功能。

八、系统的线性和非线性概念

系统具有的层次结构决定系统在横向和纵向关系的方方面面，即"环境与系统""系统与要素""要素与要素""要素与系统""系统与环境"之间存在着普遍的相互联系、相互作用。

相互联系、相互作用是推动系统发展变化的根本原因。在系统中，"环境与系统""系统与要素""要素与要素""要素与系统""系统与环境"之间普遍存在着的相互联系、相互作用，有线性相互作用和非线性相互作用两种。线性相互作用是指系统各要素间的性质和功能的相互作用遵从叠加原理，即如果 $A=X$、$B=Y$，那么 $A+B=X+Y$，其叠加结果是一种机械和，这是线性相互作用，这种系统为线性系统。所谓的线性相互作用，仅仅是一种简单的机械和，可以从整体中分割开来单独讨论。如一袋水泥加一袋石子，仍为一袋水泥加一袋石子，可以将它们分开来讨论，这是线性关系。线性关系在特定条件下会形成有机联系，譬如，某项工程需要钢筋、水泥、砂石等物资的组合供应，这就组成了有机联系的物资供应系统。物资供应系统各要素间的性质和功能的相互作用遵从叠加原理，物资供应的各个要素是可以从物资供应系统这一整体中分割开来单独讨论的，这种线性作用就组成了线性系统。如果各要素的性质和功能的相互作用不遵从 $A=X$、$B=Y$，即 $A+B \neq X+Y$，那么系统各要素间的相互作用即为非线性作用，这种系统就是非线性系统。非线性系统存在排斥和吸引、竞争和协同的复杂相互作用。这种相互作用互为条件、互相纠缠，使得各要素形成系统整体后，不可以从系统整体中分割开来单独讨论。从一般意义来讨论，非线性系统的要素之间的相互作用是一种整体协同行为。如将物资供应系统的钢筋、水泥、砂石、水作为生产系统的混凝土配料用于工程系统，水泥＋砂石＋添加剂＋水，当将它们按比例搅拌混合，待其凝固后就成为混凝土构筑物，再不能将水泥、砂石、添加剂、水各要素从整体中分割出来，这种作用不是简单叠加，而是互为条件、互相纠缠的排斥和吸引、竞争和协同的非线性相互作用。这种非线性相互作用使混凝土构筑物系统具有了新的整体性质和功能。反过来说，混凝土构筑物系统的整体性质和功能决定了水泥、砂石、添加剂、水各要素的配比，这种配比是此多彼少的关系，是通过排斥和吸引、竞争和协同的非线性关系实现的。这种由排斥和吸引、竞争和协同的相互作用决定的系统对要素或整体对部分的取舍的关系就是非线性关系，这种系统就是非线性系统。当然，线性系统和非线性系统最明显的区别方法就是：线性系统遵从叠加原理，要素可以机械地用于系统，其要素形成整体后可以从整体中分割开来单独讨论；而非线性系统不然，非线性系统不遵从叠加原理，要素不可以机械地用于系统，需要经过排斥和吸引、竞争和协同的整体选择，其要素形成整体后不可以从整体中分割开来单独讨论。对于系统整体而言，只要有任意一个非线性环节就是非线性系统，所以说现实中的系统几乎都是非线性系统，系统整体不遵从叠加原理。

总之，线性相互作用和非线性相互作用是系统相互联系的两种方式。在线性相互作用下，整体的相互作用是各部分相互作用的简单叠加，这种线性的相互作用是各部分的机械和，如果将部分从整体之中分离出来，并不影响整体性质。在非线性相互作用下，各个部分处于复杂的有机联系之中，整体的相互作用已不再是各部分相互作用的简单叠加，部分从整体之中不可能分离出来，如果将部分从整体之中分离出来就会影响整体性质。这种非线性的相互作用是各部分间的相互影响、相互制约，是矛盾双方的排斥和吸引、竞争和协同的对立统一。非线性相互作用下，系统每一部分的运动、变化、发展都影响着整体，系统整体的运动、变化、发展反过来又制约着部分。

现实系统中，物质世界组成的系统是实体系统，容易分清其线性和非线性相互作用。人文社科系统，不容易分清其线性和非线性相互作用。我们可以从系统整体需要出发，从个别和部分要素的有效作用可以叠加和不可以叠加、可以分开和不可以分开讨论来认识人文社科系统的线性和非线性相互作用。

九、系统的"穷尽一切因素"概念

因素即要素，系统的"穷尽一切因素"概念是系统研究的一种原则。

系统存在一种纵向和横向关系，纵向是系统不同层次的等级秩序，横向是系统同一层次的要素类型。系统的"穷尽一切因素"概念是指在研究系统问题时，我们要穷尽我们的认识极限，把所有的问题都考虑到，在横向上要穷尽一切要素类型，在纵向上要穷尽一切系统等级，即"横向到边，纵向到底"，不遗漏一个因素。

系统的"穷尽一切因素"概念既是研究系统问题应遵循的一种原则，也是我们平时研究问题时可以遵循的研究原则。

十、系统超循环理论、系统超循环运动、系统超循环研究方法的概念

（一）系统超循环理论

系统超循环理论是系统学的前阶理论之一，出现在 20 世纪 70 年代，系德国科学家艾肯（Manfred Eigen）从生物领域的研究角度提出。这一理论揭示了系统演化发展的运动规律。随着认识的深化，超循环理论后来成为系统学的一个组成部分，对研究系统演化规律、系统自组织方式以及对复杂系统的处理都有着深刻的影响。

（二）系统超循环运动

系统的基本运动是"分析运动"和"综合运动"。根据超循环理论，两种运动是一个超循环运动过程，是一个形式上从起点到起点（终点）的不断求取新质的不分开端和末端的"分析—综合—分析……"的周而复始、从

低级向高级、从简单组织结构向复杂组织结构的功能耦合的超循环发展过程（详见第二章第三节"系统的超循环运动"）。

（三）系统超循环研究方法

系统的整体性核心思想决定了系统的整体研究是"在分析基础上的综合，在综合之中的分析"[①]。按照系统超循环理论，"分析方法"和"综合方法"在系统运动过程中，是一个不分起点和终点的周而复始的"……分析方法→综合方法→分析方法……"的系统超循环研究过程。截取某一方法作为超循环运动过程的起点和终点，"分析方法"或"综合方法"在超循环过程中便具有不同的特性和运动总趋势，便具有不同的研究结果（详见第二篇第二章第四节"系统超循环研究方法"）。

十一、人文社科系统的系统概念

系统由环境、系统、要素、结构、层次、功能组成，人文社科系统亦如此。

"在人文社科这个词中，主要包括人文科学和社会科学。人文科学主要是对于人的精神来进行描述，包括文学、历史、哲学、艺术等多方面。社会科学是指以社会现象为研究对象的科学，如政治学、经济学、军事学、法学、教育学等。"[②] 因此，人文社科系统是非实体系统。

由于人文社科系统是非实体系统，又由于人文社科的研究往往是文字表示，所以人文社科系统是一种概念系统。人文社科系统的概念系统是一种思维系统；人文社科系统的系统、要素概念是概括不同层次、范围的内容的词、词组、论点、标题；人文社科系统的功能是词或词组的意义、论点的论据、标题的阐释诠释论述、文章的具体内容等文字表达的有效作用；人文社科系统的环境由研究对象的层次、范围决定；人文社科系统的结构是一种系统思维结构，系统思维结构是人文社科系统的核心环节，将人文社科系统不

---

① 魏宏森，曾国屏 . 系统论——系统科学哲学［M］. 北京：世界图书出版公司，2009.

② 360 百科 . 人文社科［EB/OL］.［2023-03-06］.https：//baike.so.com/doc/6567723-6781485.html.

同层次系统的系统、要素、功能、环境联系起来。人文社科系统的系统思维结构由研究方法决定，用什么方法进行研究，人文社科系统就是什么系统结构。如果研究目的是获取部分的性质和功能，是将整体分析分解为部分，使用的是分析方法，其人文社科系统的系统结构是分析结构；如果研究目的是获取整体的性质和功能，是将部分归纳综合为整体，使用的是综合方法，其人文社科研究系统的系统结构是综合结构；如果使用系统超循环研究方法，由于系统超循环研究方法内含系统分析超循环研究方法和系统综合超循环研究方法两种方法，其人文社科系统的系统结构就由总趋势（研究一周的起点和终点）决定。总趋势是分析方法，就是分析结构；总趋势是综合方法，就是综合结构。人文社科研究对象的系统思维结构可以转化为系统思维导图的形式，系统思维导图既是人文社科研究对象的系统研究方法，也是人文社科系统的系统结构。

十二、系统的规律概念

系统的规律概念是指系统具有一般普遍意义的理论概括，对认识和应用系统理论来研究翻译和教学问题具有重要的理论和方法论意义。

人类对系统规律的认识经历了一个漫长过程，现代系统理论是在分析综合一般系统论、信息论、控制论、耗散结构、协同学、超循环论等前阶科学理论基础上发展起来的一门现代系统科学的理论和方法论。现代系统科学理论集成了古今一系列重大科学理论成就，是现代科学对系统的规律认识。系统规律的总结也在研究中不断深化，是"百花齐放"的过程。系统规律有不同的版本和概括，有人总结出系统具有动态性、层次性、目的性、集合性、相关性、环境适应性等特征，这是一种规律性总结。魏宏森、曾国屏先生在《系统论》一书中，将系统的基本规律概括为系统的整体性原理、层次性原理、开放性原理、目的性原理、突变性原理、稳定性原理、自组织原理、相似性原理八大基本原理和系统的结构功能相关律、信息反馈律、竞争协同律、涨落有序律、优化演化律五大基本规律，这是较为系统化的规律总结。八大基本原理和五大基本规律都是具有普遍意义的基本规律，它们的区别是：五大基本规律比八大基本原理具有更广泛的普遍意义。鉴于魏宏森、曾国屏先生《系统论》一书概括的系统的八大基本原理、五大基本规律全面系统，具有权威性，为更好地理解和应用系统规律研究翻译理论、翻译实践和教学理论、教学实践，作者将其原理和规律进行摘引，详细内容见《系统论》原著。

从系统论角度，我们认为，各种版本对系统基本规律的概括，本身就是一个系统。我们对各种系统规律的概括，都可以作为一个概念系统来认识，用系统的层次、要素、结构、功能有机联系来整体认识、研究和应用各种系统规律的理论概括。

系统的基本原理、规律，都需要在纵向的分析和横向的综合的立体思维中来把握。

（一）系统的基本原理

一是系统的整体性原理。"系统整体性原理指的是，系统是由若干要素组成的具有一定新功能的有机整体，各个作为系统子单元的要素一旦组成系统整体，就具有独立要素所不具有的性质和功能，形成了新的系统的质的规定性，从而表现出整体的性质和功能不等于各个要素的性质和功能的简单加和。"[1]

二是系统的层次性原理。"系统的层次性原理指的是，由于组成系统的诸要素的种种差异包括结合方式上的差异，从而使系统组织在地位与作用、结构与功能上表现出等级秩序性，形成了具有质的差异的系统等级，层次概念就反映这种有质的差异的不同的系统等级或系统中的高级差异性。"[2]

三是系统的开放性原理。"系统的开放性原理指的是，系统具有不断地与外界环境进行物质、能量、信息交换的性质和功能，系统向环境开放是系统得以向上发展的前提，也是系统得以稳定存在的条件。"[3]

四是系统的目的性原理。"系统目的性原理指的是，组织系统在与环境的相互作用中，在一定的范围内其发展变化不受或少受条件变化或途径经历

---

① 魏宏森，曾国屏. 系统论——系统科学哲学［M］. 北京：世界图书出版公司，2009：205.
② 魏宏森，曾国屏. 系统论——系统科学哲学［M］. 北京：世界图书出版公司，2009：217.
③ 魏宏森，曾国屏. 系统论——系统科学哲学［M］. 北京：世界图书出版公司，2009：228.

的影响，坚持表现出某种趋向预先确定的状态的特性。"[1]

五是系统的突变性原理。"系统突变性原理指的是，系统通过失稳从一种状态进入另一种状态，是一种突变过程，它是系统质变的一种基本形式，突变方式多种多样，同时系统发展还存在着分叉，从而有了质变的多样性，带来系统发展的丰富多彩。"[2]

六是系统的稳定性原理。"系统稳定性原理指的是，在外界作用下开放系统具有一定的自我稳定能力，能够在一定范围内自我调节，从而保持和恢复原来的有序状态，保持和恢复原有的结构和功能"[3]。

七是系统的自组织原理。"系统自组织原理指的是，开放系统在系统内外两方面因素的复杂非线性相互作用下，内部要素的某些偏离系统稳定状态的涨落可能得以放大，从而在系统中产生更大范围更强烈的长程相关[4]，自发地组织起来，使系统从无序向有序，从低级有序向高级有序发展。"[5]

八是系统的相似性原理。"系统相似性原理指的是，系统具有同构和同态的性质，体现在系统的结构和功能、存在方式和演化过程具有共同性，这是一种有差异的共性，是系统统一性的一种表现。"[6]

（二）系统的基本规律

一是系统的结构功能相关律。"结构和功能是系统普遍存在的两种既相互区别又相互联系的基本属性，揭示结构与功能相互关联和相互转化就是结构功能相关律。"[7]

"结构是指系统内部各个组成要素之间的相对稳定的联系方式、组织秩序及其时空关系的内在表现形式。按照这里的定义，系统的结构就取决于系

---

[1]　魏宏森，曾国屏. 系统论——系统科学哲学［M］. 北京：世界图书出版公司，2009.
[2]　魏宏森，曾国屏. 系统论——系统科学哲学［M］. 北京：世界图书出版公司，2009.
[3]　魏宏森，曾国屏. 系统论——系统科学哲学［M］. 北京：世界图书出版公司，2009.
[4]　长程相关：简单理解为连锁反应，是说事物是相互联系的，任何微小的变化，其连锁反应都可能造成巨大的后果。如"蝴蝶效应"，非洲一只蝴蝶扇动翅膀，引起风流的改变，这种影响扩大开来，在美洲引起了一起台风。又如，"钉马钉"，打歪一个马钉，钉坏一个马掌，失掉一匹战马，摔下一个将军，得到一场失败，丢掉一个王国。
[5]　魏宏森，曾国屏. 系统论——系统科学哲学［M］. 北京：世界图书出版公司，2009.
[6]　魏宏森，曾国屏. 系统论——系统科学哲学［M］. 北京：世界图书出版公司，2009.
[7]　魏宏森，曾国屏. 系统论——系统科学哲学［M］. 北京：世界图书出版公司，2009.

统之中的要素，由这些要素联系形成的关系及其表现形式的综合，并由这样的综合导致了系统的一种整体性规定。"①

"功能是指系统与外部环境相互联系和相互作用中所表现出来的性质、能力和功效，是指系统内部相对稳定的联系方式、组织秩序及时空形式的外在表现形式。系统的功能是与系统的结构相对应的范畴。"①

二是系统的信息反馈律。"信息反馈在系统中是一种普遍现象，通过信息反馈机制的调控作用，使得系统的稳定性得以加强，或系统被推向远离稳定性。据此，我们把揭示信息反馈调控影响系统稳定性的内在机制概括为信息反馈律。"②

三是系统的竞争协同律。"系统内部的要素之间以及系统与环境之间，既存在整体统一性又存在个体差异性，整体统一性表现为协同因素，个体差异性表现出竞争因素，通过竞争和协同的相互对立、相互转化，推动系统的演化发展，这就是竞争协同律。"③

"系统是要素有机联系的统一体，即是个体的统一体。一系统区别、独立于它系统，也就是该系统具有个体性，可以看作是个体。个体为了保持自己的个体性，个体也处于发展演化之中，决定了它们之间必然处于相互竞争之中。"

"协同反映的是事物之间、系统或要素之间保持合作性、集体性的状态和趋势，这与竞争反映的是事物、系统或要素保持的个体性的状态和趋势正好相反。"④

四是系统的涨落有序律。"系统的发展演化通过涨落达到有序，通过个别差异得到集体响应放大，通过偶然性表现出来必然性，从而实现从无序到有序、从低级向高级的发展，这就是涨落有序律。"

"涨落也被称作起伏，有时也被称作噪声、干扰，从系统的存在状态来

---

① 魏宏森，曾国屏. 系统论——系统科学哲学［M］. 北京：世界图书出版公司，2009：294.
② 魏宏森，曾国屏. 系统论——系统科学哲学［M］. 北京：世界图书出版公司，2009：296.
③ 魏宏森，曾国屏. 系统论——系统科学哲学［M］. 北京：世界图书出版公司，2009：305.
④ 魏宏森，曾国屏. 系统论——系统科学哲学［M］. 北京：世界图书出版公司，2009：324.

看，涨落是对系统的稳定的平均的状态的偏离；从系统做演化过程来看，涨落是系统同一发展演化过程之中的差异。因此，从平衡非平衡角度看，涨落就是系统的一种不平衡性。"

"有序是指系统内部要素之间，以及系统与系统之间的有规则的联系或联系的规则性。"①

五是系统的优化演化律。"系统处于不断的演化之中，优化在演化之中得以实现，从而展现了系统的发展进化，这就是优化演化律。"

"演化与存在是一对相对应的范畴。演化标志着事物和系统的运动、发展和变化，而存在反映事物和系统的静止、恒常和不变。"

"世界上没有离开演化的存在，也没有离开存在的演化，存在和运动具有辩证统一性。"

"优化是系统演化的进步方面，是在一定条件下对于系统的组织、结构和功能的改进，从而实现耗散最小而效率最高、效益最大的过程。"②

① 魏宏森，曾国屏.系统论——系统科学哲学［M］.北京：世界图书出版公司，2009：334-337.
② 魏宏森，曾国屏.系统论——系统科学哲学［M］.北京：世界图书出版公司，2009：349-353.

第二章　人文社科相关的系统理论

本章主要从人文社科的角度探讨相关的系统理论问题。

第一节　系统的基本形式

本节从"系统的纵、横关系""系统的基本形式"进行探讨。

一、系统的纵、横关系

系统从形式上是纵向系统层次和横向要素类型关系的立体组合。纵向系统层次是指系统不同层次的等级差异性，横向要素类型是指系统同一层次的类别差异性。

"我们用系统的层次性来揭示系统的纵向的等级性、处于不同水平的共性。那么，我们同样也可以从系统的横向揭示系统的多种状态及其共性，这就是系统的类型性。世界不仅可以分为不同的层次，还可以划分出不同的类型。"①

系统的纵向系统层次和横向要素类型之间的关系存在很大的矛盾性。系统的纵向系统层次和横向要素类型之间关系的矛盾性，在于在系统的运动过程中，横向关系在不同程度上存在与纵向关系同一性质的差异性，最直接的差异是运动状态时间尺度的差异性。系统横向要素类型的功能运动不可能

---

① 魏宏森，曾国屏 . 系统论——系统科学哲学［M］. 北京：世界图书出版公司，2009：225.

是同时运行，永远有时间尺度的阶段性差异。这就使得从系统纵向的等级秩序来理解系统的层次等级关系比较容易，从系统横向的类型来理解系统的层次等级关系就比较困难。以时空的纵、横关系为例，任何层次系统横向不同类型的要素（系统）之间，从运动的时间尺度来看，横向的类型性在演化和发展的过程中仍然有纵向时间尺度的层次差异性。从这一角度来说，系统就是一条直线的线性关系，没有非线性关系可言。但系统理论认为，没有非线性关系的系统是不存在的，现实系统都是非线性系统。如果说系统仅有纵向时间层次的差异性而无系统横向类型的差异性，这种系统是无法理解的。所以，系统横向类别差异性是理解系统运动类型的一个难点。

为了解决上述矛盾，"耗散结构理论"提出了解决方案。耗散结构理论由比利时物理化学家和理论物理学家普里高津（I.llya Prixoxine）提出。耗散结构是指远离平衡态的开放系统不断与外界进行物质和能量的交换形成的新的稳定有序的结构。所谓"耗散"，是指系统维持这种新型结构需要不断向外界输出物质、能量，并从外界输入物质、能量，这是系统通过自组织形成新的有序结构的过程。因而，耗散结构又称为非平衡态系统的自组织理论。耗散结构理论对于系统横向关系最直接的理论依据是："以非平衡系统中局域平衡假设为基础，认为整个系统虽然处于非平衡态，但在局部即局域时空中仍然可以看作是处于平衡态的，这样的局域相对于微观是充分大的，相对于宏观则是充分小的，从而就可以作为相对微观来说是系统，相对于宏观来说当作质点加以处理"[①]。从相对性而言，平衡态是一种相对静止状态，非平衡态是一种绝对运动状态。耗散结构理论将局部假设为平衡态的微观质点，使得我们可以将任意系统内相对性的要素类别之间的时间尺度的差异性假设为相对静止的平衡态，对其类别的纵向层次等级的时间尺度的差异性忽略不计，从而在横向上作为系统静态类型性来加以考虑。在"耗散结构理论"的支撑下，我们就有可能研究系统的横向要素类型的差异性。

综上所述，系统的纵向层次性和横向类型性的关系是：系统的纵向层次

---

① 魏宏森，曾国屏．系统论——系统科学哲学［M］．北京：世界图书出版公司，2009：226.

性是从宏观体现系统的时间差异关系，系统的横向类型性是从微观忽略系统的时间差异关系；系统的层次性是从纵向以层次秩序的方式体现系统宏观的差异关系，系统的类型性是从横向以排序的方式体现要素微观的差异关系，在人文社科研究的实践中，对不具有整体制约关系的纵向相邻系统层次，均按横向同层次要素类型以排序方式进行处理，具体见第二篇第三章"综合应用步骤"的相关内容。

翻译教学的系统研究属于概念系统，概念系统的纵、横关系，可以用论文写作来形象解释。从纵向关系，论文的总论点犹如系统，总论点垂直往下有很多分论点，总论点是父系统，每一分论点是一个子系统，每一分论点垂直往下又有 N 多分分论点，N 多分分论点的每一点又是一个孙系统。总论点—分论点—分分论点即父系统—子系统—孙系统，依次类推，这就是纵向系统层次；父系统下一层次的 N 个分论点之间，子系统下一层次的 N 个分分论点之间，分别是子系统层次、孙系统层次的 N 个横向要素类型，依次类推，这就是横向要素类型。

二、系统的基本形式

系统的基本形式是从截面来讨论系统的纵向系统层次和横向要素类型的关系。

系统的基本形式，从截面来看，如同一个个嵌套套环结构，大圆环套中圆环、中圆环套小圆环……层层嵌套。按截面，从外至里从大到小不同层次的圆环代表系统的纵向系统层次，同一圆环内的同一层次的不同圆环代表横向要素的不同类型。

研究系统基本形式，是视系统为相对平衡静止状态，在相对平衡静止状态下，以质量大小、运动状态、组织结构、历史长短、范围大小、地位作用、整体部分、结构功能等不同类型为划分标准，按类型从高层次往低层次逐层划分系统的纵向系统层次和横向要素类型，从而构建起一个系统基本形式图。在系统基本形式图的基础上来讨论系统运动的各种动态关系。

系统静态基本形式图，提供的是一个用于研究系统的静态形式的基本

"模型"，是按类型从高层次往低层次逐层划分系统的静态纵向系统层次和横向要素类型，用不同层次的圆环来表示。

如图2系统静态形式图：

从纵向往里看：第一层次大圆环 X 是父系统层次；第二层次六个中圆环 X^a、X^b、X^c、X^d、X^e、X^n 是子系统（n代表无数，后同）层次；第三层次 Xn^a、Xn^b 在中圆环 X^n 之内，是孙系统层次，还可以往下继续划分。事实上，每一层次的圆环都可以继续从纵向往下划分更小的纵向系统层次，直至"纵向穷尽"。这就是静态纵向系统层次，代表系统从高层次到低层次。

从横向截面来看：大圆环 X 是系统，六个中圆环 X^a、X^b、X^c、X^d、X^e、X^n 是 X 系统下的同层次相对性不同要素类型；若往下继续划分，六个中圆环 X^a、X^b、X^c、X^d、X^e、X^n 又是相对性分系统下的同层次相对性不同要素类型，它们若继续往下一层次划分又是相对性的同层次不同要素类型。从图上可以看出，X^a、X^b、X^c、X^d、X^e 已无下一层次，只有 X^n 有下一层次，X^n 又是相对性分分系统，Xn^a、Xn^b 是 X^n 分分系统的相对性的同层次不同要素类型。每一层次的同层次要素在横向上也都可以继续划分不同的类型，直至"横向穷尽"。这就是横向要素类型。

从相对性来说，每一个层次的每一个圆环都可以认为是相对性系统或相对性要素。

系统的基本形式，具有层次、要素、结构、功能的相互联系、相互作用。

在视系统为静态状况下，图2的英语字母代码有以下意义：

从纵向系统层次来看，在图2"系统静态形式图"的图示中，一组英语字母代码的位数（包括上标）标示纵向系统层次数，位数越少层次越大，位数越多层次越小，有几位数就是几个纵向系统层次。如 X 无上标只有1位数，为系统最高层次，Xn^a、Xn^b 包括上标有三位数，为系统的第三个层次。层次表示的是纵向系统关系，在图2中：第一层次是父系统 X，第二层次是子系统 X^a、X^b、X^c、X^d、X^e、X^n，第三层次是孙系统 Xn^a、Xn^b，……依此类推。纵向系统层次是从宏观反映系统的等级秩序的差异性。

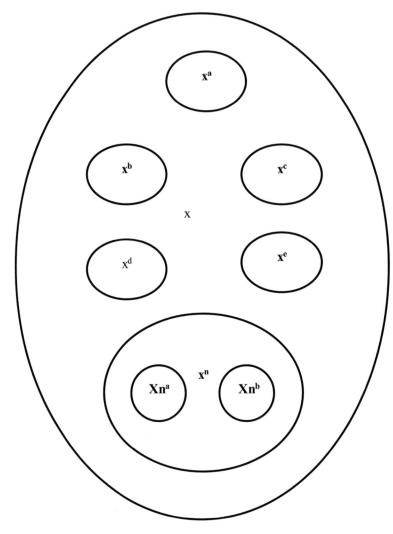

图2　系统静态形式图

　　从横向要素类型来看，在图2"系统静态形式图"的图示中，英语字母代码的末位数用上标表示要素类型和运动顺序，上标前面的英语字母代码表示分支系统层次序列。若该上标表示的要素类型继续分解下级层次要素类型时，取消该上标，作为分系统继续分解下级要素类型。如 X^n 作为分系统继续分解下级要素类型时，取消 n 上标，Xn 作为第二层次分系统，继续分解出两个下级横向要素类型 Xn^a、Xn^b。在 Xn^a、Xn^b 中，Xn 是分系统，上标

a、b 为 Xn 分系统的下级要素类型和运动顺序。横向要素类型是从微观反映系统的排序差异性，对这种系统的排序差异性，可用英语字母加括号表示，如 Xn^a、Xn^b 表示为 Xn（a、b），Xn 表示第二层次分系统层次，（a、b）表示 Xn 这一分系统层次的下级要素类型和运动的先后。

综上所述，图 2 的英语字母代码，可以直接做如下理解：

如 Xn^a，我们可以直接理解为父系统 X 的子系统 Xn 的 a 要素；又如，Xn^b，我们可以直接理解为父系统 X 的子系统 Xn 的 b 要素；Xn^a、Xn^b 的运动排序是先 Xn^a 后 Xn^b。

第二节　系统的基本运动

本节从"系统的两种基本运动""系统两种基本运动的静态形式"进行探讨。

一、系统的两种基本运动

系统的演化发展主要有两种基本运动：综合运动和分析运动。综合运动是指系统的演化是从低层次向高层次、从部分向整体、从要素向系统、从特殊向一般、从局部到全局演化出整体的性质和功能；分析运动是指系统的演化是从高层次向低层次、从整体向部分、从系统向要素、从一般向特殊、从全局到局部演化出部分的性质和功能。

系统的运动，从宏观来说，大部分都可以归结为综合运动和分析运动两种主要的基本运动。

自然界中，处处体现出综合运动和分析运动。宇宙的产生，首先就是系统两种基本运动的结果。关于宇宙的产生，在科学界有一个著名的"宇宙大爆炸"假说。认为宇宙产生于一场大爆炸，这场大爆炸由一个奇点爆发，经过了一百多亿年的膨胀演化，形成了今天这个宇宙。这一假说虽然受到质疑，但仍然有其科学性。科学性在于，它说明了系统演化的两种基本运动。

宇宙由一个奇点爆发,分解为无数更小的"奇点","大爆炸"是分析运动;尔后,"大爆炸"产生的无数更小的"奇点",引力大者不断吸引引力小者,小"奇点"不断聚集演化,便形成了各类星体,各类星体的形成可以说是一种综合运动。海洋蒸发至上空输送到陆地上空降雨汇入溪、汇入河、汇入江、汇入海、汇入洋,周而复始的江海循环也体现出一种综合运动和分析运动。海洋蒸发成水汽至海洋上空再输送到陆地上空为分析运动,在陆地上空凝结成雨水汇入溪、汇入河、汇入江、汇入海、汇入洋是一种综合运动。生物的生死轮回是一种分析运动和综合运动,生是繁衍增多,是分析运动,死是灭亡减少,是综合运动。

现代科学结果,也都可以从宏观上归结为系统的两种基本运动。威胁人类生存的毁灭性核武器,有原子弹和氢弹两种。两种核武器是两种截然不同的反应方式。在核武器中,原子弹的运行原理是核裂变,而氢弹的运行原理是核聚变。原子弹利用核反应的光热辐射、冲击波和感生放射性以及造成大面积放射性污染来造成毁灭性杀伤和破坏作用。原子弹的核裂变是分析运动。氢弹是利用原子弹爆炸的能量,点燃氢的同位素氘、氚等质量较轻的原子的原子核,发生核聚变反应(热核反应),然后瞬时释放出巨大能量来造成毁灭性杀伤和破坏作用。氢弹又称聚变弹、热核弹、热核武器,是一种聚变核武器。在氢弹的反应过程中,核聚变是综合运动,释放巨大能量是分析运动。化学反应中的化合和分解,也是一种综合运动和分析运动。化合反应是由两种或多种反应物生成一种,简单理解为多变一,是一种综合运动;分解反应是由一种反应物生成两种或多种,简单理解为一变多,是一种分析运动。蒸汽机车的蒸汽做功是一种形式的综合运动和分析运动,天然气压缩为液化气和液化气转换为能量是一种形式的综合运动和分析运动,等等。

社会科学中,也可以归结出系统的两种基本运动。系统理论的系统与要素、要素与要素之间具有排斥和吸引、竞争和协同的相互作用、相互联系,使得要素可以组合成系统,系统可以分解为要素。要素组合成系统从而具有整体功能是一种综合运动,系统分解为要素从而具有部分功能是一种分析运动。系统排斥和吸引、竞争和协同的相互作用、相互联系,也是一种综合运动和分析运动。排斥和竞争是一种趋势的分析运动,吸引和协同是一种趋势的综合运动。就连"从群众中来,到群众中去"的社会工作方法,也是一种综合运动和分析运动。"从群众中来"是一种综合运动,"到群众中去"是一种分析运动。中国共产党的"民主集中制"原则,也是一种综合运动和分析运动。"民主"是一种分析运动,"集中"是一种综合运动。教师的教学活动也是一种综合运动和分析运动,就一堂课而言,教师讲解知识点是一种分析运动,归纳知识点是一种综合运动。演绎、归纳是两种逻辑思维方式。在认识活动中,人们往往是先认识个别事物推及一般,尔后又从一般推及个别,如此循环往复,使认识不断深化。从个别推及一般是归纳,是综合运动;从一般推及个别是演绎,是分析运动。更有趣的现象是,中外古今,在研究方法上,中国人擅长于综合方法,西方人擅长于分析方法,学界早有研究。"一些学者常用综合(整体)辩证思维来描述东方人,尤其是中国人的思维方式;用逻辑思维或分析思维来描述西方人,尤其是欧美人的思维方式。"[1]两种思维方式都属于综合方法或分析方法,也都属于系统综合运动和分析运动的一种特殊的运动形式。

上面讨论的爆炸和聚集、蒸发和凝结、裂变和聚变、化合和分解、膨胀和压缩、排斥和吸引、竞争和协同、演绎和归纳、分析方法和综合方法,都属于分析运动和综合运动的其中一种运动形式,都说明综合运动和分析运动是系统的两种基本运动。

二、系统两种基本运动的静态形式

(一)两种系统基本运动静态形式图

系统的两种基本运动同样可以作为一种基本运动系统进行研究。当我们单独把两种基本运动作为系统静态来讨论时,暂时未考虑其与运动的联系。

系统的两种基本运动具有图 2 系统静态基本形式图的集合形式。当我们把系统的两种基本运动作为系统问题研究时,我们需要将基本运动系统状态

---

① 杨家祚.东西方思维方式:差异、渊源、趋势[J].国际关系学院学报,2005(6):36–40.

视为相对静止状态，构建一个基本运动系统的静态"模型"。这个静态"模型"是一个"两种系统基本运动静态形式图"。

从系统的静态来讨论系统的纵向系统层次和横向要素类型，可以将基本运动系统想象为瞬时的立体的相对平衡即相对静止状态，从立体截面来划分系统运动的静态纵向系统层次和横向要素类型，比照图 2 系统静态基本形式图的形式，构建一个两种系统基本运动静态形式图（见图 3）。

（二）两种系统基本运动静态形式图的意义

图 3 两种系统基本运动静态形式图反映了系统的以下意义：

第一，将系统运动转化成了系统进行研究。

在图 3 两种系统基本运动静态形式图中，j^f 代表基本运动系统的分析运动，j^z 代表基本运动系统的综合运动，它们内部的圆环是相应的更小层次。在"系统静态类型研究方法"下，运动形式 j^f、j^z 都视为系统静态状态下的要素类型。这样，就可以继续往下划分运动系统静态的纵向系统层次和横向要素类型，直至"穷尽一切因素"，然后用不同层次圆环的集合形式建立起两种系统基本运动静态形式图，以便于进一步研究系统超循环运动。

第二，表示了基本运动系统的两种运动方向。

在图 3 两种系统基本运动静态形式图中，以静态形式表示了系统的两种基本运动方向，他们的运动方向相反。该图用方点圆环标示的是系统的"分析运动 j^f"的运动方向，表示该分系统的运动方向是从方点大圆环向方点小圆环运动，即从高层次向低层次、从整体向部分、从系统向要素、从一般向特殊做分析运动；该图用实线圆环标示的是系统的"综合运动 j^z"的运动方向，表示该分系统的运动方向是从实线小圆环向实线大圆环做运动，即从低层次向高层次、从部分向整体、从要素向系统、从特殊向一般做综合运动。

第三，表示了系统的纵向系统层次和横向要素类型划分标准的多样性。

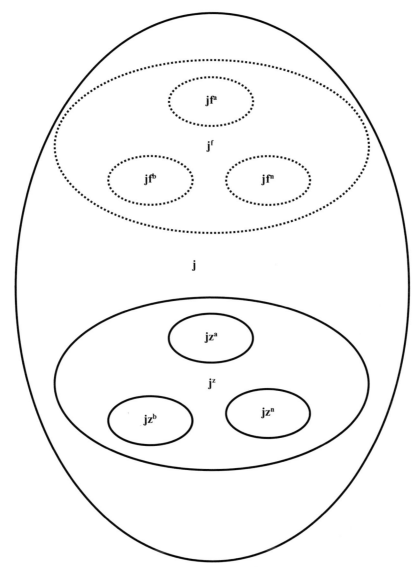

图3　两种系统基本运动静态形式图

　　一方面，图3两种系统基本运动静态形式图标示了系统静态纵向系统层次划分标准的多样性。

　　图3基本运动系统 j 存在分析运动 j^f、综合运动 j^z 两种类型的要素，从系统的纵向层次上，两种不同类型的要素，其内部还有不同层次更小的圆环，说明系统静态纵向系统层次具有多样性。

"系统的层次性具有多样性。人们可以按照质量来划分系统的层次，可以按时空尺度来划分系统层次，可以根据组织化程度来划分系统层次，可以根据基本运动状态来划分系统层次，也可以从历史长短的角度来做出划分。一般而言，这样或那样的划分，总是跟实践的要求联系在一起的"[①]。

另一方面，图 3 两种系统基本运动静态形式图也标示了系统横向要素类型划分标准的多样性。

从系统的横向类型上，系统的要素类型是同一层级的不同圆环。

系统的横向类型性仍具有多样性，亦可以按照性质、功能、质量、组织化程度、基本运动状态[②]、历史长短等来划分系统的类型。

由于系统和要素的相对性决定了系统的纵向层次和横向类型的关系总是交缠在一起：层次之下有类型，类型之下有层次。这种交缠关系，决定系统类型、层次的划分总是交替进行，也决定着系统、要素的不同层次和类型的划分标准，可以根据实践需要来确定。

第四，表示了基本运动系统的静态纵向系统层次和横向要素类型的划分。

图 3 两种系统基本运动静态形式图和图 2 系统静态形式图一样，从纵向往里看，如同一个个嵌套套环结构，大圆环套中圆环、中圆环套小圆环……层层嵌套。圆环从外至里，代表基本运动系统的高层次到低层次，这就是静态纵向系统层次；从横向截面来看，纵向层次中的某个圆环中的同一层次中不同的圆环，如 j^f、j^z，代表该层次不同排序的 f、z 两个要素类型，这就是静态横向要素类型。

根据系统的相对性概念，对系统静态的各层次、各类型，我们都可以一律将它们视为相对性的"系统"或相对性的"要素"来研究。可以将系统的各层次、各类型一律视为相对性的"系统"或相对性的"要素"来研究，是研究系统问题的一个重要概念。否则，就会被时而系统，时而要素的讨论所

---

① 魏宏森，曾国屏. 系统论——系统科学哲学［M］. 北京：世界图书出版公司，2009：220.

② 运动状态指系统的运动形式、运动速度、运动方向、运动阶段、循环过程。运动是一种绝对状态，所以，相对静止本质也是一种运动状态。

困惑。

图 3 两种系统基本运动静态形式图中，从大圆环顺次往小圆环，不同顺次大小圆环代表不同的纵向系统层次、同一顺次不同圆环代表不同的横向要素类型。

系统纵向层次和横向类型的划分总是纠缠在一起，系统的纵向层次总是系统横向类型的纵向层次，系统的横向类型总是系统纵向层次的横向类型。因此，是以系统的横向类型为起点开始划分系统纵向层次，还是以系统的纵向层次为起点开始划分系统横向类型，根据研究需要确定。

一个系统，就其静态形式的研究而言，系统层次等级、类型的划分，一般情况可以从最高层次往最低层次，逐层往下分析出系统层次等级和要素类型，也可以从最低层次往最高层次，逐层往上综合出上级若干系统层次等级和要素类型。这实际上体现了系统的两种运动状态，从最高层次往最低层次是分析运动状态，从最低层次往最高层次是综合运动状态。

系统层次等级、要素类型的划分，必须依据"穷尽一切因素"的原则，在纵向上"穷尽一切系统层次"，在横向上"穷尽一切要素类型"。

用系统静态类型研究方法，图 3 两种系统基本运动静态形式图具有以下静态纵向系统层次和横向要素类型（简称层次、类型）：

第一层次、类型：基本运动系统 j，属父系统。

j 只有一位数，无上标，是系统第一纵向系统层次，只有一种横向要素类型。

第二层次、类型：基本运动系统 j 的分析运动 j^f、综合运动 j^z，属子系统。

j^f、j^z 各有两位数，有上标。

纵向上，子系统 j^f、子系统 j^z 是第二纵向层次。

横向上，子系统分析运动 j^f、子系统综合运动 j^z 是两种横向要素类型，类型排序是 j（f、z），j 为系统，分析运动 j^f、综合运动 j^z 是 j 系统的分系统或不同要素类型及排序。

第二纵向系统层次、横向要素类型，对上级层次是要素，对下级层次是子系统。

第三层次、类型：分析运动 j^f 的分析运动要素 jf^a、jf^b、jf^n 和综合运动 j^z 的综合运动要素 jz^a、jz^b、jz^n，属孙系统。

分析运动要素 jf^a、jf^b、jf^n 和综合运动要素 jz^a、jz^b、jz^n 的代码，分别是两组三位数有上标。

纵向上，孙系统 jf^a、jf^b、jf^n 和孙系统 jz^a、jz^b、jz^n 分别是第三纵向系统层次。

横向上，孙系统 jf^a、孙系统 jf^b、孙系统 jf^n 和孙系统 jz^a、孙系统 jz^b、孙系统 jz^n 分别是 jf、jz 两个上级子系统的三种横向要素类型，它们的类型排序分别是 jf（a、b、n）和 jz（a、b、n）。

第三纵向系统层次、横向要素类型，对上级层次是要素，对下级层次是孙系统。

系统静态纵向系统层次、横向要素类型，理论上都可以继续划分至"穷尽"。

综合起来，以上静态纵向系统层次、横向要素类型，其代码从高到低是" $j - j^f$，$j^z - jf^a$、jf^b、jf^n，jz^a、jz^b、jz^n —"这样一种形式，用系统和要素的关系表示出来，有如图4相对性系统要素链接形式：

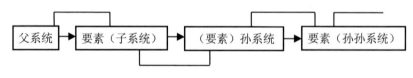

图4　相对性系统要素链接形式图

这样一种链接形式，是系统的相对性体现：父系统之下的要素，是下一层次相对性的子系统，子系统之下的要素，又是下一层次相对性的孙系统……反过来理解，孙系统是子系统的相对性要素，子系统是父系统的相对性要素……系统层次、要素类型，体现的就是这种相对性的系统和要素的链接关系。

以上系统的纵向系统层次和横向要素类型的划分，是一种静态类型标准。这种静态纵向系统层次和横向要素类型，反映的是假定系统运动在静态状况下质的规定性。

第三节　系统的超循环运动

本节从"系统超循环运动的意义""两种系统超循环运动的结果及层次划分""两种系统超循环运动的具体反应过程"进行探讨。

现实中的系统都是运动着的系统，系统的运动是绝对状态，系统的静止是相对状态。

根据超循环理论，系统"分析"和"综合"的两种基本运动是一个超循环运动过程，是一个形式上从起点到起点（终点）的不断求取新质的不分开端和末端的"分析—综合—分析……"的周而复始、从低级向高级、从简单组织结构向复杂组织结构的功能耦合的超循环发展过程。

系统的超循环运动是在图 3 两种系统基本运动静态形式图的基础上来讨论。"分析运动 j^f"和"综合运动 j^z"是两种方向相反的运动，系统超循环运动是指"分析运动 j^f — 综合运动 j^z — 分析运动 j^f — 综合运动 j^z — 分析运动 j^f ……"周而复始的两种方向相反的不分开端和末端的运动。系统运动的超循环研究，是截取"分析运动 j^f"或"综合运动 j^z"两种运动的其中之一作为系统超循环运动研究的起点和终点。

在"分析运动 j^f — 综合运动 j^z — 分析运动 j^f — 综合运动 j^z — 分析运动 j^f ……"周而复始的没有开端和末端的循环过程中，截取某一种运动作为超循环运动过程的起点和终点，"分析运动 j^f"或"综合运动 j^z"在超循环过程中便具有一种确定不移的"分析"或"综合"的运动总趋势，系统就具有了不同的特性和运动结果。在系统超循环运动过程中，谁成为起点和终点，谁就成为系统超循环运动的"反应物"和"生成物"，谁成为中间环节，谁就成为系统超循环运动的"直接催化剂"。系统之外的"环境"是系统的制约条件，"环境"是系统外部的"助催化剂"。

一、系统超循环运动的意义

超循环理论是系统学的前阶理论之一，出现在 20 世纪 70 年代，系德国科学家艾肯（Manfred Eigen）从生物领域的研究角度提出。这一理论揭示了系统演化发展的运动规律。随着认识的深化，超循环理论后来成为系统学的一个组成部分，对研究系统演化规律、系统自组织方式以及复杂系统的处理都有着深刻的影响。

按照超循环理论，在一般情况下，系统的演化发展过程是一个从低级向高级的周期性的超循环发展过程。超循环不同于江河行地、日月经天这种周而复始的简单循环，它是一种具有自再生、自复制、自选择能力特点的复杂组织结构的功能耦合的高级循环。超循环理论找出了多分子体系向原始生命进化的三个基本层次及联系，认为"这三个基本层次是从低级到高级的反应循环、催化循环以及超循环，不同层次的循环具有不同的特性，反应循环是自再生的，催化循环可以进行自复制，超循环则进而具有了进行选择的能力。超循环理论也可以称之为关于循环层次组织的理论，这一理论表明，在多层次的循环组织中，高级循环是由低级循环会聚而成，高层次内在地包含有低层次，从而揭示了系统层次性与系统演化性的内在联系，系统中不同层次之间的内在联系"①。"这种循环把各个催化循环联系在一起，使循环的每一个要素既能自我选择、自我复制，又能对下一个新要素的产生起助催化作用，从而引起自然界物质运动能量转换和时空变动，促进物质运动向更高一级层次发展。研究这种循环运动的状态、特点，揭示其自我选择、自我复制和进化、变异规律的一种科学理论和方法，称之为超循环论。"②

"在一定意义上，一条进化链条上，高层次总是由低层次发展起来的，正如超循环理论揭示的那样，高级循环总是由低级循环发展会聚而成的……相反的方向上，高层次也可以退化为低层次，高级循环可以退化为低级循环，低级循环还可以进一步退化为更低级的循环……按照我们今天的知

① 魏宏森，曾国屏.系统论——系统科学哲学［M］.北京：世界图书出版公司，2009：226.
② 李良美.超循环的内容及意义［J］.新闻战线，1989（6）：44-45.

识，我们的整个观测宇宙就是作为一个整体发展起来的，并在过程中发生种种分化，这里既有低层次发展起来的高层次，也有高层次、整体的分化以及推动了低层次的演化。"[①]

按我们的理解，在相反的情况下，系统的演化发展过程也可能是一个阶段性的从高级向低级的周期性的超循环发展过程。

我们所理解的系统的演化发展从高级向低级的超循环过程，并非简单的退化，而是求取新质的一种"滞后"，是在"滞后"中求发展。我们所理解的超循环，是一个既看到系统由低级向高级求发展的阶段性的演化过程，更是一个又看到系统在发展过程中由高级滞后为低级又向更高级求发展的阶段性的演化发展过程。这种滞后是事物发展中高级的"落伍"，仍然是从低级向高级的发展过程。

因此，系统的超循环运动过程应是"低级—高级—低级—高级—低级……"周而复始地从低级简单组织结构不断向更高级复杂组织结构的求取新质的功能耦合的超循环过程。在这一超循环过程中，所谓的低级是原有高级在发展中的滞后，是原有高级为求取新质转化为新的低级向更高级发展。

按上述理解，图 3 两种系统基本运动静态形式图的分析运动 j^f、综合运动 j^z 的两种要素类型，在系统运动时就是一个"综合运动 j^z —分析运动 j^f —综合运动 j^z —分析运动 j^f —综合运动 j^z ……"不分开端和末端的周而复始的从低级向高级再从高级向更高级的不断求取新质的系统超循环运动状态，而系统相应的从低级到高级的三个基本层次反应过程，也是相应的"反应循环—催化循环—超循环—反应循环—催化循环—超循环……"不分开端和末端的周而复始的超循环发展过程。

二、两种系统超循环运动的结果及层次划分

系统的运动状态虽然是一个周而复始的从低级向高级、从简单组织结构

---

①　魏宏森，曾国屏.系统论——系统科学哲学［M］.北京：世界图书出版公司，2009：223.

向复杂组织结构的功能耦合的超循环过程，但并非是不可认识的过程。在系统运动的超循环连续过程中，存在阶段性的以综合运动为主或以分析运动为主的两种系统运动状态的不同趋势，不同运动趋势会产生不同的结果。按我们的理解，当我们人为改变系统的运动状态时，在"综合运动 j^z —分析运动 j^f —综合运动 j^z —分析运动 j^f —综合运动 $j^{z'}$ ……"的超循环运动过程中：截取分析运动 j^f 为超循环运动过程的起点和终点时，系统运动一周的过程是"分析运动 j^f —综合运动 j^z —分析运动 $j^{f'}$"，分析运动是总趋势，我们得到的是分析结果；截取综合运动 j^z 为超循环运动过程的起点和终点时，系统运动一周的过程是"综合运动 j^z —分析运动 j^f —综合运动 $j^{z'}$"，综合运动是总趋势，我们得到的是综合结果。

从系统静态类型来讨论图 3 两种系统基本运动静态形式图的纵向系统层次和横向要素类型，它可以帮助我们从静态认识系统层次和类型的集合形式。

我们可以在图 3 的基础上，研究两种系统超循环运动。

在图 3 的基础上，视系统为绝对运动状态，按超循环理论的三个超循环反应层次，确定在"综合运动 j^z —分析运动 j^f —综合运动 j^z —分析运动 j^f —综合运动 $j^{z'}$ ……"两种超循环运动过程中，综合运动 j^z、分析运动 j^f 谁作为系统超循环一周的起点和终点。以分析运动 j^f 为系统超循环一周的起点和终点，系统分析超循环运动一周的运动过程的总趋势是"分析运动 j^f —综合运动 j^z —分析运动 $j^{f'}$"的运动过程；以综合运动 j^z 为系统超循环一周的起点和终点，系统综合超循环运动一周的运动过程总趋势是"综合运动 j^z —分析运动 j^f —综合运动 $j^{z'}$"的运动过程。两种超循环运动过程的起点和终点不同，超循环运动三个反应层次的划分不同，结果就不同。

如何划分系统阶段性的超循环周期的起点和终点，牵涉系统运动的目的性。在系统超循环运动过程中，系统运动目的不同，连续性中的阶段性的起点、终点就不同，超循环运动的三个反应层次就不同，系统运动的总趋势就不同。一般情况下，系统的非线性关系决定了系统阶段性超循环周期总的运动趋势：当系统运动的阶段性目的是获取整体的性质和功能时，系统排斥和吸引、竞争和协同的非线性关系，吸引和协同占据主导地位，系统各层次要素的运动必须符合从综合到综合的系统超循环运动的总趋势；当系统运动的阶段性目的是获取部分的性质和功能时，系统排斥和吸引、竞争和协同的非线性关系，排斥和竞争占据主导地位，系统各层次要素的运动必须符合从分析到分析的系统超循环运动的总趋势。

在系统分析运动 j^f 和综合运动 j^z 周而复始的超循环运动过程中，截取其中一个阶段性的超循环周期来讨论超循环反应过程的层次和类型的划分，是在图 3 系统静态类型划分的两种运动类型的基础上来进行。图 3 分析运动 j^f、综合运动 j^z，在动态条件下的超循环运动周期，是一个形式上从起点到起点（终点）的从简单到复杂的阶段性往复超循环过程。这个阶段性的超循环周期中，系统的起点即为系统运动阶段性超循环发展周期的终点。因此，系统动态超循环研究，首先是研究阶段性超循环过程的起点，再研究阶段性超循环过程，再回到研究阶段性超循环过程的起点（终点）。

因此，根据系统运动的阶段性目的，在"综合运动 j^z —分析运动 j^f —综合运动 j^z —分析运动 j^f —综合运动 j^z ……"的连续循环中，我们可以截取分析运动 j^f 或者综合运动 j^z 作为系统阶段性超循环反应周期的起点和终点。系统阶段性超循环反应周期的起点和终点不同，系统超循环运动的三个反应过程不同，系统运动的总趋势就不同，系统运动的目的就不同。由于截取不同的起点和终点，就形成了系统分析超循环运动和系统综合超循环运动两种超循环的运动形式。

系统的两种超循环运动形式，有不同的超循环运动反应过程，有不同的层次等级秩序的划分。

系统从低级循环到高级超循环的超循环运动的反应过程包括三个基本层次：第一层次是在整体上自再生的转化反应循环，第二层次是在整体上自复制（自催化）的催化反应循环，第三层次就是自选择的超循环（hypercycle）。超循环是指将自再生、自复制的不同反应循环的各个不同单元在功能上耦合联系起来结构成复杂的高级循环组织，即催化超循环组织。超循环不仅是各催化反应单元的结构整合，而且是各催化反应循环单元的功能综合。在超循环组织中，超循环的非线性特征不仅能自我再生、自我复制，而且还能自我选择、自我优化，从而向更高级的有序状态进化，产生更高级的质变。

在系统运动的阶段性超循环过程中，系统运动的阶段性目的不同，系统超循环运动的自再生的反应循环、自复制的催化循环、自选择的超循环的阶段性起点和终点就不同，系统运动超循环层次等级的划分也就不同。在系统超循环的两种运动形式中，我们把运动系统内三个基本超循环反应层次称为层次等级，把每个层次等级内的层次称为层次秩序。系统的两种超循环运动形式，有不同的超循环运动反应过程，有不同的层次等级、层次秩序的划分。

魏宏森、曾国屏[1]认为："从发展的眼光来看，系统的层次性即是系统发展的连续性和阶段性的统一，系统发展的连续性和阶段性的统一就表现为系统的层次性。"系统发展的阶段性表现为系统运动的时间尺度的差异性，即系统运动状态的先后次序性。这里，基本运动系统的分析运动 j^f 和综合运动 j^z 的循环运动过程，是系统发展的连续性和阶段性的统一，是系统运动的超循环过程。分析运动 j^f 和综合运动 j^z 在运动过程中的阶段性循环的时间尺度的差异，就是系统运动的超循环反应层次。

划分系统的层次、类型，可以使用不同的标准。我们采用系统静态类型和系统动态超循环的三个反应层次为划分标准来讨论划分系统的层次、类型。前者讨论系统的静态层次、类型，系统的静态层次、类型反映的是系统运动的本质属性；后者讨论系统的动态层次、类型，系统的动态层次、类型反映的是系统运动的功能属性。前者的层次秩序、类型是后者的层次等级、类型的基础。系统本质属性要得以演化发展，需要功能属性来推动。所以，我们需要讨论系统的超循环动态层次，系统的超循环动态层次的反应过程是系统发展的原动力。

系统的分析运动 j^f、综合运动 j^z 是两个独立的运动分系统。系统动态超循环研究仅是将图 3 系统静态类型划分的分析运动 j^f、综合运动 j^z 的两种静

① 魏宏森，曾国屏.系统论——系统科学哲学［M］.北京：世界图书出版公司，2009：223.

态横向要素类型改变为系统动态超循环的分析运动 j^f、综合运动 j^z 的两种动态纵向系统层次等级，并未改变图 3 两种系统基本运动静态形式图划分的分析运动 j^f、综合运动 j^z 两个分系统内部的层次秩序的运动方向、要素类型。因此，可以图 3 两种系统基本运动静态形式图划分的分析运动 j^f、综合运动 j^z 的运动方向、内在层次、要素类型为基础，对两种运动系统内超循环运动的层次等级以及该层次等级内的层次秩序、要素类型做出划分。

（一）系统分析超循环运动的层次等级及其内在层次秩序、要素类型

系统分析超循环运动的系统目的是获取系统的部分性质和功能。

当我们把图 3 两种系统基本运动静态形式图的分析运动 j^f、综合运动 j^z 作为动态来讨论时，系统分析运动和综合运动是一个"分析运动 j^f—综合运动 j^z—分析运动 j^f—综合运动 j^z—分析运动 j^f……"周而复始的没有开端和末端的循环过程。在循环过程中，不同阶段有不同阶段的运动目的。当系统阶段性的运动目的是获取系统部分的性质和功能时，该系统截取的是"分析运动 j^f—综合运动 j^z—分析运动 j^f"为系统超循环运动周期。其系统超循环运动是分析运动 j^f 到综合运动 j^z 再到分析运动 j^f 的三个阶段性的系统层次等级的超循环反应过程，无论重复多少次循环周期，"分析运动 j^f"始终是阶段性系统超循环运动的起点和终点。这种超循环称为系统分析超循环运动。

系统分析超循环运动，是假定系统的目的是获取系统的部分性质和功能时，其系统运动的总趋势是分析、分解运动。以图 3 作为依据，假定图 3 "两种系统基本运动静态形式图"的运动总趋势是"分析运动 j^f"，系统超循环运动一周为"分析运动 j^f—综合运动 j^z—分析运动 j^f"三个层次，那么，这是一种系统分析超循环运动，系统的层次等级及层次等级的内在层次秩序、要素类型，可以做如下划分：

系统：基本运动系统 j。

基本运动系统 j 代表整体，代表一般、代表高层次。

第一层次等级：分析运动 j^f[1]，反应循环。

j^f 是系统分析运动层次等级，属于反应循环层级。它的内在层次的运动方向是从系统到要素，从高层次到低层次，从整体到部分，从全局到局部，从一般到特殊。

第一层次等级的内在层次秩序、要素类型是：

第 1 层次秩序、要素类型：j^f。j^f 代表基本运动系统的分析运动，是基本运动系统第一层次等级的第 1 层次秩序，只有一种要素类型，j^f 是分析运动的最高层次。

第 2 层次秩序、要素类型：jf^a、jf^b、jf^n。jf^a、jf^b、jf^n 代表基本运动系统的分析运动的下层次运动，是基本运动系统第一层次等级的第 2 层次秩序，有三种要素类型。

该层次等级的内部层次秩序、要素类型是：j^f—jf^a、jf^b、jf^n。

第二层次等级：综合运动 j^z，催化循环。

j^z 是系统综合运动层次等级，属于催化循环层级。它的内在层次的运动方向是从要素到系统，从低层次到高层次，从部分到整体，从局部到全局，从特殊到一般。

第二层次等级的内在层次秩序、要素类型是：

第 1 层次秩序、要素类型：jz^a、jz^b、jz^n。jz 代表基本运动系统的综合运动分系统，jz^a、jz^b、jz^n 代表基本运动系统综合运动分系统的三种要素类型。

第 2 层次秩序、要素类型：j^z。j 代表基本运动系统，j^z 代表基本运动系统的运动只有一种要素类型。

该层次等级的内部层次秩序、要素类型是：jz^a、jz^b、jz^n—j^z。

第三层次等级：分析运动 j^f，超循环。

第三层次等级 j^f 是周期性超循环的终点，属于超循环层级，在形式上是周期性超循环的起点。系统分析超循环运动，它的内在层次秩序、要素类型的划分与第一层次等级 j^f 在形式上虽然相同，但经过前两个层次的循环，系

---

[1] 在系统动态超循环划分方法下，与图 3 的意义不同，英语字母代码的位数不代表基本运动系统的动态层次。

统运动已经有了质的飞跃。

将基本运动系统 j、第一层次等级、第二层次等级、第三层次等级及三个层次等级的层次秩序、要素类型用方向箭头"→"链接起来，它们是" j → j^f（ j^f → jf^a、jf^b、jf^n）→ j^z（ jz^a、jz^b、jz^n → j^z）→ j^f（ j^f → jf^a、jf^b、jf^n）"这样一种系统分析超循环运动形式。该形式中，括号前的英语字母代码代表系统分析超循环运动的层次等级，括号中的英语字母代码代表该层次等级的内在层次秩序、要素类型，顿号前后英语字母代码代表同一层次要素类型。

（二）系统综合超循环运动的层次等级及其内在层次秩序、要素类型

系统综合超循环运动的系统目的是获取系统的整体性质和功能。

当我们把图 3 两种系统基本运动静态形式图的分析运动 j^f、综合运动 j^z 作为动态来讨论时，系统分析运动和综合运动仍然是一个"分析运动 j^f —综合运动 j^z —分析运动 j^f —综合运动 j^z —分析运动 j^f ……"周而复始的没有开端和末端的循环过程。但当系统阶段性目的是获取系统整体的性质和功能时，该系统截取的是"综合运动 j^z —分析运动 j^f —综合运动 j^z "为系统超循环运动周期。其系统超循环运动是综合运动 j^z 到分析运动 j^f 再到综合运动 j^z 的三个阶段性的层次等级的超循环反应过程，无论重复多少次循环周期，"综合运动 j^z "始终是阶段性系统超循环运动的起点和终点。这种超循环称为系统综合超循环运动。

系统综合超循环运动与系统分析超循环运动的阶段性超循环运动过程的起点、终点正好相反，决定了两种系统超循环运动不同的反应层次。

系统综合超循环运动，是假定系统的目的是获取系统的整体性质和功能时，其系统运动的总趋势是综合、归纳运动。以图 3 作为依据，假定图 3 "两种系统基本运动静态形式图"的运动总趋势是"综合运动 j^z "，系统超循环运动一周为"综合运动 j^z —分析运动 j^f —综合运动 j^z "三个层次，那么，这是一种系统综合超循环运动，系统的层次等级及层次等级的内在层次秩序、要素类型，可以做如下划分：

系统：基本运动系统 j。

基本运动系统代表整体，代表一般、代表高层次。

第一层次等级：综合运动 j^z，反应循环。

j^z 是系统综合运动层次等级，属于反应循环层级。它的内在层次的运动方向是从要素到系统，从低层次到高层次，从部分到整体，从局部到全局，从特殊到一般。

第一层次等级的内在层次秩序、要素类型是：

第 1 层次秩序、要素类型：jz^a、jz^b、jz^n。jz 代表基本运动系统的综合运动分系统，jz^a、jz^b、jz^n 代表基本运动系统综合运动分系统的三种要素类型。

第 2 层次秩序、要素类型：j^z。j 代表基本运动系统，j^z 代表基本运动系统的运动只有一种要素类型。

该层次等级的内部层次秩序、要素类型是：jz^a、jz^b、jz^n — j^z。

第二层次等级：分析运动 j^f，催化循环。

j^f 是系统分析运动层次等级，属于催化循环层级。它的内在层次的运动方向是从系统到要素，从高层次到低层次，从整体到部分，从全局到局部，从一般到特殊。

第二层次等级的内在层次秩序、要素类型是：

第 1 层次秩序、要素类型：j^f。j^f 代表基本运动系统的分析运动，是运动系统第二层次等级的第 1 层次秩序，只有一种要素类型，j^f 是分析运动的最高层次。

第 2 层次秩序、要素类型：jf^a、jf^b、jf^n。jf^a、jf^b、jf^n 代表基本运动系统的分析运动的下层次运动，是基本运动系统第二层次等级的第 2 层次秩序、有三种要素类型。

该层次等级的内部层次秩序、要素类型是：j^f — jf^a、jf^b、jf^n。

第三层次等级：综合运动 j^z，超循环。

第三层次等级 j^z 是周期性超循环的终点，属于超循环层级，在形式上是周期性超循环的起点。系统综合超循环运动，它的内在层次秩序、要素类型的划分与第一层次等级 j^z 在形式上虽然相同，但经过前两个层次的循环，已经有了质的飞跃。

将基本运动系统 j、第一层次等级、第二层次等级、第三层次等级及三个层次等级的层次秩序、要素类型用方向箭头"→"链接起来，它们是"j → j^z（jz^a、jz^b、jz^n → j^z）→ j^f（j^f → jf^a、jf^b、jf^n）→ j^z（jz^a、jz^b、jz^n → j^z）"这样一种系统综合超循环运动形式。该形式中，括号前的英语字母代码代表系统超循环运动的层次等级，括号中的英语字母代码代表该层次等级的内在层次秩序、要素类型，顿号前后英语字母代码代表同一层次要素类型。

三、两种系统超循环运动的具体反应过程

（一）不同因果关系决定系统超循环运动的具体反应过程

系统的运动总是特定研究对象的运动，讨论两种系统超循环运动的具体反应过程，不能不与特定运动对象联系在一起讨论。这里，用 x^l 代表特定运动对象。

两种系统超循环运动的三个层次等级及其内在层次秩序、要素类型的划分，有其相应的自再生反应循环、自复制催化循环、自选择超循环的三个超循环反应过程。

两种系统超循环运动，系统的运动目的不同，超循环的阶段性的起点和终点的关系不同，系统的因果关系就不同，系统的周期性超循环反应的过程就不同。

从动态上截取不同的起点和终点，将系统超循环运动分为系统分析超循环运动和系统综合超循环运动，反映了两种系统超循环运动过程不同的系统运动目的。系统不同的运动目的，决定了系统不同的因果关系，也决定了不同的超循环反应过程。

首先，起点和终点不同，因果关系就不同。

两种系统超循环运动反映了不同的因果关系。

系统的演化发展是连续性和阶段性的统一。系统从低级向高级的综合运动和从高级向低级的分析运动两种运动状态，是系统运动连续性中的两个阶段性过程。按照超循环观点，连续性的超循环是一个无法区分开端和末端的循环式因果关系。这就是说，原因和结果是"原因—结果—原因—结果……"的因果超循环演化过程，是一个无法区分开端和末端的连续循环式

因果关系。按照系统演化的超循环，系统运动的循环过程是"综合运动 j^z —分析运动 j^f —综合运动 j^z —分析运动 j^f ……"的超循环演化过程。这一过程就是一个"原因—结果—原因—结果……"的因果关系的连续超循环演化过程。

无法区分开端和末端的连续循环式因果关系，也不是不可认识。系统的连续性中有阶段性，我们对连续性的研究，往往是截取阶段性来讨论。阶段性有阶段性的因果关系，有阶段性的因果关系的超循环过程。阶段性的起点和终点不同，因果关系就不同。

两种系统超循环运动，是截取连续超循环因果关系不同起点的某一阶段循环周期来研究系统的因果关系。不同阶段超循环周期有不同超循环的反应过程，有不同的因果关系，会实现不同的研究结果。两种系统超循环运动的实质区别，就在于反映了不同阶段超循环层次的起点到终点的不同因果关系，反映了不同运动因果关系的不同结果。它们的区别在于：系统分析超循环运动过程是"分析运动 j^f —综合运动 j^z —分析运动 j^f"，其超循环运动的总趋势是由整体分解为部分，"分析运动 j^f"是阶段性超循环周期的起点和终点（起点），是"分析结果—综合原因—分析结果"的超循环过程，是一个先由分析结果决定综合原因的果决性然后再由综合原因决定分析结果的因果性的循环关系，目的是获取系统部分的性质和功能；系统综合超循环运动过程是"综合运动 j^z —分析运动 j^f —综合运动 j^z"，其超循环运动的总趋势是由部分汇聚为整体，"综合运动 j^z"是阶段性超循环周期的起点和终点（起点），是"综合结果—分析原因—综合结果"的超循环过程，是一个先由综合结果决定分析原因的果决性然后再由分析原因决定综合结果的因果性的循环关系，目的是获取系统整体的性质和功能。

其次，不同因果关系，决定系统超循环运动的具体反应过程。

由于系统分析超循环运动和系统综合超循环运动的阶段性超循环因果关系的目的不同，系统运动阶段性超循环过程的开端和末端的因果关系就不同，系统超循环运动的具体反应过程就不同。

系统的运动是特定研究对象系统的运动，系统超循环运动的反应过程是特定研究对象系统的运动过程。如果我们用 x^i 表示特定研究对象，那么，系统分析超循环运动的反应过程是"特定研究对象 x^i —分析运动 j^f —综合运动 j^z —分析运动 j^m"，系统综合超循环运动的反应过程是"特定研究对象 x^i —综合运动 j^z —分析运动 j^f —综合运动 j^m"。

系统分析超循环运动"特定研究对象 x^i —分析运动 j^f —综合运动 j^z —分析运动 j^m"和系统综合超循环运动"特定研究对象 x^i —综合运动 j^z —分析运动 j^f —综合运动 j^m"的系统超循环运动的反应过程，它们的共同特点是：第一，系统两种运动状态在超循环开始的反应循环过程中，被反应物的反应层次由不同运动的初始层次决定。例如，系统分析超循环运动，分析运动 j^f 的运动方向是从高层次到低层次，那么，高层次是分析运动 j^f 的初始层次，超循环运动应从被反应物的高层次开始；系统综合超循环运动，综合运动 j^z 的运动方向是从低层次到高层次，那么，低层次是综合运动 j^z 的初始层次，超循环运动应从被反应物的低层次开始。第二，在系统超循环过程中，前一过程的反应物是后一过程的被反应物。第三，处于系统超循环过程的中间层级的分析运动 j^f 或综合运动 j^z，其功能是该反应过程的助催化剂。第四，不同的超循环过程不是简单的重复过程，是不断求取新质的过程，是系统从低级到高级再到高级、从简单到复杂再到更复杂的系统多层次多单元的要素、结构、功能的循环耦合过程。

系统运动的超循环过程，是多个复杂子单元系统和要素的循环耦合过程。从相对性来说，无论是系统运动或要素运动，都可被视为相对性的系统运动或要素运动。从系统和要素的关系，可以从形式上这么理解两种超循环运动：系统综合超循环运动是把要素的性质和功能耦合为高级复杂组织结构的整体性质和功能的系统综合超循环运动，系统分析超循环运动是把高级复杂组织结构的整体耦合性质和功能分解为要素性质和功能的复杂的系统分析超循环运动。系统超循环运动的三个层次都是系统要素的运动，从相对性整体来说，系统分析运动和系统综合运动每个超循环层次的循环都必须服从该循环层次相对系统的整体功能。系统三个层次的超循环运动，都是要素的涨落求取新质形成新质系统的超循环发展过程，而不是简单的重复。

这样，才能理解系统"综合运动 j^z —分析运动 j^f —综合运动 j^z —分析运动 j^f ……"的超循环演化过程。

系统的两种超循环运动，通过从简单到复杂的自再生、自复制、自选择三大层次的超循环运动过程，最终形成分析超循环系统或综合超循环系统，在研究过程中也就实现了系统运动的分析目的或综合目的。

（二）系统分析超循环运动的具体反应过程

系统分析超循环运动反应过程，它的系统目的是通过分析运动以获得部分的性质和功能。系统分析超循环运动的具体反应循环过程是"特定研究对象 x^t —分析运动 j^f —综合运动 j^z —分析运动 j^f —"，"特定研究对象 x^t —分析运动 j^f"是系统分析超循环运动的转化反应循环过程，"分析运动 j^f —综合运动 j^z"是系统分析超循环运动的催化反应循环过程，"综合运动 j^z —分析运动 j^f"是系统分析超循环运动的超循环反应循环和自选择过程。

在系统超循环运动过程中，前一过程的反应物是后一过程的被反应物。所以，系统分析超循环运动的具体反应过程是：转化反应循环（自再生）过程——"特定研究对象 x^t —分析运动 j^f —分析运动要素 jf^a、分析运动要素 jf^b、分析运动要素 jf^n"。

转化反应循环过程"特定研究对象 x^t —分析运动 j^f"为自再生分析转化反应循环。在该循环中，被反应物 x^t 作为特定研究对象系统进入基本运动系统即进行反应循环。被反应物特定研究对象 x^t 的反应层次由反应循环系统分析运动 j^f 的初始层次决定。反应循环系统分析运动 j^f 的运动方向是由高层次向低层次进行分析运动，被反应物特定研究对象 x^t 从最高层次开始以分析运动 j^f 的系统分析功能作为直接催化剂进行再生分析反应循环。分析运动的排斥和吸引、竞争和协同的非线性关系使得特定研究对象系统的最高层次，能通过逐层次一层一层地分析运动的排斥、竞争的部分分析作用，再生出具有新的整体性质和功能的分析反应物——分析反应循环系统 j^f 的低层次分析运动要素 jf^a、jf^b、jf^n。

对系统分析超循环运动反应过程来说，转化反应循环过程"特定研究对象 x^t —分析运动 j^f —分析运动要素 jf^a、分析运动要素 jf^b、分析运动要素 jf^n"

为分析转化反应循环。

催化反应循环（自复制）过程——"分析运动要素 jf^a、jf^b、jf^n —综合运动要素 jz^a、jz^b、jz^n—综合运动 j^z"：

催化循环过程"分析运动要素 jf^a、jf^b、jf^n —综合运动要素 jz^a、jz^b、jz^n—综合运动 j^z"为自复制（自催化）综合催化反应循环。综合催化反应循环以前一过程分析运动 j^f 的反应物分析运动要素 jf^a、jf^b、jf^n 作为被反应物，被反应物的反应层次由综合运动 j^z 的低层次决定，催化反应循环从被反应物的低层次分析运动要素 jf^a、jf^b、jf^n 开始，自复制转化为相应的系统综合运动 j^z 的最低层次综合运动要素 jz^a、jz^b、jz^n，然后以系统综合运动 j^z 系统综合功能作为直接催化剂，从自复制被反应物的最低层次综合运动要素 jz^a、jz^b、jz^n 开始向高层次逐层次进行自复制综合催化反应。系统综合运动的排斥和吸引、竞争和协同的非线性关系，使得前一过程分析反应循环系统 j^f 的低层次要素，通过综合运动 j^z 的综合催化功能逐层次一层一层的整体汇聚作用，自复制出具有新的整体性质和功能的综合反应物——综合催化循环系统 j^z。

催化循环是在反应循环"特定研究对象 x^1 —分析运动 j^f—分析运动要素 jf^a、分析运动要素 jf^b、分析运动要素 jf^n"的基础上求取新质的综合运动，综合出的是具有更新的整体性质的综合催化反应循环系统 j^z。

对系统综合超循环反应过程来说，催化循环过程"分析运动要素 jf^a、jf^b、jf^n→综合运动要素 jz^a、jz^b、jz^n—综合运动 j^z"为综合催化反应循环。

超循环（自选择）过程——"综合运动 j^z —分析运动 j^f—分析运动要素 jf^a、jf^b、jf^n"：

超循环过程"综合运动 j^z —分析运动 j^f—分析运动要素 jf^a、jf^b、jf^n"为自选择分析运动超循环。经过前面的反应循环过程、催化循环过程，再到自选择分析超循环过程，系统分析运动从"分析运动 j^f —分析运动 j^f"，从起点到终点（起点），实现了一个阶段的系统分析超循环运动过程。分析超循环过程将前一过程的反应物综合运动 j^z 的最高层次转化为分析系统 j^f 的最高层次，以分析运动 j^f 的系统分析功能作为催化剂，从高层次向低层次逐层进行自优化、自选择的超循环分析反应。系统分析运动的排斥和吸引、竞争和协同的非线性关系，使得综合运动催化反应循环系统 j^r 的高层次成为分析方法 j^r 的被反应物，通过逐层次一层一层的分析运动的超循环的部分汇聚作用，演化成更高层次更新质的系统要素，获得更高层次的部分性质和功能，形成分析超循环系统，实现系统的分析目的，分析超循环系统仍然用"分析运动 j^r"表示。

超循环过程的分析超循环运动的形式虽然与转化反应循环的形式一样，但由于经过了两个超循环反应过程，使系统完成了自我再生、自我复制、自我优化过程，进入一个更高的分析有序状态，或者说产生了更高的分析质变，形成了分析自选择超循环系统，分析运动 j^r 的系统整体和系统要素的性质和功能都产生了质变，形成了事实上的系统分析运动结果。

超循环过程形成事实上的系统分析运动结果，有一个自选择过程。在人工系统中，系统到了超循环过程的末端，系统具有了自选择能力，这种自选择是系统演化发展的必然性。在人为的研究过程中，这种自选择能力是人的干预行为。这种自选择过程是：当符合系统研究目的时，人为干预，结束超循环；不符合系统研究目的时，系统再重复反应循环、催化循环、超循环的系统超循环反应的研究过程，再进行新一轮的系统分析超循环研究。

以上系统分析运动的三个超循环反应过程，称为系统分析超循环，最终在运动过程中实现了系统运动的分析目的。

（三）系统综合超循环运动的具体反应过程

系统综合超循环运动反应过程，是与系统分析超循环运动反应过程的起点和终点相反的反应过程，起点和终点不同，反应过程就不同，它们的功能作用和系统目的也就不同。

系统综合超循环运动反应过程，它的系统目的是通过综合运动以获得整体的性质和功能。系统综合超循环运动的反应过程是"特定研究对象 x^t—综合运动 j^z—分析运动 j^r—综合运动 j^z"，"特定研究对象 x^t—综合运动 j^z"是系统综合超循环运动的转化反应循环过程，"综合运动 j^z—分析运动 j^r"是系统综合超循环运动的催化反应循环过程，"分析运动 j^r—综合运动 j^z"是系统综合超循环运动的超循环反应循环过程和自选择过程。

在系统超循环运动过程中，前一过程的反应物是后一过程的被反应物。所以，系统综合超循环运动的具体反应过程是：

转化反应循环（自再生）过程——"特定研究对象 x^1 —综合运动要素 jz^a、jz^b、jz^n —综合运动 j^z"：

转化反应循环过程"特定研究对象 x^1 —综合运动要素 jz^a、jz^b、jz^n —综合运动 j^z"为自再生综合转化反应循环。在该循环中，被反应物 x^1 作为特定研究对象系统进入基本运动系统进行反应循环。被反应物特定研究对象 x^1 的反应层次由反应循环系统综合运动 j^z 的初始层次决定。反应循环系统综合运动 j^z 的运动方向是由低层次向高层次进行综合运动，被反应物特定研究对象 x^1 从最低层次开始以综合运动 j^z 的系统综合功能作为催化剂进行再生综合反应循环。综合运动的排斥和吸引、竞争和协同的非线性关系使得特定研究对象系统的最低层次，能通过逐层次一层一层的综合运动的排斥、竞争的整体综合作用，再生出具有新的整体性质和功能的综合反应物——综合反应循环系统综合系统 j^z 的最高层次。

对系统综合超循环反应过程来说，反应循环过程"特定研究对象 x^1 —综合运动要素 jz^a、jz^b、jz^n —综合运动 j^z"为综合转化反应循环。

催化反应循环（自复制）过程——"综合运动 j^z —分析运动 j^f —分析运动要素 jf^a、jf^b、jf^n"：

催化循环过程"综合运动 j^z —分析运动 j^f —分析运动要素 jf^a、jf^b、jf^n"为自复制（自催化）分析催化反应循环。分析催化反应循环以前一过程综合运动 j^z 的反应物的最高层次作为被反应物，转化为相应的系统分析运动 j^f 的最高层次，然后以系统分析运动 j^f 的系统分析功能作为催化剂，从自复制被反应物分析运动 j^f 系统的最高层次开始向低层次逐层次进行自复制分析催化反应。系统分析运动的排斥和吸引、竞争和协同的非线性关系，使得前一过程综合反应循环系统综合运动 j^z 的高层次系统，通过分析运动 j^f 分析功能逐层次一层一层的部分汇聚作用，自复制出具有新的整体性质和功能的分析反应物——分析催化循环系统 j^f 的低层次分析运动要素 jf^a、jf^b、jf^n。

催化循环"综合运动 j^z —分析运动 j^f —分析运动要素 jf^a、jf^b、jf^n"是在反应循环"特定研究对象 x^t ——综合运动要素 jz^a、jz^b、jz^n ——综合运动 j^z"的基础上求取新质的分析运动,分析出的是具有更新的整体性质的分析催化反应循环系统分析运动 j^f 的低层次分析运动要素 jf^a、jf^b、jf^n。

对系统分析超循环反应过程来说,催化循环"综合运动 j^z ——分析运动 j^f →分析运动要素 jf^a、jf^b、jf^n"为分析催化反应循环。

超循环(自选择)过程——"分析运动要素 jf^a、jf^b、jf^n ——综合运动要素 jz^a、jz^b、jz^n ——综合运动 j^z":

超循环过程"分析运动要素 jf^a、jf^b、jf^n ——综合运动要素 jz^a、jz^b、jz^n →综合运动 j^z"为自选择综合超循环。经过前面的反应循环过程、催化循环过程,再到超循环过程,系统综合运动从" j^z —j^z",从起点到"起点",实现了一个阶段的系统运动综合超循环过程,进入综合超循环自选择过程。

超循环过程将前一过程的反应物分析催化反应循环系统分析运动 j^f 的低层次分析运动要素 jf^a、jf^b、jf^n 转化为综合超循环系统综合运动 j^z 的最低层次综合运动要素 jz^a、jz^b、jz^n,以综合运动 j^z 的系统综合功能作为催化剂,从低层次向高层次逐层进行自优化、自选择的超循环综合反应。系统综合运动的排斥和吸引、竞争和协同的非线性关系,使得分析催化反应循环系统分析运动 j^f 的低层次分析运动要素 jf^a、jf^b、jf^n,通过逐层次一层一层的综合运动的超循环的整体汇聚作用,演化成更高层次更新质的系统,获得更高层次的整体性质和功能,形成综合超循环系统,实现系统的综合目的,综合超循环系统仍然用"分析运动 j^f"表示。

综合运动超循环的形式与转化反应循环的形式虽然一样,但由于经过了两个反应过程,超循环综合运动系统的综合运动 j^z 的系统整体和系统要素的性质和功能都产生了质变。超循环过程使系统完成了自我再生,自我复制,自我优化过程,进入一个更高的综合有序状态,或者说产生了更高的综合质变,形成了综合自选择超循环系统综合运动 j^z,综合运动 j^z 的系统整体和系统要素的性质和功能都产生了质变,形成了事实上的系统综合运动结果。

超循环过程形成事实上的系统综合运动结果,有一个自选择过程。在人工系统中，系统到了超循环过程的末端，系统具有了自选择能力，这种自选择是系统演化发展的必然性。在人为的研究过程中，这种自选择能力是人的干预行为。这种自选择过程是：当符合系统研究目的时，人为干预，结束超循环；不符合系统研究目的时，系统再重复反应循环、催化循环、超循环的系统超循环反应的研究过程，再进行新一轮的系统综合超循环研究。

　　以上系统的三个超循环运动过程，称为系统综合超循环，最终在运动过程中实现了系统运动的综合目的。

第二篇 方法的系统探究

本篇共三章，第一章"方法的系统性"，探讨了方法的意义、传统方法定义、系统方法定义。第二章"系统方法定义的系统研究过程及系统超循环研究方法"，第一、二、三节探讨了系统方法定义的系统研究过程，包括系统方法定义的集合形式、静态形式，系统方法定义的两种超循环研究形式图、动态层次等级，系统方法定义的坐标推演过程及系统流程图，第四节探讨了系统超循环思维导图、系统超循环研究方法。第三章"系统理论与系统超循环研究方法在论文、项目（著作）研究中的应用"，探讨了系统整体最优原则、系统理论与系统超循环研究方法在人文社科研究中的综合应用，系统超循环研究思维导图在论文、项目（著作）研究中的具体应用。

系统理论认为，世界上万事万物都由不同层次系统组成。万事万物的研究都可以作为不同层次的系统问题进行研究，都有其系统的基本形式，都有不同的系统超循环运动过程。

研究系统问题，可以从两个角度，用两种方法进行讨论：

一是从静态角度，运用系统静态类型研究方法来讨论系统的静态形式。系统的静态形式是从静态讨论不同层次系统的基本形式，是用不同层次表示的纵向系统层次和横向要素类型的集合。系统静态类型研究方法，是视系统为相对平衡静止状态，以质量大小、运动状态、组织结构、历史长短、范围大小、地位作用、整体部分、结构功能等不同类型为划分标准，按类型从

高层次 ① 往低层次逐层划分系统的纵向系统层次，从系统静止状态下等级秩序的差异性中来划分系统静态层次。系统的静态层次反映的是系统的静态属性，是讨论系统超循环运动的基础。

二是从动态角度，运用系统动态超循环研究方法来讨论系统的动态形式。系统的动态形式是从动态超循环来讨论系统的演化发展，系统的演化发展是一个从简单到复杂的反应循环、催化循环、超循环三个层次的超循环反应过程。系统动态超循环研究方法，是视系统为绝对运动状态，按系统超循环理论的三个超循环反应层次逐层划分系统运动的纵向系统层次和横向要素类型，在其时空尺度的连续性和阶段性的差异性中来讨论系统运动状态下的系统的演化发展。系统的动态形式反映的是系统的动态属性，是在静态形式的基础上来讨论系统超循环运动。

---

① "高层次""低层次"反映的是系统的层次概念。在以后的讨论中，系统静态层次用"层次"概念表示，系统动态层次用"层级"概念表示。系统静态层次反映的是系统的本质属性，系统动态层次反映的是系统的运动属性。

第一章　方法的系统性

以第一篇为理论基础，本章探讨了"方法的意义""传统方法定义""系统方法定义"，提出了"方法是特定研究对象的分析和综合的思维方式和行为方式的系统超循环研究"的系统方法定义的基本观点。

第一节　方法的意义

人类的生存发展、人类的社会发展、人类的科技进步、人类的现代文明等，都离不开方法。人类的发展史，是应用方法研究方法的发展史；人类的文明史，是研究方法应用方法的文明史；人类的一切研究，都是方法的研究；人类的一切实践，都是方法的实践；人类的一切发展，都是方法的发展。方法对于人类具有重要意义。

一、方法是人类生存发展的基础

人类的产生离不开方法。

人由猿进化而来，得益于方法的发展。距今约 1500 万年前，因为气候发生巨大变化，森林减少，一些古猿被迫从树上转移到陆地上生活。他们首先学会了直立行走的方法，继而学会用手使用石块或树枝等天然工具防御敌人和获取食物的方法，再进一步学会制造工具和使用语言交流的方法，久而久之，随着方法的发展，古猿逐渐演变成有思维意识的人。

方法和人类生存息息相关、相生相伴。

　　中国人就餐用筷子，西方人就餐用刀叉，这是进食方法的不同。浙江大学游修龄教授研究认为：东方人用筷子和西方人用刀叉，其进食方法的不同和东西方人不同的生存环境有着密不可分的关系。筷子发源于有竹子的地方。先秦以前，据《礼记》中的记载推测，人们用手当手段把食物送入口内。后来，由于在加工烧煮食物的过程中，无法直接用手操作，所以就借助竹枝一类的工具作为手段烧煮食物和取食，发展至今就形成了中国人用筷子的进餐方法。东汉许慎的《说文解字》"箸，从竹声"就已验证了以上的结论。西方人吃饭用刀叉，亦是由生存环境决定的进餐方法。西方人用刀叉的历史，比中国人用筷子的历史要晚很多。据游修龄教授研究，刀叉的起源和欧洲古代游牧民族的生活习惯有关，他们长期在马背上生活，随身携带刀具，到了一地往往将肉烧熟后，随手就用随身携带的刀具割下来吃，久而久之形成一种进餐方法。后来欧洲人逐渐形成定居的生活方式后，由于仍以畜牧业为主，以牛羊肉为主食，以面包等为副食，他们也就沿袭和形成了用刀叉进食的方法。

　　人类的发展离不开方法的研究和应用。

　　人类的"任何一项研究都离不开方法的支撑。没有研究方法的科学研究是不存在的，没有研究方法，其研究就成了无源之水、无本之木，就不是真正的研究。培根用实验法最早发现了热的运动本质；笛卡儿用他提出的直觉—演绎创立了解析几何学；伽利略用实验—数学方法发现了自由落体定律，运用理想实验得出了惯性定律，开创了动力学研究的先河；牛顿用公理化的方法、归纳与演绎的方法完成了经典力学体系；汤姆生、卢瑟福、玻尔等用模型化的方法揭开了物质微观粒子的结构，建立了各种原子结构模型；爱因斯坦运用理想实验方法、演绎方法和各种非理性的直觉、顿悟方法创立了相对论；康德和拉普拉斯运用思辨的方法与假说方法提出了天体演化学说；拉瓦锡用定量方法、理论思维方法创立了氧化学说；凯库勒以基本灵感与想象发现了苯的环状结构式；门捷列夫用分类、比较法发现了元素周期表；海特勒与伦敦等把量子力学的理论引入了化学研究，创立了量子化学。达尔文用观察法、实验法、分类法、比较法等提出了进化论。从中不难发现，这些物理学、化学、天文学等自然科学领域的研究结果都是通过各种各样的方法来实现的。吴文俊的数学、袁隆平的杂交水稻等最新研究结果也都是采用新的方法取得的，因此，要想做好研究工作，取得一定研究结果，必须使用一定的研究方法"①。人类正是在对方法的不断研究和应用过程中得以进化和发展。

二、人类的一切创新都是方法的创新

人类要发展，需要不断创新方法。

人类的创新研究，就是研究用新的方法去实现新的研究目的。在这一意义上，人类的一切研究都是方法的创新研究，一切创新研究都可以认为是××研究对象"××方法的创新研究"。无论社会中的政治、经济、军事、科学、文化等方面的各种复杂问题或简单问题的创新研究，无一例外都是在研究用什么新的方法去实现新的研究目的。这些创新研究，都可以认为是"政治方法的创新研究""经济方法的创新研究""军事方法的创新研究""科学方法的创新研究""劳动方法的创新研究""文化方法的创新研究""教育方法的创新研究""翻译方法的创新研究"，等等。

中国是一个文明古国，中国古代科技曾走在世界前列。中国古代给后世留下了许多著名的物质和非物质文化遗产，如阴阳合历、北斗历法、都江堰、灵渠、指南车、记里鼓车、方剂、炼丹、造纸术、指南针、火药、活字印刷术、群炉汇流法等，无一不体现了所有的文明都是方法创新的文明，所有的研究都是方法创新的研究。历法分阳历、阴历、阴阳合历。中国古代以阴历为基础，以阳历调整阴历，使阴历的岁与阳历的岁大体保持一致，其历法是一种天文学方法的创新。我国古代劳动人民在漫长的生活实际中，通过天文观测和研究，发现用北斗七星"定方位""观四时"，观测便利、实用准确，结合二十八星宿，古人划分出一种历法称"北斗历法"。"北斗历法"是古人根据初昏时观测到的二十八宿某一宿在星空的位置，判断季节的方法的创新。"灵渠和都江堰是我国著名的两大水利工程，作为中国古代水利科学

---

① 徐志明，等．研究方法［EB/OL］．（2018-07-05）［2019-02-11］.https：//baike.baidu.com/item/%E7%A0%94%E7%A9%B6%E6%96%B9%E6%B3%95/3923699.

的智慧结晶和杰出代表，二者的开凿年代相近，工程结构形制相似，分沙泄洪原理相同，反映了我国古代水工建筑的高超智慧和先进的科技水平。因此，探寻彼此之间的共性与个性，总结并认识工程所具有的科学性和创造性，对于我们领略中华民族的辉煌历史以及发掘人类世界文化遗产，尤其具有重大的现实意义。"①灵渠与都江堰在中国水利史上具有重要的地位和作用，至今仍然发挥着功用。灵渠与都江堰留给后人的，除了物质遗产，更主要的是非物质遗产，是关于水利的哲学思维方法。以都江堰为例，它"遵循了'乘势利导、因时制宜'的治水指导思想，'岁必一修'的管理制度，'遇难弯截角、逢正抽心'的治河原则，以及'砌鱼嘴……立湃阙，深淘滩、低作堰'的引水、防沙、泄洪之管理经验和治堰准则。而'乘势利导，因时制宜'的指导思想，其实质就是放之四海而皆准的治水哲学，它强调的是要充分掌握河流的流势和其他自然条件，加之利用和正确引导，利用有利条件消除不利因素，同时要随时间、地点和具体条件的变化而变化，采取不同的措施把工程做好。这一治水哲学思想不仅对过去，而且对我们今天的水利工作都有十分重要的借鉴和指导意义"②。都江堰修建时采用了各种科学方法，它留给后人的，除了都江堰，更重要的是关于水利的哲学思维方法。造纸术、指南针、火药、活字印刷术是我国的四大发明。指南针开始是用来辨认行军方向的工具，最初是一种机械装置的指南车，战国时才出现利用磁铁的磁力指示方向的仪器司南。到了宋代，制造指南针的技术大大进步，间接使中国航海业发展兴盛，与中国往来的阿拉伯人与波斯人因此学会了使用指南针，将其制造方法传到欧洲等地。火药是方士在炼丹过程中发明的，到了唐朝已经被用于战争，宋朝已经有铁罐型的杀伤性武器。后来生产火药的方法才由蒙古人西征传到阿拉伯再传到欧洲等地。中国发明活字印刷术之前，书籍是用手一本一本抄写，后来虽然出现了拓印、雕版等印刷方法，但仍然耗时费力。

---

① 360问答. 灵渠和都江堰谁更杰出？［EB/OL］.（2017-08-11）［2020-07-17］.https：//wenda.so.com/q/1515275564214445.

② 360问答. 都江堰和灵渠给我们带来了什么启示？［EB/OL］.（2019-11-29）［2020-07-17］.https：//wenda.so.com/q/1582279390217501.

宋代毕昇发明了活字印刷术，大大改进了印刷方法，后来传到世界各地。文字的书写和保存，在中国最早出现在殷商的甲骨文上，后来出现铸在钟鼎上的钟鼎文（又称金文）上，春秋战国时代开始将文字刻在木简上，用绳索贯穿成册，秦汉时用笔书写在丝布上，十分笨重不便。直到东汉时代，宦官蔡伦改进了造纸的方法，才开始大量使用纸作为书写保存工具，这种先进技术经过一千多年后才传到欧洲等地。中国的四大发明先后传播到世界各地，对世界文明发挥了巨大作用。中国的四大发明指的是什么？不是纸、指南针、火药、活字印刷术，而是指它们的制造方法。传到世界各地的是什么？传到世界各地的是制造方法。可见，中国古代文明是不断创新科学技术方法的文明。

现代社会，人类进入高度文明时代。人类社会经历蒙昧时代、野蛮时代、文明时代。由于文字的发明和使用，人类进入文明时代。人类文明的发展，决定于生产力的发展，而生产力的发展决定于科学技术的发展，而科学技术的发展来源于方法的不断创新研究。石器时代，人类创新了打制、磨制石器、加工陶器的方法，掌握了农业和畜牧业生产的方法；红铜时代和青铜时代，人类从掌握石器与铜器并用的方法过渡到了掌握铜锡合金的青铜器生产方法；铁器时代，南印度掌握了高质素钢材的生产方法；黑暗时代，1716—1880年，欧洲工业革命掌握了机器代替手工业生产的方法，1767年发明纺纱机，1769年瓦特改良蒸汽机，1820年发明卷扬机、气锤、铁路运输等工业生产方法；蒸汽时代，蒸汽机方法得到广泛应用，电气产品的生产方法如雨后春笋般涌现出来，如1866年德国人西门子掌握发电机方法，1870年比利时人格拉姆发明电动机方法，1876年德国人奥托研究出第一台以煤气为燃料的四冲程内燃机方法，1837年美国人莫尔斯研究出第一台电磁式电报机方法，1876年美国贝尔发明了电话方法，1885年德国卡尔研究出汽车制造方法，1903年美国莱特兄弟实现了人类历史上第一次驾机进行动力飞行的方法、诺贝尔发明了制造炸药的方法，1909年利奥·比克兰发明塑料生产方法，1913年美国芝加哥掌握世界上第一台家用电冰箱的生产方法，1928年美国通用公司研制出第一台电视机生产方法；原子时代，1942年，意大利物理学家费米研究并为美国建立第一座核反应堆，用一克的铀，裂变后产生的能量相当于燃烧 3 吨煤或 2000 升油所放出的能量，其爆炸力相当于 20 吨 TNT 炸药，人们掌握利用原子能方法的时代从此开始；信息时代，欧美 1969 年，中国 1984 年，电子计算机投入使用，1957 年第一颗人造卫星由苏联发射升空，开辟了航天时代，1969 年"阿波罗"号飞船使人类第一次在月球上留下足迹，1983 年第一个机器人在联邦德国大众汽车股份公司投入服务，1989 年互联网出现，现在大数据方法的发展又使信息化高速发展。从计算机的出现和普及开始到大数据，世界进入信息时代，信息对整个社会的影响逐步上升到绝对重要地位，信息量、信息传播速度、信息处理速度、信息应用程度等信息方法的创新研究，在以几何级数的方式高速增长，信息方法的高速发展推动现代文明高速发展。

所以，人类文明的一切进步离不开创新，人类的一切创新都是方法的创新。

三、方法决定成败

方法正确则事半功倍，方法错误则前功尽弃。

人类进步的一点一滴，都是人类方法的经验和智慧的结晶，是人类鲜血和生命的贡献。就拿南极探险来说，1911 年罗尔德·阿蒙森、罗伯特·斯科特两人欲争抢成为第一个到达南极的人。罗尔德·阿蒙森和罗伯特·斯科特两个勇士，有着同样的勇敢、同样的坚强、同样的决心和意志，但由于思维方式不同，他们各自采用了不同的行为方式，也就是各自选择了不同的手段。罗尔德·阿蒙森选择用狗作为手段，罗伯特·斯科特选择用矮脚马作为手段。结果，罗尔德·阿蒙森因为方法正确，胜利成为第一个到达南极的人，而罗伯特·斯科特因为方法的错误，付出了生命的代价。两人的结果都是在不同思维方式的指导下应用不同行为方式的结果。中国有个成语叫"南辕北辙"。这个意思是说有个人想去南方，受其思维方式的驱使，在未弄清方向的前提下估摸着选择一直朝北方走的行为方式。由于思维方式的错误导致行为方式的错误，其错误方法的选择导致的结果是越走离目的地越远。在日常生活中，人们也就常用"南辕北辙"来形容方法的错误。

正确方法是提高工作效率的先决条件。

人类的生产生活实践是人类思维方法和行为方法共同作用的结果。我国历史上有一则庖丁解牛的成语故事，谈的是庖丁懂得牛体结构，对牛体结构了如指掌，能很熟练地按牛体骨骼的间隙去行刀。因为庖丁解牛能"顺其理"，所以解牛效率非常高，能做到19年不用磨一次刀。这里，庖丁解牛能"顺其理"，就是有了按牛体骨骼解牛的思维方式，有了按牛体骨骼间隙顺结构行刀解牛的行为方式。正确的思维方式和行为方式两者结合起来，庖丁才能成为古今闻名遐迩的"解牛大师"。将解牛的正确思维方式和解牛的正确行为方式两者结合起来，才是"工欲善其事，必先利其器"（《论语·卫灵公》），才能"事必有法，然后可成"（《孟子集注》）。

方法改变世界，方法落后国力衰弱，方法先进国力强盛。

在近代，方法曾改变世界。中国近代史是一部屈辱史，也可以说是方法的衰落史。首先是统治方法的衰落史。当西方列强采取开放方法大力发展资本主义的时候，中国仍然处于"夜郎自大"的封建主义社会形态。清政府采取闭关锁国的政策，致使中国处于封闭状态，与世界断开了联系，未能及时吸收到世界先进的经验和科学技术，国家积贫积弱，最终落后挨打。撇开历史和其他政治经济关系不谈，就方法而言，闭关锁国是根本国策方法的错误。其次是核心科技方法的衰落史。火药是中国的四大发明之一。但之后在火药应用方法的研究史上，中国发明后用于烟花爆竹方法的研究，用于歌舞升平，西方学习后则用于枪炮子弹的方法研究，用于强国强军，生产出"利炮"。西方列强还掌握了蒸汽机等核心方法，造出了"坚船"。此时，中国在封闭状态下，却不知道什么是物理、什么是蒸汽机、什么是枪炮。其结果，西方列强用坚船利炮等核心技术打开了中国大门，用中国的科技发明方法陷中国于水深火热之中。

在当代，方法同样在改变着世界。当今世界，美国作为头号帝国主义强国，无时不在显示其霸凌主义，想打谁就打谁，想制裁谁就制裁谁。他们的强悍，不能不缘于他们掌握了各种最先进的核心科技方法。中国现在已发展为仅次于美国的第二大经济体，是因为中国共产党在国策上采取了改革开放的正确方法。今天的中国，经济繁荣昌盛，科技突飞猛进，国防日益强大，世界格局正因中国的崛起而发生重大变化。中国改革开放的国策促进了各种核心科技方法得以创新发展，使中国的国力得以强大。

方法改变人生，不同方法会有不同的人生结果。

有这样一个故事。在改革开放初期，有两个农村人外出打工。一个购了去北京的火车票，一个购了去上海的火车票。两人在候车厅候车时，都听到了邻座旅客在议论北京人和上海人。邻座旅客说：北京人好，对贫穷吃不上饭的农民工又送馒头又送旧衣服；上海人贼精，外地人问路还要收费。两人听了议论，思维方式发生了根本变化。购上海票的人认为去北京好，"饿不死"；购北京票的人认为去上海好，"能赚钱"。思维方式指导行为方式，两人改变出行初衷，同去窗口退票。两人碰巧互换，去北京的换成了对方去上海的票，去上海的换成了对方去北京的票。五年后，他们又在北京火车站戏剧般相遇了。去上海的人坐卧铺车厢到达北京火车站时，有一个捡拾破烂的人向他索要空啤酒瓶子。抬头碰面时，双方都愣住了，这不是五年前换票之人吗！这时候，两人的巨大差异已显而易见。原来，将去北京票换为去上海票的人的思维方式是"去上海，那里好赚钱"。在"好赚钱"的思维方式的支配下，他到上海后就到处寻找商机。他发现，上海市区的人喜欢种花但缺少泥土。于是，他去上海远郊取土，运到市区卖。第一次，他就赚到50元钱，尝到了甜头，不断运土到市区卖，很快拥有了一间小门面。他并未满足现状，继续寻找其他赚钱机会，发现上海大部分商店楼面都很靓丽而招牌却很脏，招牌严重影响商家形象。经打听原因是清洗公司清洗楼面时不负责清洗招牌。打听清楚，他立即购买了工具并联系业务自己开始干起来，专门负责清洗招牌。后来，业务渐大，他开办了小型清洗公司，员工规模发展到150多名，业务由上海拓展到杭州和南京。他仍不满足现状，这次就是专程到北京考察拓展业务。去上海者俨然华丽转身为老板。将去上海票换为去北京票的人的思维方式是去北京"饿不死"。他刚到北京那个月，没事干，靠白喝银行大厅的免费水解渴，靠白吃商场欢迎品尝的点心充饥，认为北京果然很好，随后认为捡破烂能解决吃饭问题，就以捡破烂为生。五年过去了，去北京者仍然在温饱线上奔忙。两人不同的人生，显然是不同的方法改变了他们的命运。这两人的根本思维方式：一个是"去赚钱"，一个是"保温饱"。两人的根本思维方式支配了两人的根本行为方式：一个去"寻商机"，一个去"捡破烂"。两人思维方式和行为方式的方法差异，导致了大相径庭的人生结果。

综上所述，方法对于人类具有非常重要的意义。

第二节　传统方法定义

本节探讨"传统方法定义的讨论""中西方传统方法的差异性"，为探讨"系统方法定义"奠定基础。

一、传统方法定义的讨论

人类的交流和沟通，存在一个十分有趣的现象，很多情况下，似乎只能意会，不能言传。人们对某一对象的交流和沟通，尤其是对一些抽象对象的交流，往往是"剪不断，理还乱"。人们交流沟通时，互相似乎都理解了对方的意思，但双方要认真把交流沟通的特定研究对象是什么说得明明白白，好像又解释不清楚。这种现象的产生有两种情况。

第一种情况，是前人实际上已经把问题弄清楚了，由于当事者后天学习的不足，尚未彻底弄明白，但却能意会到"就是这么回事"。譬如，我们用汉语交流，我们随口所说的很多词语，听别人说了我们也那么说，也知道是怎么回事，但我们就是解释不清楚这个词，却并不影响交流沟通。就拿"南辕北辙"这个成语来说，某人做某事说某话不"靠谱"，你指责他"南辕北辙"，他可能不理解"南辕北辙"这个词的具体含义，但他结合当时的场景、语气、方式，却会意会到你在说什么，会理会到你是在指责他做的不对或者说的不对。这种情况在生活中时常发生，但人们通过进一步学习，可以彻底弄明白是怎么回事。

第二种情况，是前人至今都没有把问题弄清楚，人们交流沟通时结合当时的场景、语气、方式，通过视觉、听觉、触觉、嗅觉、思维等交流沟通方式，却能意会到大概"是怎么回事"，长期就在不明不白中交流着、沟通着、意会着。这第二种情况，有待人们进一步搞清楚，不仅要能意会，而且要能言传——争取明明白白定义它，以便更好地应用它。

对方法这一词语的定义，就属于以上第二种情况。方法这一词语，可以说使用频率非常之高。教师教育学生要研究方法，父母教育子女要讲究方法，科学研究要创新方法，劳动者劳作要掌握方法，翻译人员从事翻译也要不断创新方法，人类日常生活的点点滴滴都需要方法。对方法这一词语，虽然人们在随处使用它，但要具体说明什么是方法，至今仍无准确界定，存在着多种定义。

首先，方法一词的来源存在着争论。有一种意见认为，方法一词来源于希腊文，是"沿着""道路"的意思。但据有关学者考证，方法一词在中国使用最早，真正起源地应是中国，而且与希腊文的意思相一致。中国人早就把方法认为是行事的条理，巧妙、有效办事的路线、途径、轨迹。

其次，就方法的定义存在着争论，因而存在着分析方法、综合方法、思维方式、行为方式、特定研究对象等各种定义和方法。

中西方传统研究方法存在差异性。西方的传统研究方法往往偏重于将事物的整体分解为部分来加以认识，中国的传统研究方法往往偏重于将事物的部分综合为整体来加以认识。因此，"方法是对事物进行分析或综合"，大概可以作为一种传统方法定义来讨论。这里所说的分析或综合，就是用分析方法或综合方法指导思维方式、行为方式研究特定研究对象。

中国古代把用"矩"测定方形的法则称为方法。在现代，方法的定义很多：解决问题的办法或者为达到某种目的而采取的途径、步骤、手段等；为获得某种东西或达到某种目的而采取的手段与行为方式；解决问题的门路、程序等；用来模拟所具有的能力、动作或者行为；人们认识、改造客观世界应遵循的程序、途径、方式的总和；办法、门径；方法、法术；法则；等等，不一而足。以上定义，是用分析方法将整体分解为部分或用综合方法将部分综合为整体从人的行为方式这一方向来讨论方法的定义。

在国外，黑格尔认为方法是主观方面的工具和手段，黑格尔说："方法也就是工具，是主观方面的某个手段，主观方面通过这个手段和客体发生关系……"（列宁：《黑格尔〈逻辑学〉一书摘要》，见《列宁全集》第 38 卷，第 236 页）①。英国培根认为，方法是条条蹊径中的路标，是黑暗中照亮道路的明灯，能"给理智提供暗示或警告"（培根：《新工具》，转引自《十六——十八世纪西欧各国哲学》，1958 年三联书店出版，第 9 页）。他把方法定义为"心的工具"，他论述方法的著作《新工具》一书因此而命名。② 黑格尔的"主观"指的是人的思维，培根的"心"指的亦是人的思维，他们是用分析和综合方法从人的思维方式这一方向来讨论方法的定义。

方法一词应用范围非常广泛。为定义方法包罗万象的特定研究对象，有人提出应根据不同的特定研究对象进行不同的定义。他们认为，"方法在哲学、科学及生活中有着不同的解释与定义"③。确实如此，不同的特定研究对象有着不同的研究方法，有着不同的定义。有人将哲学作为特定研究对象，把哲学方法解释为人们用关于世界的根本观点作指导去认识世界和改造世界；有人根据特定研究对象定义，分析综合出了针对不同特定研究对象的调查法、观察法、实验法、文献研究法、实证研究法、定量分析法、定性分析法、跨学科研究法、个案研究法、功能分析法、数量研究法、模拟法、探索性研究法、信息研究法、经验总结法、描述性研究法等数十种研究方法。这类观点，他们是从方法的特殊性（个性）即方法作用的特定研究对象的需要来讨论方法的定义。但仍然是用分析和综合方法从思维方式或行为方式分割开来讨论方法的具体定义，仍不能高度概括方法定义的普遍性。

---

① 学术博客平台 – 学问社区 . 谈谈方法与手段的区别［EB/OL］.（2018–07–07）［2022–01–07］. http：//blog.51xuewen.

② 学术博客平台 – 学问社区 . 谈谈方法与手段的区别［EB/OL］.（2018–07–07）［2022–01–07］. http：//blog.51xuewen.

③ 百度百科 . 方法［EB/OL］.（2018–07–07）［2021–01–07］.https：//baike.baidu.com/item/%E6%96%B9%E6%B3%95/2444?fr=aladdin.

用分析和综合方法从人的行为方式来讨论方法的定义、从人的思维方式来讨论方法的定义、从方法作用的特定研究对象的需要来讨论方法的定义，是中外自古至今常见的对方法一词的几种传统定义方法，也是中外自古至今常用的几种传统方法。无论是分析方法、综合方法、行为方式、思维方式、特定研究对象等各种定义和方法，它们虽然都是方法，但却没有一个统一的方法定义。可以说，这几种方法定义都揭示了方法某一方面的本质特征，都是非常正确的方法。但这种方法定义的讨论，都未能准确界定方法一词，都未能高度概括方法定义的各种复杂性，其方法定义不能满足方法意义的复杂性要求。

二、中西方传统方法的差异性

对方法定义的不同认识，导致了中西方传统方法的差异性。在总趋势上，中国偏重于综合方法，西方偏重于分析方法。

在传统方法的讨论中，虽然人们总是将分析方法、综合方法、思维方式、行为方式、特定研究对象等各种方法分割开来单独讨论和应用，但在总趋势上，人们总是在用分析方法、综合方法来讨论思维方式、行为方式、特定研究对象。中西方传统方法实质上存在着系统层次，分析方法、综合方法作为总趋势是最高层次，只是传统方法并未从系统角度将其系统化而已。正因为传统方法未能系统化，使得中西方传统方法在总趋势上存在差异性。

中西方传统方法的差异性，体现在中西方分析方法和综合方法的总趋势的偏重性。中国偏重于用综合方法来研究思维方式、行为方式、特定研究对象，西方偏重于用分析方法来研究思维方式、行为方式、特定研究对象。

在思维方式的讨论上，可以从学界的讨论中看出中西方分析方法和综合方法在总趋势上的差异性。刘长林先生在《中国系统思维》一书中谈道："中国民族传统思维往往着眼于整体而轻个体，偏重综合而不善于分析，时间和历史观念很强而空间观念相对较弱，重视人际和其他一切事物的关系方面，而忽视其形质实体方面，强于直觉体验而弱于抽象形式的逻辑思辨，并且总是将抽象思维和形象思维紧密地结合起来，等等。十分有趣的是，西方的传统思维却与我们几乎一一相反，从而在历史上与中国思维形成均衡对称的绮丽格局。"① 刘长林先生的研究说明，中西方在传统研究方法上，中国的思维方式偏重于综合为主，西方的思维方式偏重于分析为主。刘长林先生的研究基本上代表了学界对中西方传统思维方式的观点。杨家祚先生也在《东西方思维方式：差异、渊源、趋势》一文中对中西方传统的综合分析思维方式进行了分析。他指出："研究者们认为，东西方思维方式的差异，从总的方面来看，主要表现在综合辩证思维和逻辑分析思维上。一些学者常用综合（整体）辩证思维来描述东方人，尤其是中国人的思维方式；用逻辑思维或分析思维来描述西方人，尤其是欧美人的思维方式。""在全局与局部、整体与个别问题上：东方人特别是中国人比较重全局、整体，轻局部、个别；西方人尤其是美国人特别强调某一局部、个体的作用。比如，对造成某一事件原因的分析，中国人往往着力于事件起因的周围社会环境；美国人则侧重造成事件当事人的个人特征。"② 杨家祚先生明确指出东西方思维方式的差异，东方偏重于综合思维方式，西方偏重于分析思维方式。

中国人重综合，西方人重分析，不同的思维方式给东西方文明带来了不同的行为方式，产生了不同的文明结果。在行为方式的讨论上，可以从历史上许多重大结果来看中西方分析方法和综合方法在总趋势上的差异性。由于中西方传统的分析和综合思维方式的总趋势的差异性，必然造成中西方在行为方式上的分析和综合方式的总趋势的差异性，从而导致了中西方历史上许多重大发明和创造的结果都明显带有中国偏重于综合、西方偏重于分析的行为方式上的差异性。

就拿中国古代文明来说，由于我们的祖先倡导"经世致用"的思想，重视实践研究而轻视纯理论研究，所以在研究的行为方式上就擅长从事物的关系及结构入手去研究多种因素的综合，如中国古代的"群炉汇流法""活字

---

① 刘长林.中国系统思维［M］.北京：中国社会科学出版社，1990：6.

② 杨家祚.东西方思维方式：差异、渊源、趋势［J］.国际关系学院学报，2005（6）：38–42.

印刷术""阴阳合历""北斗和二十八星宿""圭表原理""都江堰和灵渠""铜绿山古井矿""联窑""火药"等,都是综合研究的伟大贡献,都是"我们的祖先擅长于多种因素的综合,偏重事物之间的关系和结构,重视运筹和整体功能"的行为结果。著名的"群炉汇流法"就是一种综合的行为方式。我国古代铸造业十分发达。明朝永乐初年铸造的永乐大钟,现保存在北京西郊大钟寺,是世界上最大的钟之一,被誉为中国"钟王"。永乐大钟重 46.5 吨,通高 6.75 米,直径最大为 3.3 米。钟壁内外上下铸满汉文、梵文书写的一百多种佛教经咒,计 23 万余字。该钟工艺超凡、设计精致。钟的材质为合金,经用现代方法分析,其比例为铜 80.54%、锡 16.4%、铅 1.2%,还含有其他少量元素。该钟设计符合振动力学和声学发音原理,钟壁厚度,顶部、中部、钟唇分别为 102 毫米、94 毫米、185 毫米。所以,敲击钟壁各段,会产生不同的振动频率,能发出 1、3、5、i 等谐和音。重击之下,声音圆润、深沉、庄严、纯厚,能传至百里。这样一座庞然大钟,在古代科技条件下,要铸造是非常困难的。据科学史家研究,这座大钟是按照《天工开物》记载的"群炉汇流法"铸造而成。永乐大钟所需金属数量巨大,当时没有一次能熔化这么多金属的熔炉,设计师和工匠们只有从整体设计入手,进行统筹兼顾、整体调度,用若干熔炉同时一起冶炼金属进行浇注,才完成了这一伟大工程。中国古代诸如此类结果很多,大多是综合方法的行为方式的结果。

在西方,由于传统方法的总趋势偏重于分析方法,西方许多重大发明和创造都是他们擅长于将整体分解为部分进行分析、分解、研究、实验的行为结果。现代量子力学和电磁学最先由西方提出,但中国早在 1500 年前就认识到了"场""远程作用力"等概念。现代电磁学和量子力学,西方就是建立在对微观世界的电、磁现象和微粒子运动"波粒二象性"不断地进行分析、分解、研究的基础上发现的,说明西方学者在行为方式上较东方学者更善于运用逻辑分析方法,把事物从整体中分离出去。

中西方在日常生活中,处处也体现了东方偏重于综合行为方式、西方偏重于分析行为方式的总趋势的差异性。就拿取名而言,中国人取名,代表家族整体的姓氏在前而个人名字在后;西方人取名,是个人名字在先、代表家族整体的姓氏在最后。这说明中国人比较重视家族整体，西方人比较重视家庭个体。又拿医疗来说：中医强调辨证施治，从人的有机体的整体出发，进行综合调理，几千年中医中药的经典是通过整体治疗达到治病目的，对治疗慢性病和疑难病尤有奇效。中西方医疗方法的行为方式或偏重于综合，或偏重于分析，各有优点，也各有缺点。所以，中国医学界才有了"中西医结合治疗"的系统主张。

中西方传统方法在总趋势上存在差异性，但也存在互补性。普里高津是耗散结构理论的创始人，他对中国传统综合思维方式曾给予高度评价。他认为，中国首先重视的是研究整体和自然、协调和协和，而西方现代新科学的发展，如托姆的突变理论，重正化群，分支点理论等近10年物理和数学研究，都比较符合中国的哲学思想。他由此得出的结论是，"中国思想对西方科学家来说始终是个启迪的源泉"。他认为李约瑟和玻尔是这方面的两个例子。中国哲学帮助李约瑟找到了适合认识胚胎发育的概念，摆脱了西方科学机械论思想的影响，中国的阴阳概念启发了尼尔斯·玻尔的互补概念。所以，他们都非常迷恋中国的科学和文明。普里高津认为要把中国文化和西方文化综合起来，要使李约瑟和玻尔道路永远继续下去。可见，中国传统综合思维方式在世界文化宝库中的重要地位和作用。

第三节　系统方法定义

在前面的基础上，本节探讨"系统方法定义""系统方法定义的系统特征"。

一、系统方法定义

历史上传统方法的各种定义，无疑都从某一方面诠释了方法一词，但由于方法一词各种特征的复杂性，这些定义并不能高度概括方法意义的普遍性，从而才有了中西方传统方法的差异性。

究竟什么是方法？现代系统理论为我们认识这类复杂问题提供了一种科学的理论和方法论。现代系统理论将万事万物都化作系统问题来进行研究。我们可以运用系统理论，将方法一词的定义作为系统问题进行讨论。当我们用系统理论来讨论方法的定义时，我们会发现，传统的分割开来用综合或分析方法从行为方式、思维方式、特定研究对象来讨论方法的各种方法定义，归结起来都属于系统不同层次的方法。于是，我们就可以用系统理论来统一各种方法的定义。我们可以把方法作为系统，把特定研究对象、各种方法都认为是系统方法的不同层次的组成部分，都可以看作是系统方法的某一层次子系统或某一层次要素。这时，传统定义方法概括不了的范畴，都可以用系统理论进行概括。于是，我们得出了一个系统方法的定义：

"方法是特定研究对象的分析和综合的思维方式和行为方式[①]的系统超循环研究。"

该定义用系统理论把特定研究对象、分析方法、综合方法、思维方式、行为方式等多种传统方法定义高度概括在系统方法定义之下，使方法定义具有了系统的集合性、动态性、层次性、目的性、相关性、环境适应性等系统特征，也就使方法具有了普遍性意义。

二、系统方法定义的系统特征

"方法是特定研究对象的分析和综合的思维方式和行为方式的系统超循环研究"的系统方法定义，把各种方法定义下的种种传统方法高度概括在系统方法定义之下，使方法定义具有了一系列系统规律的特征。

（一）系统方法定义的集合性特征

系统方法定义的集合性特征实质是系统的整体性特征的表现。

我们借用数学上的集合符号"∈"（属于）表示系统方法定义的集合性

---

① 思维方式和行为方式是相互对立又相互依存的范畴，思维方式由行为方式实现，行为方式受思维方式支配。从运动状态定义：人类的大脑活动是思维方式，是人类思考问题时的方法形式；人类的肢体活动是行为方式，是人类解决问题时的方法和形式。从静止状态定义：思维方式一般是指具有普遍意义的理论、原则、原理、规律、思路等，行为方式是指具有操作意义的途径、步骤、程序等。运动状态定义是思维方式和行为方式的内容，静止状态定义是思维方式和行为方式的形式。

特征，系统方法定义是一个具有 $a \in$ [①] A 的层次性的系统集合概念。

从语法角度讨论，系统方法定义的主谓宾部分是"方法是系统超循环研究"，其定语部分是一个表领属关系（谁的）的多层次限制性定语。系统方法定义的"特定研究对象的分析和综合的思维方式或行为方式"的定语部分，具有从远到近的层次顺序："特定研究对象"—"分析和综合"—"思维方式和行为方式"。从系统层次角度讨论系统方法定义的语法特征：方法是系统整体，是最高层次，"特定研究对象"是第二层次，"分析和综合"是第三层次，"思维方式和行为方式"是第四层次，方法是通过分析方法和综合方法的思维方式或行为方式对特定研究对象进行的系统超循环研究。这里的"分析方法和综合方法""思维方式和行为方式"，是系统的不同层次的不分起点和终点的系统超循环研究过程（将在后面讨论）。

系统理论认为，一个要素不能构成系统，多个要素胡乱堆积亦不能构成系统。"方法是特定研究对象的分析和综合的思维方式和行为方式的系统超循环研究"的系统方法定义的系统集合概念，其"系统集合"是系统方法定义的要素与要素、要素与系统、系统与环境之间排斥和吸引、竞争与协同的相互作用的有机联系，这种有机联系使系统方法定义具有系统集合特征。

系统方法定义的集合性特征，将各种方法和包罗万象的特定研究对象有机联系在一起，使系统方法定义具有普遍意义。

在系统方法定义概念里，"特定研究对象"是"做功对象"，实质上是具有层次的潜在系统，"分析和综合的思维方式和行为方式"是"做功方法"，是具有层次的显在系统，"做功对象"通过"做功方法"的超循环研究转化为显在系统，成为研究结果。

系统方法定义的"做功对象"和"做功方法"相互联系、相互作用，使

---

① $\in$：数学上的集合符号，读作"属于"。数学上通常用大写拉丁字母 A，B，C…表示集合，用小写拉丁字母 a，b，c…表示集合中的元素。如 $a \in A$，可读作小 a 属于大 A，a 是集合 A 的元素，a 属于集合 A；如 $a \notin A$，可读作小 a 不属于大 A，a 不是集合 A 的元素，a 不属于集合 A。系统方法定义借用数学上的集合符号 $\in$，可以表达要素和系统的从属关系。如"{ 思维方式，行为方式 } $\in$ 分析方法"，说明思维方式、行为方式是相对性系统"分析方法"的两个要素。本书是根据系统方法的研究借用"$\in$"符号，系统集合的表示方法和系统集合的特征与数学集合的表示方法和数学集合的特征不尽相同。

"系统方法定义"具有"做功方法∈做功对象∈系统方法"的系统集合形式，即具有"{思维方式，行为方式}∈{分析方法，综合方法}∈做功方法∈做功对象∈系统方法"的系统集合形式。"做功对象"是特定研究对象，研究目的不同特定研究对象就不同，是一个"变数"，其潜在的不同层次的集合随着"做功方法"的不同也是一个潜在的"变数"的集合；"做功方法"宏观上具有稳定的层次结构，具有相对稳定性，是一个具有不同层次显在稳定结构的系统集合。

（二）系统方法定义的动态性特征

系统方法定义的动态性特征是分析方法和综合方法的一种超循环运动。

之前，有学者已充分认识到，"研究方法本身处于一个在不断地相互影响、相互结合、相互转化的动态发展过程中，所以对于研究方法的分类目前很难有一个完全统一的认识"[①]。系统方法定义回答了这一问题。

魏宏森、曾国屏认为，系统的整体性决定了系统的研究方法是"在综合指导下的分析和在分析基础上的综合"[②]。这就是说，综合目的的综合研究需要分析研究作为助催化剂，分析目的的分析研究需要综合研究作为助催化剂，这种研究实质是一种系统超循环运动。

系统有两种基本运动形式：综合运动和分析运动。综合运动是指系统的演化是从低层次向高层次、从部分向整体、从要素向系统、从特殊向一般、从局部到全局演化出整体的性质和功能；分析运动是指系统的演化是从高层次向低层次、从整体向部分、从系统向要素、从一般向特殊、从全局到局部演化出部分的性质和功能。系统的分析运动和综合运动包含爆炸和聚集、蒸发和凝结、裂变和聚变、化合和分解、膨胀和压缩、排斥和吸引、竞争和协同、演绎和归纳、分析方法和综合方法等多种具体的运动形式。在系统方法定义中，方法是分析方法和综合方法的一种系统超循环运动。分析方法是把特定研究对象系统的整体通过分析方法的思维方式或行为方式的系统超循环运动分解为部分来加以认识和研究，由整体认识部分得出部分性质和功能的

---

① 百度百科.研究方法［EB/OL］.（2018-07-05）［2019-2-11］.http：//www.360doc.co.

② 魏宏森，曾国屏.系统论——系统科学哲学［M］.北京：世界图书出版公司，2009：215.

结论；综合方法是把特定研究对象的部分通过综合方法的思维方式或行为方式的系统超循环运动综合为整体来加以认识和研究，由部分认识整体得出整体性质和功能的结论。

按照系统超循环理论，系统运动过程是一个"分析运动—综合运动—分析运动……"不分起点和终点的超循环运动过程，截取不同的起点和终点就会得到分析运动或综合运动的不同结果。系统的两种基本运动超循环反应过程和形式就是相应的系统分析超循环研究方法和系统综合超循环研究方法的反应过程和形式。因此，系统方法的研究过程是一个"分析方法（思维方式或行为方式）—综合方法（思维方式或行为方式）—分析方法（思维方式或行为方式）……"不分起点和终点的超循环运动过程，截取不同的起点和终点就会得到分析或综合的不同研究结果。截取"分析方法"为系统分析超循环方法的起点和终点，系统分析超循环方法超循环一周的过程是"分析方法（思维方式或行为方式）—综合方法（思维方式或行为方式）—分析方法（思维方式或行为方式）"，"分析方法"是催化剂，"综合方法"是助催化剂，系统研究方法是特定研究对象以"分析方法（思维方式或行为方式）"为起点和终点的周而复始的系统分析超循环运动形式，这种周而复始的系统分析超循环运动直至得出分析结果为止；截取"综合方法"为系统综合超循环方法的起点和终点，系统综合超循环方法超循环一周的过程是"综合方法（思维方式或行为方式）—分析方法（思维方式或行为方式）—综合方法（思维方式或行为方式）"，"综合方法"是催化剂，"分析方法"是助催化剂，系统研究方法是特定研究对象以"综合方法（思维方式或行为方式）"为起点和终点的周而复始的系统综合超循环运动形式，这种周而复始的系统综合超循环运动直至得出综合结果为止。所以，系统方法定义符合系统超循环运动的动态特征。

犹如物质世界，物质有其基本的构成单元。物质的基本构成单元是原子，原子的结构由原子核和核外电子构成。任何层次的相对性的系统都有自己的基本构成单元（要素）。图1系统方法定义集合形式图中，"系统方法定义"的基本构成单元是"做功方法""做功对象"，它们有相似于原子的结构形态。如果我们把"系统方法定义"的结构比作原子结构，那么，"做功对象"的功能相似于原子核，"做功方法"的功能相似于核外电子。由于系统的结构和系统的功能是相对应的范畴，"系统方法"的功能运动也相似于原子的功能运动形态。原子的功能运动由核外电子围绕原子核做周而复始的超循环运动，"系统方法定义"的功能运动也由"做功方法"围绕"做功对象"做系统分析方法和综合方法的超循环运动。

在具体过程中，系统方法的动态特征还表现在两方面：一是行为过程中为实现一定的系统目的，需要分层次分阶段动态地应用不同的方法；二是方法系统也不断在动态演化发展过程中，过去适用的方法，现在可能不适用或不能满足需要或者在原有方法的基础上再演化发展出另外的新方法。这种方法的动态性特征是传统定义方法无法定义的。

（三）系统方法定义的层次性特征

"从方法论的角度来看，方法是有层次性的，不同层次的方法有其特定的应用范围和应用对象"[①]。

系统方法定义含"做功方法"和"做功对象"两个子系统。"方法是特定研究对象的分析和综合的思维方式和行为方式的系统超循环研究"，是"做功方法"和"做功对象"两个子系统的系统集合，具有层次性系统结构特征。

一方面，"做功方法"子系统具有显在的层次性系统结构特征。"做功方法"是"分析和综合的思维方式和行为方式"，"做功方法"子系统具有多级层次，每一层次都有不同要素，不同要素都是不同层次的具体方法，不同层次的具体方法形成了系统层次结构。"做功方法"的"分析和综合的思维方式和行为方式"是一个方法子系统，"做功方法"是一个相对性子系统，"分析和综合"分别是下一层次的子系统，"思维方式和行为方式"又分别是再下一层次的子系统，做功方法具有多层次的系统特征。

另一方面，"做功对象"是"特定研究对象"，"特定研究对象"具有潜

---

① 百度百科.研究方法［EB/OL］.（2018-07-05）［2019-2-11］http://www.360doc.co.

在的层次性系统结构特征，但在研究之初，特定研究对象往往是一个单体概念，"特定研究对象"潜在的层次性系统结构特征只有经过研究结果才能显现出来。因此，一个特定研究对象的研究结果就是一个潜在的特定研究对象系统，方法依附于特定研究对象系统各层次要素而具有层次性特征。由于特定研究对象系统的层次结构性特征，"做功方法"依附于"特定研究对象"的各层次要素，按一定的层次秩序结构而成复杂的系统方法，系统方法随之具有了复杂的层次结构。

我们之前之所以会认为方法的定义五花八门、无头无绪、无所适从，实质上是我们并未从系统结构角度来认识方法具有的层次性特征。

（四）系统方法定义的目的性特征

人类生存的每一时刻，人类演化的每一历史阶段，人类文明的每一脚步，人类科学技术的每一发明，都具有明确的目的。人类要实现自身的发展目的，就需要研究相应的方法去实现它，方法的研究和应用也随之具有了明确的目的性特征。我们在从事科学研究时，需要根据研究对象的学科性质和特点选择相应的研究方法。譬如，理论物理和实验物理，虽然同属物理学领域，但在研究方法的选择上有一定区别。理论物理的研究目的需要选择建立假说、设计模型、理想实验、动手实验等研究方法；实验物理的研究目的则需要选择观察法、实验法、数学方法、统计方法、模型法、比较法、形象思维、逻辑思维方法、系统论、信息论、控制论等研究方法。又如，在社会科学研究中，根据研究目的需要，往往要选择问卷方法、统计方法、抽样调查方法、访谈方法、分类方法、数学方法等来进行研究。在翻译研究中，由于翻译对象、翻译目的的不同，几千年的历史造就了无数翻译标准，翻译要根据不同的翻译对象的翻译目的，选择不同的翻译标准作为方法。这种方法，它们都针对系统不同层次的研究目的，都是不同层次的研究方法，都是分析或综合的思维方式和行为方式围绕研究目的进行的运动，都充分说明方法具有明确的系统目的性特征。

（五）系统方法定义的相关性特征

系统方法每一方法要素（子系统）之间具有排斥和吸引、竞争和协同的非线性的相互依存、相互制约、相互作用，使之形成了一个相互关联、相互协同的有机整体。在实践中，这种方法要素（子系统）之间相互依存、相互制约、相互作用的特定的排斥和吸引、竞争和协同的非线性关系的有机联系，体现了方法系统的整体相关性特征。例如，"做功对象"发生变化，"做功方法"会随之变化，"做功方法"发生变化，"做功对象"也要随之变化。往往一种"做功方法"的要素发生涨落变化，会促使其他方法要素随之发生涨落变化，并会引起方法系统整体发生涨落变化。如果我们将分析或综合方法及其属下层次方法结构成一个分析或综合方法系统，系统各层次要素都存在着相互依存、相互制约、相互作用的相关性：当分析方法发生变化时，必然引起综合方法发生变化，当综合方法发生变化时，必然引起分析方法发生变化；当思维方式发生变化时，必然支配行为方式发生变化，当行为方式发生变化时，必然引起思维方式发生变化。方法在哲学意义上的种种对立统一关系，都通过系统的相关性特征表现出来。所以，传统的分析和综合、思维方式和行为方式、特定研究对象等单独讨论方法定义的方法，都没有和无法将各种方法定义的相关性特征联系起来统一讨论，各种方法定义也就不具有统一性质的普遍性。系统方法定义能将各种方法定义的相关性特征联系起来统一讨论，各种方法定义也就具有了统一性质的普遍性。

（六）系统方法定义的环境适应性特征

系统理论的核心思想是系统的"整体性"，即"整体大于部分"。按照系统的相对性概念，低层次系统相对于高层次系统，高层次系统是低层次系统的环境、整体。因此，低层次方法系统必须适应环境，要具有适应高层次方法系统的环境变化进行自我调节的能力，即作为部分的方法研究要具有服从整体的方法研究进行自我调节的能力。这种方法系统具有的低层次方法系统适应高层次方法环境或者说系统方法定义的部分功能要服从整体功能进行自我调节的能力，也是传统定义方法无法定义的。

方法本身的集合性、动态性、层次性、目的性、相关性、环境适应性等特征，使得传统定义方法对方法一词的定义不能做出具有一般意义的高度性概括。随着现代科学技术的飞跃发展，系统理论和系统方法为"方法是特定研究对象的分析和综合的思维方式和行为方式的系统超循环研究"提供了现代科学的理论依据。"方法是特定研究对象的分析和综合的思维方式和行为方式的系统超循环研究",高度概括了方法的各种系统特征,符合"系统是由相互作用的两个以上的要素结构而成的具有特定功能的有机联系的整体"的系统定义,充分说明了方法是一个系统整体。

系统方法定义将复杂的方法定义化作系统问题进行研究,其系统方法定义就有了各种"系统特征"。当我们将方法的定义化作系统问题进行研究时,我们就必然要用系统理论的一系列原理和规律去研究方法一词的层次、要素、结构、功能诸要素的相互联系、相互作用,其研究必然全面覆盖方法一词的各种系统特征。更为重要的是,当我们用系统方法定义来研究问题时,我们的各种研究工作也就必然具有了系统性。

第二章　系统方法定义的系统研究过程及系统超循环研究方法

　　本章第一、二、三节探讨系统方法定义的系统研究过程，第四节探讨系统超循环研究方法。

　　根据系统的相对性概念，我们把系统方法定义作为一个相对性的概念系统，从系统方法定义的集合形式、静态形式、超循环运动、坐标推演过程，最终以系统超循环研究方法的系统超循环思维导图的形式来讨论系统方法定义。系统方法定义的系统研究过程及系统超循环研究方法，是将"方法是特定研究对象的分析和综合的思维方式和行为方式的系统超循环研究"的系统方法定义中的"特定研究对象"作为单体要素和分系统来讨论，所以系统方法定义是一个相对性的系统概念。

　　我们在"系统的两种基本运动"中讨论过，分析方法和综合方法属于分析运动和综合运动其中的一种运动形式，是整体与部分的从属关系。正因为是整体与部分的从属关系，前面讨论的系统的两种基本运动超循环反应过程及形式就是相应的系统分析超循环研究方法和系统综合超循环研究方法的超循环反应过程及形式，只是具体内容不同而已。

　　通过本章讨论，提供了以"系统分析超循环研究方法流程图"和"系统综合超循环研究方法流程图"为基础的系统方法定义流程图，并将两图转化为系统方法定义的系统超循环研究思维导图，再将系统超循环研究思维导图转化为系统超循环研究方法。

第一节　系统方法定义的集合形式、静态形式

一、系统方法定义的集合形式

在系统方法定义中，"特定研究对象"作为研究对象，是一个未知数，但却有明确的研究目的：或者求取研究对象的整体性质和功能，或者求取研究对象的部分性质和功能。由于"特定研究对象"的研究目的不同，摆在研究者面前的，要么是一个不知部分的系统整体，要么是一个不知整体的要素部分。总之，"特定研究对象"都是以单体形式出现。无论研究对象是以系统整体或者是以要素部分出现，根据系统的相对性原理，我们都可以将以单体形式出现的"特定研究对象"作为相对性的潜在子系统，根据分析或综合的研究目的进行系统分析超循环研究或系统综合超循环研究。因此，"方法是特定研究对象的分析和综合的思维方式和行为方式的系统超循环研究"的系统方法定义的系统集合形式（系统集合形式不代表系统结构和运动形式）就形成了如图5的系统方法定义集合形式图。

图5　系统方法定义集合形式图

在图5 "{ 思维方式，行为方式 } ∈ { 分析方法，综合方法 } ∈ { 做功方法 }{ 做功对象 } ∈ 系统方法定义"的系统集合形式中："做功方法""做功对象"属于"系统方法定义"的下一级同层次要素，"分析方法""综合方法"属于"做功方法"的下一级同层次要素，"思维方式""行为方式"分别属于"分析方法""综合方法"的下一级同层次要素。在系统方法的集合形式中，"做

功方法"是一个不变的已知子系统，是一个已知"定数"。"做功对象"是一个可变的未知"变数"，"做功对象"随着研究对象的改变而改变。当我们不知道研究对象内部的基本层次、要素、结构、功能时，我们只能把"特定研究对象"作为要素单体进行分析或综合研究。这时候，"特定研究对象要素"是暂不考虑纵向、横向关系的单体要素概念，也就决定了"做功对象"是一个根据研究目的随"做功方法"而改变的相对性系统。

二、系统方法定义的静态形式

（一）系统方法定义静态形式图

系统方法定义静态形式图见图6。

从系统讨论的角度，图5系统方法定义集合形式图可以转换为嵌套套环的系统方法定义静态形式图。

我们可以按照前面图3两种系统基本运动静态形式图的形式来设计系统方法定义静态形式图。我们可以先设定系统方法定义系统层次及其英语字母代码，再设定下一级基本单元要素及其英语字母代码，再设定再下一级基本单元要素及其英语字母代码……层层分解直至"穷尽"。

前面关于"方法是特定研究对象的分析和综合的思维方式和行为方式的系统超循环研究"的系统方法定义的相关讨论，是讨论系统方法定义的静态系统层次和要素类型的依据，图3"两种系统基本运动静态形式图"是构建"系统方法定义静态形式图"的嵌套模型，图5"系统方法定义集合形式图"是划分系统方法定义静态形式图的纵向层次和横向类型的填图依据。在图5"系统方法定义集合形式图"的集合形式中：系统层次是"系统方法定义"，在图6的代码是X，"系统方法定义"下一层次基本单元是{做功方法，做功对象}要素；{做功方法，做功对象}要素又作为相对性子系统，"做功方法"子系统下一层次的基本单元是{分析方法，综合方法}，"做功对象"是暂不考虑下级层次的基本单元，是单体，暂无下级层次；{分析方法，综合方法}又作为相对性系统，"分析方法"下一层次的基本单元是分析的{思维方式，行为方式}，"综合方法"下一层次的基本单元是综合的{思维方式，行为方

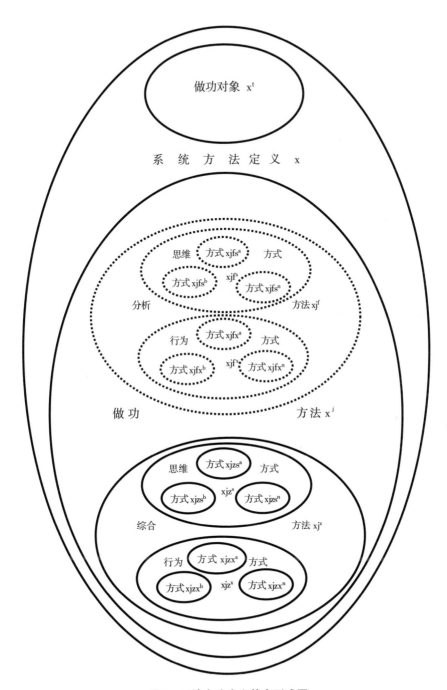

图6 系统方法定义静态形式图

式}。按照图3"两种系统基本运动静态形式图"的嵌套模型，分别加以代码，"系统方法定义x"是第一级圆环，"做功方法x^j""做功对象x^t"分别是两个第二级圆环，"分析方法xj^f""综合方法xj^z"是属于第二级圆环"做功方法"子系统的两个第三级圆环，"做功对象"暂不考虑下级层次已无第三级圆环；第四级圆环分别是属于"分析方法xj^f"的"思维方式xjf^s""行为方式xjf^x"及"综合方法xj^z"的"思维方式xjz^s""行为方式xjz^x"；第五级圆环是按各分系统往下类推的更具体的"方式"。表示系统层次的圆环，理论上都可以往下划分为更具体的不同类型的方式，但由于认识的极限性，实际研究过程中不可能无限制地进行划分。根据研究，"对于庞大复杂系统，人的大脑最有工作效率的研究范围一般在每一次为三个层次，层次过多会导致思维能力减弱以至无力思维。所以，对复杂系统应逐级往下按每三个层次进行一次层级断代，分解为若干断代层级系统。"[①]根据实际情况，我们按五个层次（图6中五种大小不同的圆环）建立系统方法定义静态形式图，已基本满足研究层次的需要。

系统方法定义静态形式图，就是这样用不同层次不同圆环表示的系统集合形式。

（二）系统方法定义静态形式图的层次、类型及意义

我们用父、子、孙……的关系来形象地划分静态系统层次、要素类型。根据前面系统静态类型研究方法，结合图 5 系统方法定义集合形式图，图 6 系统方法定义静态形式图具有以下静态系统层次、要素类型：

父系统：系统方法定义 x。

父系统英语字母代码是 1 位数，属系统第 1 层次；英语字母代码末位数无上标，系统第 1 层次只有 1 种要素类型。

子系统：做功对象 x^t，做功方法 x^j。

子系统英语字母代码 x^t、x^j 上标是 2 位数，属系统第 2 层次；英语字母代码末位数上标有 t、j 两个字母，表示第 2 层次有两种要素类型，要素类型

---

① 张湖婷. 一种系统教学方法及英语教学案例 ——"系统教学思维方法"和"系统教学模型"探讨［J］. 中国科教创新导刊，2013（35）：20-22.

排序为 X（t、j）。

子系统层次要素类型的意义：

做功对象 x^t。

x^t 的代码意义是系统方法定义的做功对象要素。在研究过程中，特定研究对象要素 x^t 是暂时不考虑下级层次关系而只考虑与上级层次关系的做功对象单体。当我们不知道研究对象内部的层次、要素、结构、功能时，我们先把做功对象作为要素单体进行研究，然后通过做功方法将要素单体演化发展为系统复合体。

做功方法 x^j。

x^j 的代码意义是系统方法定义的做功方法子系统。在研究过程中，做功方法子系统 x^j 是暂时不考虑上级层次关系而只考虑下级层次关系的做功方法的系统复合体。做功方法子系统 x^j 是已知下级层次的相对性系统，由做功方法子系统 x^j 的层次、要素、结构、功能的相互联系、相互制约、相互协同的系统功能作用于特定研究对象。

图 6 子系统层次做功对象 x^t、做功方法 x^j 两个要素，是组成父系统"系统方法 x"的下一层次基本单元要素。做功对象 x^t、做功方法 x^j 作为"系统方法定义 x"的两个基本单元要素，从系统的整体性质和功能而言，它们的性质和功能不可叠加，它们之间具有排斥和吸引、竞争和协同的非线性关系，它们都是非线性要素。

由于子系统层次做功对象 x^t、做功方法 x^j 是做功对象和做功方法的排斥和吸引、竞争和协同的非线性关系，它们之间的关系，就犹如锻件，特定研究对象 x^t 是"坯子"，做功方法子系统 x^j 是"锻锤"，"坯子"不断变换，"锻锤"始终围绕"坯子"不断运动。

孙系统：分析方法 xj^f、综合方法 xj^z。

xj^f 的代码意义是系统方法定义的做功方法子系统的分析方法，xj^z 的代码意义是系统方法定义的做功方法子系统的综合方法。

系统方法定义 x 的两个子系统做功对象 x^t、做功方法 x^j，做功对象 x^t 是研究对象，是一个未知系统，需要用做功方法 x^j 去研究，是一个暂不考虑下级层次的单体要素，所以暂无孙系统层次，只有做功方法 x^j 子系统具有孙系统以下层次。

做功方法 x^j 子系统的孙系统分析方法 xj^f，综合方法 xj^z，英语字母代码 xj^f、xj^z 是 3 位数，属系统第 3 层次；英语字母代码末位数上标有 f、z 两个字母，表示第 3 层次有两种要素类型，要素类型排序为 xj（f、z）。

孙系统层次要素类型的意义：

分析方法 xj^f。

在系统方法中，分析方法都是指从系统方法对象的高层次开始逐层往低层次分析、分解，即从一般到特殊、从整体到部分、从全局到局部、从系统到要素，以实现获取部分性质和功能的研究目的。

综合方法 xj^z。

在系统方法中，综合方法都是指从系统方法对象的低层次开始逐层往高层次综合，即从特殊到一般、从部分到整体、从局部到全局、从要素到系统，以实现获取整体性质和功能的研究目的。

孙系统层次要素类型有如下特征：

首先，从系统性质和功能来说，孙系统分析方法 xj^f、综合方法 xj^z 存在线性和非线性关系。

"现实的系统都是非线性系统。"[1]从系统整体性来说，系统只要有一个非线性环节，系统就是非线性系统。系统方法定义是一个非线性系统，但它存在着线性和非线性环节的相互关系。

从纵向层次性来讨论线性关系，正如魏宏森、曾国屏[2]指出的，"系统的整体性原理，赞成的是这种在分析基础之上的综合，综合之中的分析"。从宏观阶段性的运动状态讨论，分析方法 xj^f、综合方法 xj^z 是两个不同时间尺度的阶段性，有先后时间尺度的纵向层次差异，它们先后时间尺度的纵向层次差异是一条直线。在实际的系统方法中，对一个特定研究对象，分析方法 xj^f、综合方法 xj^z 作为系统运动的阶段性过程往往是分析基础之上的综合、

① 魏宏森，曾国屏．系统论——系统科学哲学［M］．北京：世界图书出版公司，2009：209.
② 魏宏森，曾国屏．系统论——系统科学哲学［M］．北京：世界图书出版公司，2009：215.

综合之中的分析过程，分析方法 x_j^f、综合方法 x_j^z 的运动状态可以分开来讨论，可以直线先后叠加用于系统方法。从系统宏观角度而言，系统分析方法 x_j^f、综合方法 x_j^z 是一种线性关系。

从横向类型性来讨论非线性关系，系统的整体性原理强调部分服从整体。系统方法定义 x 的整体功能制约做功方法 x^j 子系统的相对整体功能，做功方法 x^j 子系统的相对整体功能制约分析方法 x_j^f、综合方法 x_j^z 的部分功能，分析方法 x_j^f、综合方法 x_j^z 的部分功能需要通过排斥和吸引、竞争和协同的非线性相互作用以适应整体功能的需要；往下，分析方法 x_j^f、综合方法 x_j^z 又作为相对系统，其下属更低层次的思维方式和行为方式以及更低层次的方式也需要层层通过排斥和吸引、竞争和协同的非线性相互作用去适应其相对整体功能的需要。在系统横向要素类型的相互关系上，都存在着各部分的排斥和吸引、竞争和协同的相互作用、相互联系的非线性关系。这种关系需要层层进行整体协同，不能叠加，优胜劣汰。

系统方法定义的线性和非线性关系，是系统方法定义的基本关系，它贯穿于整个系统方法始终，从子系统到孙系统、孙孙系统……都存在着这种可以叠加的线性和不可以叠加的非线性关系。

其次，从系统运动方向来说，孙系统分析方法 x_j^f、综合方法 x_j^z 是对立统一的辩证关系。

孙系统层次的两个要素类型分析方法 x_j^f、综合方法 x_j^z 是矛盾的对立方面。一边是分析运动，从一般到特殊、从整体到部分、从系统到要素；一边是综合运动，从特殊到一般、从部分到整体、从要素到系统。如何理解二者的关系？

二者的关系是对立统一的辩证关系。对立关系是矛盾的对立方面，如前所述。统一关系则比较难于理解。系统理论的核心思想是系统的整体性，两者必须统一到整体性来。从形式上分析，综合方法 x_j^z 从特殊到一般、从部分到整体、从要素到系统，以实现获取整体性质和功能的研究目的，形式上是符合系统整体性思想的，而分析方法 x_j^f 从一般到特殊、从整体到部分、从系统到要素，以实现获取部分性质和功能的研究目的，形式上就不符合系统整体性思想。两者从形式上很难统一到系统的整体性。

对两者整体性的统一，不能从形式上机械地理解，而应从整体的性质和功能进行剖析。系统的整体性认为系统是整体，而整体不是要素的杂乱组合，是结构和功能的有机耦合，这种有机耦合是一种无形的整体力量使然。综合方法 xj^z 从形式到内容都能实现系统的整体性，不难理解。分析方法 xj^f 的整体性，则是受制于系统协同耦合的一种无形的整体力量。犹如系统的两种运动方式：宇宙大爆炸论的宇宙大爆炸始于分析，但大爆炸并未脱离宇宙整体无形力量的控制，它受宇宙整体功能的制约在演化发展；人的出生是一种分析运动，一生二、生三、生……人的死亡，也是一种分析运动，人死亡后腐烂分解，但人的生与死的分析演化都是求取生态平衡的系统整体功能的协同耦合作用使然，人类的生与死都受生态平衡系统整体这一无形力量的制衡；一年四季，春夏秋冬，春天万物复苏，绿树发芽，秋天秋风扫落叶，树叶纷纷落下，都是一种分析运动，树发芽与落叶都是求取生态平衡这一系统整体功能的分析演化，树发芽与落叶都受生态平衡整体功能的无形力量的控制。系统方法定义，其分析方法 xj^f，虽然它的运动方向是从高层逐层分析到低层，即从一般到特殊、从整体到部分、从系统到要素，以获取部分性质和功能为研究目的，但部分目的的获取，最终是为了获取系统方法功能的整体最优，它们的分析分解必须按照整体最优的原则去进行，它们的分析分解必须受整体性质和功能的制约。无论我们进行怎样的分析分解，我们的分析都必须符合系统整体最优的原则。系统整体最优作为一种无形力量，控制着分析的每一步骤。

所以，孙系统层次两个要素类型分析方法 xj^f、综合方法 xj^z 的关系是对立统一关系。它们的统一性受制于相对系统整体功能系统耦合的无形力量。

孙孙系统。

孙孙系统：思维方式 xjf^s、行为方式 xjf^x 和思维方式 xjz^s、行为方式 xjz^x。

xjf^s 的代码意义是系统方法定义的做功方法子系统的分析方法的思维方式，xjf^x 的代码意义是系统方法定义的做功方法子系统的分析方法的行为方式；xjz^s 的代码意义是系统方法定义的做功方法子系统的综合方法的思维方式，xjz^x 的代码意义是系统方法定义的做功方法子系统的综合方法的行为方式。

孙系统分析方法 xj^f、综合方法 xj^z 属下各分别有两个孙孙系统。

孙系统分析方法 xj^f 的属下两个孙孙系统是思维方式 xjf^s、行为方式 xjf^x；孙系统综合方法 xj^z 的属下两个孙孙系统是思维方式 xjz^s、行为方式 xjz^x。

孙孙系统英语字母代码是 4 位数，属系统第 4 层次；英语字母代码末位数上标两个孙系统下共有 4 个，表示第 4 层次共有 4 种要素类型，要素类型排序分别为 xjf（s、x）、xjz（s、x），要素类型分别都是分析或综合的思维方式、行为方式。

孙孙系统层次要素类型的意义。

孙系统分析方法 xj^f、孙系统综合方法 xj^z 的属下两个孙孙系统都是思维方式、行为方式。总的说来，思维方式和行为方式的意义是一种对立统一关系：思维方式依靠行为方式实现，行为方式受思维方式支配，在一个方法系统中，思维方式和行为方式往往没有一个明确的界限。

它们的具体意义：

思维方式。在系统方法中，思维方式是指停留在大脑的特定研究对象的思考方式和方法或者指抽象、没有具体操作方法的理论、原理、规律、原则，但它能以思维方式的形式去有效地指导行为方式。

譬如，翻译的历史上下已有几千年，中外形成了不少宝贵的翻译方法。从思维方式来说，如国内严复"三字经"提出翻译应该遵循"信""达""雅"原则，而傅雷"神似说"认为翻译应当像临画一样，钱锺书在"化境说"中借用佛经认为翻译是"投胎转世"，许渊冲却提出"三美论"的美学准则，如国外尤金·奈达（Eugene A.Nida）提出"功能对等"、霍尔姆斯（James Holmes）提出"系统方法路线图"、埃文 – 佐哈尔（Itamar Even-Zohar）提出"多元《系统论》"、图里（Gideon Toury）提出"文化制约规范"、斯内尔 – 霍恩比（Mary Snell-Hornby）提出"综合法"、勒菲弗尔（Andre Lefevere）提出"改写理论"和"三因素论"、巴斯内特（Susan Bassnett）提出"文化转向说"，等等，都是很抽象和很原则性的翻译方法，它们都属于思维方式的范畴。我们必须按自己的理解才能将它们转化为翻译的行为方式。

行为方式。在系统方法中，行为方式都是指用于实践过程的思维方式或者能够具体操作的程序、步骤、方法、方案、手段。譬如，翻译中的直译和意译、归化和异化的翻译方法，都是翻译的直接操作方法，它们就是翻译的行为方式。

孙孙系统层次要素类型的关系：

首先是研究顺序的先后关系。

思维方式和行为方式两类要素类型研究顺序的先后关系，讨论的是要素类型的排序问题。

孙系统层次思维方式和行为方式两类要素类型，虽然我们在宏观层次上忽略了它们时间尺度的层次差异性，作为微观质点的要素类型来研究，但要素类型的研究仍然有时间排序问题。是思维方式在先还是行为方式在先，这犹如是先鸡生蛋还是先蛋生鸡的命题，仍然属于无法区分开端和末端的连续超循环关系。我们的研究过程也只能截取其中的阶段性过程进行排序：思维方式在先，行为方式在后。

其次是动态、静态的功能关系。

一种方法，它是属于思维方式的范畴还是行为方式的范畴，理论上往往容易产生混淆，无从区分。这实际上要从功能的动态、静态形式来讨论。

从动态来说，一种方法，当它只处于思维层面而未付诸实践时，它属于思维方式；当它应用于实践时它属于行为方式，思维和行为功能的共同作用才是系统方法。这是从功能的运动状态来研究思维方式和行为方式两者的关系。

从静态来说，一种方法，当它只有抽象、没有具体操作方法的理论、原理、规律、原则时，它是思维方式；当它具有能够具体操作的程序、步骤、方法、方案、手段时，它是行为方式。这是从功能的静止状态来研究思维方式和行为方式两者的关系。后面讨论的系统坐标方法对思维方式和行为方式的划分，就是从这种功能的静止状态即做功能力来研究思维方式和行为方式两者的关系。

孙孙孙系统。

孙孙孙系统：方式 $xjfs^a$、$xjfs^b$、$xjfs^n$，方式 $xjfx^a$、$xjfx^b$、$xjfx^n$，方式 $xjzs^a$、$xjzs^b$、$xjzs^n$，方式 $xjzx^a$、$xjzx^b$、$xjzx^n$。

$xjfs^a$、$xjfs^b$、$xjfs^n$ 的代码意义是系统方法定义的做功方法子系统的分析方法的思维方式的 a、b、n 方式，$xjfx^a$、$xjfx^b$、$xjfx^n$ 的代码意义是系统方法定义的做功方法子系统的分析方法的行为方式的 a、b、n 方式；$xjzs^a$、$xjzs^b$、$xjzs^n$ 的代码意义是系统方法定义的做功方法子系统的综合方法的思维方式的 a、b、n 方式，$xjzx^a$、$xjzx^b$、$xjzx^n$ 的代码意义是系统方法定义的做功方法子系统的综合方法的行为方式的 a、b、n 方式。

孙孙系统思维方式 xjf^s、行为方式 xjf^x 和思维方式 xjz^s、行为方式 xjz^x 属下又分别有三个孙孙孙系统。孙孙系统思维方式 xjf^s 的属下有三个孙孙孙系统是方式 $xjfs^a$、$xjfs^b$、$xjfs^n$，孙孙系统行为方式 xjf^x 的属下有三个孙孙孙系统是方式 $xjfx^a$、$xjfx^b$、$xjfx^n$；孙孙系统思维方式 xjz^s 的属下有三个孙孙孙系统是方式 $xjzs^a$、$xjzs^b$、$xjzs^n$，孙孙系统行为方式 xjz^x 的属下有三个孙孙孙系统是方式 $xjzx^a$、$xjzx^b$、$xjzx^n$。

孙孙孙系统英语字母代码是 5 位数，属系统第 5 层次；英语字母代码末位数上标共有 4 组 a、b、n 个，表示第 5 层次共有 4 组 a、b、n 种要素类型，要素类型排序分别为 xjfs（a、b、n）、xjfx（a、b、n），xjzs（a、b、n）、xjzx（a、b、n），它们分别是更具体的思维方式、行为方式。

孙孙孙系统层次要素类型的意义。

孙孙孙系统层次要素类型是孙孙系统要素类型的进一步细化。孙孙孙系统作为思维方式和行为方式的更具体化，思维方式是更具体的理论、原理、规律、原则，行为方式是更具体的程序、步骤、方法、方案、手段。

第二节　系统方法定义的两种超循环研究形式图、动态 层次等级、层次秩序、要素类型

本节从"系统方法定义的两种超循环研究形式图""系统分析超循环研究方法的动态层次等级、层次秩序、要素类型""系统综合超循环研究方法的动态层次等级、层次秩序、要素类型"进行探讨。

按照系统超循环理论，系统方法定义的研究过程是一个不分起点和终点的"分析方法→综合方法→分析方法……"的系统超循环运动研究过程，我们可以根据不同的研究目的，人为地截取不同的起点和终点，形成系统方法定义下的"系统分析超循环研究方法"和"系统综合超循环研究方法"两种系统超循环运动的研究方法。系统方法定义的两种系统超循环研究方法以图6系统方法定义静态形式图为基础，确定系统方法定义下的两种系统超循环研究方法的反应层次路线即系统超循环研究方法的研究过程。

前面的探讨已指出，系统超循环运动是在系统静态类型研究方法的基础上来讨论系统两种运动超循环的三个反应层次，采用的是系统动态超循环研究方法，两种系统超循环研究方法亦是在系统静态类型研究方法的基础上用系统动态超循环研究方法来讨论系统两种超循环研究方法的三个具体的反应层次即超循环的三个研究过程。

一、系统方法定义的两种超循环研究形式图

系统方法定义的超循环运动过程，是将分析方法 x_j^f、综合方法 x_j^z 谁作为起点（反应物）和终点（生成物），谁作为中间环节（助催化剂）的超循环研究过程。这个过程中，分析方法 x_j^f、综合方法 x_j^z 相生相伴，角色互变，系统综合超循环研究方法的运动的总趋势中需要分析方法作为助催化剂，系统分析超循环研究方法的运动的总趋势中需要综合方法作为助催化剂。

系统的整体性认为，"正如部分和整体，系统和要素是不可分离的一样，分析和综合也是辩证联系在一起的，单纯强调某一方面是片面的。近代科学崇拜分析，而且几乎把科学方法等同于分析，这就带来了它的机械性，成为形而上学的温床。而传统的整体论，一是由于时代科学的限制，二是强调整体时又过分了，以至它的'综合'往往成为研究深入的障碍。正如恩格斯指出的：'以分析为主要研究形式的化学，如果没有它的对极，即综合，就什么也不是了。'系统科学也强调综合，但这是一种在分析基础之上的综合，是不离开分析的综合，也是在综合之中的分析，因而也就是在辩证法意义上的对于事物整体的综合。系统的整体性原理，赞成的也就是这种在分析基础之上的综合，在综合之中的分析。"①

　　西方最著名的《方法论》一书，是勒内·笛卡尔（René Descartes）在1637年出版的著名论著。在三百多年的长时间里，欧洲人深受勒内·笛卡尔方法论的影响，在某种意义上，欧洲人都是勒内·笛卡尔主义者。勒内·笛卡尔在方法论中的研究方法分四个步骤：1. 永远不接受任何自己不清楚的真理，没有经过自己切身体会的问题，不管有什么样的结论，都可以怀疑。这就是著名的"怀疑一切"理论。2. 将要研究的复杂问题尽量分解为多个比较简单的小问题，一个一个地分开解决。3. 将这些小问题从简单到复杂排列，先从容易解决的问题着手。4. 将所有问题解决后，再综合起来检验，看是否完全，是否将问题彻底解决了。勒内·笛卡尔的方法论的四个方法步骤，有三个谈的是分析方法、综合方法问题："将要研究的复杂问题尽量分解为多个比较简单的小问题，一个一个地分开解决。将这些小问题从简单到复杂排列，先从容易解决的问题着手"，谈的是"分析方法"问题；"将所有问题解决后，再综合起来检验，看是否完全，是否将问题彻底解决了"，谈的是"综合方法"问题。勒内·笛卡尔的《方法论》一书，已经明确谈到了分析方法和综合方法的相互联系，是分析—综合的路线。鉴于时代科学技术发展的局限性，他没有用系统超循环理论来讨论这种联系的系统超循环运动

---

① 魏宏森，曾国屏. 系统论——系统科学哲学［M］.北京：世界图书出版公司，2009：212.

的系统整体规律性。

我们讨论系统方法定义的系统超循环运动形式，建立系统方法定义超循环运动形式图，就是用系统超循环原理来讨论这种综合之中的分析和分析之中的综合的系统方法定义的研究过程的系统整体规律性，以现代方法克服传统方法的局限性。

从图 6 系统方法定义静态形式图可以看出，图 6 的第二层次做功方法 x^j 子系统是图 3 的具体化。但并不意味着我们研究的所有特定研究对象的系统运动形式都是与图 3 一模一样的运动形式。图 6 的第二层次做功方法 x^j 子系统与图 3 的系统静态形式高度相似，是因为系统方法定义从属于两种系统运动，顺应了两种系统运动的客观规律性。

由于图 6 系统方法定义静态形式图的第二层次做功方法 x^j 子系统顺应了图 3 两种系统基本运动静态形式图的客观规律，图 6 系统方法定义静态形式图的第二层次做功方法 x^j 子系统，就是图 3 两种系统基本运动静态形式图的具体化，图 6 系统方法定义静态形式图的第二层次做功方法 x^j 子系统的超循环运动纵向系统层次、横向要素类型和系统超循环运动三个反应层次，就是图 3 在系统动态超循环研究方法下的超循环运动纵向系统层次、横向要素类型和系统超循环运动三个反应层次的具体化。

在系统方法定义的系统超循环研究过程中，系统目的不同，系统方法定义超循环研究的时间尺度的阶段性起点和终点的关系就不同。

当系统研究目的是获取系统部分的性质和功能时，系统方法定义中系统超循环运动的总趋势是分析方法 x_j^f 占据主导地位，阶段性的时间尺度的起点和终点是"分析方法 x_j^f"和"分析方法 x_j^{f}"，超循环运动一周的过程是"分析方法—综合方法—分析方法"，即由分析方法 x_j^f 的分析运动到综合方法 x_j^z 的综合运动再到分析方法 x_j^f 的分析运动的阶段性超循环过程，分析方法 x_j^f 的分析运动是阶段性的时间尺度的起点和终点，这种方法的超循环运动称为"系统分析超循环研究方法"。"系统分析超循环研究方法"的概念有别于传统"分析方法"的概念。"系统分析超循环研究方法"是"分析方法—综合方法—分析方法"的起点到终点的超循环分析过程，起点是分析反应物，终点是分析生成物，中间环节"综合方法"是助催化剂，而传统"分析方法"只是超循环过程的一段分析分解过程（见图 7 系统分析超循环研究方法运动形式图）。

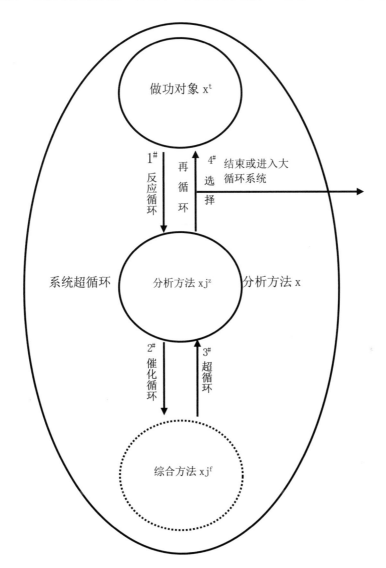

图 7　系统分析超循环研究方法运动形式图

当系统目的是获取系统整体的性质和功能时，系统方法定义系统超循环运动的总趋势是综合方法 xj^z 占据主导地位，阶段性的时间尺度的起点和终点是"综合方法 xj^z"和"综合方法 xj"，超循环运动一周的过程是"综合方法—分析方法—综合方法",即由综合方法 xj^z 的综合运动到分析方法 xj^f 的分析运动再到综合方法 xj^z 的综合运动的阶段超循环过程,这种方法的超循环运动称为"系统综合超循环研究方法"。"系统综合超循环研究方法"的概念有别于传统"综合方法"的概念。"系统综合超循环研究方法"是"综合方法—分析方法—综合方法"的起点到终点的超循环分析过程,起点是反应物,终点是生成物,中间环节"分析方法"是助催化剂,而传统"综合方法"只是超循环过程的一段归纳综合过程(见图 8 系统综合超循环研究方法运动形式图)。

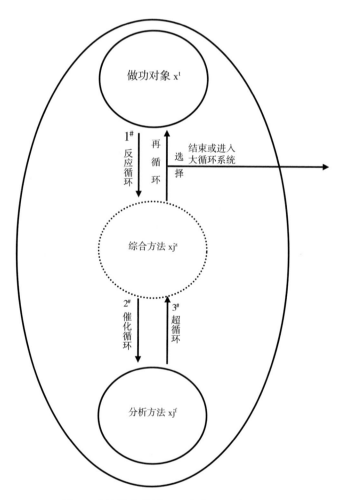

图8 系统综合超循环研究方法运动形式图

图 7 系统分析超循环研究方法运动形式图和图 8 系统综合超循环研究方法运动形式图，它们截取不同的起点和终点，便形成了不同的超循环反应层次，具有相反的纵向系统层次和横向要素类型。

二、系统分析超循环研究方法的动态层次等级、层次秩序、要素类型

层次等级、层次秩序、要素类型是从宏观上来讨论两种系统超循环研究方法的运动规律性。

在假定系统目的是获取系统的部分性质和功能的前提条件下，在图 6 系统方法定义静态形式图的基础上，我们可以按照图 7 系统分析超循环研究方法的运动形式图的分析超循环路线，进一步用系统动态超循环研究方法对系统分析超循环研究方法运动的系统层级及内在层次和要素类型进行划分。

图 7 系统分析超循环研究方法运动形式图，系统分析超循环运动截取的时间尺度的起点和终点是分析方法 xj^f，它的分析超循环的三个基本反应层次等级是"分析方法 xj^f—综合方法 xj^z—分析方法 xj^f"。

根据图 7，结合图 6，系统分析超循环运动的三个反应层次等级及内在层次秩序、要素类型如下：

第一反应层次等级：分析方法 xj^f。

分析方法 xj^f 是分析运动，它的内在层次的运动方向是从系统到要素、从高层次到低层次、从一般到特殊、从整体到部分、从全局到局部。它的内在的层次秩序和要素类型是：

第 1 层次秩序、要素类型：分析方法 xj^f；

第 2 层次秩序、要素类型：思维方式 xjf^s、行为方式 xjf^x；

第 3 层次秩序、要素类型：方式 $xjfs^a$、$xjfs^b$、$xjfs^n$，方式 $xjfx^a$、$xjfx^b$、$xjfx^n$。

该层次等级的内在层次秩序、要素类型是：分析方法 xj^f—思维方式 xjf^s、行为方式 xjf^x—方式 $xjfs^a$、$xjfs^b$、$xjfs^n$，方式 $xjfx^a$、$xjfx^b$、$xjfx^n$。

第二反应层次等级：综合方法 xj^z。

综合方法 xj^z 是综合运动，它的内在层次秩序的运动方向是从要素到系统、从低层次到高层次、从特殊到一般、从部分到整体、从局部到全局。它的内在的层次秩序和要素类型是：

第 1 层次秩序、要素类型：方式 $xjzs^a$、$xjzs^b$、$xjzs^n$，方式 $xjzx^a$、$xjzx^b$、$xjzx^n$；

第 2 层次秩序、要素类型：思维方式 xjz^s、行为方式 xjz^x；

第 3 层次秩序、要素类型：综合方法 xj^z。

该层次等级的层次秩序、要素类型是：方式 $xjzs^a$、$xjzs^b$、$xjzs^n$，方式 $xjzx^a$、$xjzx^b$、$xjzx^n$—思维方式 xjz^s、行为方式 xjz^x—综合方法 xj^z。

第三反应层次等级：分析方法 xj^f。

第三层次等级的分析方法 xj^f 是系统分析超循环研究方法的三个循环反应过程周期性超循环的终点，但它在形式上是回到了系统分析超循环研究方法的起点，它的内在层次的运动方向是从系统到要素、从高层次到低层次、从一般到特殊、从整体到部分、从全局到局部。它的内在层次秩序、要素类型的划分与第一层次等级分析方法 xj^f 相同，不再重述。

将第一反应层次等级、第二反应层次等级、第三反应层次等级三个动态层次等级的层次秩序、要素类型联系起来，它们的研究顺序是"分析方法 xj^f（分析方法 xj^f—思维方式 xjf^s、行为方式 xjf^x—方式 $xjfs^a$、$xjfs^b$、$xjfs^n$，方式 $xjfx^a$、$xjfx^b$、$xjfx^n$）—综合方法 xj^z（方式 $xjzs^a$、$xjzs^b$、$xjzs^n$，方式 $xjzx^a$、$xjzx^b$、$xjzx^n$—思维方式 xjz^s、行为方式 xjz^x—综合方法 xj^z）—分析方法 xj^f（分析方法 xj^f—思维方式 xjf^s、行为方式 xjf^x—方式 $xjfs^a$、$xjfs^b$、$xjfs^n$，方式 $xjfx^a$、$xjfx^b$、$xjfx^n$）"这样一种超循环运动形式。该超循环运动形式中，括号外的方向箭头和文字及英语字母代码代表系统反应层次等级，括号内的方向箭头前后的文字及英语字母代码代表反应层次等级的内在层次秩序和要素类型。这一循环形式是后面系统分析超循环研究方法要素"布阵"的依据。

理论上，系统方法定义都要求在研究过程中，系统层级的内在纵向系统层次和横向要素类型，都必须"穷尽一切因素"，但在实践中根据研究目的确定。

三、系统综合超循环研究方法的动态层次等级、层次秩序、要素类型

在假定系统目的是获取系统的整体性质和功能的前提条件下，在图6系统方法定义静态形式图的基础上，我们可以按照图8系统综合超循环研究方法运动形式图的超循环路线，进一步用系统动态超循环研究方法对综合超循环运动的系统层级及内在层次和要素类型进行划分。

图8系统综合超循环研究方法运动形式图，系统综合超循环运动的时间起点和终点是综合方法 xj^z，它的综合超循环的三个基本反应层次等级是"综合方法 xj^z——分析方法 xj^f——综合方法 xj^z"。

根据图8，结合图6，系统分析超循环运动的三个反应层次等级及内在层次秩序、要素类型如下：

第一反应层次等级：综合方法 xj^z。

综合方法 xj^z 是综合运动，它的内在层次秩序的运动方向仍然是从要素到系统、从低层次到高层次、从特殊到一般、从部分到整体、从局部到全局。它的内在的层次秩序和要素类型是：

第1层次秩序、要素类型：方式 $xjzs^a$、$xjzs^b$、$xjzs^n$，方式 $xjzx^a$、$xjzx^b$、$xjzx^n$；

第2层次秩序、要素类型：思维方式 xjz^s、行为方式 xjz^x；

第3层次秩序、要素类型：综合方法 xj^z。

该层次等级的层次秩序、要素类型是：方式 $xjzs^a$、$xjzs^b$、$xjzs^n$，方式 $xjzx^a$、$xjzx^b$、$xjzx^n$——思维方式 xjz^s、行为方式 xjz^x——综合方法 xj^z。

第二反应层次等级：分析方法 xj^f。

分析方法 xj^f 是分析运动，它的内在层次的运动方向仍然是从系统到要素、从高层次到低层次、从一般到特殊、从整体到部分、从全局到局部。它的内在的层次秩序和要素类型是：

第1层次秩序、要素类型：分析方法 xj^f；

第2层次秩序、要素类型：思维方式 xjf^s、行为方式 xjf^x；

第 3 层次秩序、要素类型：方式 $xjfs^a$、$xjfs^b$、$xjfs^n$，方式 $xjfx^a$、$xjfx^b$、$xjfx^n$。

该层次等级的层次秩序、要素类型是：分析方法 xj^f—思维方式 xjf^s、行为方式 xjf^x—方式 $xjfs^a$、$xjfs^b$、$xjfs^n$，方式 $xjfx^a$、$xjfx^b$、$xjfx^n$。

第三反应层次等级：综合方法 xj^z。

第三反应层次等级的综合方法 xj^z 是基本系统分析综合方法超循环的三个循环反应过程周期性超循环的终点，但它在形式上是系统综合超循环研究方法的起点，它的内在层次的运动方向是从要素到系统、从低层次到高层次、从特殊到一般、从部分到整体、从局部到全局。它的内在层次秩序、要素类型的划分与第一层次等级综合方法 xj^z 相同。

将第一翻译层次等级、第二翻译层次等级、第三翻译层次等级三个动态层次等级的层次秩序、要素类型联系起来，它们的研究顺序是"综合方法 xj^z（方式 $xjzs^a$、$xjzs^b$、$xjzs^n$，方式 $xjzx^a$、$xjzx^b$、$xjzx^n$—思维方式 xjz^s、行为方式 xjz^x—综合方法 xj^z）—分析方法 xj^f（分析方法 xj^f—思维方式 xjf^s、行为方式 xjf^x—方式 $xjfs^a$、$xjfs^b$、$xjfs^n$，方式 $xjfx^a$、$xjfx^b$、$xjfx^n$）—综合方法 xj^z（方式 $xjzs^a$、$xjzs^b$、$xjzs^n$，方式 $xjzx^a$、$xjzx^b$、$xjzx^n$—思维方式 xjz^s、行为方式 xjz^x—综合方法 xj^z）"这样一种超循环形式。该超循环形式中，括号外的方向箭头和文字及英语字母代码代表系统反应的层次等级，括号内的方向箭头前后的文字及英语字母代码代表系统反应层次等级的内在层次秩序和要素类型。这一循环形式是系统综合超循环研究方法要素"布阵"的依据。

理论上，系统方法定义都要求在研究过程中，纵向系统层次和横向要素类型都必须"穷尽一切因素"，在实践中，往往根据研究目的的需要来确定纵向系统层次和横向要素类型。

从以上的划分可以看出，图 8 系统综合超循环研究方法运动形式图和图 7 系统分析超循环研究方法运动形式图，它们从形式上仅是系统超循环运动反应层次等级秩序的调换，层次等级内在的运动层次秩序并未改变。但这一系统反应的层次等级秩序的调换，使得系统超循环的起点和终点发生了变化，系统的反应过程随之发生了变化，系统的反应物、生成物、助催化剂发生了变化，系统的因果关系也随之发生了变化，系统方法的研究目的和结果也随之发生了变化。

第三节　系统方法定义的坐标推演过程及系统流程图

本节从"平面直角坐标系的系统规定性""系统方法定义的要素坐标'布阵'""系统方法定义的结构功能坐标'布阵'""系统方法定义的系统流程图"进行探讨。

系统方法定义的坐标推演过程是借用坐标形式，用推演方式来探讨系统方法定义的系统超循环研究过程的运动规律性，坐标推演过程其实是系统方法定义详细的研究过程。

借用系统坐标方法推演系统方法定义的系统超循环研究过程的运动规律性，能够将系统方法定义的做功对象、做功方法、研究过程的系统超循环研究表现得"淋漓尽致"，能够充分说明系统方法定义的"分析之后的综合、综合之后的分析"的系统分析超循环研究的详细过程和"综合之后的分析、分析之后的综合"的系统综合超循环研究的详细过程。

一、平面直角坐标系的系统规定性

系统方法定义的坐标推演过程，是在图6系统方法定义静态形式图、图7系统分析超循环研究方法运动形式图、图8系统综合超循环研究方法运动形式图的基础上，借用平面直角坐标系推论系统方法定义的运动规律性。它除了遵循平面直角坐标系的一般的规定性，还有从系统研究出发的特殊的规定性。

应用平面直角坐标系来讨论系统方法定义的系统方法，其意义在于平面直角坐标系能很好地体现系统的纵、横关系：平面直角坐标的纵轴 y 可以体现系统的纵向层次等级和层次秩序、运动方向的差异性，平面直角坐标的横轴 x 可以体现系统的横向要素类型和排序的差异性。

为便于系统直角坐标研究方法的研究，除了遵循平面直角坐标系一般的规定性，还需要赋予平面直角坐标系特殊的规定性。

（一）系统平面直角坐标系形式图

见图 9 系统平面直角坐标系形式图。

（二）平面直角坐标系的系统规定性

1. 系统平面直角坐标系的公共规定性

在图 9 系统平面直角坐标系形式图中，规定纵轴 y 代表纵向系统层次，横轴 x 代表横向要素类型。坐标点 $P(x，y)$，x 代表系统的横向要素类型，y 代表系统的纵向系统层次。

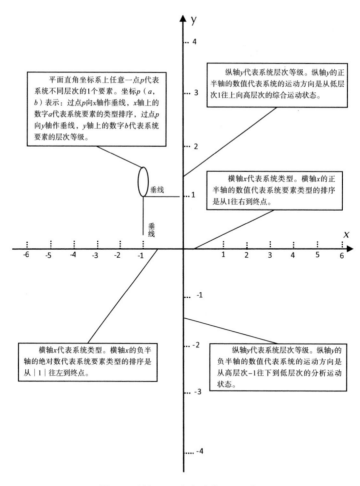

图9　系统平面直角坐标系形式图

在系统直角坐标系中：按照前面讨论的"系统方法定义"相似于"原子"的结构功能形态，规定公共原点代表特定研究对象；规定纵轴 y 的正半轴表示的是子系统综合运动层次等级的内部层次秩序，运动方向是从低层次向高层次，排序从 1 开始；规定纵轴 y 的负半轴表示的是子系统分析运动层次等级的内部层次秩序，运动方向是从高层次向低层次，排序从 |1| 开始。为顺应两种运动相反的运动方向，规定第一、第二象限为综合运动的坐标"布阵"，第三、第四象限为分析运动的坐标"布阵"。为便于研究，在系统横向要素类型不多的情况下，综合运动的坐标"布阵"在第二象限，分析运动的坐标"布阵"在第四象限。如果某一运动系统横向要素类型太多，这一运动的系统横向要素类型可以在规定的两个象限按横向要素类型的排序进行坐标"布阵"。

2. 系统平面直角坐标系纵轴 y 的规定性

y 轴正半轴排序：

在系统直角坐标系中，规定纵轴 y 的正半轴的数值代表系统的综合运动状态的系统层次，从"1"开始，坐标点 $P(x, y)$ 到 x 轴的距离 y 值越大层次越高。纵轴 y 的正半轴标示的是系统的演化发展的运动方向是从低层次向高层次、从部分向整体、从特殊到一般、从要素到系统。如图 3 两种系统基本运动静态形式图，假如中圆环 j^z 是综合运动状态，那么 j^z 的运动方向是从低层次向高层次运动，即从 jz^a、jz^b、jz^n — j^z 演化。那么，在图上，jz^a、jz^b、jz^n 的纵坐标 y 是正半轴的"1"，j^z 的纵坐标 y 是正半轴的"2"，以此类推直至"穷尽"。

y 轴负半轴排序：

在系统直角坐标系中，规定纵轴 y 的负半轴的数值代表系统的分析运动状态的系统层次，从"-1"开始，坐标点 $P(x, y)$ 到 x 轴的距离 $|y|$ 值越大层次越低。纵轴 y 的负半轴标示的是系统的演化发展的运动方向是从高层次向低层次、从整体向部分、从一般到特殊、从系统到要素。图 3 两种系统基本运动静态形式图中，假如中圆环 j^f 是分析运动状态，那么 j^f 的运动方向是从高层次向低层次运动，即从 j^f 向 jf^a、jf^b、jf^n 演化。那么，在图上，j^f 的纵坐标 y 是负半轴的"-1"，jf^a、jf^b、jf^n 的纵坐标 y 是负半轴的"-2"，以此

类推直至"穷尽"。

3. 系统平面直角坐标系横轴 x 的规定性

在系统直角坐标系中，规定横轴 x 代表系统横向要素类型，代表系统某一层次不同横向要素类型排序的差异性。

x 轴正半轴排序：

正半轴排序从"1"开始，按坐标点 $P(x, y)$ 到 y 轴的距离的 y 值从小到大排序，即从"1"往右到终点，这一顺序排列也代表某一层次内系统要素在正半轴的运动顺序是从"1"往右。在图 9 系统平面直角坐标系形式图上，平面直角坐标系横轴 x 的正半轴的运动方向是从"1……6"。

x 轴负半轴排序：

负半轴排序从"-1"开始，按坐标点 $P(x, y)$ 到 y 轴的距离的 $|y|$ 值从小到大排序，即从"-1"往左到终点，这一顺序排列也代表某一层次内系统要素在正半轴的运动顺序是从"-1"往左。在图 9 系统平面直角坐标系形式图上，平面直角坐标系横轴 x 的负半轴的运动方向是从"-1……-6"。

众多类型排序：

若同层次横向要素类型较多，可在正、负半轴排序。按先正半轴后负半轴的顺次排序，即横向要素类型的运动方向是先"1……6"，然后是"-1……-6"。

4. 系统平面直角坐标系系统要素的规定性

系统要素是一个暂不考虑上级系统下级要素的相对性的单体概念，规定在系统平面直角坐标系中，坐标点 $P(x, y)$ 代表各层次要素类型，以圆环代替坐标点 $P(x, y)$，以文字或英语字母代码表示。

5. 系统平面直角坐标系系统结构的规定性

在系统直角坐标系中，系统结构是系统内部各个组成要素相对稳定的联系方式、组织秩序、时间关系、空间关系的网状联结，规定用线条联结各要素，构成系统结构。为区别系统与系统、系统与要素、要素与要素之间的线性和非线性关系，在系统直角坐标系中，规定用实线"—"表示线性关系，用虚线"……"表示非线性关系。布线时，线与线之间若有交叉点，各线在交叉点的关系是非联结或非交集关系。线与线之间交叉点的关系若是联结或交集关系，在交叉点加以实心圆点表示。

6. 系统平面直角坐标系系统功能的规定性

系统内在功能（自身具有的能力）向外界环境开放时才能产生功能。系统（要素）内在功能向外开放时具有方向性和相互联系性、相互作用性，为标示这种方向性和相互联系性、相互作用性，在系统直角坐标系中，规定在联结线上用单向箭头"→"或双向箭头"↔"标示系统功能的运动方向和相互联系、相互作用。单向箭头"→"表示运动不可逆的相互作用，双向箭头"↔"表示运动可逆的相互作用。

二、系统方法定义的要素坐标"布阵"

系统方法定义的要素坐标"布阵"，见图 10 系统方法定义的要素坐标"布阵"图。

要素是一个相对性概念。系统方法定义的要素坐标"布阵"，是将系统的任一层次任一单位，都认为是相对性的单体要素。

在系统平面直角坐标系中，要素是一个暂不考虑上级系统下级要素关系的相对性的非集合体概念，要素在坐标上的不同要素类型的表现形式是不同的坐标点 $p(x, y)$。系统的要素在系统直角坐标系中是纵轴 y 垂线和横轴 x 垂线两条垂线的交叉点，这一交叉点反映的是系统要素的纵向层次秩序和横向类型排序的一种立体时空关系。系统要素"布阵"，就是应用平面直角坐标系，在纵坐标 y 和横坐标 x 的垂线交叉点上，将各层次要素的坐标点 $p(x, y)$ 标示出来。

在系统平面直角坐标系中，系统的要素类型是一个个具有层次结构特征的网状坐标点 $p(x, y)$。系统平面直角坐标系犹如"围棋"大棋局，不同层次不同要素类型犹如"围棋"的棋子，我们可以根据研究需要用坐标点 $p(x, y)$ 在平面直角坐标系上来"布阵"它。

用平面直角坐标系来"布阵"系统方法的要素，是根据图 6 系统方法定义静态形式图，按照一定的方法步骤进行。

　　系统坐标方法，基本工具是电脑。电脑除了满足研究需要，主要是应用 Word 软件自带的绘图软件，如用 Word 2007 中的"插入"—"插图"—"新建绘画布"功能进行平面直角坐标系的绘制和系统坐标方法的相关研究。我们后续的系统坐标方法的讨论，都是在 Word 2007 绘图软件下进行。

　　系统方法定义的要素坐标"布阵"，为简化和便于电脑操作，在直角坐标系上省去各层次要素的中文字符，用英语字母代码代替中文字符进行坐标要素"布阵"。

　　其方法步骤：

（一）绘制坐标

1. 确定坐标象限

　　按照前面系统平面直角坐标系的公共规定性，综合运动在平面直角坐标系的第二象限"布阵"，分析运动在平面直角坐标系的第四象限"布阵"。

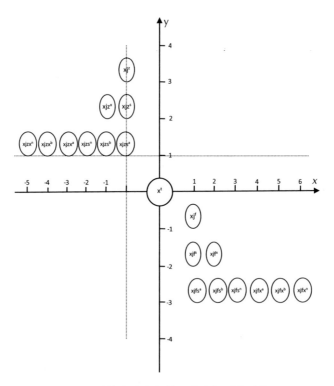

图 10　系统方法定义的要素坐标"布阵"图

图 6 系统方法定义静态形式图：子系统"综合方法 xj^z"是综合运动，在平面直角坐标系的第二象限"布阵"；子系统"分析方法 xj^f"是分析运动，在平面直角坐标系的第四象限"布阵"。

2. 绘制直角坐标系 y 轴、x 轴

打开 Word 2007 软件，点击"插入"—"插图"—"新建绘画布"，绘制出平面直角坐标系 y 轴、x 轴。

绘制坐标单位：

绘制平面直角坐标系时，x 轴、y 轴上的单位长度通常应相同，在实际应用中有时会遇到取相同的单位长度有困难的情况，可灵活规定单位长度，但同一坐标轴上，相同长度的线段表示的单位应相同。

（1）绘制纵轴 y 的坐标单位

纵轴 y 的正半轴的刻度数量由子系统"综合方法 xj^z"的系统内在纵向层次数量决定。图 6 系统方法定义静态形式图的静态系统纵向层次数，"综合方法 xj^z"的系统纵向内在层次数有三层，纵轴 y 的正半轴刻度的最少数量应在 3 个单位以上。

纵轴 y 的负半轴的刻度数量由图 6"分析方法 xj^f"的系统纵向层次数量决定。图 6 系统方法定义静态形式图的静态系统纵向层次数，"分析方法 xj^f"的系统纵向层次数有三层，纵轴 y 的负半轴刻度的最少数量应在 3 个单位以上。

（2）绘制横轴 x 的坐标单位

横轴 x 的正半轴的刻度的数量由图 8"分析方法 xj^f"的下级层次要素类型最多的层次的数量决定。图 6 系统方法定义静态形式图的静态系统横向要素类型，"分析方法 xj^f"的下级层次，要素类型最多的层次是图 6 系统的孙孙孙系统层次，有方式 $xjfs^a$、$xjfs^b$、$xjfs^n$，$xjfx^a$、$xjfx^b$、$xjfx^n$ 6 个，纵轴 x 的正半轴刻度的最少数量应在 6 个单位以上。

横轴 x 的负半轴刻度的数量由图 6"综合方法 xj^z"的下级层次要素类型最多的层次的数量决定。图 6 系统方法定义静态形式图的静态系统横向要素类型，"综合方法 xj^z"的下级层次，要素类型最多的层次是孙孙孙系统层次，

有方式 $xjzs^a$、$xjzs^b$、$xjzs^n$，$xjzx^a$、$xjzx^b$、$xjzx^n$6 个，纵轴 x 的负半轴刻度的最少数量应在 6 个单位以上。

（二）进行要素坐标"布阵"

在进行要素"布阵"时，为研究的需要，统一用实线小圆环表示不同层次要素。

1. 方法

在平面直角坐标系上，是将坐标点放大为"小圆环"，用不同要素类型的英语字母代码进行要素"布阵"。除公共原点，其余要素"布阵"的表示方法：根据要"布阵"要素类型的坐标点 $p(x, y)$，作纵轴 y 和横轴 x 的临时垂线（以虚线表示）。代表该坐标点要素类型的"小圆环"，底部在纵轴 y 的临时垂线面上，横轴 x 的临时垂线平分"小圆环"。

2. 进行坐标公共原点"布阵"

在平面直角坐标系上，用圆形图添加英语字母代码 x' 代表做功对象 x'，"布阵"在公共原点上。

3. 确定坐标象限

按照前面系统平面直角坐标系的公共规定性，综合运动在平面直角坐标系的第二象限"布阵"，分析运动在平面直角坐标系的第四象限"布阵"。

图 6 系统方法定义静态形式图：综合运动是孙系统"综合方法 xj^z"，在平面直角坐标系的第二象限"布阵"；分析运动是孙系统"分析方法 xj^f"，在平面直角坐标系的第四象限"布阵"。

4. 进行第二象限要素"布阵"

按照图 6，孙系统"综合方法 xj^z"是综合运动，在第二象限"布阵"。"综合方法 xj^z"内在层次的运动方向是从低层次往高层次，第二象限要素"布阵"是从低层次开始向高层次"布阵"，即从纵轴"1"逐层次开始向高层次"布阵"。

在图 6 系统方法定义静态形式图上，实线圆环表示的综合运动的运动方向从低层次到高层次，即从小圆环到大圆环。所以，"综合方法 xj^z"的要素"布阵是从图 6 的小圆环开始，从小到大按图 6 系统方法定义静态形式图的静态系统层次、要素类型"，对其代码进行要素"布阵"。

（1）孙孙孙系统层次

孙孙孙系统层次代码：$xjzs^a$、$xjzs^b$、$xjzs^n$，$xjzx^a$、$xjzx^b$、$xjzx^n$。

从坐标点 $p(-1, 1)$ 开始，即从代表系统要素类型的横坐标 -1、代表系统纵向层次的纵坐标 1 开始第二象限"布阵"。

按系统属性的先后顺序，其坐标"布阵"为：$p(-1, 1) = xjzs^a$、$p(-2, 1) = xjzs^b$、$p(-3, 1) = xjzs^n$，$p(-4, 1) = xjzx^a$、$p(-5, 1) = xjzx^b$、$p(-6, 1) = xjzx^n$。

（2）孙孙系统层次

孙孙系统层次代码：xjz^s、xjz^x。

按系统属性的先后顺序，其坐标"布阵"为：$p(-1, 2) = xjz^s$、$p(-2, 2) = xjz^x$。

（3）孙系统层次

孙系统层次代码：xj^z。其坐标"布阵"为：$p(-1, 3) = xj^z$。

至此，第二象限"综合方法 xj^z"的要素"布阵"告一段落。

5．进行第四象限要素"布阵"

按照图 6，子系统"分析方法 xj^f"是分析运动，在第四象限"布阵"。第四象限要素"布阵"是从高层次开始向低层次"布阵"，即从纵轴"-1"逐层次开始向低层次"布阵"。

在图 6 系统方法定义静态形式图上，用不同层次的方点圆环表示"分析方法 xj^f"。图 6"分析方法 xj^f"的分析运动的运动方向是从高层次向低层次，即从大圆环到小圆环。所以，"分析方法 xj^f"的要素"布阵，是从图 6 的大圆环开始，从大到小按图 6 系统方法定义静态形式图的静态系统层次、要素类型"，对其代码进行要素"布阵"。

（1）孙系统层次

孙系统层次代码：xj^f。

从坐标点 $p(1, -1)$ 开始，即从代表系统要素类型的横坐标 1、代表系统纵向层次的纵坐标 -1 开始第四象限"布阵"。

其坐标"布阵"为：$p(1, -1) = xj^f$。

（2）孙孙系统层次

孙孙系统层次代码：xjf^s、xjf^x。

按系统属性的先后顺序，其坐标"布阵"为：$p(1, -2) = xjf^s$、$p(2, -2) = xjf^x$。

（3）孙孙系统层次

孙孙系统层次代码 $xjfs^a$、$xjfs^b$、$xjfs^n$，$xjfx^a$、$xjfx^b$、$xjfx^n$。

按系统属性的先后顺序，其坐标"布阵"为：$p(1, -3) = xjfs^a$、$p(2, -3) = xjfs^b$、$p(3, -3) = xjfs^n$，$p(4, -3) = xjfx^a$、$p(5, -3) = xjfx^b$、$p(6, -3) = xjfx^n$。

至此，第四象限"分析方法 xj^f"的要素"布阵"告一段落，系统方法定义平面直角坐标系要素"布阵"完毕。

图 10 系统方法定义的要素坐标"布阵"图是以图 6 系统方法定义静态形式图的系统静态类型划分为要素"布阵"的依据，它是用直角坐标研究系统方法定义超循环研究的基础。图 7 系统分析超循环研究方法运动形式图和图 8 系统综合超循环研究方法运动形式图，相应的综合运动 xj^z 和分析运动 xj^f，它们从形式上仅是系统超循环运动层次等级秩序的调换，层次等级内在的层次秩序的运动方向并未改变。所以，图 7 系统分析超循环研究方法运动形式图和图 8 系统综合超循环研究方法运动形式图，它们的直角坐标要素"布阵"都是一个图。

三、系统方法定义的结构功能坐标"布阵"

"方法是特定研究对象的分析和综合的思维方式和行为方式的系统超循环研究"的系统方法定义的系统研究过程是一种系统超循环运动，截取不同的起点和终点，就会得到两种不同的研究结果。结构功能坐标"布阵"是系统方法定义两种系统超循环研究过程的推演。

图 10 系统方法定义要素坐标"布阵"图是一种静态"布阵"，结构功能坐标"布阵"是一种动态"布阵"。前面图 7、图 8 既反映了两种系统方法定

义的超循环运动形式，也反映了两种系统方法定义的总的运动趋势。图 7 系统分析超循环研究方法运动形式图和图 8 系统综合超循环研究方法运动形式图，它们超循环运动的起点和终点不同，它们的总趋势或者分析运动或者综合运动，是两种不同研究目的的系统超循环研究，有两种不同研究目的结构功能坐标"布阵"。

我们按照系统方法定义的内在结构和外在功能的表现形式，先分别按照分析运动 xj^f 的运动方向和综合运动 xj^z 的运动方向对图 10 进行单一的分析方法、综合方法的结构功能坐标"布阵"，再根据分析方法、综合方法的结构功能坐标"布阵"，按照研究目的的总趋势分别进行系统分析超循环研究或系统综合超循环研究的结构功能坐标"布阵"，就构成了"系统分析超循环研究方法结构功能坐标'布阵'图"和"系统综合超循环研究方法结构功能坐标'布阵'图"。

（一）系统方法定义的内在结构和外在功能的表现形式

"结构是指系统内部各个组成要素之间的相对稳定的联系方式、组织秩序及其时空关系的内在表现形式。按照这里的定义，系统的结构就取决于系统之中的要素，由这些要素联系形成的关系及其表现形式的综合，并由这样的综合导致了系统的一种整体性规定。"[①]

"功能是指系统与外部环境相互联系和相互作用中所表现出来的性质、能力和功效，是系统内部相对稳定的联系方式、组织秩序及时空形式的外在表现形式。系统的功能是与系统的结构相对应的范畴"。[②]

从以上系统结构和功能的定义来研究系统方法定义的结构和功能，也要从系统和要素的相对性来讨论：

第一，结构是系统内部的内在表现形式。系统具有相对性，不同层次的要素对下级要素都是相对性的系统，不同层次的要素结构都是相对性系统的内在表现形式。这样，将系统方法定义的不同层次要素用流程线结构在一起，便形成了具有层次性的系统内在结构形式。这一结构形式犹如"网状"。

---

① 魏宏森，曾国屏．系统论——系统科学哲学［M］．北京：世界图书出版公司，2009：294.
② 魏宏森，曾国屏．系统论——系统科学哲学［M］．北京：世界图书出版公司，2009：296.

第二，功能是系统外部的外在表现形式。由于系统的相对性，不同层次的系统都是相对性要素，这时候，对相对性要素而言，上级系统或下级要素，都是该相对性要素的外部环境，它的功能是本身具有的做功能力向外部环境的"释放"，具有方向性。这样，在系统方法定义的不同层次要素流程线上用方向箭头标明要素功能的运动方向，便形成了系统功能的外在表现形式。

可以这样来理解，将系统方法定义的不同层次相对的系统内部各个要素根据系统的整体需要，按其系统、要素相对稳定的联系方式、组织秩序、时间关系、空间关系用流程线连成有机的网状结构，不同层次便有了系统结构内在表现形式，便有了内在的做功能力。不同层次系统结构运动时，必定向外部环境做功，该层次系统结构便有了外在功能。而外在功能是不同层次系统（要素）的外在表现形式，其自身做功能力都需要向外部做功。所以，用方向箭头在网状结构上标明要素功能的运动方向，便形成了系统功能的外在表现形式。

结构和功能的关系是结构决定功能，功能反作用于结构，系统功能与系统的结构具有相对应关系。因此，结构和功能可以分开讨论，我们既可以从结构研究功能，也可以从功能研究结构。这样，我们就可以从系统方法定义的功能反过来讨论系统方法定义的结构。

（二）系统分析方法 xj^f、综合方法 xj^z 的结构功能坐标"布阵"

分析方法 xj^f、综合方法 xj^z 的结构功能坐标"布阵"见图 11。

系统分析方法 xj^f、综合方法 xj^z 的结构功能坐标"布阵"，是超循环运动过程中的两种单一方法的结构功能的坐标"布阵"，是分别对分析方法 xj^f、综合方法 xj^z 的研究过程的推演。系统分析方法 xj^f、综合方法 xj^z 的结构功能坐标"布阵"形成两个研究方向相反的单一的方法系统。

系统分析方法 xj^f、综合方法 xj^z 的结构功能坐标"布阵"，是系统分析或综合两种超循环研究方法的结构功能坐标"布阵"的基础。其方法是用表示结构的非线性关系的虚线和表示功能运动方向的方向箭头，分别在相关象限按运动方向对综合方法 xj^z、分析方法 xj^f 各层次要素进行联结。虚线表示的是排斥和吸引、竞争和协同的选择性的非线性关系。

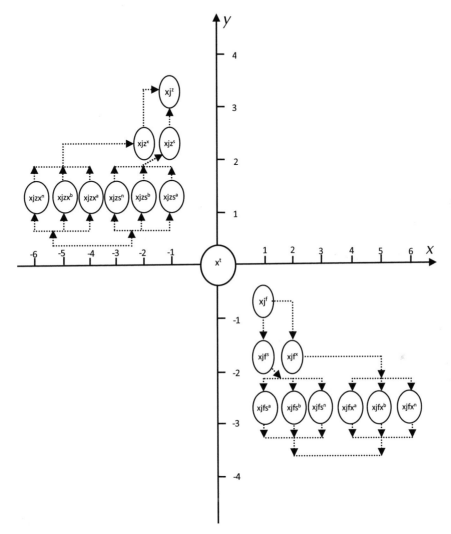

图11 分析方法 xjᶠ、综合方法 xjᶻ 的结构功能坐标"布阵"图

首先，进行第二象限综合方法 xjᶻ 结构功能"布阵"。

第二象限综合方法 xjᶻ 结构功能"布阵"，是从低层次开始向高层次"布阵"，它顺应"综合方法 xj"的运动方向，从低层次向高层次用虚线方向箭头联结。

先联结 $xjzs^a$、$xjzs^b$、$xjzs^n$ —xjz^s —xj^z，然后联结 $xjzx^a$、$xjzx^b$、$xjzx^n$ —xjz^x → xj^z；再按系统组织属性，将 $xjzs^a$、$xjzs^b$、$xjzs^n$ 为一组，$xjfx^a$、$xjfx^b$、$xjfx^n$ 为一组，仍按运动方向用虚线和方向箭头分别将两组组合起来，再用虚线和方向箭头将两组组合起来。

其次，进行第四象限分析方法 xj^f 结构功能"布阵"。

第四象限分析方法 xj^f 结构功能"布阵"，是从高层次开始向低层次"布阵"，它顺应"分析方法 xj^f"的运动方向，从高层次向低层次用虚线方向箭头联结。

先联结 xj^f —xjf^s —$xjfs^a$、$xjfs^b$、$xjfs^n$，然后联结 xj^f —xjf^x —$xjfx^a$、$xjfx^b$、$xjfx^n$；再按系统组织属性，将 $xjfs^a$、$xjfs^b$、$xjfs^n$ 为一组，$xjzx^a$、$xjzx^b$、$xjzx^n$ 为一组，仍按运动方向用虚线和方向箭头分别将两组组合起来，再用虚线和方向箭头将两组组合起来。

至此，对图 10 系统方法定义要素坐标"布阵"图的分析方法 xj^f、综合方法 xj^z 两个子系统的结构功能"布阵"暂告一段落，形成了两个结构形式高度相似的方法系统。

（三）系统分析超循环研究方法的结构功能坐标"布阵"

系统分析超循环研究方法的结构功能坐标"布阵"见图 12。

系统分析超循环研究方法结构功能坐标"布阵"的方法，是按图 7 系统分析超循环研究方法运动形式图的系统分析超循环研究方法路线，用实线或虚线对图 11 进行整体结构功能"布阵"。实线表示可叠加使用的线性关系，虚线是非线性关系。

按照图 7 "系统分析超循环研究方法运动形式图"的反应循环线路的顺序编号，对图 11 分析方法 xj^f、综合方法 xj^z 结构功能"布阵"坐标图进行系统分析超循环研究方法的整体结构功能"布阵"联结。

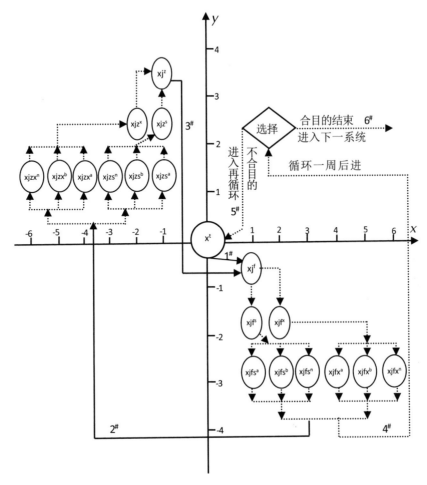

图12　系统分析超循环研究方法的结构功能坐标"布阵"图

　　系统分析超循环研究方法的三个反应循环过程，已分别编有顺序号，我们先按图7顺序号和循环方向、层次对图11进行联结，再进行"选择"连接。

　　具体过程：

　　$1^{\#}$流程线联结：

　　$1^{\#}$流程线是反应循环过程，反应循环过程是从x^{t}向xj^{f}的高层次用$1^{\#}$流程实线方向箭头联结。

　　$2^{\#}$流程线联结：

　　$2^{\#}$流程线是催化循环过程，从xj^{f}的最低层次流程线向xj^{z}的最低层次流

程线用 $2^\#$ 实线方向箭头联结。

$3^\#$ 流程线联结：

$3^\#$ 流程线是超循环过程，从 xj^z 最高层次向 xj^f 最高层次用 $3^\#$ 流程实线方向箭头联结。

$4^\#$ 流程线联结：

在第一象限适当位置绘制菱形"选择"图标。

从 xj^f 的最低层次流程线向菱形"选择"图标用 $4^\#$ 流程虚线方向箭头联结，表示"分析方法 xj^f —综合方法 xj^z —分析方法 xj^f"循环一周，进入选择。

$5^\#$ 流程线联结：

从菱形"选择"图形用 $5^\#$ 流程虚线方向箭头向特定研究对象 x^1 联结，表示循环一周，不合目的再重复循环研究过程。

$6^\#$ 流程线：

在菱形"选择"图标上画一虚线方向箭头出线，表示符合研究目的，结束研究，如果该研究属于其他系统的分系统，其阶段性结果作为其他系统的分系统进入更大的复杂系统的超循环研究过程。

至此，系统分析超循环研究方法的结构功能坐标"布阵"结束。

（四）系统综合超循环研究方法的结构功能坐标"布阵"

系统综合超循环研究方法的结构功能坐标"布阵"见图 13。

系统综合超循环研究方法结构功能坐标"布阵"的方法步骤与系统分析超循环研究方法结构功能坐标"布阵"的方法步骤相同。

系统分析超循环研究方法结构功能坐标"布阵"的方法，是按图 8 系统综合超循环研究方法运动形式图的系统综合超循环研究方法路线，用实线或虚线对图 11 进行整体结构功能"布阵"。实线表示可叠加使用的线性关系，虚线是非线性关系。

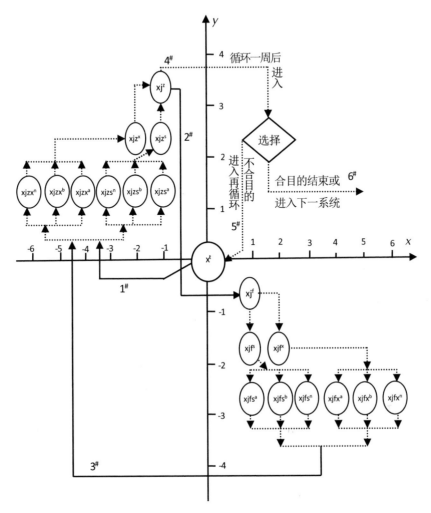

图13 系统综合超循环研究方法的结构功能坐标"布阵"图

按照图 8 "系统综合超循环研究方法运动形式图"的反应循环线路的顺序编号，对图 11 分析方法 xj^f、综合方法 xj^z 结构功能"布阵"坐标图进行系统综合超循环研究方法的整体结构功能"布阵"联结。

系统综合超循环研究方法的三个反应循环过程，已分别编有顺序号，我们先按图 8 顺序号和循环方向、层次对图 11 进行联结，再进行"选择"连接。

具体过程：

1# 流程线联结：

1# 流程线是反应循环过程，是从 x^i 向 xj^z 的低层次用 1# 流程实线方向箭头联结。

2# 流程线联结：

2# 流程线是催化循环过程，从 xj^z 的最高层次流程线向 xj^f 的最高层次流程线用 2# 实线方向箭头联结。

3# 流程线联结：

3# 流程线是超循环过程，从 xj^f 最低层次向 xj^z 最低层次用 3# 流程实线方向箭头联结。

4# 流程线联结：

在第一象限适当位置绘制菱形"选择"图标。

从 xj^z 的最高层次流程线向菱形"选择"图形用 4# 流程虚线方向箭头连结，表示"综合方法 xj^z—分析方法 xj^f—综合方法 xj^z"循环一周，进入选择。

5# 流程线联结：

菱形"选择"图形用 5# 流程虚线方向箭头向特定研究对象 x^i 联结，表示循环一周，不合目的再重复循环研究过程。

6# 流程线联结：

在菱形"选择"图标上画一虚线方向箭头出线，表示符合研究目的，结束研究，如果该研究属于其他系统的分系，其阶段性结果作为其他系统的分系进入更大的复杂系统的超循环研究过程。

至此，系统综合超循环研究方法的结构功能坐标"布阵"结束。

四、系统方法定义的系统流程图

"系统方法定义"的系统流程是图 12、图 13 的去坐标化后的简化形式，将简化形式进行转化，进一步合并为一个通用的系统方法定义的系统超循环研究思维导图。"系统方法定义"的系统流程图分别反映的是特定研究对象的"系统分析超循环研究方法"和"系统综合超循环研究方法"的研究过程。

图 12 系统分析超循环研究方法结构功能坐标"布阵"图、图 13 系统综合超循环方法结构功能坐标"布阵"图，在电脑图上去掉平面直角坐标系，便成为系统分析超循环研究方法流程图和系统综合超循环研究方法流程图。

见图 14、图 15：

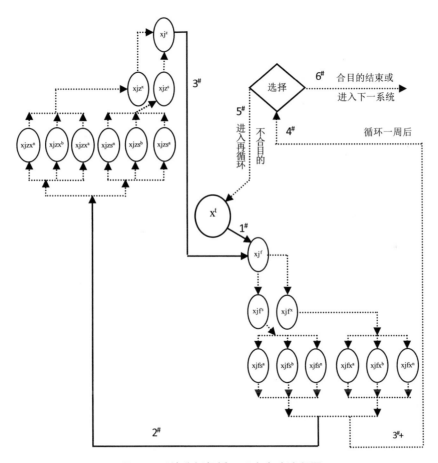

图14 系统分析超循环研究方法流程图

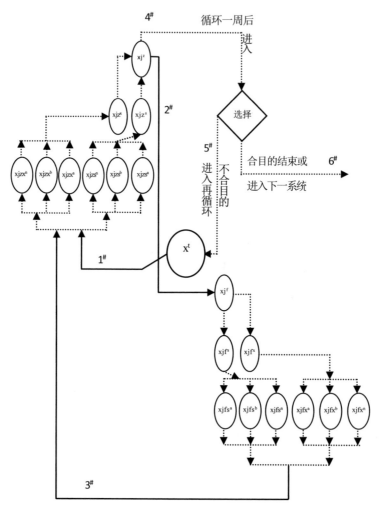

图15　系统综合超循环研究方法流程图

　　图 14、图 15 说明，系统运动的目的性及非线性关系，使得两种系统方法定义流程图的应用过程是一个非线性选择的超循环研究过程。系统方法定义的研究目的，决定了系统方法定义的非线性研究总的运动趋势：当系统方法定义的系统研究目的是获取部分的性质和功能时，系统方法定义排斥和吸引、竞争和协同的非线性关系，排斥和竞争占据主导地位，系统方法定义各层次要素的运动必须符合从分析到分析的系统超循环运动的总趋势，这时候，综合运动处于次要辅助地位（助催化剂），系统方法定义超循环一周的

研究过程是"分析方法 xj^f —综合方法 xj^z —分析方法 xj^f"的系统分析超循环过程；当系统方法定义的系统研究目的是获取整体的性质和功能时，系统方法定义排斥和吸引、竞争和协同的非线性关系，吸引和协同占据主导地位，系统方法定义各层次要素的运动必须符合从综合到综合的系统超循环运动的总趋势，这时候，分析运动处于次要辅助地位（助催化剂），系统方法定义超循环一周的研究过程是"综合方法 xj^z —分析方法 xj^f —综合方法 xj^z"的系统综合超循环研究过程。所以，不同研究目的决定了系统运动的总趋势及层次等级秩序，也就决定了不同的系统超循环研究方法的系统研究流程。

第四节　系统超循环研究方法

本章一、二、三节探讨的系统方法定义的系统研究过程，实质是一种"系统超循环研究方法"。本节从"系统超循环研究思维导图""系统超循环研究方法"探讨"系统超循环研究方法"。

系统方法定义的系统流程图说明，系统方法定义的研究过程是系统超循环研究过程。也就是说，系统方法定义是系统超循环研究方法，系统流程图也就是系统超循环研究方法的基本思维导图。我们可以将系统超循环研究过程的系统流程图进行简化，转化为系统超循环研究思维导图，用系统超循环研究思维导图作为系统超循环研究方法的系统"规矩"，指导对特定研究对象的系统研究，以获取特定研究对象系统的理论和方法途径的规律性认识。

一、系统超循环研究思维导图

系统方法定义的系统超循环研究思维导图是图14、图15两图合并后的转化形式，是系统超循环研究方法的模型图和系统"规矩"。

图14系统分析超循环研究方法流程图、图15系统综合超循环研究方法流程图，是系统坐标方法的推演结果，反映的是系统方法定义的系统分析超循环研究方法或系统综合超循环研究方法的研究过程。由于这一过程比较复

杂，我们可以将图 14 系统分析超循环研究方法流程图和图 15 系统综合超循环研究方法流程图进一步简化，成为系统方法定义的"系统超循环研究思维导图"，见图 16。

在实际研究过程中，思维方式和行为方式总是纠缠在一起，很难划分。因此，系统超循环研究思维导图是一种系统思维方式和系统行为方式的系统整合，也是系统分析超循环研究方法和系统综合超循环研究方法的系统整合，始终贯彻了系统整体性核心思想，是"环境与系统""系统与要素""要素与要素""要素与系统""系统与环境"的"整体与部分""部分与部分""部分与整体"的系统动态超循环研究过程。

图 16 是一个平面结构图，左右是"横向"类型要素关系，上下是"纵向"层次系统关系。系统结构由横线和实线、虚线、方向箭头连接而成，圆角矩形框内文字表示系统（分系统）或要素，系统（分系统）或要素的功能是对该系统（分系统）或要素的文字阐释、诠释、论述、叙述的内容的有效作用。在研究过程中，将图 16 转化为特定研究对象系统的系统超循环思维导图，按思维导图进行研究过程（包括文字撰写）和运行过程的整体到部分、部分到整体的系统双向协同研究。

图 16 中，除"环境层次"，在该系统中：纵向上，"1"是系统，"1"以下有 3 个分系统。第一个分系统为 {1.1—[（1.1.1—①+-n）+-（1.1.2—①+-n）+-（1.1.3—①+-n）]}；第二个分系统为 {1.2—[（1.2.1—①+-n）+-1.2.2+-1.2.3]}, 1.2.2、1.2.3；第三个分系统为"1.3"无下级层次。横向上，"1"是第一层次，"1.1+-1.2+-1.3"是第二层次，"1.1.1+-1.1.2+-1.1.3+-1.2.1+-1.2.2+-1.2.3"是第三层次，"（①+-n）+-（①+-n）+-（①+-n）+-（①+-n）"是第四层次。图 16 对图 14、图 15 的同层次要素并未完全转化过来，留有层次要素的破缺，以此说明各分系统的层次结构并非一致。层次的标志是（+-）（+）（-）号，只要有（+-）（+）（-）号连接的要素都是同一层次。每一层次都可以认为是该层次分系统，系统就是由系统—分系统—分分系统—的层次链接组成。图 16 中，正号（+）表示吸引和协同关系，负号（-）表示排斥和竞争关系。

图 16 中，头像矩形框的"分析"或"综合"表示"分析方法"或"综合方法"，在图中是箭头表示的一个相对完整的分析或研究过程。"分析方法"是对系统的整体进行分析分解，通过整体性质和功能的分析分解认识部分的性质和功能，从而得出系统的部分的理解和认识；"综合方法"是对系统的部分进行归纳综合，通过部分性质和功能的归纳综合认识整体的性质和功能，从而得出系统的整体的理解和认识。这里所说的系统的理解和认识，包括对系统（整体）、要素（部分）、结构、功能、性质等的相互联系、相互作用的系统的理解和认识。

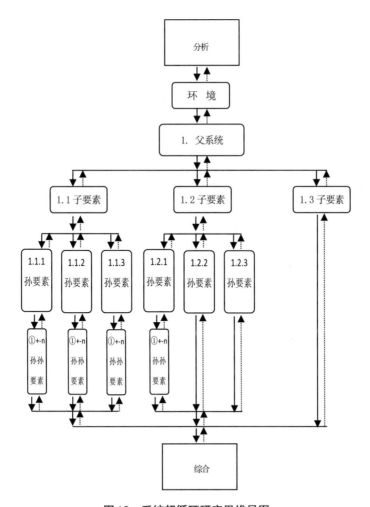

图 16　系统超循环研究思维导图

图 16 中，箭头表示运动方向和结构方式，实线箭头表示"分析方法"的运动方向、结构方式、研究过程，虚线箭头表示"综合方法"的运动方向、结构方式、研究过程。

图 16 中，正负号（+-）表示同一层次要素之间具有排斥和吸引、竞争和协同的相互联系相互作用，在构建思维导图时，若同层次要素之间的关系是通过排斥和吸引、竞争和协同的相互联系相互作用组成整体性质和功能对下级层次要素进行整体制约，而不是分别以其独立性质和功能对下级层次要素进行整体制约时，可以在一个矩形框中用正负号（+-）连接同层次各要素。

图 16 中，头像矩形框表示"分析方法"或"综合方法"，从一种头像矩形框到另一种头像矩形框，表示"分析方法"或"综合方法"的起点和终点。

图 16 中，一个实线圆角矩形框表示相对性系统或要素的边界，横向上，某一行某一个实线圆角矩形框为同层次的一个要素，该要素是其下级层次的系统或分系统。纵向上，某一层次某一个实线圆角矩形框及下辖层次的实线圆角矩形框为一个分系统，分系统的下级所有层次均是相对性要素。

图 16 中，如果在实际研究过程中分系统层次过多时，若纸张界面不够，可以根据构图可能，在系统以下层次根据需要对系统进行系统和分系统多级构图。在系统图中，高级层次各要素之间具有更强的相互联系相互制约，越往下级层次，各个分系统与分系统之间的要素的相互联系、相互制约越弱。所以，在适当的层次可以建立分系统，对分系统进行单独的系统研究，然后将系统图和分系统图结合起来靠思维的协同作用进行系统的整体协同研究。当然，若可能，在 Word 上尽量选择最大纸张把整个系统图绘制在一张图上，便于直观研究和系统协同。

图 16 的研究原则：

研究原则是构图过程和研究过程最基本的系统方法。

一是"穷尽一切因素"的研究原则。即在图 16 转化为"特定研究对象系统结构图"的研究过程中，无论是对特定研究对象系统的系统、结构、功能、要素的系统有机联系的研究，还是系统原理规律转化的研究，都尽可能在"横向"上和"纵向"上"穷尽一切因素"。

二是"横向到边，纵向到底，横向优先"的研究原则。在理论层面上，"横"指同层次关系，"纵"指不同层次关系。在图 2 上，"横"指左右同层次关系，"纵"指上下不同层次关系。所谓"横向到边"，是指在研究和"系统整体最优"的协同过程中，系统的每一层次均要在横向范围内"穷尽一切因素"，找出系统本层次所有问题，进行系统横向的分析、归类、整理、综合、推导。所谓"纵向到底"，是指在研究和"系统整体最优"的协同过程中，系统的所有不同层次，无论是从整体到部分的层层递推的分析分解，还是部分到整体的层层递推的综合归纳，同样要从纵向上尽可能"穷尽一切因素"，找出系统不同层次的所有问题，进行系统纵向的分析、归类、整理、综合、推导的排斥和吸引、竞争和协同的"系统整体最优"研究。所谓"横向优先"，是指在研究过程中，遇见不具有整体制约关系的纵向的相邻系统层次时，均作为质点处理，按横向同层次关系作为不同要素类型以排序方式进行处理和构图。

三是父系统→子（分）系统→孙（分分）系统→总是"按横向排序顺序构图"的研究原则。

由于系统具有相对性，在人文社科系统中：系统或分系统内部相邻上下两个层次之间的系统和要素、要素和要素的相互联系相互作用更强。例如，图 16 第一层次"1"和第二层次"1.1""1.2""1.3"的系统和要素，图 16 第二层次"1.1"和"1.2"和"1.3"的要素和要素；图 16 第二层次"1.1"和第三层次"1.1.1、1.1.2、1.1.3"的分系统和要素，"1.1.1、1.1.2、1.1.3"的要素和要素；图 16 第二层次"1.2"和第三层次"1.2.1、1.2.2、1.2.3"的分系统和要素，"1.2.1、1.2.2、1.2.3"的要素和要素。跨层次和分系统之间的系统和要素、要素和要素的相互联系相互作用较弱，跨层次越多它们的相互联系相互作用更弱。例如，图 16 第一层次"1"系统和第三层次要素"1.1.1""1.1.2""1.1.3""1.2.1""1.2.2""1.2.3"跨层次的相互联系相互作用较弱，图 16 第三层次（1.1.1+-1.1.2+-1.1.3）与（1.2.1+-1.2.2+-1.2.3）分系统之间，第四层次 [（①+-n）+-（①+-n）+-（①+-n）] 与（①+-n）分系统之间的要素和要素，它们之间的相互联系相互作用更弱。因此，在系统思维导图的某一或某些层次具有分系统思维导图时，若纸张表达有限，可以按"按横向排序顺序构图"的研究原则对各分系统分别构图和进行研究，然后再整体协同。由于电脑的普及，使"按横向排序顺序构图"的应用具有了可行性。

图 16 内含系统分析方法和系统综合方法，按照"按横向排序顺序构图"的研究原则，它们有不同的分析分解和归纳综合的构图和协同研究路线：

图 16 在按系统超循环研究思维导图进行分析分解时，根据"按横向排序顺序构图"的研究原则，其分析分解过程的构图和协同研究路线是：$1 \to (1.1 \to 1.2 \to 1.3) \to \{1.1 \to [1.1.1 \to (① \to n)] \to [1.1.2 \to (① \to n)] \to [1.1.3 \to (① \to n)]\} \to \{1.2 \to [1.2.1 \to (① \to n)] \to 1.2.2 \to 1.2.3\}$。1.3 在分析分解时是该层次分析分解出的新要素，无下级层次要素，无须再往下分析分解。

图 16 在按系统超循环研究思维导图进行归纳综合时，根据"按横向排序顺序构图"的研究原则，其构图和协同研究路线是：$\{[(① \to n) \to 1.1.1] \to [(① \to n) \to 1.1.2] \to [(① \to n) \to 1.1.3] \to 1.1\} \to \{[(① \to n) \to 1.2.1] \to 1.2.2 \to 1.2.3] \to 1.2\} \to (1.1 \to 1.2 \to 1.3) \to 1$。1.3 在归纳综合时是该层次归纳综合出的新要素。

虽然跨层次和分系统之间的系统和要素、要素和要素的相互联系相互作用较弱，跨层次越多它们的相互联系相互作用更弱，但也存在系统性的相互联系相互作用，也存在牵一发而动全身的系统联系。因此，按照"按横向排序顺序构图"的研究原则构建起系统超循环研究思维导图后，在整体研究中仍然需要按系统超循环研究思维导图的纵横关系对系统和要素、要素和要素的相互联系相互作用进行全面系统的协同研究。

四是"分层交互断代"的研究原则。系统是一个横向上有 N 多个分支系统、纵向上有 N 多级层次的复杂体系。一个系统，从父系统开始，到子、孙子、孙孙子、孙孙孙子、孙孙孙孙子……以至穷尽，有时不可能通过一个系统图来一次建立它、控制它、把握它。所以，建立庞大复杂的系统思维导图时，必须对系统思维导图按一定的层次进行断代，建立起一个由若干个有序的断代链子系统组成的系统层级图。在实践中发现，人的大脑的思维对一个系统的建立、控制、把握，有效的思维能力一般在三个层次（简单系统例外），对复杂系统可以按每三个层次进行一次层级断代，分解为若干断代层级分系统思维导图。这样做一方面是利于建立系统思维导图，另一方面是保持人的思维工作的高效性。为保持思维的逻辑性，在断代时不是"切削式"而是"交互式"断代，意即，在构建系统思维导图时，父、子、孙三个层次作第一层级系统断代，再从第一层级的孙子开始往孙孙子、孙孙孙子三个层次作第二层级系统断代，"孙子"是第一层级和第二层级的交互点，以此类推建立若干个完整有序的交互式断代链层级分系统思维导图。

五是"宏观系统思维"的研究原则。复杂系统不可能通过一个系统图完整地表现在载体上，只能分层次建立若干个相对独立的断代链层级分系统思维导图。系统研究的核心是系统的整体性，如何将若干个相对独立的断代链层级分系统的思维导图完整整合成系统整体，只能通过大脑进行"宏观系统思维"才能完成。具体说，当我们对若干个相对独立的断代链层级分系统思维导图进行系统研究时，我们"按横向排序顺序构图"的研究原则把在载体上一次难以实现的复杂系统思维导图通过大脑进行系统有序的分析综合、记忆储存，在大脑里形成经过"深加工"的完整的宏观立体思维系统，这一过程为"宏观系统思维"。"宏观系统思维"既是思维导图的系统整合过程，也是特定研究对象的系统研究、记忆储存过程。

六是"纵向到底从左到右"的文字撰写原则。由于"分析方法"和"综合方法"的系统结构具有高度相似性，图16如果不考虑运动方向，即不考虑实线箭头和虚线箭头方向，"图16系统超循环研究思维导图"是一种人文社科研究对象的"基本结构图"。因此，无论是系统分析超循环研究方法的研究结果，还是系统综合超循环研究方法的研究结果，进行文字表述时，都按照基本结构图的系统和分系统的排序按"纵向到底从左到右"的顺序进行文字表述，按图从左到右的结构顺序用常规写作方法进行文字内容的撰写。即按以下顺序进行表述：

$1 \rightarrow$

$1.1 \rightarrow (1.1.1 \rightarrow ① -n) \rightarrow (1.1.2 \rightarrow ① -n) \rightarrow (1.1.3 \rightarrow ① -n) \rightarrow$

1.2 → （1.2.1 →①–n） → 1.2.2 → 1.2.3 →
1.3

"纵向到底从左到右"的文字撰写原则只是文字在媒体的表现方法，我们在研究过程中仍需要按"逐层次研究"的"顺序构图的研究原则"对图16逐层次进行系统研究和优化。由于借助 Word 的文字撰写功能可以任意在 Word 的任何部位进行文字修改，就使得对图16逐层次进行系统研究和优化并随时在电脑进行文字改写成为可能。

图16整体是一个纵向图，在实际应用中，可以根据需要按照以上原则将图16构建成横向图。

二、系统超循环研究方法

系统超循环研究方法是将图16"系统超循环研究思维导图"作为系统方法的系统"规矩"，按照图16的系统思维导图进行系统超循环研究。图16"系统超循环研究思维导图"就是系统超循环研究方法。

系统的整体性核心思想决定了系统的整体研究是"在分析基础上的综合，在综合之中的分析"[①]，我们可以将"在分析基础上的综合，在综合之中的分析"的系统整体研究转化为具体的系统超循环研究方法的系统思维导图，用以作为系统研究的"规矩"。用图16"系统超循环研究思维导图"作为系统方法定义的系统超循环研究方法的"规矩"，可以同时站在整体和部分的层次，对同一研究对象从系统整体向要素部分和从要素部分向系统整体进行双向的以分析为目的和以综合为目的的系统超循环研究，是一种可以双向系统协同的研究方法。从系统整体向要素部分是以分析为目的的系统分析超循环研究方法（图上从"分析"向"综合"），从要素部分向系统整体是以综合为目的的系统综合超循环研究方法（图上从"综合"向"分析"）。

运动是系统的属性，按照系统超循环理论，图16的"分析方法"和"综合方法"在系统运动过程中，是一个不分起点和终点的周而复始的"分析—

---

① 魏宏森，曾国屏.系统论——系统科学哲学［M］.北京：世界图书出版公司，2009.

综合—分析……"的系统超循环研究过程。所以，系统方法定义的系统超循环研究方法，是"（'环境—系统''系统—要素'）—（'要素→系统''系统→环境'）—（'环境→系统''系统→要素'）……"的不分起点和终点的周而复始的系统分析综合的超循环研究过程。"（'环境—系统''系统—要素'）"是"环境—系统—要素"的层层分解的分析过程，"（'要素—系统''系统—环境'）"是"要素—系统—环境"的层层归纳的综合过程。

对同一特定研究对象，可以同时站在整体层次或部分层次，根据不同研究目的的运动总趋势，截取图 16"系统超循环研究思维导图"的某一方法过程作为超循环研究过程的起点和终点，进行整体到部分的分析目的的系统分析超循环研究和部分到整体的综合目的的系统综合超循环研究，这是系统超循环研究方法能够进行双向协同研究的原理所在。如果我们的研究目的是获取部分的性质功能，通过整体认识部分，我们截取的是"分析方法"作为系统超循环研究过程的起点和终点，"分析方法"是系统运动的总趋势，"综合方法"是中间环节，系统超循环运动一周的研究过程是"分析—综合—分析"过程，是"（'环境—系统''系统—要素'）—（'要素—系统''系统—环境'）—（'环境—系统''系统—要素'）"的系统分析超循环过程。这一过程构成"反应循环—催化循环—超循环"过程，这是一种"系统分析超循环研究方法"。在图 16"系统超循环研究思维导图"上，研究路线是按实线箭头方向所示，从"分析开始到综合到分析再到综合结束"。如果我们的研究目的是获取整体的性质功能，通过部分认识整体，我们截取的是"综合方法"作为系统超循环研究过程的起点和终点，"综合方法"是系统运动的总趋势，"分析方法"是中间环节，系统超循环运动一周的研究过程是"综合—分析—综合"过程，是"（'要素—系统''系统—环境'）—（'环境—系统''系统—要素'）—（'要素—系统''系统—环境'）"的系统综合超循环过程。这一过程构成"反应循环—催化循环—超循环"过程，这是一种"系统综合超循环研究方法"。在图 16"系统超循环研究思维导图"上，研究路线是按虚线箭头方向所示，从"综合开始到分析到综合再到分析结束"。可见，截取某一方法作为超循环运动过程的起点和终点，"分析方法"或"综合方法"在超循环过程中便具有不同的特性和运动总趋势，便具有不同的研究结果。谁成为起点和终点，谁就成为系统超循环研究的"反应物"和"生成物"，谁成为中间环节，谁就成为系统超循环研究的直接"催化剂"。系统之外的"环境"是系统的制约条件，"环境"是系统外部的"助催化剂"。

"环境""系统""要素"和"整体""部分"是一个相对性概念。"环境"是"系统"的相对性"整体"，"系统"是"要素"的相对性"整体"，"要素"是"系统"的相对性部分，"系统"是"环境"的相对性部分。站在某一层次，该层次是整体，是系统或环境，下一层次是部分，是要素或系统。系统的超循环研究过程，总是按"系统整体最优"，在相对性的系统整体和要素部分两个层次进行；系统的超循环运行和协同过程，也总是按"系统整体最优"，在相对性的系统整体和要素部分两个层次进行。因此，对同一特定研究对象，我们可以同时或分别站在整体层次用"系统分析超循环研究方法"或站在部分层次用"系统综合超循环研究方法"，进行整体到部分、部分到整体的双向协同。

要素与要素对系统的关系存在线性和非线性关系。线性关系是指要素之间的性质和功能可以叠加使用，其"系统整体最优"是部分性质和功能的机械和，一要素能吸收它要素的性质和功能强化自己；非线性关系是指要素之间的性质和功能不可以叠加使用，其"系统整体最优"是对部分性质和功能的选择，为了"系统整体最优"有时需要"抑优汰劣"，一要素不能吸收它要素的性质和功能强化自己。所以，在同层次要素之间，由于对上级系统存在可以叠加使用的线性关系和不可以叠加使用的非线性关系，因此，要素之间存在排斥和吸引、竞争和协同，需要按"系统整体最优"逐层次进行系统超循环的协同研究。

图 16"系统超循环研究思维导图"是一个不分起点和终点的"分析—综合—分析—……"的系统超循环研究过程，截取不同的起点和终点，便构成不同系统分析超循环研究方法或系统综合超循环研究方法循环一周的路线。"系统分析超循环研究方法"，循环一周的起点和终点的路线是："分析头像矩形框（分析的起点）—综合头像矩形框—分析头像矩形框—综合头像矩形

框（分析的终点）"。"系统综合超循环研究方法"，循环一周的起点和终点的路线是："综合头像矩形框（综合的起点）—分析头像矩形框—综合头像矩形框—分析头像矩形框（综合的终点）"。"系统分析超循环研究方法"的研究目的是认识系统部分的性质和功能。

在图 16 上，无论是"系统分析超循环研究方法"还是"系统综合超循环研究方法"，在研究过程中都要服从系统的整体性质和功能的"系统整体最优"的需要，注意从系统整体协同同层次和不同层次之间整体和部分、部分和部分的排斥和吸引、竞争和协同的关系。

图 16 系统方法定义系统超循环研究思维导图根据研究对象的不同，可以根据研究对象系统对结构、要素、功能进行重新构图，灵活转化图形。如可以转化为本书《少数民族语地名译写标准的系统策略探究》一文中的系统图形，也可以转化为本书《系统视角下从外语课程思政教育机制铸牢中华民族共同体意识——兼论课程思政教育机制的系统建设》一文中的系统图形。

用系统超循环研究思维导图作为系统超循环研究方法研究系统问题，并非一定要将思维导图构建在媒体上，有的简单研究不需要构建在媒体上，系统超循环研究思维导图构建在我们的脑子里就行。

系统超循环研究思维导图是协同系统整体和部分双向研究和运行的络合剂，其作用在于：

1. 通过系统超循环研究思维导图将系统超循环研究方法"规矩"化，有利于掌握系统研究方法。

2. 通过系统超循环研究思维导图实现"在分析基础上的综合、在综合基础上的分析"的系统分析超循环研究和"在综合基础上的分析、在分析基础上的综合"的系统综合超循环研究，避免把分析方法或者综合方法分开来讨论问题，避免存在只看树木不见森林或者只看森林不见树木的片面性和局限性。

3. 通过系统超循环研究思维导图实现逐层次"系统整体最优"的协同。

4. 对同一系统研究对象，可以同时或分别站在整体和部分的层次进行双向研究和运行协同。通过系统超循环研究思维导图作为络合剂，按照系统思维导图，站在整体层次用"系统分析超循环方法"对研究对象进行整体到部分的系统分析超循环研究和运行协同，站在部分层次用"系统综合超循环方法"对研究对象进行部分到整体的系统综合超循环研究和运行协同，从而使整体和部分的系统研究和运行过程通过思维导图的络合作用，实现系统整体和部分的双向协同发展和研究。

5. 通过系统超循环研究思维导图的作用能够将系统的原理、规律转化为特定研究对象的理论和实践认识。

总之，图 16 "系统超循环研究思维导图"作为系统超循环研究方法的具体"规矩"，其根本意义在于能够同时引导研究者对研究对象进行系统完整的系统分析或综合的超循环研究，能够更好地协同系统整体和部分的矛盾。

第三章　系统理论与系统超循环研究方法在论文、项目（著作）研究中的应用

本章的探讨共三节。第一节"系统整体最优原则"，第二节"系统理论与系统超循环研究方法在人文社科研究中的综合应用"，第三节"系统超循环研究思维导图在论文、项目（著作）研究中的具体应用"。通过本章的探讨，最终形成一种以"系统超循环研究思维导图"为核心的配套的人文社科研究的系统"规矩"，本章的探讨是一个深化认识的过程，首先要认识"系统整体最优原则"，其次才能认识"系统理论与系统超循环研究方法在人文社科研究中的综合应用"，最后才能认识"系统超循环研究思维导图在论文、项目（著作）研究中的具体应用"，将"系统超循环研究思维导图"用于解决人文社科的系统研究问题。

第一节　系统整体最优原则

这里讨论的"系统整体最优原则"，是系统理论的整体性核心思维的具体应用，是一种系统研究的整体协同原则。

一、系统整体最优原则

"系统整体最优原则"，是指在一个相对性的系统内部，在各个层次各个要素之间的相互作用过程中，各个层次各个要素的结构、性质、功能在系统

集合中的优劣选择，并非越优越好，而是要以系统集合最终结果整体最优为出发点，根据系统集合最终结果整体最优的需要对不同层次的要素在结构、性质、功能上的优劣进行恰当选择。在人文社科的系统研究中，"系统整体最优原则"是把研究对象作为系统整体，按照"系统整体最优"要求，逐层次顺序在相邻两个层次之间进行"系统整体最优"的协同研究。

系统理论的核心思想是系统的整体性，"系统的整体性，常常又被说成系统整体大于部分"①。系统的整体性认为，世界万事万物都是不同层次要素构成的系统，当多种要素一旦构成不同层次相对性的系统整体，不同层次相对性的系统整体便具有了不同于独立要素的性质和功能，具有新的整体性质和功能。这种系统的整体性质和功能不是独立要素的性质和功能的简单的机械和的线性叠加，而是由排斥和吸引、竞争和协同的非线性不可叠加的相互作用的竞争协同机制形成。这种非线性相互作用、相互联系的竞争协同机制使得整体的性质和功能大于部分的性质和功能，即"系统整体大于部分"。

从研究角度，"系统整体大于部分"即是"系统整体最优"，"系统整体最优"即是"系统整体最优原则"。"系统整体最优原则"的概念说明，以系统方法定义进行以分析为目的的系统分析超循环研究或者进行以综合为目的的系统综合超循环研究，研究环境、系统、要素、结构、功能的相互作用时都要以"系统整体最优"为研究的出发点和归宿，用"系统整体最优"的观点来分析综合解决问题。

二、系统整体最优原则的意义

将任一问题作为一个相对性的系统整体时，该系统都是由两个以上的要素部分组成，要素部分一旦组合成系统整体，系统整体就会有不同于部分的整体性质和功能，系统整体会反过来制约要素部分，系统整体的性质和功能处于"统治"地位，要素的性质和功能要服从系统的性质和功能，部分的性质和功能要服从整体的性质和功能。因此，在系统整体机制下，系统和要素

---

① 魏宏森，曾国屏．系统论——系统科学哲学［M］．北京：世界图书出版公司，2009.

的性质和功能的优劣的选择，都要以"系统整体最优"为出发点。

"系统整体最优"是存在形式、演化过程、整体和部分等的多类型关系的综合指数。从存在形式来看，"系统整体最优"，是指系统的整体性质和功能在一定阶段有一个相对稳定状态，系统的要素的性质和功能在系统一定阶段中优劣的选择，并非越优越好，而是要以系统相对稳定状态下的性质和功能整体最优为出发点，服从系统整体性质和功能的选择，根据系统整体最优的要求对部分的性质和功能的优劣有所扬弃。从演化过程来看，"系统整体最优"是指系统和要素的性质和功能在系统中的演化发展，必须有利于推动系统的整体性质和功能向更高级发展，并得到系统整体响应。从整体和部分的关系来看，"系统整体最优"是指系统整体和要素部分之间的协同机制，必须以相对性系统的最高层次的"系统整体最优"为出发点。由于系统是一个相对性概念，在一个相对性系统内部，该相对性系统具有多级层次的整体与部分，因此，系统逐层次相对性的整体制约部分、部分作用并服从于整体的系统关系，最终会汇聚在一个相对性的系统整体，在一个相对性的系统整体内部形成一种最高层次的整体制约所有不同层次的部分、所有不同层次的部分作用并服从于最高层次的整体制约的系统关系。所以，"系统整体最优"是相对性系统的最高层次的"系统整体最优"。总之，在系统整体机制下，系统整体和要素部分之间、要素部分和要素部分之间、要素部分和系统整体之间的相互联系相互作用，其性质和功能优劣的选择和发展，都要以相对性的"系统整体最优"为出发点。

我们不能片面理解"系统整体最优原则"。"系统整体最优"是指任何问题作为系统研究时，它在一定阶段内（注意是在一定阶段内），其系统整体性质和系统整体功能是一个相对稳定状态，具有似乎确定不移的运动趋势，各个子系统的活动必须首先符合系统阶段性的系统整体性质和系统整体功能总的运动趋势。但是，各个要素的活动是独立的，有其独立的性质和功能，要素的运动总是与系统总的运动趋势存在涨落偏差，即部分的活动总存在与总趋势的偏离。要素的活动与系统总运动趋势存在的涨落偏差，有建设性的，有破坏性的。建设性的涨落偏差是系统创新发展的动力，破坏性的涨落偏差是系统彻底崩溃的隐患。当要素的部分活动的涨落偏差一旦得到整体响应，就会引起系统的整体质变，系统会进入一个新的稳定状态。如果进入建设性的稳定状态，就推动系统发展，进入新的高级稳定状态，系统具有更高级阶段的整体功能，整体质量向更高级发展，这是系统所期望的成果；如果进入破坏性的稳定状态，系统的整体质量严重下降，要回到正常状态，为时已晚。所以，"系统整体最优原则"是在一定阶段内系统相对稳定状态下求发展的原则，是各个要素在排斥和吸引、竞争和协同的相互关系中，是在强调系统整体最优的原则下，系统地放大建设性的或有利于系统整体最优的要素部分的活动，遏制破坏性的或不利于系统整体最优的要素部分的活动。当系统地放大建设性的或有利于系统整体最优的要素部分的活动，要素部分的涨落得到整体响应，系统发生整体质变，就会进入更高级阶段的稳定状态，产生更高级阶段的系统整体性质和功能，系统得以优化和发展。

用"系统整体最优原则"研究系统问题，系统完整的研究过程是不分起点和终点的"环境—系统""系统—要素""要素—要素""要素—系统""系统—环境"的从"整体到部分到整体"的系统超循环研究过程。对同一系统研究对象，其系统超循环研究过程包含两个过程：一是分析过程，研究的是系统的"环境—系统""系统—要素""要素—要素"整体对部分的制约，以服从"系统整体最优"为分析目的；二是综合过程，研究的是"要素—要素""要素—系统""系统—环境"部分对整体的影响，以适应"系统整体最优"为综合目的。

用系统"系统整体最优原则"研究系统问题：一是对系统外部，"强调总是将局部问题放到整体环境中，从整体出发去研究问题"[1]。将任一问题作为系统研究对象，都受环境制约，必须放到一定层次的系统环境中，服从环境整体最优的协同。譬如，在研究高校课程教学机制系统时，高校课程教学大纲和课堂教学要视层次的需要放到世界、国家、省市、学校一定层次的教学环境中，根据环境需要进行教学时数、目标、内容等质的规定性及其功能

---

① 张湖婷.结构功能翻译理论［J］.教育文化论坛，2018，10（2）：24-30.

的系统整体最优的协同。二是对系统内部，强调"根据系统整体最优的需要对部分进行调整和取舍"①。系统内部，不同层次系统的要素与要素、部分与部分存在排斥和吸引、竞争和协同的关系。一要素部分的性质及功能发生变化，会对另一要素部分的性质及功能产生影响甚而发生变化，同时会对该系统的整体性质和功能产生影响甚而发生变化。因此，"系统整体最优"是系统要素的最佳组合，任何要素质的规定性及其功能不是单纯追求某一要素的个体最优，而是系统整体最优。"系统整体最优"需要对部分要素质的规定性及其功能作用有所取舍和扬弃，有时甚至为了系统整体的最优需要"抑优汰劣"，抑制优的、淘汰劣的。

在排斥和吸引、竞争和协同的发展过程中，系统的整体性质功能和部分性质功能的关系，不外乎下面三种情况：要么系统的整体性质、功能优于部分性质、功能之和，要么系统的整体性质、功能等于部分性质、功能之和，要么系统的整体性质、功能劣于部分性质、功能之和。这三种情况，按"系统整体最优原则"进行协同至关重要。

第一种情况，系统的整体性质、功能优于部分性质、功能之和，这是我们所希望的最优结果。这种情况：一是系统与环境、系统与要素之间的协同组合做到系统整体最优，各部分的具体性质、功能进行了适时调整，该强化则强化、该弱化则弱化，系统与环境、系统与要素的性质、功能做到最佳匹配，具有优异的协同作用，这种情况下就会产生整体优于部分的效果；二是系统内部个别要素的活动有利于系统的演化，得到整体响应和推广，推动系统产生发展中的整体质变，这种情况下也会产生整体优于部分的效果。所以，放大"最优结果"进行系统整体协同和经验总结推广，是实现更大系统优质质变的前提和发展条件。

第二种情况，系统的整体性质、功能等于部分性质、功能之和，这是我们所希望的一般结果。这种情况：一是系统与环境、系统与要素之间的协同未能做到整体最优，各部分的具体性质、功能未进行适时适当调整，该强化则未强化、该弱化则未弱化，系统与环境、系统与要素的性质、功能未能很好匹配，只具有一般的协同作用，这种情况下就会产生整体等于部分的效果；二是系统内部个别要素的实施有利或不利于系统的演化，都未得到整体响应，这种情况下也会产生整体等于部分的效果。所以，按"系统整体最优原则"强化系统目标的系统整体协同和经验总结推广，是实现系统内部优质质变的前提和发展条件。

第三种情况，系统的整体性质、功能劣于部分性质、功能之和，这是最坏的效果。这种情况：一是系统与环境、系统与要素之间的协同未能做到整体最优，各部分的具体性质、功能未进行适时调整，该强化则弱化、该弱化则强化，系统与环境、系统与要素的性质、功能的协同、匹配最差，没有协同作用或性质、功能不匹配，这种情况下就会产生整体劣于部分的效果；二是系统内部个别要素的实施不利于系统的演化得以放大，得到整体响应，这种情况下也会产生整体劣于部分的效果。所以，要遏制不利的要素的运动，强化有利于系统目标的系统整体协同和经验总结推广，以提升系统达到"系统整体最优"的发展条件。

任何问题作为系统问题研究时，都需要遵循"系统整体最优原则"，研究以上三种情况。从系统的"环境—系统""系统—要素""要素—要素""要素—系统""系统—环境"的相互联系的系统整体研究过程中，讨论系统的环境、层次、系统、要素、结构、功能的相互联系、相互制约和变动规律性，强化有利的系统整体协同和经验总结推广，遏制破坏性的或不利于"系统整体最优"的要素部分的活动。

第二节　系统理论与系统超循环研究方法在人文社科研究中的综合应用

本节探讨"系统理论与系统超循环研究方法在人文社科研究中的综合应用"。

系统方法定义基于系统理论。系统方法定义下的人文社科的系统研究，必然要遵循系统的基本规律和方法，也必然是系统一系列原理、规律、方法、概念与系统超循环研究方法的综合应用。

所谓系统理论的应用，就是将系统理论转化为特定研究对象的理论认识或方法途径，既可以将系统理论转化为特定研究对象的理论认识或方法途径，也可以将系统方法论转化为特定研究对象的理论认识或方法途径。换句话说，用系统理论研究翻译和教学及人文社会科学问题，目的有两个：一是将系统理论转化为对特定研究对象的一般的理论认识；二是将系统理论转化为特定研究对象的具体的研究方法途径。

所谓系统理论与系统超循环研究方法的综合应用，就是将研究对象作为系统，根据研究目的的需要，以图 16 "系统超循环研究思维导图"为系统"规矩"，按照"系统整体最优原则"，用系统理论的原理、规律、方法、概念，对研究对象的层次、要素、结构、功能、环境的有机联系进行"环境—系统""系统—要素""要素—要素""要素—系统""系统—环境"即"整体—部分""部分—部分""部分—整体"的系统超循环研究，将系统的原理、规律、方法、概念通过系统超循环研究方法转化为特定研究对象的理论认识或方法途径。

可从以下两方面理解"系统理论与系统超循环研究方法在人文社科研究中的综合应用"。

一、综合应用步骤

一是将任何层次的任何研究对象都作为相对性的系统问题进行研究。

二是构建特定研究对象系统的系统超循环思维导图（简称系统结构图）。构建特定研究对象系统的系统超循环思维导图是将图 16 "系统超循环研究思维导图"作为研究导航和系统"规矩"，转化为特定研究对象系统的系统结构图，这是研究过程的核心环节。其转化过程是在本篇第二章第四节"系统超循环研究方法"的相关内容的基础上进行。在转化过程中，需要根据分析或综合的研究目的，确定对特定研究对象是进行系统分析超循环研究还是系统综合超循环研究。如果是以分析为研究目的的系统分析超循环研究，截取图 16 的"分析头像矩形框"作为系统分析超循环研究目的的起点和终点；

如果是以综合为研究目的的系统综合超循环研究，截取图 16 的"综合头像矩形框"作为系统综合超循环研究目的的起点和终点。然后应用系统的原理、规律、方法、概念，围绕将图 16 转化为特定研究对象系统的系统思维导图为核心，对研究对象的环境、系统、要素、结构、功能的相互联系相互作用进行系统分析或综合超循环研究，将图 16 转化为特定研究对象系统的系统思维导图，以此研究特定研究对象一般规律性的理论认识或方法途径。

三是借助 Word 的文字编辑和绘图功能进行系统超循环思维导图的构建优化和文字的系统协同研究和撰写。

电脑的普及使得用系统超循环研究思维导图作为系统"规矩"研究人文社科问题具有了可行性和便捷性。借助 Word 的文字编辑和"插入—插图—新建绘图画布"的绘图功能，使得边进行系统超循环思维导图的构建优化边进行文字撰写的人文社科的研究相得益彰。Word 的文字撰写功能可以随时在文内任何位置记录和改写系统超循环思维导图构建优化的内容情况，系统超循环思维导图可以随时直观地对文字内容进行纵向、横向的系统的立体的系统协同优化。在构图过程中，可以用系统超循环研究方法边研究系统超循环思维导图边进行论文、项目、著作的文字撰写；在构图初建成形后，可以用系统超循环研究方法边研究修改系统超循环思维导图，边进行论文、项目、著作的文字协同优化。当研究过程结束，论文、项目研究报告也基本形成。

四是对不具有整体制约关系的纵向相邻系统层次，均按横向同层次要素类型以排序方式进行处理。在构建系统思维导图的系统结构时，对人文社科研究对象纵向的相邻不同层次不具有整体制约关系的纵向垂直相邻的系统、分系统、分分系统、分分分系统……之间，无论系统层次大小，均按横向同层次不同要素类型以排序方式进行构图处理。因为相邻层次的系统，对系统内是宏观层次，对系统外却是微观层次，都可以按照"耗散结构理论"，将局部假设为平衡态的微观质点，都可以对空间状态、时间状态的纵向的等级差异忽略不计，以类型性从横向以排序的方式体现要素的差异关系。不做这样的假设和处理，对构建的系统将无法进行整体协同。如对唐宋元明清等中国历史朝代进行研究，它们在时间状态的纵向上有系统层次等级秩序差异性，如果按纵向系统层次等级秩序差异性构建系统，它们在纵向等级秩序上的系统层次是"一层次唐—二层次宋—三层次元—四层次明—五层次清"的递进关系，但唐对宋没有整体制约关系，宋对元没有整体制约关系，元对明没有整体制约关系，明对清没有整体制约关系，上级层次对下级层次均无整体制约关系，这样构建的系统就无法进行层层系统整体最优的协同研究。因此，我们只能以类型性从横向同层次的并列关系以排序的方式进行处理，即"①唐 +- ②宋 +- ③元 +- ④明 +- ⑤清"（在相关章节讨论过，"+"表示吸引、协同关系，"-"表示排斥、竞争关系，"+-"均表示系统结构横向同一层次的并列关系）。

对系统纵向、横向关系的理解详见本书第一篇第二章第一节"系统的纵、横关系"及其他章节的相关论述。

五是将"系统整体最优原则"贯穿整个研究过程始终。系统理论的核心思想是系统的"整体性"，所以，在所有系统研究中，无论何时何地何种对象何种层次，都需要始终贯彻"系统整体最优原则"，对特定研究对象的任何层次、任何问题，都需要逐层次进行相对性的"整体对部分、部分对部分、部分对整体"的"系统整体最优"研究，即逐层次对特定研究对象进行系统的"环境对系统、系统对要素、要素对要素、要素对系统、系统对环境"的相对性的"系统整体最优"的系统超循环研究。通过逐层次的整体协同，最后归结到特定研究对象的系统最高层次的"系统整体最优"研究。

六是根据研究目的，在图 16 转化为特定研究对象系统的系统思维导图过程中，围绕系统结构的构建，重点选择一个或几个系统的原理、规律、方法、概念，进行转化为特定研究对象、特定研究目的理论认识或方法途径的研究。根据特定研究对象、特定研究目的的分析或综合的需要，以系统某一个或几个原理、规律、方法为主，从某个侧重点，对特定研究对象、特定研究目的进行系统的理论认识或方法途径的研究，将系统的原理、规律、方法、概念转化为特定研究对象、特定研究目的具体的系统的理论认识或方法途径。

七是根据构建的特定研究对象系统的系统思维结构图，用系统分析超循环研究方法或者系统综合超循环研究方法对以上问题进行反复协同研究，直到实现研究目的。

二、特别注意问题

"系统理论与系统超循环研究方法在人文社科研究中的综合应用",核心环节是系统超循环研究思维导图的应用。可以说,将图 16 "系统超循环研究思维导图"转化为特定研究对象系统的系统超循环研究思维导图的过程,就是"系统理论与系统超循环研究方法在人文社科研究中的综合应用"过程。需要特别注意以下问题。

一要遵循原则、方法进行研究。

研究过程中要在遵循前两节"系统整体最优原则""系统理论与系统超循环研究方法在人文社科研究中的综合应用"及与本书相关内容的原则、方法进行研究。

二要确定研究方向和选题、研究目的和方法。

确定人文社科特定研究对象的研究方向和选题;根据人文社科特定研究对象的研究方向和选题,确定研究目的是分析或综合目的;根据分析研究目的选择图 16 系统分析超循环研究方法,根据综合研究目的选择图 16 系统综合超循环研究方法。

三要重点研究特定研究对象系统的基本结构图的构建。

图 16 "系统超循环研究思维导图"是图 14 "系统分析超循环研究方法流程图"和图 15 "系统综合超循环研究方法流程图"的简化,由于两种方法的系统结构具有高度相似性,因此,图 16 去掉方向箭头,就是图 16 "系统超循环研究思维导图"的基本结构。

人文社科的特定研究对象系统的研究方向和选题一定以后,首先就要讨论研究对象的系统基本结构图,才能将图 16 "系统超循环研究思维导图"转化为"特定研究对象系统思维导图"。

研究特定研究对象的系统基本结构图,就是研究用系统超循环研究方法,根据特定研究对象的研究方向和选题、研究目的和方法,研究将图 16 "系统超循环研究思维导图"的基本结构转化为特定研究对象系统思维导图及其基本结构图。基本结构图作为构建特定研究对象系统超循环研究思维导图的基础。该步骤是一个系统超循环研究的分析或综合过程,"特定研究对象系统超循环研究思维导图及其基本结构图"形成的过程，也就是研究成果形成的过程。

系统的结构是结构、要素、功能三元素的核心要素，将图 16 "系统超循环研究思维导图"转化为"特定研究对象系统结构图"，就是研究用系统超循环研究方法研究特定研究对象系统的结构与要素、功能的相互联系相互作用，由研究特定研究对象系统的结构与要素、功能的相互联系相互作用，得出特定研究对象系统的理论认识和方法途径。所以，系统思维导图的基本结构图的构建是研究过程的中心环节，在基本结构图构建过程中，便可以按本篇第二章第四节"系统超循环研究思维导图"的文字撰写方法进行文字撰写。

四要围绕系统超循环研究思维导图的构建对系统理论的转化进行研究。

用系统理论的概念、原理、规律、方法研究特定研究对象的理论和实践的规律性认识，是用系统理论的某一或用系统理论的多项概念、原理、规律、方法对特定研究对象的整体进行分析分解研究或部分进行归纳综合研究。将系统原理、规律转化为人文社科特定研究对象的理论和实践的规律性认识，需要围绕将图 16 "系统超循环研究思维导图"作为系统"规矩"，在转化为特定研究对象系统的"系统超循环研究思维导图"的过程中，完成将系统理论转化为特定研究对象的理论和实践的规律性认识的研究。

五要遵循系统超循环研究思维导图的构图原则和文字撰写方法。在有关图 16 的说明中，探讨了"逐层次研究"的构图原则及"纵向到底从左到右"的文字撰写原则。在将图 16 转化为特定研究对象系统思维导图的过程中，仍然需要按照图 16 的说明和"逐层次研究"的构图原则及"纵向到底从左到右"的文字撰写原则进行转化研究。

第三节　系统超循环研究思维导图在论文、项目（著作）研究中的具体应用

"21 世纪人类进入了智能时代，智能时代又被誉为'读图时代'""一张思维导图可以概括出整本书的核心要点，从而运用图解的形式诠释整个思维

过程"①。图 16 "系统超循环研究思维导图"将本书的核心要点结合在一起，诠释了系统理论用于人文社科研究的整个思维过程。

本节以图 16 "系统超循环研究思维导图"的应用为核心，从"系统超循环研究思维导图在论文研究中的具体应用""系统超循环研究思维导图在项目（著作）研究中的具体应用"进行探讨，以期概全本书的理论和方法要点。

具体应用的核心是将图 16 "系统超循环研究思维导图"作为系统"规矩"，将其转化为特定研究对象的系统结构思维导图，转化过程就是本书的核心要点的应用过程，是形成研究成果的研究过程。

系统超循环研究思维导图一般存在多层级构图。第一层级是构建系统超循环研究思维导图，以后层级是构建不同层次分系统超循环研究思维导图。系统超循环研究思维导图是特定研究对象的系统研究和整体规划，是最先就要进行的构建。分系统超循环研究思维导图是因为某一或某些分系统的下级层次较多，需要另行分级构建。分系统超循环研究思维导图的作用分两种：一种是仅做研究成果的文字撰写的系统协同研究使用，事后不需要按分系统超循环研究思维导图进行操作，不需要将分系统超循环研究思维导图插入研究成果中；另一种是不仅需要作为研究成果的文字撰写的系统协同研究使用，而且事后需要按分系统超循环研究思维导图进行操作，需要将分系统超循环研究思维导图插入研究成果中。分系统图插入研究成果中时，根据文字撰写和实际使用的需要，可按研究原图进行适当变异。构图过程中，边研究构图边按前述的撰写方法进行文字内容的撰写和协同优化，就可以形成论文或项目（著作）研究总结报告。

一、系统超循环研究思维导图在论文研究中的具体应用

系统超循环研究思维导图在论文中的具体应用，核心是将图 16 "系统超循环研究思维导图"转化为"特定研究对象系统超循环研究思维导图"，在构图过程中，完成论文的研究和撰写。

---

① 刘艳 . 思维导图［M］. 北京：文化发展出版社，2019.

我们以第四篇《少数民族语地名译写标准的系统策略探究》《从多民族地区的无字方言谈语言翻译的悖论——以贵州方言为例》两篇论文为例，讨论如何将图 16 转化为特定研究对象的系统超循环研究思维导图以形成论文的过程。第四篇每篇论文均有"论文发表情况""论文核心观点和主要内容""创新之处""系统理论的应用"，可结合论文对系统结构图的构建和写作过程进行了解。

在论文的研究中，一般先确定论点论题，然后寻找论据，根据图 16 对论点论题进行分析分解和综合归纳的系统超循环研究，转化为特定研究对象系统的系统超循环研究思维导图。在论文研究的系统思维导图中，不同层次的论点论题就是不同层次的系统或要素，按系统思维导图进行论证及其论据的有效作用就是不同层次系统或要素的功能。为方便研究，我们又把"思维导图"称为"系统结构图"。

例一，《少数民族语地名译写标准的系统策略探究》。

在研究过程中，我们可以知道该文存在系统和分系统的两级构图过程。

第一层级系统结构图。

论文的研究目的，是要通过分析分解，研究"少数民族语地名译写标准"的组成要素及要素功能、结构情况，通过部分的分析得出整体的理论认识和方法途径，因此需要应用图 16 "系统分析超循环研究方法"分析分解研究特定研究对象的系统超循环研究思维导图。其系统结构图见图 17 "'少数民族语地名译写标准的系统策略探究'第一层级系统结构图"。

第五层级分系统结构图。

系统结构图研究到第五层次时，需要将该层次的"系统结构"作为分系统，建立第五层级分系统结构图。该分系统结构图的构建体现了图 16 构图说明的一些关键特点。见图 18 "'系统结构'第五层级分系统结构图"：

系统结构图的构建方法决定了分系统结构图的构建方法。该分系统结构图的特点：一是在"主权＋定位＋认知功能系统整体最优"层次，"主权""定位""认知"三个要素，没有一个具有排斥、竞争关系的不可以叠加的非线性要素，各要素的功能具有线性叠加关系，它们功能的叠加就是该层次的系统整体功能，共同对下级要素产生整体制约作用，所以在一个矩形框中用正号（+）连接同层次各要素；二是在下级层次"国标一 +- 国标二 +- 国标 n+- 地标一 +- 地标二 +- 地标 n"的 8 个要素，再下级层次"直译 +- 意译 +- 归化 +- 异化"的 4 个要素，同层次各要素之间存在选择性质的可以或不可以叠加的排斥和吸引、竞争和协同的线性和非线性关系，当这种关系确定以后，便具有整体性质和功能，共同制约下级层次，所以在一个矩形框中用正负号（+-）连接同层次各要素。无论正号或负号，都同时表示同一层次要素之间是并列关系。

该分系统结构图的意思表示是：少数民族地名的翻译受"主权 + 定位 + 认知功能系统整体最优"的制约，需要根据"主权 + 定位 + 认知功能系统整体最优"对"原语"进行翻译，然后选择"国标一 +- 国标二 +- 国标 n +- 地标一 +- 地标二 +- 地标 n"的一项或数项组成整体性质和功能，再根据对"国标一 +- 国标二 +- 国标 n +- 地标一 +- 地标二 +- 地标 n"整体性质和功能的制约，选择"直译 +- 意译 +- 归化 +- 异化"的一项或数项将原语翻译成"译语"。

对该论文而言，分系统结构图需要插入论文中，作为"少数民族语地名译写标准的系统策略探究"的超循环研究和翻译标准的选择方法，以此对"少数民族语地名译写"的翻译进行系统协同研究。在将分系统结构图插入论文的过程中，为直观表达分系统结构图的意义，论文用选择方式对分系统结构图进行了变异处理。

按照图 17、图 18 系统和分系统结构图的撰写顺序和前述的方法进行系统协同研究和文字撰写，就可以形成论文研究成果。该论文研究成果的文字结构形式看似和普通论文结构形式没有区别，但它的研究方法和普通论文的研究方法却有方法上的根本区别。其论文结构形式如下：

《少数民族语地名译写标准的系统策略探究》

开头语

一、关于系统概念

二、少数民族语地名译写标准的系统化

（一）少数民族语地名译写标准的系统要素及功能

（二）少数民族语地名译写标准的系统结构和功能优化过程

系统结构

对标过程

选标过程

优化过程

三、少数民族语地名译写标准系统应用的"多定态"选择

四、结语

例二,《从多民族地区的无字方言谈语言翻译的悖论——以贵州方言为例》。

通过研究过程可以知道,该文只存在一级构图过程,而且,该系统结构图只作为论文研究和文字撰写的系统协同优化的工具,不需要插入论文中。论文的写作研究和优化均按照系统结构图进行。

该系统结构图见图 19 "'从多民族地区的无字方言谈语言翻译的悖论'系统结构图"。

按照图 19 系统结构图进行超循环研究和文字系统协同优化,就可以形成论文研究成果。其论文结构形式如下:

《从多民族地区的无字方言谈语言翻译的悖论——以贵州方言为例》

一、语言翻译定义与语言翻译标准的讨论

第一阶段:"文字翻译"标准阶段。

第二阶段:"语言翻译"标准阶段。

第三阶段:"文化翻译"标准阶段。

二、从贵州无字方言的翻译谈语言翻译的悖论

一是汉语字词典中完全查找不到对应字词但有相似音调的汉字替代发音的无字方言。

二是汉语字词典中完全查找不到对应字词又无相似音调的汉字替代发音的无替音汉字的无字方言。

三是用方言发音说汉语字词的无字方言。

三、语言翻译悖论的解悖

两元翻译理论

两元翻译定义

四、结语

两篇论文的撰写，是在研究过程中，按照图17、图18、图19，用"系统整体最优原则""系统理论与系统超循环研究方法在人文社科研究中的综合应用"及本书相关内容的原则、方法，对特定研究对象的结构、要素、功能的相互联系相互作用进行系统的超循环研究，在完成图16的转化过程中完成将系统理论转化为特定研究对象的理论认识和方法途径的研究。具体可将图17、图18、图19与论文联系起来进行研究。

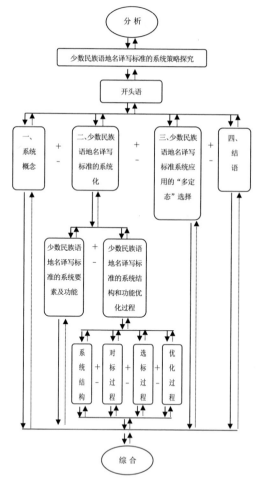

图17 "少数民族语地名译写标准的系统策略探究"第一层级系统结构图

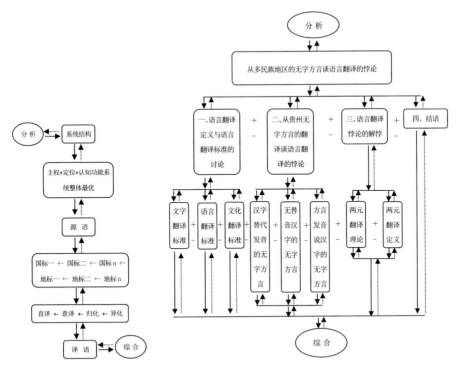

图18 "系统结构"第五层　　　图19 "从多民族地区的无字方言谈语言翻译的悖
级分系统结构图　　　　　　　论"系统结构图

二、系统超循环研究思维导图在项目（著作）研究中的具体应用

从系统构图角度讨论，项目研究的基本思路是沿着"破题层面—立题层面—路向层面—目的层面"的路线推进。破题层面是项目研究的开头；立题层面是建立项目研究的问题；路向层面是项目研究的具体内容，是回答项目研究的问题；目的层面是项目研究的成效、成果、结果、结论。系统超循环研究思维导图在项目研究中的应用应基本体现这一思路。

系统超循环研究思维导图在项目研究中的应用，分简略应用和复杂应用。简略应用适用于只有单项研究成果的项目研究，是只有一次"破题层面—立题层面—路向层面—目的层面"的研究；复杂应用适用于具有多项阶段性研究成果或子项目的项目研究，具有一个"破题层面—立题层面—目的层面—路向层面"和多个"破题层面—立题层面—路向层面—目的层面"的研究路线。

项目研究一般存在系统超循环研究思维导图的多层级构图，仍然是在"系统整体最优原则""系统理论与系统超循环研究方法在人文社科研究中的综合应用"及与本书相关内容的原则、方法的基础上进行的研究。第一层级是构建项目研究系统超循环研究思维导图，以后层级是在需要的层次构建项目研究分系统超循环研究思维导图。项目研究系统结构图是项目的系统研究和整体规划，是最先就要进行的构建。不同层级分系统结构图是项目研究系统结构图的不同下级层次，有的研究需要将分系统结构图插入研究成果中。根据项目研究系统结构图及其项目研究分系统结构图的纵、横关系，按照前述的撰写方法边研究边进行文字撰写，就可以形成项目研究总结报告。著作研究是项目研究的复杂应用，方法大同小异，不单独做介绍。

在项目（著作）研究的系统思维导图中，不同层次的标题就是不同层次的系统或要素，按系统思维导图对不同层次的标题的诠释或阐释的有效作用，就是不同层次系统或要素的功能。

（一）简略应用

通过对第四篇《系统视角下从外语课程思政教育机制铸牢中华民族共同体意识——兼论课程思政教育机制的系统建设》论文范例的分析，来探讨系统超循环研究思维导图在项目研究中的简略应用。

《系统视角下从外语课程思政教育机制铸牢中华民族共同体意识——兼论课程思政教育机制的系统建设》虽然是论文形式，但它是缩小了的项目研究范例，该论文是形成项目研究模式的简单雏形。

简略项目研究存在多层级系统结构图。第一层级是系统结构图，系统结构图是项目研究总的思维导图；以下层级是分系统结构图，分系统结构图有时需要在研究总结报告中表现出来，作为方法途径供研究使用。简略应用最大的区别是只存在一次"破题层面—立题层面—路向层面—目的层面"的系统超循环研究过程。

如果将《系统视角下从外语课程思政教育机制铸牢中华民族共同体意识——兼论课程思政教育机制的系统建设》论文改写成项目研究总结报告，它需要在适当的层次构建两个层级的系统结构图：

第一层级系统结构图，见图 20 "'从外语课程思政教育机制铸牢中华民族共同体意识项目'第一层级系统结构图"；

第五层级分系统结构图，见图 21 "'系统结构'第五层级分系统结构图"，该分系统结构图需要在论文成果中表现出来。

第一层级图 20 系统结构图是研究总结报告的整体框架，按照该图排序，项目研究总结报告由三大部分组成。第一部分是项目研究概述。项目研究概述是项目的执行情况简述，包括"项目信息 +- 研究概况 +- 目的意义（理论意义与实践意义）+- 思路方法 +- 概念界定 +- 重点难点 +- 理论依据 +- 实施情况及效果 +- 特色创新及突破性进展 +- 后续问题 +- 参考文献"等，根据需要罗列。由于该部分下级层次的要素类型多，在一个矩形框采取"+-"表示其并列关系及排斥与吸引、竞争与相同的相互联系。第二部分是项目研究成果。项目研究成果需要构建分系统。在简略应用中，项目研究成果就是通过整理发表的论文。第三部分是项目研究附件。项目研究附件是结题需要附上的材料。

第五层级图 21 "'系统结构'第五层级分系统结构图"是项目研究总结的实质性方法途径的系统结构图，需要在研究成果中提供后续应用，在研究成果中表现出来。

在图 20 的系统结构图中：系统是"从外语课程思政教育机制铸牢中华民族共同体意识项目"，具有整体制约作用；分系统是"研究概述""研究成果""附件"，它们之间没有整体制约关系，按同层次进行排序处理；"研究成果"分系统具有下级层次，对其下级层次按有无整体制约关系进行层次秩序或类型排序处理，构建分系统。

在构建系统结构图和分系统结构图的过程中，可以在 Word 上边研究边进行项目研究总结报告的系统协同和撰写。

简略应用重点在项目研究成果的研究，该论文范例可以作为项目研究总结报告的研究成果。简略应用中，项目研究的基本思路"破题层面—立题层面—路向层面—目的层面"的研究路线，在"研究成果"即论文中通过分系统结构图一次性构建出来。第一层次"前言"属于"破题层面"。第二层次排序中，"教育领域铸牢中华民族共同体意识理论研讨的缺失"属于"立题层面"；"外语课程思政及课程思政教育机制的系统建设"属于"路向层面"。"结论"属于"目的层面"。

图 20 的"外语课程思政及课程思政教育机制的系统建设"分系统是该项目实质性的主要内容，按照整体制约关系，该分系统层次有"系统整体最优原则""系统结构""构建路线""系统构建"四个要素，在四个要素中，"系统结构"有完整的系统结构层次，需要构建图 21 第五层级分系统结构图。四个要素具有紧密的有机联系，"系统整体最优原则"是"系统结构""构建路线""系统构建"的研究原则，"系统结构"按照"系统整体最优原则"构建，"系统结构"决定"构建路线"的选择，决定"系统构建"的具体内涵，按照排序环环相扣形成有机联系。通过环环相扣的相互联系的研究，形成"从外语课程思政教育机制铸牢中华民族共同体意识"的研究成果。

如果将图 20、图 21 作为项目研究的系统"规矩"，那么项目研究总结报告可以将论文作为研究成果。其中，第一层次"破题层面"的"前言"，第二层次"立题层面"的"根据特定研究对象情况进行具体研究撰写"，第二层次"路向层面"的"是实质性的研究成果"。我们在研究其他项目时，可以以"从外语课程思政及课程思政教育机制的系统建设"的文字阐述为模式进行研究和改写。首先，对"系统整体最优原则"的内容根据特定研究对象的情况进行改写（参照第四篇其他论文改写）；其次，对"系统结构"根据研究需要按图 21 模式进行构建和改建；再次，对"构建路线"的选择根据特定研究对象的选择情况进行说明；最后，对"系统构建"根据"系统结构"按照特定研究对象的具体内涵进行详细研究和说明。比照这一系统"规矩"，以形成新的研究成果。

按照图 20、图 21 系统分系统结构图的撰写顺序，将研究报告分三部分进行系统协同研究和文字撰写，就可以形成项目研究总结报告。该项目研究总结报告可以是如下的文字结构形式。

例三，《系统视角下从外语课程思政教育机制铸牢中华民族共同体意识项目研究总结报告》。

第一部分 项目研究概述

一、项目基本信息，二、项目研究概况，三、项目研究的目的与意义（理论意义与实践意义），四、项目研究的思路与方法，五、项目相关概念的界定，六、项目研究的重点难点，七、项目研究的理论依据，八、实施情况及效果，九、特色与创新之处及本项目研究的突破性进展，十、后续问题，十一、参考文献等。分项进行撰写。

第二部分 项目研究成果（论文）

《系统视角下从外语课程思政教育机制铸牢中华民族共同体意识——兼论课程思政教育机制的系统建设》

前言

一、教育领域铸牢中华民族共同体意识理论研讨的缺失

二、从外语课程思政及课程思政教育机制的系统建设铸牢中华民族共同体意识

（一）"中华民族共同体意识外语课程思政及课程思政教育机制"的"系统整体最优原则"

（二）"中华民族共同体意识外语课程思政及课程思政教育机制"的系统结构

将图 21 "'系统结构'第五层级分系统结构图"根据项目研究总结报告的需要更名插入。

（三）"中华民族共同体意识外语课程思政及课程思政教育机制"的构建路线

（四）"中华民族共同体意识外语课程思政及课程思政教育机制"的系统构建根据图 20 "'以外语课程思政教育机制铸牢中华民族共同体意识项目'第一层级系统结构图"进行研究和撰写。

1. 立法机制系统构建。

2. 教材机制系统构建。

3. 学校机制系统构建。

4. 教师机制系统构建。

三、结语

第三部分 项目研究附件

附上已发表的论文、著作，其他相关材料。

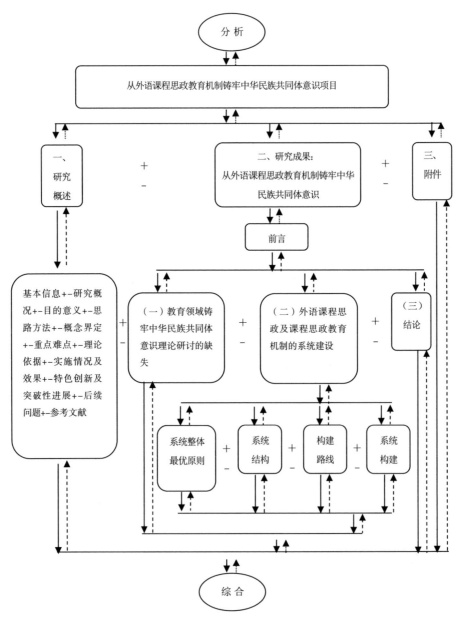

图20 "从外语课程思政教育机制铸牢中华民族共同体意识项目"第一层级系统结构图

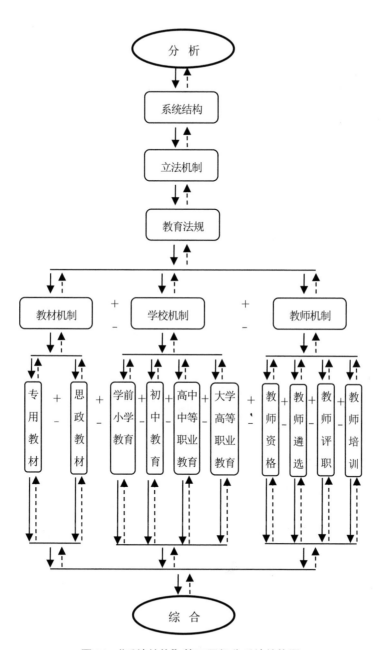

图21 "系统结构"第五层级分系统结构图

（二）复杂应用

复杂应用与简略应用的一般情况的阐释基本相同，不再叙述。不同在于复杂应用适用于总项目下具有多项阶段性研究成果或子项目的项目研究，具有两个以上"破题层面—立题层面—路向层面—目的层面"的研究推进路线的构图过程。由于第一层级系统结构图有多项阶段性研究成果或子项目，多项阶段性研究成果或子项目实质上是总项目下的路向层面的研究，所以系统结构图应该对多项阶段性研究成果或子项目的构图过程有个总体说明。因此，第一层级系统结构图与简略应用有所不同，第一层级系统结构图是一个由系统整体决定的"破题层面—立题层面—目的层面—路向层面"的总的研究推进路线的构图过程，不同层级的分系统结构图仍然是"破题层面—立题层面—路向层面—目的层面"的研究推进路线的构图过程。

可以笔者承担的某"教学内容和课程体系改革项目"为例来说明复杂应用的系统结构图和分系统结构图的构建。

该项目是一个具有两项阶段性研究成果的项目研究。该项目最终形成《高校课程教学的系统整体研究原则及方法》《〈英语口译〉课程教学系统改革方案设想》两项阶段性研究成果。该项目有三级构图过程。鉴于篇幅所限，仅将系统结构图、分系统结构图和项目研究总结报告的文字结构形式做基本介绍，仅供参考。

1. 第一层级项目研究系统结构图

见图 22 "'××教学内容和课程体系改革项目'第一层级系统结构图"。

图 22 中，由于复杂应用具有多项阶段性研究成果，需要对多项阶段性研究成果的"破题层面—立题层面—目的层面"进行整体阐述，因此，系统结构图将整个项目研究的"破题层面—立题层面—目的层面"的说明放在"研究总论"中进行构建。由于系统结构图分系统层次较多，需要另外建立3个第二层级分系统结构图，一个第四层级分系统结构图。

从系统结构图可以看出，"××教学内容和课程体系改革项目"作为系统问题进行研究时，有4个下级要素。其中："研究总论""高校课程教学的系统整体研究原则及方法""《英语口译》本科课程教学大纲系统优化方案"

3 个下级要素，在研究过程中可以知道它们都有相对独立完整的系统层次和下级要素，都有相对完整的部分性质和整体功能，需要建立第二层级分系统才便于进行研究；"附件"是附属结构，不需要建立子系统。在"高校课程教学的系统整体研究原则及方法"第二层级分系统中的第四层次（按第一层级系统结构图层次确定该层次）"系统超循环研究思维导图"（见图 24），又具有相对独立完整的系统层次和下级要素，有相对完整的部分性质和整体功能，需要建立第四层级分系统才便于进行研究，而且该分系统结构图插入文中具有重要的协同意义，需要单独构建。

2. 第二层级、第四层级项目研究分系统结构图

该项目有 3 个第二层级分系统结构图和一个第四层级分系统结构图。

见图 23 "'研究总论'第二层级分系统结构图"、图 24 "'高校课程教学的系统整体研究原则及方法'第二层级分系统结构图"及图 25 "'系统超循环研究思维导图'第四层级分系统结构图"、图 26 "'《英语口译》本科课程教学系统改革方案设想'第二层级分系统结构图"。

图 23 "'研究总论'第二层级分系统结构图"有"研究概述""成果说明"两个下级要素。"研究概述"下又有"基本信息 +- 研究概况 +- 思路方法 +- 概念界定 +- 重点难点 +- 理论依据 +- 实施情况及效果 +- 特色创新及突破性进展 +- 后续问题 +- 参考文献"等并列关系的下级要素。"成果说明"下又有"破题说明 +- 立题说明 +- 目的说明"等并列关系的下级要素，是关于总项目"破题层面—立题层面—目的层面—路向层面"的研究路线的"破题层面—立题层面—目的层面"的内容。该子系统没有独立完整的"破题层面—立题层面—目的层面—路向层面"的研究路线。

图 24 "'高校课程教学的系统整体研究原则及方法'第二层级分系统结构图"有独立完整的"破题层面—立题层面—路向层面—目的层面"的研究路线。图 24 中，对应原论文标题的"问题提出"属于"破题层面"，"系统概念"属于"立题层面"，"研究原则""研究方法 + 思维导图"属于"路向层面"，"整体应用"属于"目的层面"。"路向层面"中，"思维导图"比较复杂，需要单独插入文内作为研究的方法使用，需要构建图 25 "'系统超循

环研究思维导图'第四层级分系统结构图"。

图 26 "'《英语口译》本科课程教学系统改革方案设想'第二层级分系统结构图"，有独立完整的"破题层面—立题层面—路向层面—目的层面"的研究路线。图 26 中，"基本观点"属于"破题层面"；"研究内容"中的下级层次的《英语口译》本科课程教学改革的根本问题"属于"立题层面"，"《英语口译》本科课程教学改革方案设想"属于"路向层面"；"结论 +- 实施情况及效果 +- 创新与突破 +- 后续问题"属于"目的层面"。

3. 项目研究总结报告文字结构形式

按照图 22、图 23、图 24、图 25、图 26 的系统、分系统结构图的撰写顺序，将研究报告分四个部分进行结构研究和文字撰写，就可以形成项目研究总结报告。该项目研究总结报告可以是如下的文字结构形式：

×× 教学内容和课程体系改革项目项目研究总结报告

第一部分 项目研究总论

（一）研究概述

1. 基本信息 2. 研究概况 3. 思路方法 4. 概念界定 5. 重点难点 6. 理论依据 7. 实施情况及效果 8. 特色创新及突破性进展 9. 后续问题 10. 参考文献

（二）成果说明

1. 破题说明 2. 立题说明 3. 目的说明

第二部分 理论研究成果

《高校课程教学的系统整体研究原则及方法》

（作为论文发表，见论文范例）

一、问题的提出

二、高校课程教学研究的系统概念

三、高校课程教学的系统整体研究原则

四、高校课程教学的系统超循环研究方法及其思维导图

（一）高校课程教学的传统研究方法

（二）高校课程教学的系统超循环研究方法

（三）高校课程教学的系统超循环研究思维导图

五、"高校课程教学的系统整体研究原则及方法"的整体应用

第三部分　应用研究成果

《〈英语口译〉本科课程教学系统改革方案设想》

（提供给项目单位参考，本书未收录）

一、成果的基本观点

二、研究内容

（一）《英语口译》本科课程教学系统改革的根本问题

（二）《英语口译》本科课程教学系统改革方案设想

第一步：由管理层次制定一个"统一原则"的《课程教学大纲》

（文字撰写为"《课程教学大纲》的系统改革优化"）

第二步：由教学层次制订一个"契约原则"的《课程课堂教学方案》

（文字撰写为"《课程课堂教学方案》的系统改革优化"）

第三步：由管理层次进行评估考核

（文字撰写为"课程教学考核评估的系统改革优化"）

括号内的文字，说明进行文字撰写时，可以根据文字撰写需要对思维导图进行适当改写。

三、研究结论 +– 实施情况及效果 +– 特色与创新之处及本项目研究的突破性进展 +– 后续问题

第四部分　项目研究附件

附件1：《××××学院〈英语口译〉本科课程教学大纲系统优化方案框架》

附件2：论文《高校课程教学的系统整体研究原则及方法》

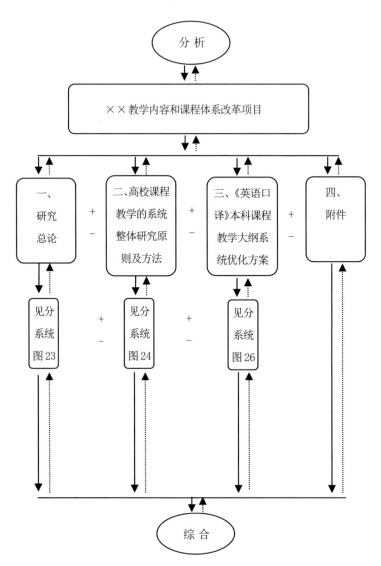

图22 "××教学内容和课程体系改革项目"第一层级系统结构图

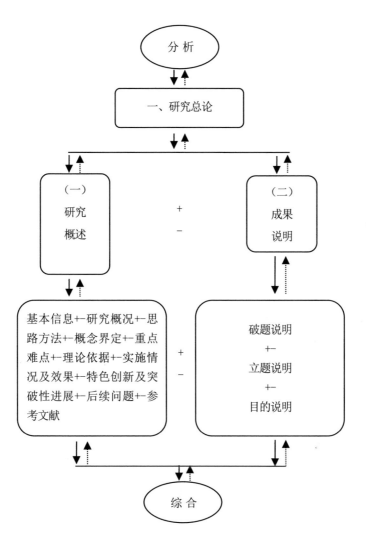

图23　"研究总论"第二层级分系统结构图

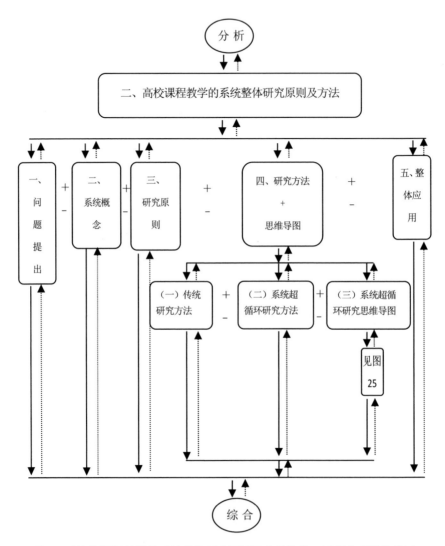

图24 "高校课程教学的系统整体研究原则及方法"第二层级分系统结构图

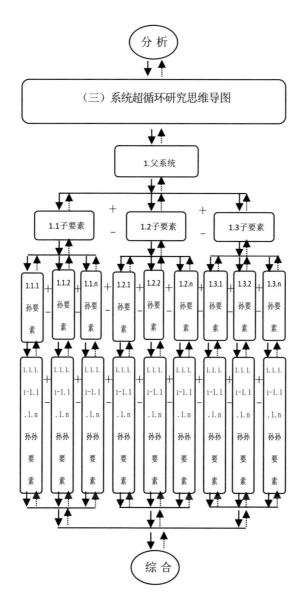

图25　"系统超循环研究思维导图"第四层级分系统结构图

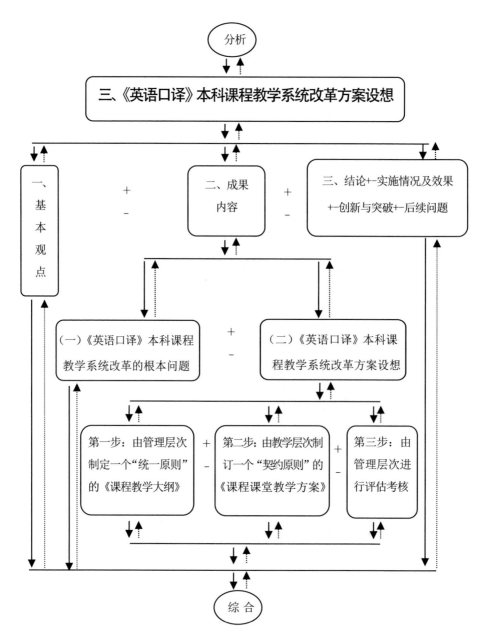

图26 "《英语口译》本科课程教学系统改革方案设想"第二层级分系统结构图

第三篇 系统的基本原理、规律与翻译和教学研究的联系

　　本篇共两章。第一章"系统的基本原理与翻译和教学研究的联系"、第二章"系统的基本规律与翻译和教学研究的联系",系统讨论了如何从翻译和教学研究的角度认识《系统论》的八大基本原理和五大基本规律。系统的基本原理与系统的基本规律的区别,是系统的基本规律比系统的基本原理更具有普遍意义。

　　用"系统的基本原理、规律与翻译和教学研究的联系"的某一点或某些认识对翻译和教学特定研究对象系统进行讨论,希望对得出翻译和教学特定研究对象系统新的理论和实践的规律性认识有所裨益!

第一章　系统的基本原理与翻译和教学研究的联系

系统理论的基本原理是指具有普遍意义的系统的基本规律。魏宏森、曾国屏在《系统论》一书中将系统的基本原理归纳总结为系统的整体性原理、层次性原理、开放性原理、目的性原理、突变性原理、稳定性原理、自组织原理、相似性原理等八大基本原理。本章从不同角度讨论了系统的八大基本原理与翻译和教学研究的联系。

第一节　系统的整体性原理与翻译和教学研究的联系

系统的整体性是系统理论的核心思想。"系统整体性原理指的是，系统是由若干要素组成的具有一定新功能的有机整体，各个作为系统子单元的要素一旦组成系统整体，就具有独立要素所不具有的性质和功能，形成了新的系统的质的规定性，从而表现出整体的性质和功能不等于各个要素的性质和功能的简单加和。"①

系统整体性原理可通俗地理解为：系统是由若干相互依存、相互作用、相互制约的要素结构组成，当若干具有有机联系的要素组成某一系统，该系统作为系统整体便具有了独立要素所没有的性质和功能，形成了新的系统的质的规定性。系统的整体性原理说明，系统整体的性质和功能已不是各个要

_____

① 魏宏森，曾国屏．系统论——系统科学哲学［M］．北京：世界图书出版公司，2009：205.

素的性质和功能的简单加和。

"系统的整体性，常常又被说成系统整体大于部分"[①]。所谓整体大于部分，是说系统的整体具有系统中部分所不具有的性质，系统整体的组合特征不能用孤立部分的特征来解释。系统由要素组成，整体由部分组成，要素一旦组合成系统，部分一旦组合成整体，就会反过来制约要素，制约部分。要素要服从系统，部分要服从整体，这就是"整体大于部分"。

系统的整体性是系统理论的核心思想。系统的整体性认为，研究任何翻译和教学问题，都要放到系统整体中进行研究，以系统整体最优为出发点。

一、从线性和非线性的相互作用认识系统整体性原理与翻译和教学研究的联系

相互作用是系统发展变化的最根本原因，系统是由要素之间的相互作用联系起来的。翻译和教学系统之中的相互作用，有线性相互作用和非线性相互作用两种。翻译和教学系统的线性相互作用是指翻译和教学系统各要素间的性质和功能的相互作用遵从叠加原理，即如果 $A=X$、$B=Y$，那么 $A+B=X+Y$，其叠加结果是一种机械和，这是线性相互作用，这种系统为翻译和教学线性系统，翻译和教学线性系统不存在复杂的相互作用，翻译和教学系统各要素可以共同作用。如果翻译和教学系统各要素的性质和功能的相互作用不遵从 $A=X$、$B=Y$，$A+B=X+Y$，即 $A+B \neq X+Y$，那么系统各要素间的相互作用即为非线性作用，这种翻译和教学系统就是非线性系统，非线性系统存在排斥、竞争复杂的相互作用，翻译和教学系统各要素不可以共同作用于系统。所以，翻译和教学线性系统和非线性系统最明显的区别方法就是要素是否能够共同作用于系统。对于翻译和教学系统整体而言，只要有任意一个要素不能共同作用于系统，该系统就是非线性系统，现实中的翻译和教学系统几乎都是非线性系统。

翻译和教学系统的线性相互作用和非线性相互作用，是翻译和教学系统

---

① 魏宏森，曾国屏.系统论——系统科学哲学［M］.北京：世界图书出版公司，2009：209.

运动、变化、发展的两种方式。在线性相互作用下，翻译和教学系统的整体的相互作用是各部分相互作用的简单叠加，这种线性的相互作用是各部分的机械和，如果将部分从整体之中分离出来，并不影响翻译和教学系统的整体性质。在非线性相互作用下，翻译和教学系统各个部分处于复杂的有机联系之中，整体的相互作用已不再是各部分相互作用的简单叠加，部分从整体之中不可能分离出来讨论，如果将部分从整体之中分离出来讨论就会影响整体性质。这种非线性的整体作用是各部分之间的相互影响、相互制约，是矛盾双方的排斥和吸引、竞争和协同的对立统一。非线性相互作用下，系统每一部分的运动、变化、发展都影响着整体，系统整体的运动、变化、发展反过来又制约着部分。

二、从整体和部分的关系认识系统整体性原理与翻译和教学研究的联系

系统和要素的关系是整体和部分的关系。

系统的整体性要求人们在认识和处理翻译和教学系统对象时，都要从整体着手进行综合考察，从组成系统的各要素间的排斥和吸引、竞争和协同的相互作用、相互联系、相互制约中，探求翻译和教学系统整体的本质和规律，认识翻译和教学系统的整体效应，以达到最佳效果。由于系统的整体性，系统的功能不等于要素功能的简单相加，而是往往要大于各个部分功能的总和。根据整体性的这一特点，我们在研究任何一个翻译和教学对象的时候，既要研究翻译和教学系统宏观上的整体，也要研究翻译和教学系统各个孤立的要素，既要从微观上了解翻译和教学系统整体是由哪些要素功能组成，又要了解翻译和教学系统要素构成的系统整体具有什么整体功能，从整体对部分、系统对要素的制约和部分对整体、要素对系统的作用的对立统一中来认识系统整体性核心思想在翻译和教学研究中的应用。

无论是要素可以简单叠加的线性关系还是要素不可以简单叠加的非线性关系，整体和部分、系统和要素的功能关系，不外以下三种情况：要么整体功能等于部分功能的机械和、要么整体功能大于部分功能的机械和、要么整

体功能小于部分功能的机械和。无论这三种情况中的何种情况，根据系统原理，翻译和教学系统的发展最终都会受制于翻译和教学系统的整体功能，从混乱、无序向有序发展。这一过程中，整体功能的制约至关重要，无论系统和要素、要素和要素的竞争和协同情况如何，其相互作用都必须受制于整体功能，服从整体功能最优的宏观调控。所以，在日常研究中，我们可以应用"系统整体最优原则"来研究解决翻译和教学系统的实际问题。

例如，大学翻译教学的教师在学校培养方案总目标的制约下，如何上好自己的翻译课？教师应根据培养方案目标整体功能的制约，对本课程的各部分的有关具体教学功能进行适时调整，该强化则强化、该弱化则弱化，在实现培养方案目标整体功能"系统整体最优"的制约下，去实现本课程"相对整体功能最优化"的翻译教学。又如，传统的翻译重点，功夫下在字词句等语言规范上。按照"整体大于部分之和"的系统整体性原理，字词句的翻译应受制于"'思维习惯最佳功能契合点''系统整体最优'的多定态选择的翻译准则"[①]。

系统的整体性原理是从系统具有协同作用的情况下来讨论整体大于部分之和，如果系统之间缺乏相互作用或相互作用不产生协同作用，整体就会等于或小于部分之和。所以，我们在研究翻译和教学系统不同的系统结构时，首先要研究各个翻译和教学要素之间是否具有有机联系，它们有怎样的协同机制。

我们通常是用"系统整体最优原则"来认识系统的整体大于部分。一是在研究翻译和教学系统问题时必须强调"系统整体最优"，部分必须服从整体，这就是日常所说的全局观念，为了"系统整体最优"，有时需要对部分"抑优汰劣"。从翻译和教学系统本身来说，翻译和教学要素是其部分，要素有其独特的性质和功能，但它的性质和功能受制于翻译和教学系统整体的性质和功能，服从翻译和教学系统整体的性质和功能的需要。犹如作为个体的人，人是社会系统最基础的要素，人具有自己独立的性质和功能，但个人

---

① 张湖婷.少数民族语地名译写标准的系统策略探究［J］.贵州民族研究，2022，43（2）：85-90.

的性质和功能必须适应社会性质和功能的需要，接受社会性质和功能的制约，否则人在社会系统中就无法生存下去。二是在研究翻译和教学系统问题时必须强调在系统层次结构的相对性中来认识"系统整体最优"。系统的相对性认为，翻译和教学系统的划分标准具有相对性。由于系统具有无穷层次结构，要素、系统、环境，部分、整体，其划分都具有相对性。就翻译和教学系统其中某一层次而言，相对于上一层次它是部分，是要素或系统，相对于下一层次它是整体，是系统或环境。翻译和教学系统的"系统整体最优"，也就在翻译和教学系统不同层次相对整体和相对部分的划分中来把握。三是在研究翻译和教学系统问题时必须强调在系统结构、系统功能的相互作用中来认识"系统整体最优"。翻译和教学系统结构和系统功能在运动过程中具有对应性，有什么样的系统结构就有什么样的功能过程。所以，在研究翻译和教学系统问题时，我们要从翻译和教学的系统结构和系统功能的整体优化来研究翻译和教学系统问题。

我们不能片面理解"系统整体最优原则"。"系统整体最优"，是指翻译和教学系统的任何问题作为系统研究时，它在一定的存在阶段内（注意是在一定阶段内），其系统整体性质和系统整体功能是一个相对稳定状态，具有似乎确定不移的运动趋势，各个翻译和教学系统子系统的翻译和教学活动，必须首先符合翻译和教学系统阶段性的整体性质和整体功能总的运动趋势。但是，在演化过程中，各个翻译和教学系统要素的翻译和教学活动是独立的，有其独立的性质和功能，翻译和教学系统要素的翻译和教学活动，总是与翻译和教学系统总的运动趋势存在涨落偏差，即部分的翻译和教学总存在与翻译和教学总趋势的偏离。翻译和教学要素的翻译和教学活动与翻译和教学系统总运动趋势存在的涨落偏差，有建设性的，有破坏性的。建设性的涨落偏差是翻译和教学系统创新发展的动力，破坏性的涨落偏差是翻译和教学系统彻底崩溃的隐患。当翻译和教学系统的要素部分的活动的涨落偏差一旦得到整体响应，就会引起翻译和教学系统的整体质变，系统会进入一个新的稳定状态。如果进入建设性的稳定状态，就推动系统发展，进入新的高级翻译和教学稳定状态，系统具有更高级阶段的整体功能，翻译和教学系统的整体质量向更高级发展，这是翻译和教学系统所期望的成果；如果进入破坏性的稳定状态，翻译和教学系统的整体质量严重下降，要回到正常状态，为时已晚。所以，翻译和教学系统的"系统整体最优"，是在一定阶段内和系统相对稳定状态下求发展，是各个翻译和教学系统的要素在排斥和吸引、竞争和协同的相互关系中，是在强调整体最优的原则下，系统地放大建设性的或有利于"系统整体最优"的要素部分的翻译和教学活动，遏制破坏性的或不利于"系统整体最优"的要素部分的活动。当系统地放大建设性的或有利于翻译和教学系统"系统整体最优"的要素部分的翻译和教学活动，翻译和教学系统的要素部分的涨落得到整体响应，翻译和教学系统发生整体质变，就会进入更高级阶段的稳定状态，产生更高级阶段的系统整体性质和功能，具有更高阶段的"系统整体最优"。

　　在日常研究中，我们可以应用"系统整体最优"来解决实际的翻译和教学的系统问题。只要翻译和教学系统具有有机联系和协同机制，无论是要素可以简单叠加的线性翻译和教学关系，还是要素不可以简单叠加的非线性翻译和教学关系，无论在演化过程中整体功能等于部分功能的机械和，或者整体功能大于部分功能的机械和，或者整体功能小于部分功能的机械和，翻译和教学系统的发展最终都会受制于整体功能，从混乱、无序向有序发展，最终协同为"整体大于部分之和"。这一过程中，"系统整体最优"的协同至关重要，无论翻译和教学系统的系统（整体）和要素（部分）、要素（部分）和要素（部分）的竞争和协同情况如何，其相互作用都必须受制于"系统整体最优"，服从"系统整体最优"的宏观调控。

三、从综合和分析的超循环研究认识系统整体性原理与翻译和教学研究的联系

　　现代系统理论赞成的是"在分析基础之上的综合，在综合之中的分析"[①]。

---

① 魏宏森，曾国屏.系统论——系统科学哲学［M］.北京：世界图书出版公司，2009.

分开来讨论：综合方法是把部分层层综合为整体，把单个要素有机整合为系统来认识系统问题，这时候，矛盾的主要方面是认识整体，认识系统；分析方法则是把整体分解为部分，把系统层层分解为单个要素来认识系统问题，这时候，矛盾的主要方面是认识部分，认识要素。

本书认为，按照系统超循环理论，综合方法和分析方法是系统超循环研究方法。当把翻译和教学研究对象作为系统来研究时，应始终把研究对象作为系统，通过研究翻译和教学的系统和要素、要素和要素、要素和系统、系统和环境的超循环运动的相互依存、相互作用、相互制约的关系来认识和考察翻译和教学系统。在这一过程中，会循环往复地使用综合、分析的方法，形成"综合—分析—综合……"的"系统超循环研究过程"。我们可以截取"系统超循环研究过程"不同的起点和终点，进行不同目的的超循环研究。当我们的研究目的是获取整体的性质和功能时，系统运动的总趋势是"综合—分析—综合"，"综合"是翻译和教学研究的起点和终点；当我们的研究目的是获取部分的性质和功能时，系统运动的总趋势是"分析—综合—分析"，"分析"是翻译和教学研究的起点和终点。

当我们用系统的整体性原理来解决翻译和教学研究的实际问题时，无论是综合目的或是分析目的，它们都是系统的超循环研究过程，都是把"系统整体最优"作为认识的出发点和归宿。这一过程：首先，对翻译和教学研究对象进行全面的综合分析的了解和谋划，对部分或单个要素，从翻译和教学系统的整体出发进行综合或分析，提出整体或部分目标；其次，要在翻译和教学整体功能和整体目标制约下，逐层综合分析下级要素相互制约或协同关系的有机联系，实行明确的、必要的分工或分解，提出条件、选择最优方案；最后，在分解或综合的基础上，建立内部横向联系或协作，对翻译和教学系统要素重新综合或分析，使系统协调配合、综合平衡地运行，向着实现翻译和教学整体最优目标的趋势发展，最终实现综合或分析的系统整体最优目标。由此可见，系统研究路线是把获取翻译和教学研究的整体目标或部分目标作为系统超循环研究的出发点和归宿，通过中间环节的综合或分析的超循环运动，从出发点再回到出发点，通过人的大脑的思维作用，形成了一个完整的"综合—分析—综合"或"分析—综合—分析"的系统综合超循环研究和系统分析超循环研究的系统整体最优化的翻译和教学研究过程。

用系统整体性原理研究翻译和教学系统问题，系统的超循环研究过程中，"环境—系统""系统—要素""要素—要素"是分析过程，是从高层次开始按照"系统整体最优"，逐层次研究翻译和教学系统的"环境对系统""系统对要素""要素对要素"的分析分解，以服从"系统整体最优"为分析目的；"要素—要素""要素—系统""系统—环境"是综合过程，是从低层次开始按照"系统整体最优"，逐层次研究翻译和教学系统的"要素对要素""要素对系统""系统对环境"的归纳综合，以服从"系统整体最优"为综合目的。

按照系统超循环理论，"分析"和"综合"在系统运动过程中，是一个不分起点和终点的周而复始的"分析—综合—分析……"的系统超循环研究过程。翻译和教学系统超循环研究，是"（'环境—系统''系统—要素''要素—要素'）—（'要素—要素''要素—系统''系统—环境'）—（'环境—系统''系统—要素''要素—要素'）……"的不分起点和终点的周而复始的系统分析综合的超循环研究过程。

我们可以根据不同的研究目的，截取某一方法作为超循环运动过程的起点和终点，进行不同目的的翻译和教学系统的分析和综合的系统超循环研究。如果我们的研究目的是获取部分的性质功能，通过整体认识部分，我们截取的是"分析"作为超循环研究过程的起点和终点，"分析"是运动的总趋势，"综合"是中间环节，系统超循环运动一周的研究过程是"（'环境—系统''系统—要素''要素—要素'）—（'要素—要素''要素—系统''系统—环境'）—（'环境—系统''系统—要素''要素—要素'）"的分析过程。这一过程构成"反应循环—催化循环—超循环"过程，这是一种"系统分析超循环研究"。如果我们的研究目的是获取整体的性质功能，通过部分认识整体，我们截取的是"综合"作为超循环研究过程的起点和终点，"综合"是运动的总趋势，"分析"是中间环节，系统超循环运动一周的研究过程是"综合—分析—综合"过程，是"（'要素—要素''要素—系统''系统—环境'）—（'环境—系统''系统—要素''要素—要素'）—（'要素—要素''要素—

系统''系统—环境')"的综合过程。这一过程构成"反应循环—催化循环—超循环"过程，这是一种"系统综合超循环研究方法"。可见，截取某一研究方法作为研究翻译和教学系统超循环运动过程的起点和终点，"分析"或"综合"在超循环过程中便具有不同的特性。谁成为起点和终点，谁就成为系统超循环研究的"反应物"和"生成物"，谁成为中间环节，谁就成为系统超循环研究的直接"催化剂"。系统之外的"环境"是系统的制约条件，"环境"是系统外部的"助催化剂"。

第二节　系统的层次性原理与翻译和教学研究的联系

"系统的层次性原理指的是，由于组成系统的诸要素的种种差异包括结合方式上的差异，从而使系统组织在地位与作用、结构与功能上表现出等级秩序性，形成了具有质的差异的系统等级，层次概念就反映这种有质的差异的不同的系统等级或系统中的高级差异性。"①

系统的层次性是一种不同类别系统的差异性，表现在系统组织中的结构、功能、地位、作用等的种种不同质的系统等级。

系统的层次性犹如人类的代际关系，父系统由子系统（下层要素）组成，子系统又由孙系统（再下一层要素）组成，以此往下类推。系统的层次性又犹如套箱，大箱套中箱，中箱套小箱，层层嵌套。

系统层次之间的关系，高层次系统由低层次系统构成，高层次和低层次是一种整体和部分、系统和要素的关系。高层次具有低层次不具有的性质，作为整体制约低层次；低层次受制于高层次，有自己一定的独立性，构成高层次。

系统层次性原理是从存在形式和演化过程，用"分层法"分析系统在地位、作用、结构、功能方面的等级秩序的多样性和层次性。从系统的存在形

① 魏宏森，曾国屏．系统论——系统科学哲学［M］．北京：世界图书出版公司，2009：217.

式来研究翻译和教学的系统层次问题，是从系统的结构形式、系统的结构分类两方面来研究翻译和教学系统层次的等级秩序；从系统的演化过程来研究翻译和教学的系统层次问题，是从系统的相互联系、系统的结合强度的非线性相互作用两方面来研究翻译和教学系统的层次等级秩序。研究系统的层次等级秩序，在翻译和教学研究中具有广泛适用意义。

翻译和教学研究建立的相关系统，均为概念或逻辑系统，通过文字和载体表现出来，通过思维活动使之联系起来。在翻译和教学系统的理论和实践研究过程中，应从理论和应用两方面认识系统层次性原理与翻译和教学研究的联系。

一、从理论上认识系统层次性原理与翻译和教学研究的联系

第一，从整体和部分的相对性认识系统层次性原理与翻译和教学研究的联系。

系统相对性概念告诉我们，整体和部分是相对的。一系统相对于更大系统是部分（要素），相对于更小系统是整体（系统），系统的层次性就在"整体—部分（整体）—整体（部分）—部分（整体）……"的相对性差异中体现出来。

翻译和教学系统的高层次由低层次构成，高层次和低层次是一种相对性的整体和部分关系，高层次具有低层次不具有的性质，作为整体制约低层次；低层次受制于高层次，有自己一定的独立性，构成高层次。

第二，从等级和秩序认识系统层次性原理与翻译和教学研究的联系。

系统的层次性首先是指系统组织在地位、作用、结构、功能方面具有等级秩序性。由于系统具有相对性，翻译和教学研究对象系统相对于下一级是系统，相对于上一级又是要素，层层类推，就在这种系统的相对性中，结构与功能、地位与作用的种种差异构成了翻译和教学系统的等级秩序。犹如一个国家系统，从"国家—省—地（市）—县—镇……"是一系列不同层次的等级秩序组织。翻译和教学系统的层次性体现的是系统不同的等级和

秩序。

第三，从结构和功能认识系统层次性原理与翻译和教学研究的联系。

"系统的功能是与系统的结构相对应的范畴。"[①] 系统的结构和系统的功能具有相互对应的关系，系统结构具有不同层次，系统结构的不同层次具有不同层次的对应功能。

系统结构具有不同层次，系统的层次性是由一定的系统结构形式表现出来的。譬如，在现实的社会子系统中，作为学校的微观子系统，学校具有一定的结构形式，从纵向上，一个学校有从校—院（系）—专业的系统等级，从横向上有学校的党政工团、院（系）的党政工团、各专业的教师结构、学生结构，这种纵向和横向的等级秩序，按一定的规则组织起来，形成一定的结构，便有了一定的系统层次。

系统结构的不同层次具有不同层次的对应功能。翻译和教学研究对象系统的层次性通过系统的结构形式表现出来，但翻译和教学研究对象系统必定是有一定功能的，没有功能的系统是不存在的。因此，翻译和教学研究对象系统不同的系统层次结构就反映相对应的不同系统层次的结构功能，结构和功能相伴而生。因此，翻译和教学研究对象系统的层次性也就要在系统的结构层次和功能层次中来理解。如作为学校的微观子系统，学校具有一定的结构形式，从纵向上，一个学校有从校—院（系）—专业的不同层次系统等级，校、院、专业的不同系统等级有其相对性的系统整体功能；从横向上，学校的党政工团、院（系）的党政工团、专业管理部门的每一层次的每一部分，都有其相对性的部分功能。这种纵向和横向的等级秩序，按一定的规则组织起来，形成一个系统的层次结构和功能对应关系。

第四，从连续性和阶段性认识系统层次性原理与翻译和教学研究的联系。

从连续性和阶段性理解系统的层次性原理，是从动态演化过程或非稳定状态来讨论问题。

---

① 魏宏森，曾国屏.系统论——系统科学哲学［M］.北京：世界图书出版公司，2009：296.

　　翻译和教学研究对象系统是在连续不断运动变化的，系统的连续运动又是由不同时间尺度的运动阶段组成。这种系统动态的相对性时间尺度的连续性中的阶段性，就是一种动态系统层次。一般意义下，连续性由阶段性发展而来，阶段性演化成连续性，体现了翻译和教学研究对象系统发展过程中阶段性和连续性的系统层次的统一。如大学某专业的学制教育是四年，四年是一个连续性的系统层次，是大学某专业学制教育的整体，这四年中，划分为八个学期，每一个学期都是相对性时间尺度的连续性中的阶段性层次。四年有四年连续性的整体发展目标，八个学期有八个学期阶段性的部分发展目标，这就是一种动态的相对性时间尺度的连续性中的阶段性的系统层次。

　　第五，从纵向和横向关系认识系统的层次性原理与翻译和教学研究的联系。

　　无论是从整体和部分、等级和秩序、结构和功能、连续性和阶段性哪一个角度来认识系统的层次性原理，最终都归结为系统的纵向关系和横向关系问题。翻译和教学研究对象系统之所以能成为系统，是因为翻译和教学研究对象系统存在着不同层次系统等级和同一层次诸多类型的系统层次的有机联系：从范围讨论，翻译和教学研究对象系统存在整体和部分的不同层次联系；从地位、作用讨论，翻译和教学研究对象系统存在等级和秩序的不同层次联系；从存在形式和功能作用讨论，翻译和教学研究对象系统存在结构和功能的不同层次联系；从演化过程讨论，翻译和教学研究对象系统存在连续性和阶段性不同层次联系。这诸多系统的层次性联系，最终是一种纵向和横向关系的系统层次联系。

　　魏宏森、曾国屏 [①] 认为：系统的纵向揭示的是系统等级性即系统不同水平的共性，系统的横向揭示的是系统类型性即系统多种状况及其共性。这样，我们既可以按照质量大小、运动状态、时空尺度、组织结构、历史长短、范围大小、地位作用等来划分系统层次，也可以按照质量大小、运动状态、时空尺度、组织结构、历史长短、范围大小、地位作用等来划分系统

① 魏宏森，曾国屏 . 系统论——系统科学哲学［M］. 北京：世界图书出版公司，2009：225.

类型。在系统纵横关系中，一定的系统类型划分往往会纵贯系统的不同层次，一定的系统层次划分往往会横贯系统的不同类型。我们就是在充分理解系统的这种纵向和横向关系的基础上，从纵向上按照质量大小、运动状态、时空尺度、组织结构、历史长短、范围大小、地位作用等标准，在整体和部分、等级和秩序、结构和功能、连续性和阶段性的诸多关系的差异中，来理解认识系统的层次性原理，理解认识翻译和教学研究对象系统的系统层次。

二、从应用上认识系统的层次性原理与翻译和教学研究的联系

第一，从系统的结构形式认识系统的层次性原理与翻译和教学研究的联系。

系统的结构是系统层次的直观反映。一般是从存在形式建立系统模型来认识系统的层次等级秩序，研究的是翻译和教学研究对象系统的层次等级秩序的一般规律。

但翻译和教学问题有的属于概念问题，从存在形式来研究翻译和教学研究对象概念系统的系统结构形式，比较难以理解。存在形式是由客观实体决定的，那么，翻译和教学研究对象概念系统的客观实体是什么？如翻译，是原语？是译语？好像很难定论。由客观实体决定的翻译和教学研究概念系统的结构形式又是什么？也很难定论。

要解决翻译和教学研究对象概念系统的上述研究问题，须用到系统的相似性原理。系统的相似性可以从实体系统结构和关系系统结构的相似性进行研究，我们可以将实体系统的系统模型图转化为概念系统无形关系意义上的非实体的相似性结构图形。这时候，翻译和教学研究对象系统的研究成果就比较容易在纸等介质上表现出来，形成可见的概念或逻辑系统结构图。

上述转化从关系系统的概念角度来分析翻译和教学研究对象系统的结构形式，由于在纸等介质上形成可见的概念或逻辑系统图，就从理论和方法

论上解决了无形系统层次的可见性构建问题。我们在研究翻译和教学研究对象概念系统的系统结构形式时，可以通过图形、文字、连线等方式，把翻译和教学研究对象概念系统的系统结构形式在纸媒等上表现出来，这极大地方便了翻译和教学研究对象概念系统的系统层次性研究。这种在纸媒等上可见的概念系统结构形式，直观展现了各类翻译和教学研究对象系统的层次等级秩序。这种概念、逻辑的关系系统，在媒体上表现为可见的静态系统，它在人的精神活动的认识过程中变为动态系统，进行自我运动、自我发展、自我组织。

第二，从系统的结构分类认识系统的层次性原理与翻译和教学研究的联系。

从系统的结构分类来分析翻译和教学研究对象系统的层次等级秩序，研究的是翻译和教学研究对象系统的层次等级秩序的特殊规律。

对翻译和教学研究对象系统的层次等级秩序而言，不同的研究对象有不同的类别，这是具体系统的特殊性。由于系统结构决定系统功能，而系统层次性原理又是用"分层法"分析系统在地位和作用、结构和功能方面的等级秩序的多样性和层次性，所以，可以按地位、作用、时间、顺序、学科类别、运动状态、质量、能量、空间尺度、组织化程度等多种不同的功能分类标准划分系统的不同层次，形成不同功能分类标准的结构形式、系统层次、等级秩序。

翻译和教学研究对象系统的不同层次、不同要素的分类具有不同的性质和特征，既有共同的规律，又各有特殊规律。它们相互作用、相互影响、相互制约。所以，用分类观点来考察和构建翻译和教学研究对象系统，就是根据地位、作用、时间、顺序、学科类别、运动状态、质量、能量、空间尺度、组织化程度等多种标准，按不同分类从高层次到低层次考察翻译和教学研究对象系统，考察系统与要素、要素与要素、要素与系统、系统与环境等多因素、多层次、全方位同层次或不同层次之间的相互作用、相互影响、相互制约的协同作用，建立起翻译和教学研究对象系统不同分类的系统结构形式图。对复杂系统而言，翻译和教学研究对象系统各层次的相对性关系是整体和部分、部分和部分的关系，实际上是一种不同分类之间的关系。在实践中，无论是研究何种翻译和教学问题，我们的研究过程总表现为一种系统小循环：总是通过多方面的综合拟定研究课题即总体研究目标—再通过分析对总体研究目标进行分类确定分类研究目标—再通过对分类目标的综合研究实现总体研究目标。在这一翻译和教学研究对象系统的"综合—分析—综合"小循环研究过程中，中间环节总是对翻译和教学研究对象系统上层相对总体研究目标进行分类，按不同的分类分析翻译和教学研究对象系统各同层要素之间、同层要素和相对总体研究目标之间的竞争和协同的非线性相互作用，确定分类目标，最后再对分类研究目标总体协调，构建起不同层次翻译和教学研究对象系统。所以，分类也是构建翻译和教学研究对象系统的一种方法。

第三，从系统的相互联系认识系统的层次性原理与翻译和教学研究的联系。

一个系统没有整体性，系统就要崩溃不复存在；要素完全丧失了独立性，系统变成了铁板一块，系统也不复存在。理解系统的层次性原理在翻译和教学研究对象系统中的应用，应从系统的竞争和协同的线性和非线性的相互作用的联系中认识翻译和教学研究对象系统整体和部分、部分和部分、部分和整体的竞争和协同的相互关系，认识系统的层次结构的等级秩序性，以形成翻译和教学研究对象系统具有质的差异的系统等级研究。系统同层次各相邻要素之间、相邻上下层次之间、多个层次之间，都会受到相互影响、相互制约，发生多个层次之间的竞争和协同的线性和非线性相互作用。因为竞争和协同的线性和非线性相互作用，翻译和教学研究对象系统某一要素的变化都会使翻译和教学研究对象系统一下子全都被动员起来，使系统中出现了众多要素，多个不同部分，多个层次的相干行为，系统涨落得以响应、放大，翻译和教学研究对象系统从无序走向有序，进入新的有序状态。在研究翻译和教学研究对象系统的系统问题时，作为概念系统，前后概念之间，都存在相互影响、相互制约、相互作用的竞争和协同的联系。比如，笔译和口译、阅读和写作等，从内容到形式到方法，其形式、方法、内容均有广泛联系，必须根据整体需要来考察它们各层次之间竞争和协同的线性和非线性相互作用，以此认识翻译和教学研究对象系统的各层次结构的相互作用。翻译和教学研究对象系统内部某一部分变化都会使系统发生涨落放大，使系统产生整体质变。所以，必须充分注意研究翻译和教学研究对象系统同层各相邻要素之间、相邻上下层次之间、多个层次之间的相互影响、相互制约的联系，充分研究发挥其协同作用，不能忽视或把它们割裂开来研究。因此，用联系观点来考察和构建翻译和教学研究对象系统的层次结构的等级秩序性，就是从系统与要素、要素与要素、要素与系统、系统与环境等多因素、多层次、全方位考察翻译和教学研究对象系统同层次或不同层次之间竞争和协同的线性和非线性的相互作用、相互影响、相互制约，从相互联系中整体认识这种各层次结构具有的质的差异的系统层次等级秩序。

第四，从系统的结合强度认识系统的层次性原理与翻译和教学研究的联系。

按照系统观点，一般情况下，高层次系统的要素之间结合强度（相互影响）要小一些，低层次系统的要素之间的结合强度（相互影响）要大一些。系统要素之间层次越高结合强度越小，层次越低结合强度越大。低层次系统具有更大的确定性，高层次系统具有更大的灵活性。在实际研究中，翻译和教学研究对象系统作为概念系统，由于高层次系统是要素之间结合强度较小的系统，具有较大的灵活性，往往作为系统的不同层次目标出现；由于低层次系统是要素之间结合强度较大的系统，具有更大的确定性，往往作为实现系统的具体方案或具体内容出现。所以，用结合强度来考察和构建翻译和教学研究对象系统，就是从高层次灵活性和低层次确定性，考察系统与要素、要素与要素、要素与系统、系统与环境等多因素、多层次、全方位同层次或不同层次之间的相互作用、相互影响、相互制约的协同作用。例如，就编制翻译和教学专业培养方案而言，当我们把它作为一个系统问题进行研究时，就方案编写而言，它应是四个层次的系统结构形式。第一个层次为翻译和教学专业培养方案父系统；第二个层次分为三个子系统，分别是通识课程子系统、专业课程子系统、综合实践课程子系统；第三个层次分为课程类别孙系统，是各个子系统再一次分类；第四个层次分为课程设置孙孙系统，是各个孙系统再一次的具体分类。从其各层次的结构形式的等级秩序可以看出，第一个层次和第三个层次的结构关系是总目标和分目标的关系，其竞争和协同的相互作用似乎要小一些，即结合强度要小一些；第四个层次和上级三个层次的结构关系是目标和实现目标的措施即手段关系，作为低层次的专业课程，相互之间有更强的结合强度，相互之间竞争和协同的非线性相互作用更大。所以，编制培养方案时，要强化各专业课程之间竞争和协同的非线性相互作用的研究。同理，在构建各种翻译和教学研究对象系统时，应强化最低层次要素之间竞争和协同的非线性相互作用的研究。

从系统的结合强度来分析翻译和教学研究对象系统的层次等级秩序，对翻译和教学研究对象系统的构建有较大的实践意义。

第三节　系统的开放性原理与翻译和教学研究的联系

"我们生活的世界是一个系统的世界，现实的系统都是开放系统"。

"系统的开放性原理指的是，系统具有不断地与外界环境进行物质、能量、信息交换的性质和功能，系统向环境开放是系统得以向上发展的前提，也是系统得以稳定存在的条件。"[①]

系统开放性原理可通俗地理解为：开放性系统具有不断地与外界环境进行物质、能量、信息交换的性质和功能；反过来理解，具有不断地与外界环境进行物质、能量、信息交换的性质和功能的系统是开放性系统。

从开放性角度，翻译和教学研究对象系统分为封闭性系统和开放性系统。与外界没有物质、能量、信息交换的翻译和教学研究对象系统称为封闭性系统，与外界有物质、能量、信息交换的翻译和教学研究对象系统称为开放性系统。开放系统的封闭性是相对的、暂时的、有条件的，开放性是绝对

---

① 魏宏森，曾国屏 . 系统论——系统科学哲学［M］. 北京：世界图书出版公司，2009：228.

的、永远的、无条件的。

现实的翻译和教学研究对象系统都是开放系统，认识翻译和教学研究对象系统的开放性，是翻译和教学研究不断发展的前提条件。

我们从五方面来认识系统开放性原理与翻译和教学研究的联系。

一、从物质、能量、信息的交换认识系统开放性原理与翻译和教学研究的联系

与外界环境不断具有物质、能量、信息交换的翻译和教学研究系统是开放性系统。

从存在形式划分，现实中的系统有实体系统和概念系统。实体系统由物质实体构成，存在物质、能量、信息的有形交换；概念系统由概念、原理、规律等意识形态结构而成，存在物质、能量、信息的无形交换，翻译和教学研究对象系统属于概念系统。实体系统物质、能量、信息的有形交换是显而易见的。如一个工厂企业，它必须与社会环境有物质、能量、信息的交换，它必须从社会环境中引入所需要的物质、能量、信息，又要向社会输出物质、能量、信息，企业才能生存和发展。这其中，企业经营系统中人、财、物、产、供、销各子系统的运动，大多都是物质、能量、信息的有形交换，看得见摸得着。这种实体系统物质、能量、信息的有形交换就是实体系统的开放性，这就是实体开放系统。作为概念系统的翻译和教学研究，由理论、概念、原理、规律等意识形态构成，其物质、能量、信息的交换是无形的或者说是隐形的。一是翻译和教学研究对象系统的交换形式主要是信息交换，这种交换是无形的；二是翻译和教学研究对象系统的理论、概念、原理、规律等意识形态，是人们对于生产和社会实践的认识和总结，它需要人的精神活动和实践活动，才能转化为物质、能量、信息的有形交换。但是，翻译和教学研究对象系统仍然具有开放性，仍然是开放系统。因为，无论理论、概念、原理、规律还是其他意识形态，它们都是社会实践在人的意识的反映，是自然和社会环境决定的人的精神意识。哲学上常说社会存在决定社会意识、社会意识反作用于社会存在，实际上谈的就是概念系统物质、能量、信

息的无形交换即无形开放问题。翻译和教学研究对象系统往往是人的精神活动的产物，其开放性往往取决于人的精神活动与自然、社会环境的开放。

系统是否有物质、能量、信息的交换，是系统是否具有开放性或系统是否是开放系统的衡量条件。人类需要交流沟通。从生理上，人类的交流沟通虽有视觉、听觉、触觉、嗅觉等交流沟通方式，但最终都必须归结到人的大脑的思维习惯的交流沟通方式。人类的交流沟通，是思维习惯的信息交换，是思维习惯的相互开放，思维习惯"天生"就具有系统的开放性质。翻译和教学研究对象系统是人类思维习惯信息交换的一种方式，是大脑的物质、能量、信息的交换，"天生"就有系统的开放性质。

二、从系统和环境的双向开放认识系统开放性原理与翻译和教学研究的联系

毛泽东同志在《矛盾论》一文中有一个著名的哲学论断："外因是变化的条件，内因是变化的根据，外因通过内因而起作用。"用系统的观点理解毛泽东同志的这句话，他谈的正是系统的开放性问题。虽说系统存在相对性，系统相对于更大的系统（环境）称要素，相对于更小的系统（要素）称系统，但这种系统的相对性说明系统的各层次都是层次不同的系统，都有其相对独立性，都存在不同层次内因和外因的关系，在不同层次系统边界外的上层系统是外因，在不同层次系统边界内的下层系统是内因。

内因和外因的辩证关系充分说明了翻译和教学研究对象系统的双向开放性。外因是变化的条件，说明翻译和教学研究对象系统的发展变化受环境影响，要充分利用环境条件，充分从环境输入有效的物质、能量、信息；内因是变化的根据，说明翻译和教学研究对象系统的发展变化由系统要素的发展变化决定，要充分发挥系统的内在作用，充分向环境输出有效的物质、能量、信息。在这种外因和内因的双向相互联系和相互作用下，翻译和教学研究对象系统的系统不断向环境输出物质、能量、信息，翻译和教学研究对象系统的环境不断向系统输入物质、能量、信息，在这种不断的开放过程中使得翻译和教学研究对象系统不断从低级向高级演化发展。

　　翻译和教学研究对象系统的系统和环境是一个相对概念，系统与环境之间的相互联系、相互作用是双向的，系统的开放性也是双向的。首先，翻译和教学研究对象系统只有系统与环境之间的双向性开放，潜在的可能性才能转化为现实性。从系统相对性概念来认识，系统的开放是低层次向高层次的开放，同时也是高层次向低层次的开放；既是系统向环境的开放，同时也是环境向系统的开放。没有系统的双向开放，内因只停留在内因之中，外因也只停留在内因之外，两不相往，其相互作用和相互转化只是一种潜在可能性，无法予以转化。翻译和教学研究对象系统只有系统的双向开放，系统与环境处于不断的相互联系和相互作用之中，通过系统与外部环境物质、能量、信息的不断交换，系统潜在的可能性才有可能转化为现实性。其次，翻译和教学研究对象系统的系统与环境之间的双向性开放是一个量变到质变的过程。系统与环境之间的双向开放，使系统发生相互作用、相互转化，引起系统发生质量互变。最初，翻译和教学研究对象系统从外部环境引入某种条件促成量的变化，量的变化进一步发展，终于发生质的变化，这一过程，量变转变成质变，然后又开始了新的量变，周而复始进行量变—质变—量变的循环过程，使翻译和教学研究对象系统得以演化和发展。

　　系统开放性原理的应用，要求我们把翻译和教学研究对象系统置于双向开放环境下，既研究翻译和教学研究对象系统向高层开放，也研究翻译和教学研究对象系统向低层开放，从双向开放中认识翻译和教学研究对象系统的演化发展。

　　系统开放性原理在翻译和教学中的应用，要求把我们翻译和教学系统置于系统双向开放环境下。翻译和教学研究对象系统的开放性，须从翻译和教学研究对象系统向高层开放和向低层开放，从翻译和教学研究对象系统向外部开放和向内部开放来认识。系统向翻译和教学研究对象系统的高层次即外部环境开放，是综合研究翻译和教学研究对象系统与环境之间的既竞争又合作的相互作用；系统向翻译和教学研究对象系统低层次即内部要素开放，是分析研究翻译和教学研究对象系统内部多层次、多水平、有差异的协同作用，更好地发挥翻译和教学研究对象系统的整体性功能。如同对中国改革开放的研究：对外开放，就是综合研究中国这一系统与世界环境的既竞争又合作的相互作用；对内搞活，就是分析研究中国系统内部多层次、多水平、有差异的协同作用，更好地发挥系统的整体功能对环境的有利作用。中国的改革开放正是反映了这样的系统开放性。

翻译和教学研究对象系统作为概念系统，是通过载体表现，通过人的思维活动将系统与环境的开放联系起来。所以，翻译和教学研究对象系统的开放，最终是人与环境的开放，是不同层次翻译和教学人员的思维活动的开放，是概念或逻辑系统通过人脑的信息交换。

例如，在翻译和教学系统中：站在教师的角度，系统开放性原理要求教师必须把自己作为一个开放系统，不断与校内、校外、国内、国际以至于学生、家长、教师相互联系、相互作用，不断进行翻译和教学的信息交换，通过内因和外因的相互作用、相互转化，使教师的翻译和教学潜能得以最大限度释放；站在学生角度，系统开放性原理亦要求学生要自觉地把自己作为一个开放系统，不断地与周围老师、同学、家长、校内、校外、国内、国际进行信息交换，通过内因和外因的相互作用、相互转化，使学生的学习潜能得以最大限度释放。试想，一个只埋头拉车不抬头看路，不与内外进行信息交换的教师、学生，能教好书、读好书吗？所以，无论教师与学生，把自己作为系统进行适度开放，不封闭自己，是能否取得优异的翻译和教学成绩的发展条件，不可小觑开放自我的系统作用。

三、从开放度、选择性认识系统开放性原理与翻译和教学研究的联系

"系统的开放有一个开放程度问题"[①]，即适度开放。

系统的开放不是无度开放，系统的开放有一定的开放程度，即适度开放。这种适度开放既是充分的又是适度的开放，是在充分开放前提下的适度开放。

---

① 沈小峰，吴彤，曾国屏．自组织的哲学———一种新的自然观和科学观 [M]．北京：中共中央党校出版社，1993：32．

　　翻译和教学研究对象系统的适度开放往往和选择性联系在一起，适度开放不是无选择地开放，系统开放有一定的选择性。开放系统如果百分之百地开放，没有一定的开放程度，与环境融为一体，系统没有边界，逐渐失去独立性，系统本身就会走向灭亡；同理，开放系统不加过滤、不加选择、不加限制，系统也会逐渐失去独立性，系统本身也就会走向灭亡；封闭系统如果开放程度为零，与外界隔绝，没有交流或交流甚微，不可能有大的发展。所以，系统要发展，必须面向环境开放，但这种开放是有限制、有过滤、有选择的适度开放。适度开放是系统存在和演化优化的前提和条件。

　　从翻译和教学研究对象系统的纵向角度，系统的不同的层次具有不同的相对的整体功能和部分功能，也就具有不同层次的开放度。系统选择什么层次的开放度和系统相对整体功能最优紧密相关。系统选择什么层次的开放程度就有什么样的相对整体功能。所以，系统的开放在哪一个层次进行才是适度开放，才能实现系统整体最优，系统需要进行选择。

　　从翻译和教学研究对象系统的要素的横向角度，系统内的要素之间存在相互联系和相互作用，同层次要素相互之间的开放也有适度开放和选择性问题。系统要素与要素之间的适度开放，应从质量、数量、层次、范围、时空等功能方面来掌握有限制、有过滤、有选择的适度开放原则。

　　现实中的翻译和教学研究对象系统都是开放系统，开放系统都是自组织系统。自组织"系统的开放度、系统的适度开放主要是靠系统自身的自我调节机制来保证的"，这是系统的内因根据。但不可否认的是，人的主观能动作用对系统的开放度、系统的适度开放的调节机制具有"催化"作用，这是系统的外因条件，外因通过内因起作用。中国的"对外开放、对内搞活"，体现的就是有选择性的适度开放原理。

　　翻译和教学研究对象系统为什么要选择适度开放？从系统相对性的角度，翻译和教学研究对象系统的系统和环境具有相对性，不同的层次结构具有不同的相对的系统和环境，具有不同的相对的整体功能和部分功能，翻译和教学研究对象系统也就具有不同层次的开放度。系统论的核心思想是追求系统的整体功能最优，选择什么样的开放度和系统整体功能最优紧密相关，选择什么样的开放度就有什么样的相对整体功能。所以，翻译和教学研究对象系统的开放在哪一个层次进行才是适度开放，需要进行认真选择。因为，选择翻译和教学研究对象系统的适宜的开放程度，直接关系翻译和教学研究对象系统演化优化的系统质量。

研究翻译和教学研究对象系统的开放度选择，可从质量、数量、层次、范围、时空等方面来认识开放度、选择性。当我们在翻译和教学研究对象系统的实际研究过程中遇见开放程度问题时，应从质量、数量、层次、范围、时空等功能方面来掌握有限制、有过滤、有选择的适度开放原则。

如在教师和学生这两个要素构成的教与学系统中：教师可看作环境，其讲授过程是环境向系统的开放；学生可看作系统，其学习过程是系统向环境开放。教师在讲授时，是环境向系统开放，不应该照本宣科，按教材"一泻千里"，一股脑儿把信息全部"开放"给学生。教师应下功夫了解研究学生整体水平和个体水平，有过滤、有选择地制订措施，将知识循序渐进地适时适度"开放"给学生。学生在学习时，是系统向环境开放，亦不应没有独立思考地全盘照收环境（教师）输入的信息，也不应该一股脑儿把所有问题"开放"（输出）给老师，应该通过自身努力把教师输入的信息进行选择过滤，将可以掌握的知识留在学生个人系统内自行解决，把实在无法弄懂的问题反馈给老师，求得解答。这是教师和学生在层次和范围的适宜的开放度选择。

又如，在翻译和教学系统的开放度上，在以往的翻译和教学理念中，比较重视从语言规范 ① 的层次来研究翻译和教学问题。诚然，翻译的研究离不开对不同语言的语音、词汇、语法、篇章结构等语言规范的翻译和教学，但从开放度分析，语言规范的翻译教学处于较低的开放层次，意味着语言规范的翻译教学不能实现整体功能最优。所以，要实现翻译教学的系统整体功能最优化，需要从思维习惯对翻译教学过程的开放度重新进行认真的研究和选择，它决定翻译教学的质量。

---

① 张湖婷：语言规范——语音、词汇、语法、篇章结构等语言形式的标准和典范。为便于文化思维习惯的分类，这里将日常翻译应遵循的语言规则和语言习惯等，均纳入了文化思维习惯的语言规范范畴。

再如，翻译教学系统的开放度选择，实质是翻译的开放度选择。翻译的开放，在客观上是原语系统与译入语环境的开放，在主观上是人脑与两种语言环境的开放，是原语系统和译入语环境的翻译信息通过人的精神活动进行的双向交换过程。在这一交换过程中，由于系统功能和开放度紧密相关，如果有一种功能能成为两种语言"一致性理解"的"最佳功能契合点"①，那么，这个"最佳功能契合点"就应该是翻译信息交换的"最佳开放度"。根据这一理解，谁能担当两种语言"一致性理解"的"最佳功能契合点"的重任，谁就应该是功能翻译最适宜的"最佳开放度"选择。在实践中，根据两种语言的语言规范做出的功能翻译，并不能完全成为两种语言"一致性理解"的"最佳功能契合点"，显然不能担当此重任。"最大限度符合译入语文化思维习惯"②的功能翻译，才能使原语和译语受众产生高度的"一致性理解"。所以，"最大限度符合译入语文化思维习惯"能很好地担当两种语言"一致性理解"的"最佳功能契合点"的重任，这就是功能翻译的"最佳开放度"选择。所有对原语的翻译，无论其按照语言规范所做的翻译如何正确，如果不符合"'最大限度符合译入语文化思维习惯'的最佳功能契合点"③，就不能被译入语受众所理解、接受，两种语言受众就不能产生"一致性理解"。对原语的翻译，只有"'最大限度符合译入语文化思维习惯'的最佳功能契合点"，才能让译入语受众与原语受众产生"一致性理解"。因此，"'最大限度符合译入语文化思维习惯'的最佳功能契合点"，是功能翻译的"最佳开放度"选择。这个"最佳开放度"的选择，是由"最佳功能契合点"决定的。这是翻译系统在系统层次等级秩序的适宜的开放度选择，这一翻译开放度的

---

① 张湖婷：功能契合点——功能是指有效作用，契合点是指切入点、结合点或共同点，功能契合点是指有效作用的切入点、结合点或共同点。

② 张湖婷：文化思维习惯——是不同国家、不同民族、不同地域的不同人群群落长期在精神和思想层面积淀下来的对语言规范、文学艺术、思维方式、传统习俗、生活方式、行为规范、风土人情、历史地理、价值观念等物质和精神诸方面的惯性认识，它是人类之间进行交流普遍认可的一种能够通过模仿来传承和扩散并产生变异和发展的文化模因。文化思维习惯的定义，使日常翻译所遵循的语音、词汇、语法、修辞、篇章结构等语言规范，仅属文化思维习惯的一个范畴。翻译研究不仅要研究语言规范不同的文化思维习惯，而且要研究包括语言规范在内的不同的文化思维习惯的方方面面。

③ 张湖婷.结构功能翻译理论［J］.教育文化论坛，2018，10（2）：24-30.

选择，实质是翻译教学系统的开放度选择。

四、从结构和功能的关系认识系统开放性原理与翻译和教学研究的联系

翻译和教学研究对象系统是由翻译和教学研究要素构成的具有一定功能的有机联系的整体，翻译和教学研究对象系统由翻译和教学研究要素按一定的有机联系构成，一定的结构具有一定功能。结构和功能是相对应的关系，但它们的表现形式却不尽相同。结构是系统的内在表现形式，功能是系统的外在表现形式，系统结构的开放通过功能表现出来。翻译和教学研究对象系统具有无穷的系统层次结构形式，由于系统的功能与系统的结构形式的相对应关系，翻译和教学研究对象系统也就具有无穷的系统层次功能。从系统结构而言，翻译和教学研究对象系统结构的低层次系统只有不断向高层次系统开放，才能产生系统功能，翻译和教学研究对象系统结构封闭起来，就没有功能可言。从系统功能而言，翻译和教学研究对象系统的低层次系统功能只有面向高层次系统功能开放，低层次系统才有活力和才能发展，反过来，高层次系统功能只有面向低层次系统开放，高层次系统才有创新发展的动力。所以，研究翻译和教学研究对象系统的开放性时，一方面要将低层次系统面向高层次系统开放，研究低层次系统结构和功能对高层次系统结构和功能的伺服性，另一方面又要将高层次系统面向低层次系统开放，研究高层次系统的结构和功能对低层次系统结构和功能的制约性。

从翻译和教学研究对象系统的整体结构形式和功能过程把握系统的开放性，往往从翻译和教学研究对象系统的系统结构的纵向和横向关系来研究。从纵向上，翻译和教学研究对象系统具有无穷层次相对的"系统—环境"，就有无穷层次相对的"系统—环境"的双向开放；从横向上，翻译和教学研究对象系统具有无穷多个"要素"，就具有无穷多个"要素—要素"的相互联系和相互作用的相互开放。翻译和教学研究对象系统的开放性，往往就是通过翻译和教学研究对象系统这种纵向和横向关系来把握其结构和功能的开放性。

第四节　系统的目的性原理与翻译和教学研究的联系

"系统目的性原理指的是，组织系统在与环境的相互作用中，在一定的范围内其发展变化不受或少受条件变化或途径经历的影响，坚持表现出某种趋向预先确定的状态的特性。"[①]

系统的目的性是一种预先确定的发展趋势。系统目的性原理与翻译和教学研究的联系有三个要点：首先，翻译和教学研究系统的目的性是在翻译和教学研究系统与环境双向的相互作用中实现的；其次，翻译和教学研究系统的目的性是指在翻译和教学研究系统一定的范围内，它的发展变化不受或少受条件变化或途径经历的影响；最后，翻译和教学研究系统的目的性是指翻译和教学研究系统坚持表现出预先确定的某种趋向的状态的特性。这种预定状态使得翻译和教学研究系统在与环境的相互作用中，其发展和变化在一定的范围内几乎不受条件和途径的影响，似乎具有某种预先确定的目的。这种预先确定的目的的实践和指导意义在于，可以先设定结果后寻找原因，从结果出发研究原因，建立一种"果因系统"，从而实现翻译和教学研究的目的。

我们在翻译和教学实践中构建的翻译和教学研究系统，属概念或逻辑的人工翻译和教学研究系统。人工翻译和教学研究系统的合目的性，是人为事先确定的。按照翻译和教学研究系统目的性，我们既可以从原因出发研究结果，以原因实现结果；也可以从结果出发研究原因，按照预先设定的结果来要求原因，以实现预先设定的目标。在翻译和教学研究的系统构建实践中，构建翻译和教学研究系统时，我们往往总是通过"综合"预先设定翻译和教学的研究总目的，然后再通过"分析"寻找翻译和教学的下级到更下级研究的分目的，直至分解到最后层次。这一过程总是先研究结果，再寻求原因，

---

① 魏宏森，曾国屏.系统论——系统科学哲学［M］.北京：世界图书出版公司，2009：238.

逐步实现预想的目标。

一个"果因研究系统"是一个先设定结果后寻找原因的目的系统。在研究过程中，我们所构建的翻译和教学研究系统，往往有很多是"果因研究系统"。在"果因研究系统"中，翻译和教学研究的目的是我们预先设定和需要实现的结果，是一个多层次目的系统，下层目的相对于上层目的，上层目的是结果，下层目的是原因。根据系统的层次性原理，从翻译和教学研究系统的结合强度来分析翻译和教学研究系统的相互作用，高层次翻译和教学研究系统具有强大的灵活性，低层次翻译和教学研究系统具有更大的确定性。实践中构建的翻译和教学翻译研究系统，最后一个层次对实现翻译和教学的总目的具有坚定不移的确定性。构建翻译和教学研究系统时，在高层次主要强调从灵活性来综合或分析其排斥和吸引、竞争和协同的相互作用，在最后层次则主要强调从确定性来综合或分析其排斥和吸引、竞争和协同的相互作用。

由于翻译和教学研究系统的层次性和相对性，一个由结果、原因的相互作用构成的翻译和教学研究系统，其结果、原因具有层次结构，其结果、原因也具有相对性，即上层翻译和教学研究系统为结果、下层要素为原因。在翻译和教学的研究实践中，我们所构建的翻译和教学研究系统，往往具有多重目的、多重原因。这样，我们根据需要，可以很自由地将翻译和教学的所有研究对象预先设定结果，然后逐层往下建立起多层结果、多层原因的多果因翻译和教学研究系统，用系统的原理、规律、方法来研究它，以实现事先设定的翻译和教学研究的系统"蓝图"。

我们可以从以下角度来认识系统的目的性原理与翻译和教学研究的联系，以系统目的的研究为出发点，建立一个特定翻译和教学研究对象的"果因研究系统"，进行翻译和教学理论与翻译和教学研究。

一、从整体和部分的关系认识系统目的性原理与翻译和教学研究的联系

系统理论的核心思想是系统的整体性。系统的整体性认为，翻译和教学

研究系统的"整体大于部分之和"。一翻译和教学研究对象之所以组织成翻译和教学研究系统，是因为该翻译和教学研究对象组成翻译和教学研究系统后，翻译和教学研究系统整体就具有了翻译和教学研究系统内各要素不具有的整体的性质和功能。在一定的发展阶段，翻译和教学研究系统有保持自己运动变化相对稳定的发展趋势。在相对稳定的发展趋势阶段，翻译和教学研究系统的整体制约部分，无论部分条件或途径经历如何变化，其发展变化会坚持翻译和教学研究系统整体趋向，不受或少受影响；反过来，部分在保持自身独立性的同时，要适应整体需要，要进行自我调节，其发展变化会坚持翻译和教学研究系统整体预定的趋向。这两种情况都表现出翻译和教学研究系统坚持某种趋向预先确定的状态的特性，翻译和教学研究系统的整体性性质就使得翻译和教学研究系统的发展具有一定的整体功能，整体功能就是目的性的一种表现。某种情况下，翻译和教学研究系统的整体性性质及翻译和教学研究系统的整体功能，就是翻译和教学研究系统发展的目的性。翻译和教学研究系统的整体性性质及翻译和教学研究系统的整体功能是相对应的，翻译和教学研究系统发展的目的性也是相对应的。

二、从线性和非线性关系认识系统目的性原理与翻译和教学研究的联系

翻译和教学系统的线性和非线性关系：线性关系遵从叠加原理，各要素的性质和功能可以共同为上层次系统应用；非线性关系不遵从叠加原理，各要素的性质和功能不可以共同为上层次系统应用，只能供上层次系统选择应用。

魏宏森、曾国屏[①]认为："从系统与环境之间的相互作用类型即线性作用与非线性作用方面，我们可以把系统分为单因果系统与目的系统。""近代科学的遗产之一，是独立质点的单向因果联系。在分析就是一切的旗帜下，整体被分解为部分，直至被分解为质点，生命有机体被分解为细胞，行为被分

---

① 魏宏森，曾国屏 . 系统论——系统科学哲学［M］. 北京：世界图书出版公司，2009：242.

解为反射，知觉被分解为点状的感觉，相应地，因果关系也是单向的线性的关系。所谓的系统，也只是孤立单元的单因果系统，它与环境之间的作用也是线性的相互作用，而且正是系统内部的线性的相互作用成了系统与外部的线性相互作用的根据。这时，系统中不同部分之间，不同要素之间的相互联系被忽略不计，相互作用似乎实际上不存在。相应地，环境向系统的一定输入必定引起系统向环境的一定输出，即一定的原因必定引起一定的结果。简单的线性系统就是这样的因果系统。""与此相反，目的系统则是系统与环境之间存在着复杂的非线性相互作用的系统。这种复杂的非线性相互作用表现为系统的复杂的反馈机制的建立。结果，在相当大的范围内造成环境向系统进行不同的输入时，系统能够通过自己的反馈调节基本相同的输出，使系统仍保持不变的发展方向。在这样的意义上，系统之所以具有目的性，其根本原因在于系统内部以及系统与环境的复杂的非线性相互作用。系统的目的性表现出系统发展方向的确定性方面。由于自组织系统自保持、自调节、自稳定，因而系统的发展就表现出某种确定不移的方向。"

从翻译和教学研究系统的整体性来讨论，线性和非线性分类，它们实际上都可以在翻译和教学研究系统的整体性下统一起来。无论线性翻译和教学研究系统和非线性翻译和教学研究系统，一旦它们组成翻译和教学研究系统，只要它们有一个非线性环节，它们就具有开放性，它们就具有自我运动、自我调节、自我发展的自组织能力，它们就是非线性翻译和教学研究系统，它们在整体和部分即翻译和教学研究系统的环境与翻译和教学研究系统之间就有物质、能量、信息的双向交换，它们就具有"整体大于部分之和"的整体性质，翻译和教学研究系统的发展在排斥和吸引、竞争和协同过程中受制于整体最优，也就具有了某种确定不移的发展趋势，这就使翻译和教学研究系统具有了目的性。

三、从系统的结构层次认识系统目的性原理与翻译和教学研究的联系

翻译和教学研究系统的不同层次结构具有不同层次结构的目的，翻译和

教学研究系统是一个具有不同层次结构的目的系统。

　　翻译和教学研究系统有一定的结构形式，翻译和教学研究系统的结构形式有结构层次，翻译和教学研究系统不同层次的目的性就通过翻译和教学研究系统一定的结构层次表现出来，翻译和教学研究系统的目的性也就有了相应的系统层次结构形式。翻译和教学研究系统在开放过程中通过自我运动、自我调节、自我发展的自组织行为，必然以时间和空间的"时空"状态循着一定的规律演化成一定的翻译和教学研究系统结构层次，这种不同阶段时空状态和循规律的演化，具有与翻译和教学研究系统的发展结构性能相对应的不同层次翻译和教学研究系统目的。这种结构性与发展目的的统一，体现了翻译和教学研究系统发展的层次结构具有相对应的翻译和教学研究系统发展的目的的结构层次。我们认识了翻译和教学研究系统发展的目的具有相应的翻译和教学研究系统结构层次，在研究中我们就可以构建一个目的翻译和教学研究系统，从目的翻译和教学研究系统的"果决性"（结果决定原因）反过来研究翻译和教学研究系统的结构和功能。

　　我们可以从阶段性、规律性、果决性不同角度来认识翻译和教学研究系统是具有层次结构的目的性翻译和教学研究系统概念。

　　首先，翻译和教学研究系统的目的性是有阶段性的层次结构。

　　在"时间"状态下，翻译和教学研究系统发展具有一定的时间阶段性，这种阶段性发展必须形成一定的翻译和教学研究系统层次结构形式，也就说明翻译和教学研究系统的目的性是有阶段性的，翻译和教学研究系统的目的性是具有一定阶段性的层次结构形式。翻译和教学研究系统的某一层次的发展都有其相对应的一定的稳定发展阶段，翻译和教学研究系统结构通过阶段性发展不断从低层次趋向于高层次，每一发展阶段性都体现了一种似乎预先确定的阶段性的发展目标，都会形成一定的相应的目标层次结构形式。也就是说，与翻译和教学研究系统结构层次一样，翻译和教学研究系统的目的性在时间状态下具有翻译和教学研究系统目的的层次结构形式。由于翻译和教学研究系统发展的时间状态只有阶段性而没有终结性，翻译和教学研究系统的目的性也只有层次性而没有终结性，时间状态的无穷性决定了翻译和教学研究系统目的性层次结构形式的无穷性。伴随翻译和教学研究系统的阶段性发展，这种在翻译和教学研究系统运动、变化、发展的演化过程中由时间状态的阶段性反映的翻译和教学研究系统目的性，由于形成了一定的发展变化着的目的层次结构形式，就具有了相对的整体和部分。因此，翻译和教学研究系统的目的性也就可以通过翻译和教学研究系统的结构形式，在整体和部分的关系中加以认识。所以，翻译和教学研究系统的目的性是有阶段性的层次结构。

其次，翻译和教学研究系统的目的性是有系统规律性的层次结构。

翻译和教学研究系统的发展变化虽然是一个从混沌走向有序、再从有序走向混沌的超循环演化过程，但它总是自觉或不自觉地遵循一定规律，按照一定逻辑在发展，也就决定了翻译和教学研究系统的目的性由规律性支配。正如翻译和教学研究系统运动、变化、发展所具有的系统规律性，翻译和教学研究系统的运动、变化、发展，自觉或不自觉地按照翻译和教学研究系统的系统规律性在运动，这种系统规律性使翻译和教学研究系统在一定发展阶段具有了一定的确定不移的方向，就使翻译和教学研究系统具有了目的性。在翻译和教学研究系统规律的作用下，翻译和教学研究系统必定向它们规定的方向发展，这些规律更像是某种预先就已经确定了的翻译和教学研究系统的发展目标，从一般意义理解，更像是翻译和教学研究系统的规律性决定翻译和教学研究系统的目的性。而正如系统理论本身所认识的那样，翻译和教学研究系统的目的性具有阶段性的层次结构，翻译和教学研究系统的目的性层次结构当然也是具有系统规律性的层次结构。

最后，翻译和教学研究系统的目的性是有果决性的层次结构。

"果决性"是指结果决定原因。果决性是翻译和教学研究系统目的性的基本属性。"人们不仅可以从原因来研究结果，以一定的原因来实现一定的结果，而且可以从结果来研究原因，按照一定的预先设想的蓝图即结果来要求一定的原因"[1]，预先设想的蓝图结果，事实上就是研究者事先预定的翻

---

① 魏宏森，曾国屏.系统论——系统科学哲学［M］.北京：世界图书出版公司，2009：247.

译和教学研究系统的发展目的。通过预定的翻译和教学研究系统的发展目的再反向研究翻译和教学研究系统的功能和结构，这种翻译和教学研究系统的"果决性"研究，是翻译和教学研究系统目的性层次结构的重要实践意义。

四、从负反馈机制认识系统目的性原理与翻译和教学研究的联系

控制论的创立者维纳等人的一个重要结论是："一切有目的的行为都可以看作需要负反馈的行为"[①]。"因此，按照控制论的观点，目的行为也就成了受到负反馈控制的行为的同义语。这样，'目的'概念就变成了一个科学概念，从原来似乎只适用于生物界得以延拓，用来描述一般非生物系统类似人所具有的目的性行为"[②]。

翻译和教学研究系统的层次结构决定翻译和教学研究系统具有纵向和横向的"空间"立体状态，在"空间"状态下，翻译和教学研究系统具有纵向和横向的相互作用。正如系统理论本身所认识的那样，翻译和教学研究系统的目的性是有阶段性的层次结构，在空间状态下，翻译和教学研究系统的纵向和横向都具有相互开放性，都互有物质、能量、信息的交换，都存在着在一定发展阶段上遵循一定的规律力求自身稳定发展即保持自身向预先确定目标运动的负反馈机制，这种负反馈机制互为条件。这就是系统目的性原理为什么认为"一个系统的状态不仅可以利用其现实的状态来表示，还可以用一定发展阶段的终态来表示，可以用现实状态与发展终态的差距来表示"[③]的道理。用一定发展阶段的终态来表示，我们认为就是将不同层次的翻译和教学研究系统的目的结构成一个翻译和教学研究的目的系统来表示，从翻译和教学研究系统的结果来研究翻译和教学研究系统的原因。

翻译和教学研究系统的目的性层次结构犹如套环形式一样，大目的套小

---

① 庞元正，李建华. 系统论、控制论、信息论经典文献选编［M］. 北京：求实出版社，1989：240.

② 庞元正，李建华. 系统论、控制论、信息论经典文献选编［M］. 北京：求实出版社，1989：247.

③ 魏宏森，曾国屏. 系统论——系统科学哲学［M］. 北京：世界图书出版公司，2009：247.

目的，大层次套小层次；反过来理解，它又如同心圆，小目的被大目的笼罩，小层次被大层次笼罩。如果我们把一个预先确定趋向的目标作为同心圆，作为一个翻译和教学研究系统，把不同层次环状圈、不同层次环状点作为环境，这个核心会同时向环状点呈放射状不断输入信息，各个环状点也会呈集束状向核心同时不断输入信息。这时，实际上就形成了环境与翻译和教学研究系统的互为条件的因果关系，环境向翻译和教学研究系统集束状的输入成为翻译和教学研究系统目的的条件，翻译和教学研究系统向环境放射状的输入成为环境目的的条件。正如魏宏森、曾国屏所言："由于系统是开放的，通过系统与环境的物质、能量和信息的交换，使得系统受到环境的影响，从而该系统得以影响环境，并在一定意义上识别环境即针对环境的实际情况作出反应、作出调整、作出选择，使自己潜在的发展能力得以表现出来。这样一来，系统对于环境的输入必须作出反应，而且又要把自己的对于环境的反应输出给环境，从而影响环境。进而系统又要对于受到影响后发生了改变的环境的输入作出新的反应，于是，在这种周而复始的开放、交换之中，系统的潜在的发展能力得以表现，所谓目的性也就表现于其中了"[①]。

第五节　系统的突变性原理与翻译和教学研究的联系

"系统突变性原理指的是，系统通过失稳从一种状态进入另一种状态，是一种突变过程，它是系统质变的一种基本形式，突变方式多种多样，同时系统发展还存在着分叉，从而有了质变的多样性，带来系统发展的丰富多彩。"[②]

对系统突变性原理可通俗地理解为：系统质变通过突变实现，这种质变是系统失稳发生状态变化，从一种状态进入另一种状态的过程，这个过程是一个突变过程。系统突变是系统质变的一种基本形式，由于系统发展过程中存在分叉而且突变方式很多，使系统质变和发展也存在多样性。

① 魏宏森，曾国屏．系统论——系统科学哲学［M］．北京：世界图书出版公司，2009：240.
② 魏宏森，曾国屏．系统论——系统科学哲学［M］．北京：世界图书出版公司，2009：249.

自然界和人类社会，突变现象普遍存在。如自然界中地震的突然发生、暴雨突至、台风骤起，人类社会中的战争爆发、股票涨跌、金融风暴、贸易"战争"，人的精神活动的灵感突至，身体状况的突病突愈，等等，都是一种突变现象。这种突变现象导致了事物从一种状态进入另一种状态，即产生了质变结果。所以说，突变都是质变，系统突变性原理就具有了一般意义。

在主观领域，对于人的认识，突变现象往往起着重要作用。如我们在翻译和教学研究过程中，某一天灵感突来，找到了新方法或者有新的收获，使得长久纠结的问题豁然开朗，这就是主观认识的突变。这种灵感的突至，是人的思维方式从一种状态向另一种状态的突变。

系统理论通常在两层意义上讨论翻译和教学的系统突变：一层是在翻译和教学系统整体（系统）的层次上，另一层是在翻译和教学系统部分（要素）的层次上。翻译和教学研究对象系统的突变，通常是指翻译和教学研究对象系统的系统层次即翻译和教学研究对象系统的整体的质的突变。由于系统的相对性，翻译和教学研究对象系统的整体性具有相对性，翻译和教学研究对象系统的突变也具有相对性，翻译和教学研究对象系统的整体质变也具有相对性。

可以从以下几方面认识系统突变性原理与翻译和教学研究的联系。

一、从涨落现象认识系统突变性原理与翻译和教学研究的联系

在实践中，通常从系统的涨落放大来认识系统突变性原理与翻译和教学研究的联系。

翻译和教学研究对象系统的突变，往往看作翻译和教学研究对象系统之中的涨落。[①] 这种涨落可以一律看作翻译和教学研究对象系统中要素对于系统稳定的总体平均状态的偏离或发展过程中的非平衡因素。这种偏离或非平

---

① 涨落：涨落是对系统平均稳定状态的偏离，是发展过程中的非平衡因素。在系统中，某一子系统或要素发生某种变化，成为发展过程中的非平衡因素，会引起系统产生"涨落"。"涨落"既可以是系统发展创造的源泉，又可以是系统走向崩溃、退化的末路。

衡因素，或者是翻译和教学个别要素的结构功能发生了变异，或者是翻译和教学个别要素的运动状态显著不同于其他要素。当翻译和教学研究对象系统中要素对于系统稳定的总体平均状态的偏离得到翻译和教学研究对象系统中其他要素即子系统的响应，特别是得到整体响应时，翻译和教学研究对象系统整体一起运动起来，要素的涨落得以放大，翻译和教学研究对象系统整体发生质的突变，进入另一种新的状态。通过翻译和教学研究对象系统要素结构功能的变异、运动状态显著不同的涨落放大实现翻译和教学研究对象系统质的突变，这是翻译和教学研究对象系统质变的一种基本形式。

由于系统发展过程中存在分叉而且突变方式的多样性，系统的涨落突变既可以是系统发展的创造性的源泉，又可以是系统走向崩溃、退化的末路。所以，在翻译和教学的研究过程中，要注意寻求和利用具有建设性的涨落突变，注意避免具有破坏性的涨落突变。

从系统的涨落放大来认识系统突变性原理在翻译和教学中的应用，主要研究翻译和教学的系统要素对于系统平均稳定状态的偏离和发展过程中的非平衡因素。在翻译和教学研究对象系统中，应研究系统要素的这种偏离和非平衡因素，然后通过人为干预或系统的自组织、自协调，使涨落得以放大，实现翻译和教学研究对象系统的演化优化。

二、从个别要素结构功能的变异认识系统突变性原理与翻译和教学研究的联系

研究个别要素结构功能的变异，主要是从结构形式来研究系统的突变性。我们在用系统方法研究翻译和教学问题时，需要从研究要素、结构、功能入手，往往需要借助载体、运用连线等方法构建成翻译和教学研究对象系统。这种在载体上构建的翻译和教学研究对象系统，属于概念或逻辑系统，其存在方式是一种完全的"死"系统。这种"死"系统必须经过人的思维活动，在人的思维活动过程中变为"活"系统。载体上的概念或逻辑系统是人脑思维活动的反映，研究翻译和教学研究对象系统个别要素结构功能的变异，是在载体上通过人的复杂的思维活动来完成的，这种变异往往是很简单

的突变过程。研究翻译和教学研究对象系统个别要素结构功能的变异，虽然在人脑的思维活动中是复杂的，但在载体的表现上却是简单的。其简单性在于，在载体上研究个别要素结构功能的变异，往往需要借助构建模型图，在模型图上研究翻译和教学研究对象系统个别要素结构形式的变异及其导致的结构功能的变异。这时候，概念或逻辑系统个别要素结构功能的变异，往往是个别要素在系统结构中同层次或不同层次地位或范围的结构形式的突然变化。要素的结构突然发生变化，其结构形式的突然变异必然导致翻译和教学研究对象系统结构功能的突然变异。当人的思维活动将其涨落放大时，翻译和教学研究对象系统的功能就会随着要素结构的变异而突然放大。

三、从要素与要素运动状态的显著差异认识系统突变性原理与翻译和教学研究的联系

在系统中，要素与要素的关系是系统整体中部分与部分的关系。

从要素与要素运动状态的显著差异认识系统突变性原理与翻译和教学研究的联系，是从功能过程来研究系统的突变性。从功能过程来研究有利于翻译和教学研究对象系统发展的创造性方面，是研究有利于整个翻译和教学研究对象系统的要素与要素的涨落放大，必须走"从群众中来到群众中去，从实践中来到实践中去"的研究路线。

例如，在教学方法的研究上，各个学科各个教师的教学方法存在较大的差异。作为教学管理部门，要提高教学整体质量，管理人员就必须深入教学现场，寻找教师教学方法较大差异中有利于教学研究对象系统创造性发展的方面。对这种差异中的创造性的有利方面进行总结，再运用于教学实践，集中时间和精力争取在某一学科或学科的某一方面得到实质性突破。当有所突破时，将教师教学方法运用于所有教学方面，在全体教师中推广，使整个系统得以响应，涨落得以放大，教学系统的整体教学质量得以提高，教学效果发生整体质的变化。从群众实践中去寻求教学研究对象系统个别要素与其他要素运动状态的显著差异，加以总结提高，再放到群众实践中去检验，加以推广，使教学研究对象系统整体响应，系统的涨落得以有序放大，系统的整

体质量得以提高，这是一种有效的研究方法。又如，将此方法用于学生的学习，当一个学生采用某一方法使某一课程某一方面的学习成绩有所突破时，他会感觉到原有学习方法和现有学习方法的显著差异，学生把这一有效方法运用到其他课程的学习，在全课程学习上整体应用这一方法，学生的学习能力整体得到提升，会发生整体学习质量的变化。

四、从原因的连续性和非连续性认识系统突变性原理与翻译和教学研究的联系

突变论的突变一词最初来自19世纪法国居维叶，他最先用"突变"一词来论断"没有缓慢作用的原因能够产生突然作用的结果"[①]。居维叶的论断，证明的是突变结果来自外部非连续原因即突发性原因，外因是突变的根据，他用地球上几次巨大灾难来说明他的论断。20世纪后半叶，产生了专门研究突变现象的突变理论。突变论的创立者是托姆。"托姆的突变论研究的是连续作用的原因所导致的不连续结果。他认为'原因连续的作用有可能导致结果的突然变化'"[②]。托姆的突变论正好与居维叶的相反，他认为是原因的连续性导致了不连续的突变结果，实际说明的是内因是突变的根据。

系统的突变性原理则是内因和外因、连续性和非连续性的统一。如果我们把翻译和教学研究对象系统的边界作为系统质变的临界点，翻译和教学研究对象系统的突变要么就是翻译和教学研究对象系统边界内的内因的连续性运动到达临界点冲破边界而产生突变，要么就是翻译和教学研究对象系统边界外的外因的非连续运动到达临界点打破边界而产生突变。就犹如人的死亡，正常死亡是人的器官的自然衰减或疾病到人的生命的极限即生与死的临界点而突至死亡，这时候是内因在起作用，是内部条件的变化导致的死亡结果；非正常死亡往往是意外事故打破生与死的临界点而突至死亡，如高空坠物致人死亡，这时候是外因在起作用，是外部条件的非连续性运动导致的死

---

① 魏宏森，曾国屏.系统论——系统科学哲学［M］.北京：世界图书出版公司，2009：250.
② 魏宏森，曾国屏.系统论——系统科学哲学［M］.北京：世界图书出版公司，2009：250.

亡结果。这一现象用辩证法来解释，外因和内因这一对矛盾是可以互相转化的，翻译和教学研究对象系统的内部条件的连续运动可以导致突变结果，翻译和教学研究对象系统外部条件的非连续运动亦可以导致突变结果。

在实践中，可以从内因条件的连续性或必然性和外因条件的非连续性或偶然性来认识翻译和教学研究对象系统的突变。

五、从过程的突变和渐变认识系统突变性原理与翻译和教学研究的联系

系统从一种稳定状态进入另一种稳定状态，这是系统整体失稳发生了质变。如自然系统中某一物质从固态变为液态、气态，是在临界点上自然形态发生了质的稳态的突然变化，社会系统中从封建社会到资本主义社会再到社会主义社会，是在临界点上社会形态发生了质的稳态的突然变化。

翻译和教学研究对象系统失稳发生质变，有突变过程或渐变过程。翻译和教学研究对象系统的突变过程通常被理解为快速的、剧烈的变化，是瞬时或短时的快速变化；翻译和教学研究对象系统的渐变过程通常被理解为缓慢的变化。但这种认识并不全面。"在实际情况中，突变是连续变化造成的"[1]，系统的质变既有突变也有渐变。也就是说，翻译和教学研究对象系统的质变既可以有快速变化的原因，也可以有缓慢变化的原因。从辩证角度来认识，突变和渐变过程这一对矛盾是可以互相转化的。当翻译和教学研究对象系统的瞬时或短时的快速变化的突变过程结束后，突变过程就会转化为缓慢变化的渐变过程；当翻译和教学研究对象系统的缓慢变化的渐变过程到达一定临界点，缓慢变化又会因质变而成为瞬时或短时的快速变化过程。所以，从事物的发展过程来说，在某种意义上，翻译和教学研究对象系统的瞬时或短时的快速变化和缓慢变化，都是"突变"。

在实践中，可以从翻译和教学研究对象系统的过程的瞬时或短时的快速变化和缓慢变化来认识系统的突变性原理。

---

① 魏宏森，曾国屏．系统论——系统科学哲学［M］．北京：世界图书出版公司，2009：256.

六、从突变和分叉认识系统突变性原理与翻译和教学研究的联系

系统通过失稳，在失稳过程中到达一定临界点，会突然从一种稳定状态进入另一种稳定状态，发生质变，其演变机制是突变分叉。系统的突变和分叉，是从"突变"讨论临界点上变化的不连续性或突跳性，从"分叉"讨论临界点上变化的多重性和选择性。

突变分叉是系统的失稳，是系统对于总体平均稳定状态的偏离，这种偏离往往看作是系统个别要素结构功能的变异或运动状态的变化，这种变异或变化可看作临界点上的突变和分叉。这种系统要素的突变和分叉的失稳得到整体响应时，涨落（起伏）得以放大，系统发生整体失稳，从一种稳定状态进入另一种稳定状态，系统发生整体结构功能的变异或运动状态的变化，产生系统质变。

"通常人们在两层意义上谈论突变。一层是在系统的要素的层次上，另一层是在系统的层次上。"①

从翻译和教学研究对象系统的要素的层次上来讨论突变，要素的突变是翻译和教学研究对象系统内部个别翻译和教学要素结构功能发生了变异或运动状态不同于其他要素，在一定程度上偏离了系统总体的平均稳定状态，在一定程度上偏离了系统的平衡态。其偏离虽在翻译和教学研究对象系统内有一定的涨落（起伏），会得到其他翻译和教学要素的响应，但不足以打破翻译和教学研究对象系统总体的稳定状态而使系统进入另一种稳定状态。这种翻译和教学要素的突变分叉不打破翻译和教学研究对象系统整体的原有稳定状态，从翻译和教学要素层次上可以看作翻译和教学要素本身的质变，从系统层次上可以看作是翻译和教学研究对象系统的量变。

从翻译和教学研究对象系统的层次上来讨论突变。翻译和教学研究对象系统的突变是翻译和教学研究对象系统内部个别翻译和教学要素结构功能发生了显著变异或运动状态显著不同于其他翻译和教学要素，在很大程度上远

---

① 魏宏森，曾国屏.系统论——系统科学哲学［M］.北京：世界图书出版公司，2009：256.

离了翻译和教学研究对象系统总体的平均稳定状态，打破了翻译和教学研究对象系统的平衡态。翻译和教学研究对象系统内部个别翻译和教学要素的涨落（起伏）得到系统的整体响应，打破了翻译和教学研究对象系统总体的稳定状态，使翻译和教学研究对象系统从一种稳定状态进入另一种稳定状态，发生了系统整体质变。这种翻译和教学研究对象系统内部因个别要素结构功能发生了显著变异或运动状态显著不同于其他翻译和教学要素的突变分叉，其突变分叉点是翻译和教学研究对象系统质变的临界点。

　　翻译和教学要素的突变分叉属于翻译和教学研究对象系统内部要素的"涨落"，改变的是翻译和教学研究对象系统内部的结构和相对应的功能，使翻译和教学研究对象系统内部结构和功能多样化和复杂化；翻译和教学研究对象系统的突变分叉属于翻译和教学研究对象系统对外部环境的"涨落"，改变了翻译和教学研究对象系统外部环境的结构和相对应的功能，使翻译和教学研究对象系统外部结构和相对应的功能层次化，从一级稳态变为二级稳态以至多级稳态，翻译和教学研究对象系统便有了新的结构形式和相对应的功能。

　　由于翻译和教学研究对象系统质变的"突变分叉过程，也是系统的信息倍增和意义产生的过程"，"系统有了多种发展方向"[①]。翻译和教学研究对象系统的质变使系统从一种稳定状态转变为另一种稳定状态后，又会有新的不稳定和失衡，又会出现系统"要素"新的突变分叉，翻译和教学研究对象系统又有了多种发展方向，演化到一定阶段又会出现"系统"新的突变分叉。这种"要素""系统"的"突变分叉"的往复循环，翻译和教学研究对象系统在漫长的运动、变化、发展过程中通过涨落不断从一种稳态进入另一种稳态，不断从"量变"到"质变"，不断从旧结构演化到新结构，便构成了翻译和教学研究对象系统新的层次结构形式和相对应的功能层次。"这是自组织理论的一个重要结论：通过涨落达到有序"[②]。

　　在实践中，通过翻译和教学研究对象系统的系统和要素的突变和分叉，

① 魏宏森，曾国屏 . 系统论——系统科学哲学［M］. 北京：世界图书出版公司，2009：258.
② 魏宏森，曾国屏 . 系统论——系统科学哲学［M］. 北京：世界图书出版公司，2009：253.

可以考察翻译和教学研究对象系统的结构形式和相对应的功能层次的演化机制。

七、从选择性认识系统突变性原理与翻译和教学研究的联系

系统突变分叉的演化机制，使系统不断出现获取新质的不确定性。系统的演化机制，既存在着要素对于系统的量变引起的系统质变，也存在着系统对环境的系统量变引起的环境质变。在这一过程中，系统一个又一个的突变分叉的演化机制使系统的发展变化具有多种发展前途的可能性，面临多种发展前途的选择。

翻译和教学研究对象系统的突变和分叉，从系统层次上可以看作是翻译和教学研究对象系统要素的涨落突变。翻译和教学研究对象系统发展过程中存在突变分叉的涨落突变，使翻译和教学研究对象系统面临两种可能的发展前途：一种是突变分叉是翻译和教学研究对象系统发展创新的源泉，翻译和教学研究对象系统的发展具有光明前途；另一种是突变分叉是翻译和教学研究对象系统走向崩溃、退化的末路，翻译和教学研究对象系统因此走向毁灭。所以，在系统运动、变化、发展的演化过程中，我们对翻译和教学系统的突变分叉面临多种可能的发展前景的选择要有足够重视。我们对有利于翻译和教学研究对象系统光明前景的突变分叉要予以重点发展扶持，促使其涨落放大，促成引起质变的突变；我们对有可能使翻译和教学研究对象系统走向毁灭的突变分叉要早发现、早遏制、早扼杀，否则当这种分叉一旦得以涨落放大，阻止翻译和教学研究对象系统走向崩溃就为时已晚。

在系统研究过程中，要注意寻求和利用具有建设性的翻译和教学研究对象系统的涨落突变分叉，注意避免具有破坏性的翻译和教学研究对象系统的涨落突变分叉。我们可以从翻译和教学研究对象系统的两方面去研究认识突变分叉的选择性：

第一是研究个别翻译和教学研究对象系统的要素结构功能的变异，从结构形式的突变分叉来研究系统的突变性。无论自然系统还是人工系统，其系

统要素的分叉首先表现在系统结构形式和相对应功能的变异。我们可以通过系统要素结构功能的变异，选择有利的结构功能的变异的系统分叉而阻止不利的结构功能的变异的系统分叉。

第二是研究翻译和教学研究对象系统的个别要素与其他要素运动状态的显著差异，从运动状态的突变分叉来研究翻译和教学研究对象系统的突变性。翻译和教学研究对象系统从一种稳定状态进入另一种稳定状态时，系统就会发生突变，从旧质演化为新质。我们可以通过翻译和教学研究对象系统的要素之间运动状态的差异，选择有利的而阻止不利的系统要素运动状态的差异的突变分叉。

第六节　系统的稳定性原理与翻译和教学研究的联系

"系统稳定性原理指的是，在外界作用下开放系统具有一定的自我稳定能力，能够有一定范围内自我调节，从而保持和恢复原来的有序状态，保持和恢复原有的结构和功能。"[①]

系统的稳定性是系统在开放过程中具有的保持和恢复原来的有序状态、结构和功能的一定能力，但只是一定范围内的自我调节，并非绝对的一成不变的稳定。因此，从系统稳定性研究翻译和教学问题，要处理好"在稳定中求发展，在发展中求稳定"的辩证关系。

稳定和发展的对立统一关系，是"在稳定中求发展，在发展中求稳定"，在稳定和失稳的矛盾中来认识稳定性。系统的失稳，也可能是有利的，也可能是不利的，也可能是前进的，也可能是后退的。所以，在"在稳定中求发展，在发展中求稳定"的"求"，就是寻求、选择的意思，就是寻求、选择有利发展趋势的因素，伺机予以推广，推动其涨落放大，使系统整体失稳产生优质质变，从一种滞后的翻译和教学研究对象系统的整体稳态进入另一种

---

① 魏宏森，曾国屏.系统论——系统科学哲学 [M].北京：世界图书出版公司，2009：249.

先进的翻译和教学研究对象系统的整体稳态。

可以从以下几方面认识系统的稳定性原理与翻译和教学研究的联系。

一、从整体认识系统稳定性原理与翻译和教学研究的联系

从系统的整体性认识系统稳定性原理与翻译和教学研究的联系，是指站在翻译和教学研究对象系统的整体（高层次）研究系统与要素的稳定和发展问题。

系统的整体性原理通常可以理解为整体大于部分，系统的整体性质并非部分性质的简单加和，要素或部分的优化不等于系统或整体的优化，这对于解释翻译和教学研究对象系统的稳定性同样是适用的。由此来理解翻译和教学研究对象系统的稳定性，是说系统稳定性不是指翻译和教学研究对象系统中个别要素、个别层次、个别部分的稳定性，而是指翻译和教学研究对象系统整体的稳定性。翻译和教学研究对象系统整体的稳定性，在实际情况中，往往有这样的情况：翻译和教学研究对象系统单个层次都是稳定的，但系统整体却不稳定；翻译和教学研究对象系统某个层次是不稳定的，但系统整体却是稳定的。因此，从系统整体的角度利用系统的稳定性原理来实现翻译和教学的系统发展目的，是从翻译和教学研究对象系统整体与部分的关系来认识系统内部的稳定和发展关系。

由于系统具有相对性，站在不同角度，翻译和教学研究对象系统整体也具有相对性。譬如，一个学校在抓自身的稳定和发展时，站在学校层次，对内学校是一个相对的系统整体，学校系统的整体稳定性制约校内各子系统发展。作为系统整体，学校应在稳定中继续发展，不能只一味强调稳定，而应在稳定条件下重视各子系统的发展研究，对有利于发展趋势的内部各子系统的偏离择机推广，使涨落得以整体放大，促成系统质变，从一种整体稳态进入新的整体稳态，学校得以发展。

例如，面对我国改革开放的环境，各学校，哪怕是很多重点大学，在学科建设上仍然存在专业设置不符合现代化建设需要的问题。如果学校一味只图稳定，不重视和组织这方面的发展研究，这种整体稳态长期下去就会越来

越滞后，学校就会落伍于时代发展。所以，学校在稳定前提下，应组织有关部门从整体需要去分门别类研究系统内部的相关发展问题。

二、从部分认识系统稳定性原理与翻译和教学研究的联系

从系统的部分认识系统稳定性原理与翻译和教学研究的联系，是指站在翻译和教学研究对象系统的部分（低层次）研究要素与系统的发展和稳定问题。

翻译和教学研究对象系统的稳定性虽然是指系统整体的稳定性，但并不是说翻译和教学研究对象系统就是绝对稳定的。翻译和教学研究对象系统的开放性决定了翻译和教学研究对象系统总是处于演化之中，整体稳定中总是存在局部的不稳定，也就决定了翻译和教学研究对象系统之中时时刻刻都存在着涨落。当这种最初个别的、局部的因素的偏离得以涨落放大，不稳定的因素得到系统整体响应，翻译和教学研究对象系统保持自身稳定的条件就会不复存在，失去保持自身稳定的能力，翻译和教学研究对象系统原来的整体稳定态失稳，进入另一种新的整体稳定态。这时候，翻译和教学研究对象系统有利的不稳定因素，成为系统演化发展的积极因素。翻译和教学研究对象系统的发展，就是从翻译和教学研究对象系统的有利的不稳定因素开始突破的。所以，抓翻译和教学研究对象系统的发展，其方法总是从研究翻译和教学研究对象系统个别有利因素的偏离开始。我们常常在翻译和教学工作中"以点带面"，通过总结点上的经验而后在面上推广，这就是系统中有利要素的涨落放大。因此，从要素部分的角度利用系统的稳定性原理来实现翻译和教学的发展目的，就是从翻译和教学研究对象系统的部分与整体的关系来认识系统内部的稳定和发展关系。

例如，如果把教师当作某专业教学研究对象系统的一个因素，站在教师的角度，长期承担某一专业课程的教学，经过一两个轮回的教学过程，教师对这门课的教学已经滚瓜烂熟，其教案和教法已形成个人的完整体系，教师个人的教学已具有较强的整体稳定性。如果教师一味求稳，不再追求发展，其教案教法有可能长期都不会增加一点新意，这种不追求发展的稳定对整体

教学有弊无利。在系统稳定性原理下，如果教师重视自身发展，不断从周围环境引入新的知识、新的方法，不断优化教案和教法，以适应教育改革和发展的需要，教师的教案和教法会从一种自身滞后的整体稳态进入另一种自身先进的整体稳态，教师的教学质量就会有质的飞跃。当这种教师个别的涨落得到整个专业课程教学系统的整体响应，涨落在更大范围得以整体放大，就会推动某专业从一种整体稳态进入另一种新的整体稳态，使专业教学整体产生质的飞跃。各学校往往树立有学科带头人，其实质就是通过学科带头人的要素作用的涨落放大推动学科系统的发展。所以，站在系统部分的角度，应根据外部环境的需要积极研究自身的发展，伺机促成系统从一种滞后的整体稳态进入另一种先进的整体稳态，通过个体发展去谋求新的教学研究对象系统的整体稳定。

三、从反馈机制认识系统稳定性原理与翻译和教学研究的联系

通俗地理解，反馈是指发出的事物返回发出的起始点并产生影响，是将系统的输出返回到输入端并以某种方式改变输入，进而影响系统功能的过程。反馈可分为负反馈和正反馈，负反馈使输出起到与输入相反的作用，使系统输出与系统目标的偏差减小，系统趋于稳定；正反馈使输出起到与输入相似的作用，使系统偏差不断增大，使系统涨落得以放大，系统趋于失稳。

在系统理论中，现实中的系统都是开放性和自组织系统。翻译和教学研究对象系统作为自组织系统，在自我运动、自我变化、自我发展过程中，存在着一种反馈机制。这种反馈机制使得翻译和教学研究对象系统能将输出再作为输入返回输出端。在反馈过程中翻译和教学研究对象系统会以某种方式改变输入，从而影响翻译和教学研究对象系统的功能过程。翻译和教学研究对象系统的负反馈使输出起到与输入相反的作用，使系统输出与系统目标的偏差减小，系统趋于稳定；翻译和教学研究对象系统的正反馈使输出起到与输入相似的作用，使系统偏差不断增大，使系统涨落得以放大，系统趋于失稳。

一方面，翻译和教学自组织系统之所以具有受到干扰后能够迅速排除偏

差，恢复到正常的稳定状态的能力，其原因在于系统具有负反馈机制，系统的负反馈机制使翻译和教学研究对象系统不断趋于稳定；另一方面，翻译和教学研究对象系统能够不断创新和发展，产生质变，其原因在于系统具有正反馈机制，系统的正反馈机制使系统趋于失稳，从一种稳定态进入另一种稳定态。

正负反馈机制同时存在于翻译和教学研究对象系统之中。在自组织系统的运动、变化、发展演化过程中，正反馈和负反馈机制同时存在，也就是稳定和失稳同时存在。所以，在认识翻译和教学研究对象系统的运动、变化、发展时，要从反馈机制来认识翻译和教学研究对象系统的稳定和失稳：当稳定作为大局时，我们要输入相反的作用；当失稳作为大局时，我们要输入相同的作用。通过对系统正负反馈机制的正确理解，我们才能更好地认识翻译和教学研究对象系统"在稳定中求发展，在发展中求稳定"。

四、从相对性认识系统稳定性原理与翻译和教学研究的联系

系统的稳定性是一个相对性概念，稳定、失稳具有相对性。系统的稳定是相对的、失稳是绝对的。

对系统的稳定性，有机械论和系统论两种观点。机械论观点认为，静止就是稳定，平衡就是稳定。机械论观点看不到系统具有自我运动和自我发展的能力。系统论观点认为，系统的稳定性是开放系统在发展和演化之中的稳定性，是动态中的稳定性。系统论观点看到了系统具有自我运动和自我发展的能力，看到了开放是系统发展变化的前提，也是"活"系统得以保持系统稳定的前提，系统的稳定性是在与环境的动态的交换之中才得以保持的。在系统理论中，组织系统之所以具有受到干扰后能够迅速排除偏差、恢复到正常的稳定状态的能力，其原因在于系统具有负反馈机制。

翻译和教学研究对象系统稳定的相对性，是指翻译和教学研究对象系统在一定的时空范围内，系统通过自我调节保持、恢复原有状态、结构和功能的自我稳定能力，是一种相对静止、相对平衡的状态。"系统之所以被称为系统，因为系统具有相对静止性，它在一定的范围内是稳定存在的。一个系

统要作为系统而存在，要作为系统被人们所认识，就必须在一定范围内是稳定的"①。

如果我们仅从相对静止来理解翻译和教学研究对象系统的稳定性，就不是系统理论所谈的稳定性。翻译和教学研究对象系统的静止是相对的，系统的运动是绝对的，系统的失稳是绝对的。翻译和教学研究对象系统通过自我调节保持、恢复原有状态、结构和功能的自我稳定能力，这说明翻译和教学研究对象系统在静止中有运动，在稳定中存在失稳。当翻译和教学研究对象系统失去自我稳定能力，系统运动远离平衡态，翻译和教学研究对象系统就会因为失稳进入另一种稳定状态，产生质变。

从相对性来认识翻译和教学研究对象系统的稳定性，既要看到翻译和教学研究对象系统的运动是绝对的，失稳是永远的发展趋势；又要看到翻译和教学研究对象系统的运动又是相对的，有一个相对静止的阶段，绝对的失稳运动由一个又一个的相对静止运动构成。所以，在相对稳定状态下要注意研究失稳，在绝对失稳状态下要注意认识稳定，选择有利的稳定或失稳，遏止不利的稳定或失稳。通过对翻译和教学研究对象系统的系统稳定的相对性和失稳的绝对性的理解，我们才能更好地认识"在稳定中求发展，在发展中求稳定"。

五、从因果关系认识系统稳定性原理与翻译和教学研究的联系

翻译和教学研究对象系统的稳定性，从因果关系来认识，实际是一种多因果关系。从因果关系来划分，系统可以分为单因果系统或多因果系统。单因果系统只要一个原因一个条件，就能实现系统结果；多因果系统需要多种原因、多种条件的相互作用，才能实现系统结果。

系统的稳定和失稳，是多种原因、多种条件共同作用的结果。如果我们把"系统的稳定性原理"作为结果，把左右系统稳定和失稳的其他系统原理作为原因或条件，系统的稳定和失稳实际上是由其他系统原理作为多原因、

---

① 魏宏森，曾国屏. 系统论——系统科学哲学［M］. 北京：世界图书出版公司，2009：261.

多条件来实现的。所以，系统各原理之间存在互为因果的关系。

（一）从系统的整体性原因认识系统稳定性原理与翻译和教学研究的联系

整体性是系统理论的核心思想，系统的"整体大于部分之和"的原理，也说明了系统的稳定性问题。因此，处理好整体和部分的关系，关系着系统的稳定和发展。

翻译和教学研究对象系统的整体和部分的关系，是从整体讨论系统的稳定，从部分讨论系统的失稳。

从翻译和教学研究对象系统的整体讨论系统的稳定，是指翻译和教学研究对象系统一旦组成整体就具有独立要素所不具有的性质和功能，翻译和教学研究对象系统的整体性质并非部分性质的简单加和，翻译和教学研究对象系统的要素或部分的优化不等于系统或整体的优化，系统的部分受制和服务于整体。翻译和教学研究对象系统的整体制约机制控制要素，强制要素服从整体的性质和功能，使得部分必须随时根据整体需要调整自己，以求保持系统的稳定状态，以免产生质变。

从翻译和教学研究对象系统的部分来讨论系统的稳定，是指翻译和教学研究对象系统要素在保持整体性的同时具有独立性。指翻译和教学研究对象系统的部分具有部分的独立性，独立性本身就是不稳定性。翻译和教学研究对象系统的稳定性虽然是指系统整体的稳定性，但并不是说系统就是绝对稳定的。开放性决定了翻译和教学研究对象系统总是处于演化之中，整体稳定中总是存在局部的不稳定，也就决定了翻译和教学研究对象系统之中时时刻刻都存在着涨落。当这种最初个别的、局部的因素的偏离得以涨落放大，不稳定的因素得到系统整体响应，翻译和教学研究对象系统保持自身稳定的条件就不复存在，失去保持自身稳定的能力，系统原来的整体稳定态失稳，进入另一种新的整体稳定态。这时候，翻译和教学研究对象系统的失稳从不稳定的部分因素开始突破，系统不稳定因素成为翻译和教学研究对象系统演化发展的积极因素。我们常常在工作中"以点带面"，通过总结点上的经验而后在面上推广，就是利用系统中部分失稳的涨落放大来实现系统的发展目的，是从系统部分失稳状态来认识系统的发展和稳定的关系。

从翻译和教学研究对象系统的整体认识系统的稳定，从部分研究系统的发展，是翻译和教学研究对象系统稳定发展的条件之一。

（二）从系统的层次性原因认识系统稳定性原理与翻译和教学研究的联系

系统的层次性说明系统具有一定的层次结构形式，系统的功能与系统的层次结构形式是相对应的。"高层次是由低层次系统构成的，高层次包含着低层次，低层次从属于高层次。高层次和低层次之间的关系，首先是一种整体和部分，系统和要素之间的关系。高层次作为整体制约着低层次，又具有低层次所不具有的性质。低层次构成高层次，就会受制于高层次，但却会有自己的一定的独立性。"[1] 我们可以从系统的层次结构和相对应的功能来理解翻译和教学研究对象系统的稳定和失稳。

翻译和教学研究对象系统的稳定失稳、静止运动、平衡非平衡、有序混沌，都是形成系统结构层次的过程。系统质变从一种稳定状态进入另一种稳定状态，"都是旧结构失稳和新结构形成并稳定下来的过程，都属于结构稳定性问题"[2]。

翻译和教学研究对象系统的系统稳定性是从整体讨论系统的稳定性，不仅要关心某一层次的稳定性，而且要关心所有层次的稳定性。往往翻译和教学研究对象系统中的几个层次，独立来看是稳定的，但从系统整体来看是不稳定的，原因是系统的整体性质不是子系统性质的简单加和，也就是部分、个别、要素的最优不是翻译和教学研究对象系统的整体最优，只有不同层次系统之间存在有机的互相协调的耦合，才能实现翻译和教学研究对象系统的整体稳定。

从翻译和教学研究对象系统的层次性原因研究稳定和失稳，要从高层次制约低层次、低层次受制于高层次的有机的互相协调的耦合状况来讨论稳定中求发展，在低层次与高层次的非耦合状况来讨论发展中求稳定。

---

① 魏宏森，曾国屏. 系统论——系统科学哲学［M］. 北京：世界图书出版公司，2009：219.
② 魏宏森，曾国屏. 系统论——系统科学哲学［M］. 北京：世界图书出版公司，2009：219.

（三）从系统的开放性原因认识系统稳定性原理与翻译和教学研究的联系

系统的开放是双向开放，不仅是系统向环境即低层次向高层次开放，同时也是环境向系统即高层次向低层次开放。开放是系统物质、能量、信息的交换。但系统的开放有一个开放度的选择问题，即既要充分又要适度地开放，这是靠系统自身调节机制来实现其稳定的。如果系统没有开放，系统不会发展；如果系统过度开放，系统没有边界，系统迅速走向灭亡。只有适度开放，系统才会充满活力，向前发展。

从翻译和教学研究对象系统的开放性原因研究稳定和失稳，就是要掌握一个翻译和教学研究对象系统的开放度，要在充分适度开放中去求稳定，又要在充分适度开放中去求发展。

（四）从系统的目的性原因认识系统稳定性原理与翻译和教学研究的联系

系统的目的性是指组织系统坚持某种预先确定的状态的趋向的特性，是指组织系统具有在一定的范围内不受或少受条件变化和途径经历的影响的演化机制。这种事先确定的演化机制就是一种稳定性。但是，我们也应该看到，这种确定性是在一定的范围内，说明在一定的范围外仍然具有不确定性，这种不确定性就是失稳。

翻译和教学研究对象系统的确定性方面是系统合目的的运动，是系统的稳定性；翻译和教学研究对象系统的非确定性方面是系统不合目的的运动，是系统的失稳。这就使得我们从目的性原因来研究系统的稳定和失稳时，由于翻译和教学研究对象系统的目的性也具有多样和多层次性的多种选择，翻译和教学研究对象系统的稳定和失稳也具有多样和多层次性的多种选择。在实际中，应从稳定和失稳中对翻译和教学研究对象系统的系统目的性进行选择。当翻译和教学研究对象系统的发展趋向向好的方向发展时，说明系统是在稳定中发展，应采取积极措施促发展；当翻译和教学研究对象系统的发展趋向向坏的方向发展时，说明系统是在失稳中退变，应采取积极措施进行遏制，否则到涨落得以整体放大时，后果不堪设想。

（五）从系统的突变性原因认识系统稳定性原理与翻译和教学研究的联系

系统的突变是系统质变的一种基本形式，是指系统从一种稳定状态突然进入另一种稳定状态，是一个突变过程。这就是说，系统从稳定到失稳，是通过一个一个的突变过程来实现的，这是一个超循环的发展过程。这一循环过程从"稳定—失稳—稳定—失稳—……"循环往复，系统在这一往复循环的突变过程中得以发展。

翻译和教学研究对象系统的突变是旧结构演变为新结构的从稳定到失稳的质变过程，这一过程是突变和分叉过程，突变和分叉是系统从稳定到失稳的演化机制。突变分叉使翻译和教学研究对象系统的系统发展面临多种可能性，具有两种可能的前途：一种前途，成为系统创新发展的动能，推动翻译和教学研究对象系统进化；另一种前途，成为系统创新发展的桎梏，推动翻译和教学研究对象系统退化。所以，我们要注意利用有利于正常发展的涨落突变分叉，避免那些起破坏性的涨落突变分叉，使翻译和教学研究对象系统从一个一个"稳定—失稳—稳定—失稳—……"循环往复的突变分叉过程中得以发展。

以上系统稳定性的因果关系的原因条件充分说明一个道理，系统的各原理之间也是互为因果关系的。

第七节　系统的自组织原理与翻译和教学研究的联系

"系统自组织原理指的是，开放系统在系统内外两方面因素的复杂非线性相互作用下，内部要素的某些偏离系统稳定状态的涨落可能得以放大，从而在系统中产生更大范围的更强烈的长程相关[①]，自发地组织起来，使系统从

---

① 长程相关：简单理解为连锁反应，是说事物是相互联系的，任何微小的变化，其连锁反应都可能造成巨大的后果。例如，"蝴蝶效应"，非洲一只蝴蝶扇动翅膀，引起风流的改变，这种影响扩大开来，在美洲引起了一起台风。又如，"钉马钉"，打歪一个马钉，钉坏一个马掌，失掉一匹战马，摔下一个将军，得到一场失败，丢掉一个王国。

无序向有序，从低级有序向高级有序发展"。

系统自组织原理可通俗地理解为开放系统具有自发运动、自发发展、自发优化、自发从无序走向有序，从而自发组织起来形成系统组织结构的过程。简单地说，系统"从一种组织状态自发地变成为另一种组织状态，是系统的自组织"①。钱学森②也说，"系统自己走向有序结构就可以称为系统自组织"。按我们的简单理解，系统的自组织是系统内部要素的涨落变化引起的连锁反应，这种连锁反应使系统组织状态自发从无序走向有序。

在研究翻译和教学问题时，可以从以下几方面理解和应用系统的自组织原理与翻译和教学研究的联系。

一、从自组织与他组织概念中认识自组织原理与翻译和教学研究的联系

当"组织"这一概念作为动词使用时，系统可分自组织系统和他组织（被组织）系统。自组织系统表示系统在自发运动的过程中自发组织起来自发形成结构。自组织系统是以系统内部的矛盾为根据，不受外来干预，是以系统的环境为条件的系统内部以及系统与环境的交叉作用的结果，其自发运动的过程也是一个自发形成一定组织结构的过程。他组织系统，也称为被组织系统。与系统的自组织相反，他组织表示的是系统的运动和形成的组织结构是在外来特定的干预下进行的，是受外界指令的结果，是完全按外界指令进行运动、进行组织的。

由于现实中的系统都是开放系统，所以，从绝对意义上来说，翻译和教学研究对象系统的自发运动、自发组织、自发优化的自组织特性是客观存在的，人们无法直接干预整个翻译和教学研究对象系统的自组织运动。大至整个自然界，人类无法对整个自然界实施被组织，人类只能通过局部的努力来改造自然；小至我们个人的行为，我们就是对我们个人行为，也无法对我们在时间、空间上的所有行为实施完全的被组织，犹如我们在这一刻在做此

---

① 魏宏森，曾国屏．系统论——系统科学哲学［M］．北京：世界图书出版公司，2009：271.
② 钱学森，等．论系统工程［M］．长沙：湖南科学技术出版社，1982：242.

事，究竟下一刻要做何事，个人的行为届时也只能随客观变化自发运动，人的行为仍然具有自组织特性。

翻译和教学研究对象系统的自组织和被组织具有相对性，低层次系统需要服从高层次系统的制约，低层次系统往往表现为被组织。但低层次系统的被组织并非完全处于绝对被组织运动状态，其内部要素总是处于一种与被组织运动状态的偏离，当作为要素的系统被组织运动的偏离通过"涨落放大"得到整体响应，就会促使翻译和教学研究对象系统的自组织运动实现。从一般意义来说，站在微观层面，不能直接控制宏观层面系统的自组织运动，但可以通过研究微观层面要素运动变化的"涨落放大"来间接控制系统宏观层面的自组织运动。因此，研究翻译和教学研究对象系统的自组织特性，应主要研究要素及其功能在系统中的"涨落放大"作用。

翻译和教学研究对象系统的自组织和被组织，需要从系统的自组织和他组织（被组织）的对立统一中来认识。系统的自组织和他组织这一对矛盾，是可以互相转化的。也就是说系统内要素的自组织行为在一定条件干预下是可以被组织的。一方面，我们要认识到，翻译和教学研究对象系统的自发运动、自发优化、自发从无序向有序、自发形成组织结构是开放系统的基本特性，对合目的的自组织行为我们要顺其自然；另外一方面，当翻译和教学研究对象系统的自组织行为不是合目的的自组织行为时，我们要以他组织行为给以干预。譬如，中国在改革开放过程中，选择市场经济而改革计划经济，既有顺应经济发展规律的自组织行为，也有施以必要的宏观调控的被组织行为。

翻译和教学研究对象系统的自组织概念，除了指翻译和教学研究对象系统客观实体的自组织，还指翻译和教学研究对象系统非客观实体的自组织。

翻译和教学研究对象系统的第一种情况，有的系统有明显的客观实体。如学校自上而下的各系统组织机构，这种组织机构无论是学校与内部或学校与社会，由于客观实体的运动，随时都存在物质、能量、信息的输出或输入，无疑存在远离平衡态的复杂非线性相互作用，是非线性系统。线性系统和非线性系统的区别在于，线性系统遵从叠加原理，非线性系统不遵从叠加原理。以学校内的职能部门来说，各个部门有自己的职能，不能叠加，存在复杂的非线性相互作用，它们在排斥和吸引、竞争和协同的非线性相互作用下，会自发运动、自发组织、自发从低级有序向高级有序的结构发展。不管你人为地怎么干预，这种自组织作用是必然的，是学校内和学校外内外非线性因素相互作用的必然结果。

翻译和教学研究对象系统的第二种情况，有的系统没有明显的客观实体，是精神活动的产物，我们所构建的翻译和教学研究对象系统，形式上往往是通过媒体表现出来的概念或逻辑的关系系统。仅从形式上分析，我们会认为概念或逻辑的关系系统是一个似乎与外界没有输出和输入的封闭系统，是一个被组织系统，完全没有开放性，也就不存在复杂的非线性相互作用，也就不存在自发运动的自组织。那么，这种系统是否具有客观实体，是自组织系统还是被组织系统？事实是，概念或逻辑关系系统在内容上仍是自组织系统。首先，概念或逻辑关系系统是人的精神活动的产物，人的精神活动的过程是一个与环境不断开放的过程，人的大脑活动不断与环境进行信息的无形的输出或输入，通过人脑复杂的非线性相互作用，系统自动走向有序结构，即实现自组织，产生概念或逻辑关系系统结构；其次，人的精神活动的产物——概念或逻辑的关系系统结构还要付诸实践，用于翻译和教学活动，翻译和教学活动是客观实体的活动，客观实体的活动之间存在复杂的非线性相互作用，在运动过程中系统会自动从低级有序结构走向高级有序结构，即实现自组织。所以，纯粹的概念或逻辑关系系统是精神活动的产物，仍然是自组织系统。

二、从形式和内容的统一中认识自组织原理与翻译和教学研究的联系

在哲学意义上，内容决定形式，形式反作用于内容。运用内容和形式对立统一的哲学原理，有助于我们认识和应用系统的自组织原理。

翻译和教学研究对象系统是人们在客观认识的基础上对系统组织、结构进行设计的人工系统。对于这类系统，从系统的角度，要求将一系列系统理

论综合起来形成系统的整体观，在系统的存在和系统的演化的对立统一中来认识系统的自组织和他组织。要掌握一系列系统理论并能综合起来形成系统的整体观，并在系统的存在和系统的演化的对立统一中来认识系统的自组织和他组织和其应用是十分困难的。这里从使用出发，提出在形式和内容的统一中来认识自组织原理在翻译和教学研究对象系统中运用的哲学方法。

翻译和教学研究对象系统作为人工系统，在形式上，无论有无明显的客观实体，我们运用系统理论构建这类系统时，都有一个重要过程——要从研究对象的要素、结构、功能的有机联系中去构建系统，形成系统结构。这种系统结构，形式上是用一定联结方法通过媒体所表现的概念或逻辑的关系系统图。这种概念或逻辑系统图，形式上是被组织系统。通过在翻译和教学研究对象系统的研究过程中，在媒体构建有形的人工系统图的方法，都可以将有无实体的翻译和教学问题，在形式上转化为可见的概念或逻辑系统图，能引导我们在似乎混乱无序的状态中有序地精心构建系统组织、系统结构，引导自发运动、自发组织的精神活动从混乱无序走向有序。所以，从形式上应用好系统的自组织原理，就是将所有翻译和教学的问题，都或总或分作为系统问题，根据客观情况，利用精神活动的开放性和竞争、协同的无形的非线性相互作用，从系统的要素、结构、功能的有机联系中去精心设计、精心组织形成有形的系统结构图形式。这是一种形式上的被组织。

在内容上，翻译和教学研究对象系统的系统组织内容，是客观实体以及人们加载在客观实体上的精神活动。翻译和教学研究对象系统无论有无明显的客观实体，由于精神活动的作用，都有自组织系统的特性。

从翻译和教学研究对象系统的内容上利用好系统的自组织原理，就是要充分发挥翻译和教学研究对象系统要素的积极作用。一方面，要积极认识翻译和教学研究对象系统的客观实体的自发运动、自发组织、自我形成结构的客观现象，通过引导实现自组织行为，从客观上及时抑制翻译和教学研究对象系统的不利趋势、促成有利趋势；另一方面，要积极认识翻译和教学研究对象系统的精神活动在自发运动、自发组织、自发形成自组织结构的主观作用，积极发挥人的主观能动作用，从客观实体的竞争和协同中去发现翻译和教学研究对象系统的不利因素和有利因素，通过被组织行为，抑制不利因素、利用和发展有利因素。例如，在一个班级的翻译和教学过程中，面对学生这一群体：一方面，教师必须认识到学生的一切行为都具有自运动、自组织的自发性，在翻译和教学过程中要积极发现学生群体这一客观实体发生的一切自发现象，及时通过引导抑制翻译和教学的不利趋势、促成有利趋势；另一方面，教师必须认识到自己的一切行为都受自我意识的支配，其精神活动的自运动、自组织来自对学生群体以及周围环境的认识，当教师从学生群体这一客观实体的竞争和协同中去发现翻译和教学的不利因素和有利因素时，要从教师的责任感出发，从主观上研究和采取一定的被组织措施，抑制不利因素、利用和发展有利因素。

三、从竞争和协同的统一中认识系统的自组织原理与翻译和教学研究的联系

现实的系统都是开放性系统，开放性系统都是非线性系统，非线性系统都具有竞争和协同的非线性相互作用，而竞争和协同是系统自组织进化机制得以实现的决定条件。

如何在竞争和协同的统一中认识翻译和教学研究对象系统的自组织原理？

系统自组织理论中的一个重要的基本结论是"通过涨落达到有序"。系统的涨落，就是对系统矛盾各方的排斥和吸引、竞争和协同的非线性相互作用的放大或抑制。在竞争和协同的统一中认识翻译和教学研究对象系统的自组织，主要是认识系统的涨落问题。系统的涨落在系统自组织原理中的应用与在系统突变性原理中的应用一样。区别在于：系统的涨落在系统突变性原理中的应用，结果是系统的质量产生突变；系统的涨落在系统自组织原理中的应用，结果是自组织自发形成结构。

翻译和教学研究对象系统的涨落，无论是超常规还是随机涨落，都是作为子系统的要素运动变化的结果。考察系统自发运动、自发组织、自发形成结构的规律性，就是考察作为翻译和教学子系统的要素相互之间的排斥和吸

引、竞争和协同的对立统一的相互作用，考察子系统或要素的变化情况。

要素的变化，通过涨落放大，会引起翻译和教学研究对象系统的自组织。翻译和教学研究对象系统是一个有机的整体，在非线性相互作用下，排斥和吸引、竞争和协同紧密相关，既有排斥又有吸引，既有竞争又有协同，牵一发而动全身，其连锁反应表现出强烈的整体行为。当要素变化在整个系统内得以放大时，系统就会进入新的或更有序的状态。由于系统的相对性，系统的涨落根据系统的层次结构，我们既可以从我们所构建的翻译和教学研究对象系统与外部环境的关系来认识系统的涨落，也可以从我们所构建的翻译和教学研究对象系统与内部要素的关系来认识系统的涨落。通常，我们从翻译和教学研究对象系统内部要素变化的几种情况来研究系统的涨落引起的自组织：要素的质变引起自组织，要素数目的变化引起自组织，要素运动量的变化引起自组织，要素排列次序的变化引起自组织①。所以，在竞争和协同的统一中认识翻译和教学研究对象系统的自组织原理，就是要在翻译和教学研究对象系统各要素的竞争和协同中来考察要素的质量、要素的数量、要素的运动量、要素排列次序的发展趋势，促使系统的自组织机制向优化方向发展。

四、从系统和要素间的非线性作用认识系统自组织原理与翻译和教学研究的联系

从系统和要素间的非线性作用认识系统自组织原理与翻译和教学研究的联系，就是认识翻译和教学研究对象系统的系统对要素的制约和要素对系统的作用对系统自组织机制的影响。

开放系统在系统和要素或者环境和系统之间，存在着物质、能量、信息的交换，这是系统的自组织运动过程。这一过程中，翻译和教学研究对象系统的系统和要素之间存在排斥和吸引、竞争和协同的非线性相互作用，这种相互作用使系统要素的质量、数量、运动量、排列次序等与总体稳态发生偏

---

① 邹删刚，黄麟邹，李继宗，等.系统科学［M］.上海：上海人民出版社，1987：181-184.

离和失衡，当翻译和教学研究对象系统的要素的偏离和失衡得以整体涨落放大，系统自发形成自组织结构。

翻译和教学研究对象系统的要素的偏离和失衡得以整体涨落放大，从存在状态来看是要素对系统平均总体稳定状态发生偏离，从演化过程来看这种偏离是系统发展过程中的非平衡因素。当要素的偏离在更大范围产生更强烈的连锁反应时，使其涨落得以整体放大，从而使系统内部各个要素自发地组织起来，翻译和教学研究对象系统自发地从无序向有序，从低级有序向高级有序发展。"通过涨落达到有序，这是系统自组织理论的一个重要的基本结论。"①

翻译和教学研究对象系统要素的涨落，无论是超常规还是随机涨落，都是作为子系统的要素运动变化的结果。考察翻译和教学研究对象系统自发运动、自发组织、自发形成结构的规律性，就是考察作为子系统的翻译和教学的要素与要素、要素与系统相互之间的排斥和吸引、竞争和协同的对立统一的相互作用，考察翻译和教学子系统或要素的变化情况。

翻译和教学研究对象系统的要素涨落得以整体放大，会引起翻译和教学研究对象系统从一种组织状态进入另一种组织状态，产生系统质变。翻译和教学研究对象系统是一个有机的整体，在非线性相互作用下，排斥和吸引、竞争和协同紧密相关，既有排斥又有吸引，既有竞争又有协同，牵一发而动全身，其连锁反应表现出强烈的整体行为，翻译和教学要素的自组织行为是在系统的整体协同下进行。所以，从翻译和教学研究对象系统的系统和要素间的非线性作用认识系统自组织原理，要从翻译和教学研究对象系统整体考察要素的涨落引起的系统自组织，从优化发展趋势或者系统合目的的方面，给予要素的非优化发展趋势或者非合目的的自组织行为施行必要的外部干扰。在竞争和协同的非线性作用中认识系统的自组织原理，就是要在系统各要素的竞争和协同中来考察要素的质量、要素的数量、要素的运动量、要素排列次序等排斥和吸引、竞争和协同涨落的发展趋势，必要时实行必要的被

---

① 魏宏森，曾国屏.系统论——系统科学哲学［M］.北京：世界图书出版公司，2009：279.

组织干扰行为，促使系统的自组织机制向优化方向发展。

五、从整体和部分的关系认识系统自组织原理与翻译和教学研究的联系

从翻译和教学研究对象系统整体和部分的关系认识系统自组织原理，是从整体对部分的制约和部分对整体的独立来研究系统的自组织和被组织的关系。

翻译和教学研究对象系统具有一定的系统结构层次，系统自组织就是自发形成一种翻译和教学研究对象系统的组织结构层次。系统结构层次具有相对性，翻译和教学研究对象系统自组织也具有结构层次的相对性，即相对性的高层自组织和相对性的低层自组织。翻译和教学研究对象系统的结构层次说明，系统自组织的高层次和低层次是整体和部分的关系。一方面，翻译和教学研究对象系统的高层次往往会作为整体以被组织行为强烈制约低层次的自组织行为，这时候，翻译和教学研究对象系统的低层次的自组织行为受到上层次干预，表现出按高层次的行为指令组织起来的趋向，这时翻译和教学研究对象系统的低层次的行为就具有了被组织的特征；另一方面，翻译和教学研究对象系统的低层次作为部分又激烈需要保持自己的独立性，强烈需要远离系统总体平均稳定状态，这时候，低层次的行为就具有了自组织的特征。

翻译和教学研究对象系统的自组织和他组织同时存在于系统的矛盾体中，也就是说由于系统的相互联系和相互作用，翻译和教学研究对象系统自发运动、自发形成组织结构的自组织行为，总是受到作为其环境的整体制约，绝对自由的自组织行为是没有的。

因此，我们对翻译和教学研究对象系统的自组织不能做绝对的理解，绝不能理解为一切都是自以为是，无拘无束。翻译和教学研究对象系统的自组织是整体最优化前提下的自组织，对不符合翻译和教学研究对象系统整体最优化的自组织行为，要予以及时干预。如果对不符合翻译和教学整体最优化的自组织行为不及时予以干扰，当其得以涨落放大时，要制止为时已晚。

六、从实体和关系系统认识系统自组织原理与翻译和教学研究的联系

系统的组织概念，除了指系统的结构，还指系统具有客观实体的含义。

翻译和教学研究对象系统的第一种情况，有的系统有明显的客观实体，如组织实体。客观实体的运动，随时都存在物质、能量、信息的输出或输入，无疑存在远离平衡态的复杂非线性相互作用，是非线性系统。非线性系统在排斥和吸引、竞争和协同的非线性相互作用下，会自发运动、自发组织、自发从低级有序向高级有序的结构发展。

翻译和教学研究对象系统的第二种情况，有的系统没有明显的客观实体，是关系系统。关系系统大多是精神活动的产物，形式上往往是通过媒体表现出来的概念、原理、规律、逻辑等的相互关系。

由概念、原理、规律、逻辑等的相互关系结构而成的翻译和教学研究对象系统，似乎是一个与外界没有输出和输入的封闭系统，完全没有开放性，也就不存在复杂的非线性相互作用，也就不存在自发运动的自组织，是他组织系统。那么，这种系统是否具有客观实体，是自组织系统还是被组织系统？事实是，翻译和教学的关系系统仍是自组织系统。首先，翻译和教学的关系系统最核心的要素是人，人是关系系统最基础要素，人是关系系统的客观实体；其次，"系统的不同层次，往往发挥着不同层次的系统功能"[①]。人的核心地位决定人的精神活动自始至终承载并激活翻译和教学关系系统的要素、结构、功能。人的精神活动是一个与环境不断开放的过程，人的精神活动不断与环境进行信息的无形的输出或输入，通过人脑复杂的非线性相互作用，翻译和教学关系系统会自发走向有序结构，实现自组织。

七、从天然系统和人工系统认识系统自组织原理与翻译和教学研究的联系

天然系统是系统演化发展的过程中通过系统与环境在物质、能量、信息

---

① 魏宏森，曾国屏 . 系统论——系统科学哲学 [M].北京：世界图书出版公司，2009：220.

的自发运动自发形成组织结构的演化优化过程中，通过自然选择实现的自然系统。人工系统则是人们在认识自然系统演化优化的基础上人为对于系统组织、结构的设计（包括系统的动态设计）。

天然系统具有系统自发运动，自发形成结构的自组织特性，是自组织系统，是比较容易理解的。人工系统是自组织系统还是被组织系统，却是比较难理解的，需要人们在系统的存在形式和系统的演化形式的对立统一中来认识。从存在形式上看，在相对静止状态下，翻译和教学属人工系统，表现出被组织状态。但人工系统一旦通过人的精神活动运动起来，就必然有对环境物质、能量、信息的交换，就必然是开放系统，就必然有一定的自发运动、自发形成组织结构的自组织特性。人工系统的自组织特性，是由于人的精神活动自始至终的承载和激活，从而使人工系统也具有自组织特性。

第八节　系统的相似性原理与翻译和教学研究的联系

"系统相似性原理指的是，系统具有同构和同态的性质，体现在系统的结构和功能、存在方式和演化过程具有共同性，这是一种有差异的共性，是系统统一性的一种表现"[1]。

系统同构是指不同系统在结构及其相对应的功能上所体现的共同性、一般性、普遍性、统一性，结构的、几何的、组织的、功能的相似性是同构；系统同态是指不同系统在存在方式和演化过程上所体现的共同性、一般性、普遍性、统一性，相对静止的、运动节律的、显著变动的相似性是同态。所以，系统的相似性可以通俗地理解为不同系统之间在结构、功能、存在方式、演化过程四方面所具有的共同性、一般性、普遍性、统一性。因此，我们可以从其他系统在结构、功能、存在方式、演化过程四方面所具有的共同性、一般性、普遍性、统一性来研究翻译和教学理论和实践问题的一般

---

[1]　魏宏森，曾国屏. 系统论——系统科学哲学［M］. 北京：世界图书出版公司，2009：282.

规律。

"系统具有相似性，最根本原因在于世界的物质统一性，种种系统理论的研究所蕴含的总的思想即系统观进一步揭示出，这是一种具有多方面的多样性的统一性。"①所以，从其他系统的结构、功能、存在方式、演化过程四方面所具有的共同性、一般性、普遍性、统一性来研究翻译和教学的理论和实践问题，需要从"客观性和主观性""相似性和差异性""存在形式和演化过程""相似度"等多方面的纵向分析和横向综合的立体思维中来认识。既要从系统存在方式的相似性来认识，也要从系统演化方式的相似性来认识；既要从系统的共同性、一般性、普遍性、统一性来认识，也要从系统的特殊性、个体性来认识；既要从系统之间的相似性的相似是有条件的来认识，也要从系统的相似性的差异是无条件的来认识；既要从系统结构、几何形状、相对静止状态、运动节律、显著变动的系统可见实体的相似性来认识，也要从系统规律、精神活动、系统功能等无形的非实体意义的系统运动节律、显著变动的相似性来认识。

可以从以下几方面认识系统的相似性原理与翻译和教学研究的联系。

一、从客观性和主观性认识系统的相似性原理与翻译和教学研究的联系

翻译和教学研究对象系统与不同性质系统的相似性是客观性和主观性的对立统一。

翻译和教学研究对象系统与不同性质系统的客观性是系统的存在范畴，指明系统的相似性是客观存在着。大千世界，宇宙、地球、社会，无处不存在着客观实体系统。系统的相似性就蕴含在客观世界之中，蕴含在客观世界具体系统的结构、功能、存在、演化的同构和同态之中。

翻译和教学研究对象系统与不同性质系统的主观性属于人的意识范畴，存在于人的精神活动之中，也具有客观存在。系统的相似性是客观存在的，

①　魏宏森，曾国屏. 系统论——系统科学哲学［M］. 北京：世界图书出版公司，2009：284.

人类要认识它和利用它，就需要发挥人的精神活动的主观认识的能动作用，在各种实践中去认识系统的结构、功能、存在、演化的共同性、一般性、普遍性、统一性，去总结概括不同系统的相似性。如人类在实践基础上总结出来的又用以指导实践的翻译和教学研究对象系统与不同性质系统的概念、规律、定律、原理、方法等，都是人们通过主观认识对客观存在的相似性的抽象总结。这时候，相似性又是人类高度的总结概括，是人类的主观认识。人类通过对翻译和教学研究对象系统与不同性质系统的客观实在的主观认识总结概括出翻译和教学研究对象系统与不同性质系统的相似性，又将这种总结概括出的系统的相似性用于指导实践，人们就是在这种从"客观—主观—客观—主观……"的不断从低级向高级的系统相似性的循环认识过程中去改造翻译和教学研究对象系统与不同性质系统的主客观世界。所以，翻译和教学研究对象系统与不同性质系统的相似性，需要从主观和客观的对立统一中去认识和理解。

二、从相似性和差异性认识系统的相似性原理与翻译和教学研究的联系

翻译和教学研究对象系统与不同性质系统的相似性是有差异的相似性，系统的差异性的实质是不同系统具有的特殊性。系统的相似性和差异性是系统一对对立统一的矛盾，不同系统具有的共同性、一般性、普遍性、统一性的相似性，是存在差异的共同性、一般性、普遍性、统一性的相似性。系统相似性的差异性，就是不同独立的系统所具有的特殊性，各个独立系统具有的特殊性决定了不同系统共同的相似性中的特殊的差异性。所以，系统的特殊性决定了系统的差异性是绝对的、无条件的，系统的普遍性决定了系统的相似性是相对的、有条件的。系统的相似性中存在着差异性，系统的差异性中蕴含着相似性，它们是对立统一的关系。

无论任何翻译和教学研究对象系统与不同性质系统，都是系统的相似性和差异性的对立统一，都是共性和个性的对立统一。在宇宙系统，我们永远找不到分毫不差的两个相同系统。譬如，人与动物都具有完整的器官结构

和功能，这种不同物种之间具有器官结构和功能的共同性就是不同动物系统之间的相似性。正因为有了这种相似性，人类为了医学需要，才有可能将动物代替人体做活体试验。但就人与动物，毕竟存在具体的结构、功能、形态等不同系统差异，其差异是显而易见的。又如，一系列系统原理也表现出共性和个性的对立统一。系统的某一原理、某一规律、某一方法，莫不是各种系统在结构和功能、存在方式和演化过程的某一方面抽象出来的共同性、一般性、普遍性、统一性，这种不同系统具有的共同性、一般性、普遍性、统一性就是共性和个性的对立统一。例如，从系统的原理分析翻译和教学研究对象系统的相似性：就翻译和教学研究对象系统的整体性而言，翻译和教学研究对象系统的整体大于部分之和，说明不同翻译和教学研究对象系统都具有整体大于部分之和这样的共同性、一般性、普遍性、统一性的相似性，但部分具有整体不具有的独立性质，这种相似性就是有差异的相似性，是共性和个性的对立统一；就翻译和教学研究对象系统的层次性而言，翻译和教学研究对象系统组织在地位与作用、结构与功能上表现出层次等级秩序性，这种层次等级秩序性是不同翻译和教学研究对象系统的共同性、一般性、普遍性、统一性的相似性，但就具体翻译和教学研究对象系统而言其结构形式和相对应的功能不尽相同，这种相似性就是有差异的相似性，是共性和个性的对立统一；就翻译和教学研究对象系统的开放性而言，翻译和教学研究对象的开放系统具有不断地与外界环境进行物质、能量、信息交换的性质和功能，这种翻译和教学研究对象系统的开放性质和功能，就是不同开放系统具有的共同性、一般性、普遍性、统一性的相似性，但就具体开放系统而言其开放的内涵、层次、形式、开放度又不尽相同，这种相似性就是有差异的相似性，是共性和个性的对立统一；就翻译和教学研究对象系统的目的性而言，翻译和教学研究对象系统具有某种保持不变的趋向预定状态的特性，这种系统预定状态趋向的特性就是不同系统具有的共同性、一般性、普遍性、统一性的相似性，但就具体系统而言具有各自不同目的性即具有不同的具体的系统预定状态趋向，这种相似性就是有差异的相似性，是共性和个性的对立统一；就翻译和教学研究对象系统的突变性而言，翻译和教学研究对象系统通过失稳从一种状态进入另一种状态的质变过程是一种突变过程，系统通过失稳产生突变就是不同系统质变的共同性、一般性、普遍性、统一性的相似性，但就具体系统而言其突变方式存在多样性和类型性，这种相似性就是有差异的相似性，是共性和个性的对立统一；就翻译和教学研究对象系统的自组织而言，翻译和教学研究对象系统作为开放系统具有自发运动、自发形成组织结构的自组织机制，这种自组织机制就是不同系统具有的共同性、一般性、普遍性、统一性的相似性，但就具体系统而言自发运动、自发形成组织结构的突变方式存在多样性，这种相似性就是有差异的相似性，是共性和个性的对立统一；等等。以上从不同方面反映出来的翻译和教学研究对象系统与其他系统的共同性、一般性、普遍性、统一性，都是差异性中的相似性，系统的相似性和差异性就在对立统一关系中体现出来。

在实际研究中，我们都可以从系统相似性和差异性的对立统一关系中去研究翻译和教学研究对象系统与不同性质系统的共同性、一般性、普遍性、统一性的相似性和特殊的差异性，以得出翻译和教学研究对象系统的一般规律性和特殊规律性的认识。

三、从存在形式和演化过程认识系统的相似性原理与翻译和教学研究的联系

"系统的相似性，不仅仅是指系统存在方式的相似性，也指系统演化方式的相似性。""系统结构的相似性，几何的，相对静止的相似性，体现的是系统存在方式上的相似性。而系统的过程的相似性，运动节律的，显著变动之中的相似性，体现的就是系统演化的相似性。"[1]

翻译和教学研究对象系统与不同性质系统从宏观上是系统的自发运动、自发形成组织结构的自组织过程，无论在相同结构或相同状态方面，均有其各自的存在形式和演化过程。研究翻译和教学研究对象系统与其他系统的相似性，就是从不同系统特殊的存在形式去研究系统的结构、几何、静止的相

---

① 魏宏森，曾国屏.系统论——系统科学哲学［M］.北京：世界图书出版公司，2009：285.

似性，从特殊的演化过程去研究系统的过程、功能的运动节律、显著变动的相似性。

"在实践中，人们是按研究的实际需要来侧重从某一方面看问题的。系统相对静止时，空间特征就突出起来，这时从存在角度研究系统的相似性比较方便。系统的运动突出时，演化表象就显著起来，这时就特别适合从演化角度研究系统的相似性。但是，演化和存在在本质上是相互联系、相互制约的，它们统一于系统的运动之中"①。

根据研究的需要，我们可以从不同角度划分不同类别的翻译和教学研究对象系统与不同性质系统，从不同角度来认识系统的存在形式和演化过程的系统相似性。对任何翻译和教学研究对象系统与不同性质系统，我们都可以根据研究需要进行不同类别的系统划分，运用立体思维从不同角度去研究和认识。我们可以从系统的状态与时间的关系，将翻译和教学研究对象系统与不同性质系统划分为静态系统和动态系统；我们可以从形象和抽象的关系，将翻译和教学研究对象系统与不同性质系统划分为实体系统和关系系统。通过对不同系统类别的认识，从存在形式和演化过程的不同角度认识系统的相似性原理与翻译和教学研究的联系。

（一）从静态和动态系统的划分认识系统的相似性原理与翻译和教学研究的联系

将翻译和教学研究对象系统与不同性质系统划分为静态系统和动态系统，是从系统的相对静态状态和绝对运动状态来认识系统的相似性原理与翻译和教学研究的联系。这里的静态系统的"静态"是把系统的空间状态与时间状态的关系凝固在某一点上加以认识，这里的动态系统的"动态"是把系统的空间状态与时间状态的关系视作连续运动状态加以认识。

1. 从静态存在形式研究系统的相似性与翻译和教学研究的联系

将翻译和教学研究对象系统与不同性质系统划为静态系统，是从存在形式来研究翻译和教学研究对象系统与不同性质系统的相似性，研究翻译和教

---

① 魏宏森，曾国屏 . 系统论——系统科学哲学［M］. 北京：世界图书出版公司，2009：287.

学研究对象系统与不同性质系统结构的、几何的、相对静止的存在形式的系统相似性。系统都具有要素、结构、功能三元素，可以在相对静止状态下来研究它们的存在形式的系统相似性。

可以从翻译和教学研究对象系统与不同性质系统内部静态结构形式和功能作用的存在形态来研究系统的相似性。系统都具有一定的结构和功能，由于"系统的功能是与系统的结构相对应的范畴"①：研究翻译和教学研究对象系统与不同性质系统结构的相似性，系统功能的相似性也在其中；研究翻译和教学研究对象系统与不同性质系统功能的相似性，系统结构的相似性也在其中。因此，是研究翻译和教学研究对象系统与不同性质系统结构的相似性还是研究功能的相似性，仅仅是一个主次问题，是主要矛盾和次要矛盾的对立统一问题。那么，是研究结构的相似性还是研究功能的相似性，需要根据研究目的和研究对象的具体情况确定。因此，可以从不同翻译和教学研究对象系统与不同性质系统的结构来研究系统的共同性、一般性、普遍性、统一性的相似性；也可以从不同翻译和教学研究对象系统与不同性质系统的功能来研究系统的共同性、一般性、普遍性、统一性的相似性。

可以从系统结构的静态相似性来研究翻译和教学研究对象系统与不同性质系统问题，是因为：首先，具有结构是所有系统的共性，所以，在研究翻译和教学研究对象系统与不同性质系统问题时，可以从研究系统静态结构开始来考虑问题；其次，在研究具体系统静态结构问题时，会从翻译和教学研究对象系统与不同性质系统的结构的相似性来研究问题。

可以从系统功能的静态相似性来研究翻译和教学研究对象系统与不同性质系统问题，是因为功能的概念是指有效作用，不同翻译和教学研究对象系统与不同性质系统在自发运动、自发形成组织结构的过程中都会发挥系统功能的有效作用。从静态研究翻译和教学的系统功能，就是研究翻译和教学研究对象系统与不同性质系统的有效作用是什么。这时候，就可以从系统的相似性原理出发，确定翻译和教学研究对象系统与不同性质系统在静态状态下

① 魏宏森，曾国屏．系统论——系统科学哲学［M］．北京：世界图书出版公司，2009：296．

的功能作用，然后在功能相似的基础上，对系统功能的有效作用进行静态分析，通过功能有效作用的静态分析来模拟建立一个新的翻译和教学研究对象系统与不同性质系统，从而实现翻译和教学研究对象系统与不同性质系统动态相似性的功能模拟。

2. 从动态演化过程研究系统的相似性与翻译和教学研究的联系

将翻译和教学研究对象系统与不同性质系统划为动态系统，是从演化过程来研究系统的相似性与翻译和教学研究的联系，研究系统运动节律的、显著变化的演化过程的相似性。我们可以按系统要素、结构、功能的三元素，在运动状态下来研究它们在运动节律和显著变化的演化过程的系统相似性。

可以从翻译和教学研究对象系统与不同性质系统各要素（系统）的涨落演化来研究系统的相似性。翻译和教学研究对象系统与不同性质系统要素的涨落是要素在运动、变化、发展过程中对系统总体平均稳定运动状态的显著偏离，当这种显著偏离的演化一旦得到整个系统的响应，涨落得以整体放大，翻译和教学研究对象系统与不同性质系统便通过系统要素的涨落放大从无序走向有序，发生质变。这种翻译和教学研究对象系统与不同性质系统通过要素涨落放大实现有序，这就是不同翻译和教学研究对象系统与不同性质系统要素运动、变化、发展的动态演化过程的共同性、一般性、普遍性、统一性的系统相似性。当然，翻译和教学研究对象系统与不同性质系统在运动、变化、发展过程中的运动节律、变化程度等是不同的，这就是相似性中的差异性。在实际工作中，会经常从要素（系统）的涨落来研究系统的相似性。人们常常会抓住一个点深入研究，当有成功经验后，再以点带面全面推广，利用其涨落放大促成整个系统的发展……这种"以点带面"的经验的移植推广方法，正是利用系统的相似性原理，以单个要素经验的涨落放大来解决系统的演化发展问题，是从要素动态演化过程研究系统演化发展的相似性。翻译和教学研究对象系统与不同性质系统亦如此。

由于系统结构和系统功能是相对应范畴，可以从翻译和教学研究对象系统与不同性质系统的系统结构和功能的演化过程相似性来研究问题。首先，系统的结构层次都是在运动、变化过程中得以演化发展，在研究翻译和教学系统问题时，可以从系统层次结构的运动、变化、发展状态来考虑系统的相似性。其次，在研究具体系统结构问题时，可以从翻译和教学研究对象系统与不同性质系统的系统结构的运动、变化、发展过程的相似性来研究问题。当然，系统结构演化过程的相似性，是通过要素（系统）的涨落（运动）来实现的。最后，系统都是具有其特定功能的，这种系统特定功能的演化过程是系统功能演化过程的差异性，可以从翻译和教学研究对象系统与不同性质系统不同系统特定功能的演化过程来寻求系统共有的运动节律和显著变化方面的共同性、普遍性、一般性的系统相似性。总之，可以从翻译和教学研究对象系统与不同性质系统的系统结构和对应的功能的演化过程来研究系统的相似性。

（二）从实体和关系系统的划分认识系统的相似性原理与翻译和教学研究的联系

翻译和教学研究的实体系统是可见的有形的系统，如组织机构，这是容易理解的。从翻译和教学研究的实体系统的角度认识系统的相似性原理与翻译和教学研究的联系，可以从结构的、几何的、存在的相似性和差异性的对立统一中来认识。

翻译和教学研究的关系系统是一种不可见的非实体的无形系统。如概念、逻辑、原理、规律、规划、计划、方法等，属于无形的翻译和教学研究的关系系统。

翻译和教学研究的关系系统的相似性是一个比较难以理解的问题。说难以理解，在于翻译和教学研究的关系系统都是功能无形意义的系统，没有可见实体。但从理论上来说，它又是客观存在，所以就很难理解它的客观实体是什么。要解决这一问题，仍然要应用系统的相似性原理，从系统的共同性、普遍性、一般性的相似性中寻求解决办法。翻译和教学研究的关系系统，从实质上来说，无论是系统的原理、规律、方法，还是系统概念、逻辑关系，抑或是系统的思维活动，都是人的精神活动对客观实体的认识，人的精神活动是一种客观实在。不同的人对不同的事物有不同的理解，但最终需要符合客观规律，统一到系统的共同性、普遍性、一般性的相似性中来，这种相似性就形成了具有普遍性的概念、逻辑、原理、规律、规划、计划、方法，等等。

用系统相似性原理研究翻译和教学研究的关系系统的存在形式，在研究方法上可以将翻译和教学研究的关系系统无形结构的相似性转化为有形结构的相似性进行研究。可以用构建有形的人工系统的方法，将无形的翻译和教学研究的关系系统在媒体上转化为可见的翻译和教学研究的关系系统图，从中研究翻译和教学研究的关系系统的相似性。

通过这种转化，可以将系统的原理、规律、方法、概念、逻辑、思维活动等无形的翻译和教学研究的关系系统的无形研究，转化为可见的有形研究，能更好地理解和认识系统的相似性原理与翻译和教学研究的联系。

通过这种转化，所有的翻译和教学研究的关系系统的相似性都可以通过上述的转化在媒体构建成有形可见的人工翻译和教学研究的关系系统，极大方便了无形系统相似性问题的研究，可以抽象地从存在形式和演化过程研究翻译和教学研究的关系系统的要素、结构、功能三元素的有机联系，这就自然回归到了对翻译和教学研究的关系系统要素、结构、功能三元素的相似性的问题研究。

通过将无形问题在媒体上转化为可见的人工系统图，可以在排斥和吸引、竞争和协同的非线性相互作用中来认识不同研究方面的原理、规律、方法、概念、逻辑、思维活动等无形系统在结构和功能形式上的共同性、一般性、普遍性的更一般意义的系统相似性。这种通过转化而人工构建的可见的表达不同翻译和教学研究的关系系统的共同性、一般性、普遍性的人工系统，本质上也是一种翻译和教学研究的关系系统结构形式的相似性。

四、从相似度认识系统的相似性原理与翻译和教学研究的联系

系统的相似性有一个相似程度问题。翻译和教学研究对象系统与不同性质系统的相似度，存在着对立统一的辩证关系：系统的相似度越高，差异性就越小；系统的差异性越高，相似度就越小。

系统的相似程度的大小，由很多条件决定。一般说来，翻译和教学研究对象系统与不同性质系统的不同条件决定了翻译和教学研究对象系统与不同性质系统的相似性和差异性的辩证关系。

翻译和教学研究对象系统与不同性质系统的"不同类型"决定了系统的相似性和差异性的辩证关系。同一类型的翻译和教学研究对象系统与不同性质系统，系统的相似程度大一些，系统的差异程度就小一些；不同类型的翻译和教学研究对象系统，系统的相似程度小一些，系统的差异程度就大一些。如自然界中的无机系统和有机系统，属于不同系统类别，其系统的相似度就非常小，差异性就非常大。又如，不同的两个人，作为两个单个人体系统，属于同一系统类别，就其人体一般结构而言，除特例外，都具有共同的结构形式，其人体结构的相似度就非常大，差异性就非常小。

翻译和教学研究对象系统与不同性质系统的"不同层次"决定了系统的相似性和差异性的辩证关系。魏宏森、曾国屏[①]认为，系统要素之间层次越高结合强度越小，层次越低结合强度越大。低层次系统具有更大的确定性，高层次系统具有强大的灵活性。所以，就灵活性这一系统相似性的研究而言，翻译和教学研究对象系统与不同性质系统的层次越高，系统灵活度的相似度就越大，翻译和教学研究对象系统与不同性质系统的层次越低，系统灵活度的相似度就越小；就确定性这一系统相似性的研究而言，系统的层次越低，翻译和教学研究对象系统与不同性质系统确定性的相似度就越大，系统的层次越高，翻译和教学研究对象系统与不同性质系统确定性的相似度就越小。所以，我们可以根据不同的需要，从高层次具有强大的灵活性来研究翻译和教学研究对象系统与不同性质系统的相似性和差异性，从低层次系统具有更大的确定性来研究翻译和教学研究对象系统与不同性质系统的相似性和差异性。

翻译和教学研究对象系统与不同性质系统的"不同范围"决定了系统的相似性和差异性的辩证关系。翻译和教学研究对象系统与不同性质系统的范

---

① 魏宏森，曾国屏 . 系统论——系统科学哲学［M］. 北京：世界图书出版公司，2009：221.

围越大，说明系统的子系统越多，系统的类别越多，系统的相似性就越小，差异性就越大，在研究中需要的概括力度就越大；翻译和教学研究对象系统与不同性质系统的范围越小，说明系统的子系统越少，系统的类别越少，系统的相似性就越大，差异性就越小，在研究中需要的概括力度就相对较小。

总之，我们可以根据不同研究的需要，从不同角度去研究翻译和教学研究对象系统与不同性质系统的相似度。

五、从功能模拟认识系统的相似性原理与翻译和教学研究的联系

模拟方法是科学研究过程中常用的一种方法。"传统的模拟方法可以分为两种情况，一是以模型与原型之间的物理相似或几何相似为基础的物理模拟，二是以模型与原型之间在数学上相似为基础的数学模拟"。[①] 这两种模拟方法至今仍然在自然科学研究中得到广泛应用，但在人文社会科学等非实体研究尤其是翻译和教学研究中却具有局限性。

系统理论的前阶理论之一的控制论，提出了一种新型的功能模拟方法。"功能模拟以系统的功能和行为的相似为基础，可用黑箱理论从功能上描述和模仿系统对于环境的反应方式，无须追求模型的结构与原型相同。它不把模型仅仅作为认识原型的手段，其本身就是具有目的性行为的机器，是研究的主要目的。在功能相似基础上的功能模拟，在当代科学技术领域中具有极为重要的意义，从人工智能、仿真技术到计算机实验等，往往都离不开基于功能相似基础上的功能模拟。"[②]

功能是一种有效作用。翻译和教学等人文社会科学的理论研究，往往是非实体研究，是精神活动的产物，它们的功能是一种精神活动的有效作用。而功能模拟法能够很好地模拟各种人文社会科学的理论研究的精神活动的有效作用的相似性，能够把原型的功能的有效作用高度相似地模拟到研究模型中来，从而得出另一种研究目的的翻译和教学等人文社会科学的专业的理论概括。

---

① 魏宏森，曾国屏.系统论——系统科学哲学［M］.北京：世界图书出版公司，2009：291.
② 魏宏森，曾国屏.系统论——系统科学哲学［M］.北京：世界图书出版公司，2009：291.

　　在翻译和教学等人文社科研究中，用系统理论和系统方法对研究对象的功能相似性进行功能模拟，是一种明确而有实效的研究方法。

　　作者有关系统翻译和教学研究的相关论文，在系统理论和系统超循环研究方法下，用功能模拟法对翻译和教学研究对象有关问题进行功能相似性的模拟研究，得出了有关翻译和教学理论的创新性认识。

　　在翻译理论研究方面：2018 年 2 月发表于《教育文化论坛》第 2 期的《结构功能翻译理论》一文 ①，基于系统的相似性原理，研究功能有效作用的相似性，用系统理论下的功能模拟法，从原语和译语思维习惯的功能相似性出发，提出了原语的翻译应"最大限度符合译入语思维习惯"的功能模拟翻译方法。这里翻译应"最大限度符合译入语思维习惯"，思维习惯是原语和译语的功能，"最大限度符合译入语思维习惯"就是从功能模拟原语的思维习惯的功能。2020 年 7 月发表于《贵州民族研究》第 7 期的《从多民族地区的无字方言谈语言翻译的悖论——以贵州方言为例》②一文，基于系统的相似性原理，从功能有效作用的相似性出发，用系统理论下的功能模拟法，从原语和译语思维习惯的功能相似性出发，提出了"翻译过程应先寻求、判断、选择同一交流对象两种思维习惯的'最佳功能契合点'，才能在文字语言多种释义的多种思维习惯的表达形式中，去寻找译入语最佳相似性理解最贴切的文字、语言表达形式"的观点。这里，思维习惯是两种语言的功能，"最佳功能契合点"就是两种语言思维习惯功能模拟的"最佳相似度"。翻译寻求、判断、选择同一交流对象两种思维习惯的"最佳功能契合点"就是一种功能模拟。2022 年 4 月发表于《贵州民族研究》第 2 期的《少数民族语地名译写标准的系统策略探究》③一文，基于系统的相似性原理，研究功能有效作用的相似性，用系统理论下的功能模拟法，从原语和译语思维习惯的功能相似性出发，提出了"少数民族语地名译写标准系统应用的'多定态'选择"的翻

---

　　①　张湖婷.结构功能翻译理论［J］.教育文化论坛，2018，10（2）：24-30.
　　②　张湖婷.从多民族地区的无字方言谈语言翻译的悖论——以贵州方言为例［J］.贵州民族研究，2020，41（7）：106-111.
　　③　张湖婷.少数民族语地名译写标准的系统策略探究［J］.贵州民族研究，2022，43（2）：85-90.

译标准。这个标准是"思维习惯最佳功能契合点""系统整体最优"。这里，思维习惯是两种语言的功能，"最佳功能契合点"是两种语言思维习惯有效作用的"最佳相似度"的功能模拟，"系统整体最优"是系统整体性原理在翻译标准问题上的具体应用。

在翻译标准的研究中，历史上很多有名的翻译标准，实际上都是模拟功能相似性的翻译理论的研究，只不过由于历史局限，没有提到功能模拟方法的高度加以认识，没有用系统的理论和方法论进行研究。如历史传承下来的直译、意译、归化、异化等翻译方法，甚至于自古至今的翻译，都是一种功能模拟的翻译。直译是既保持原文内容又保持原文形式的翻译。在中国历史上，三国时的支谦就提出直译的方法，后汉三国时期的译经大师们一般都采用直译。直译的功能除了要准确表达原语的本意，对忠于原语内容和形式有较高要求，这实际上是译文对原文内容和形式的功能模拟。意译是只保持原文内容不保持原文形式的翻译。在中国历史上，后秦时代的盟主鸠摩罗什就已提出了意译的主张。意译的功能在于要准确表达原语的本意，不拘于原文形式，这实际上是对原语本意的功能模拟。归化翻译是在翻译过程中把原语本土化。归化以译入语受众为归宿，采取译入语受众所习惯的思维习惯的表达方式来传递原文信息。归化翻译要求原语向译入语受众靠拢，译者必须像译入语受众的作者那样说话，变成地道的译入语语言。归化翻译的功能是有助于增强译文的可读性和欣赏性，使译入语受众更好地理解译文，这实际上是对译入语受众思维习惯表达方式的功能模拟。异化翻译是让译者尽可能不去改变原语的思维习惯和表达方式，让译入语向原语靠拢。在翻译上就是尽可能保留外来文化的语言特点和表达方式，以原语文化为翻译的归宿。异化翻译的功能在于考虑民族文化的差异性，便于保存和反映原语民族特征、语言风格、人文或自然地理特征。这实际上是对原语民族特征、语言风格、人文或自然地理特征等思维习惯表达方式的功能模拟。作为功能模拟，直译、意译、归化、异化的区别在于，直译和意译将功能模拟的关注点放在处理语言的形式和意义上，异化和归化则将功能模拟的关注点放在反映民族特征、语言风格、人文或自然地理特征上。

第二章 系统的基本规律与翻译和教学研究的联系

魏宏森、曾国屏在《系统论——系统科学哲学》一书中将系统的基本规律归纳总结为系统的结构功能相关律、信息反馈律、竞争协同律、涨落有序律、优化演化律五大基本规律。本章从不同角度讨论了系统的五大基本规律与翻译和教学研究的联系。

第一节 系统的结构功能相关律与翻译和教学研究的联系

"结构和功能是系统普遍存在的两种既相互区别又相互联系的基本属性，揭示结构与功能相互关联和相互转化就是结构功能相关律"①。

系统结构功能相关律是系统科学中的一个基本规律。对于系统而言，要素、结构、功能是一个系统最基本的三要素，缺一就不能构成系统。结构由要素构成，功能是结构外在的动态表现。

系统的结构和系统的功能具有对应关系。根据系统结构功能相关律，既可以通过结构的优化来研究翻译和教学研究对象系统的功能优化，也可以通过功能的优化来研究翻译和教学研究对象系统的结构优化。

可以从以下几方面认识系统结构功能相关律与翻译和教学研究的联系。

---

① 魏宏森，曾国屏.系统论——系统科学哲学［M］.北京：世界图书出版公司，2009：293.

一、从结构和功能的关系认识系统结构功能相关律与翻译和教学研究的联系

"结构是指系统内部各个组成要素之间的相对稳定的联系方式、组织秩序及其时空关系的内在表现形式。按照这里的定义，系统的结构就取决于系统之中的要素，由这些要素联系形成的关系及其表现形式的综合，并由这样的综合导致了系统的一种整体性规定"[1]。

翻译和教学研究对象系统的不同结构具有不同质的规定性，具有不同质的区别。因为系统理论所说的结构概念，不仅仅是指系统要素的空间排列和分布，更重要的是强调系统内部要素之间的相互联系和相互作用方式。

翻译和教学研究对象系统的要素之间具有的相对稳定的联系方式、组织秩序及其时空关系的表现形式，使得翻译和教学研究对象系统各要素之间具有了紧密的相互联系、相互作用、相互制约，形成一种有机联系的整体，翻译和教学研究对象系统便有了整体性和整体行为。

翻译和教学研究对象系统的结构由要素组成，翻译和教学研究对象系统的众多要素在系统结构中的地位不平等、分布不均匀、作用不划一，这就使得翻译和教学研究对象系统结构的内部联系是多样性的统一性。这种多样性的内部关系的统一性表现为："系统结构具有不同的类型和层次，具有关键结构和非关键结构部分，具有实质性结构部分和非实质性结构部分"[2]。

"功能是指系统与外部环境相互联系和相互作用中所表现出来的性质、能力和功效，是指系统内部相对稳定的联系方式、组织秩序及时空形式的外在表现形式。系统的功能是与系统的结构相对应的范畴。"[3]

如果说系统结构是系统内部各个组成要素之间的相对稳定的联系方式、组织秩序及其时空关系的内在表现形式，那么，系统功能就是系统内部各个组成要素之间的相对稳定的联系方式、组织秩序及其时空关系的外在表现形式。从系统结构来理解，系统结构是系统内部要素的联系形式，而从系统功

---

[1]　魏宏森，曾国屏 . 系统论——系统科学哲学［M］. 北京：世界图书出版公司，2009：294.
[2]　魏宏森，曾国屏 . 系统论——系统科学哲学［M］. 北京：世界图书出版公司，2009：296.
[3]　魏宏森，曾国屏 . 系统论——系统科学哲学［M］. 北京：世界图书出版公司，2009：296.

能来理解，系统功能则是系统与外部环境的联系形式。

理论上封闭的翻译和教学研究对象系统是没有功能可言的，但现实的翻译和教学研究对象系统都是开放系统。翻译和教学研究对象系统的功能是系统结构的外在表现，也就是说翻译和教学研究对象系统必须向环境开放，与环境进行物质、能量、信息的交换，翻译和教学研究对象系统结构的内在表现形式才能通过系统功能的外在形式表现出来。也就是说："没有内部的联系，就不会形成系统的结构；而没有外部的联系，就谈不上系统的功能"①。

翻译和教学研究对象系统的结构和系统功能的关系是十分复杂的。"从系统的过程来看，系统的结构具有相对稳定性，而系统的功能则是易于变化的"②。翻译和教学研究对象系统功能具有灵活易变性和多样化，这一点是和系统的相对稳定性不同的。翻译和教学研究对象系统的环境一旦发生变化，翻译和教学研究对象系统功能"瞬时"就会发生变化。所以，同一个翻译和教学研究对象系统在一定的环境下可以具有多种功能，在不同的环境下也可以具有多种功能。随着环境条件的改变和变化，翻译和教学研究对象系统功能也会呈现多样化改变。

翻译和教学研究对象系统的结构和系统的功能是相互联系的。一定的翻译和教学研究对象系统内部结构必然具有一定的翻译和教学研究对象系统外在功能，翻译和教学研究对象系统的内部结构相同则外在功能也相同。因此，一定的翻译和教学研究对象系统结构决定一定的翻译和教学研究对象系统功能，结构的优化必然导致功能优化。

翻译和教学研究对象系统的结构和功能是相互区别和相互分离的，结构是系统的内在表现，功能是系统的外在表现，它们的规定性是有区别的。所以，"结构侧重于从实体系统、系统要素之间的关系看问题，功能着眼于从系统的特性、系统具有的能力看问题"③。

翻译和教学研究对象系统的结构和系统的功能是相互作用和相互转化

---

① 魏宏森，曾国屏. 系统论——系统科学哲学［M］. 北京：世界图书出版公司，2009：296.
② 魏宏森，曾国屏. 系统论——系统科学哲学［M］. 北京：世界图书出版公司，2009：302.
③ 魏宏森，曾国屏. 系统论——系统科学哲学［M］. 北京：世界图书出版公司，2009：299.

的，翻译和教学研究对象系统结构决定系统功能，系统功能又反作用于系统结构，它们是辩证统一关系。由于翻译和教学的系统结构和系统功能的辩证统一关系：我们研究系统结构，必然决定着系统功能，系统结构的优化必然使翻译和教学研究对象系统功能得以优化；我们研究系统功能，必然作用于系统结构，系统功能的优化必然使翻译和教学研究对象系统结构得以优化。在实际研究中，可以根据需要，或侧重从结构着眼研究翻译和教学的系统功能，或侧重从功能着眼研究翻译和教学的系统结构，从不同的侧重点去研究翻译和教学研究对象系统的结构和功能的规律性。

翻译和教学研究对象系统结构是可见的，无论是实体系统还是关系系统，我们都可以直接或间接转化为可见结构进行讨论；翻译和教学研究对象系统功能是不可见的，是系统与外部环境相互联系和相互作用中表现出来的性质、能力和功效，我们只能通过感觉而认识到它们的存在，我们可见的只是它们的功用结果。

二、从"同构多功"或"异构同功"认识系统结构功能相关律与翻译和教学研究的联系

翻译和教学研究对象系统的结构与翻译和教学研究对象系统的功能之间并非是简单的一一对应的关系，即并非有了一个结构就有了一个对应的功能。翻译和教学研究对象系统的结构与翻译和教学研究对象系统的功能之间存在非常复杂的非对应关系，即在一定的条件下翻译和教学研究对象系统的结构与翻译和教学研究对象系统的功能具有"同构多功"或"异构同功"的复杂非对应关系。

翻译和教学研究对象系统的一种非对应关系是"同构多功"，即同一种翻译和教学研究对象系统结构具有多种功能。这种非对应关系又分两种情况：第一种情况是同一翻译和教学研究对象系统结构在一定的环境条件下具有多种功能；第二种情况是同一翻译和教学研究对象系统结构在不同的环境条件下具有多种功能。这犹如一个人，他在一定的条件下会表现出多种功能，如在家庭环境条件下，他能够边看电视边吃饭边与家人聊天，他在这种

一定的环境条件下就同时具有了看电视、吃饭、聊天等多种功能；他在不同的环境条件下也可以表现出多种功能，如在工厂生产环境条件下，他具有物质生产功能，在军队战斗环境条件下，他具有战争功能。但是，人和人的结构和功能不是每一个人都一模一样的简单的可以叠加的线性关系，而是不可以叠加的非线性关系，也就是说，人与人的结构可以相同，而人与人具有的功能却因环境条件的不同又可能有差异，人与人具有的功能是不可复制的。这就是一种翻译和教学研究对象系统结构和功能的非线性关系。又如，一系列系统原理，它实际上也是一个系统结构。当人的思维活动作为这一系统的最基础、最核心的要素将这一原理系统激活后，这一原理系统放在同一环境或不同的环境条件下就会具有多种功能。一系列系统原理如在同一个特定的生产环境下，它会具有对人、财、物、产、供、销多种不同的管理功能；一系列系统原理如在不同的科研环境条件下，它会具有多种不同的功能，如将一系列系统原理用于指导航天研究，它就具有了航天科学研究的功能，如将一系列系统原理用于指导社会科学研究，它就具有了社会科学研究的功能。又如，我们汉语的语法结构，其要素是语言成分——主谓宾定状补。汉语语法的系统结构遵循一定的规律，可用一句顺口溜表达其系统语法结构：主谓宾，定状补，主干枝叶分清楚；基本成分主谓宾、修饰成分定状补；定语必居主宾前，谓前状语谓后补，"的"定"地"状"得"后补。这一顺口溜高度概括了汉语语法系统的结构形式，很显然，这一汉语语法系统结构形式在汉语同一语言系统环境下应用，其功能可以说是千差万别，在汉语不同语言系统环境下应用，其功能也可以说是千差万别。这种关系系统的结构和功能由人的思维（活动）承载和激活，其结构和功能的非线性关系由人的思维（活动）决定。

翻译和教学研究对象系统的另一种非对应关系是"异构同功"，即在一定的条件下不同结构的系统具有相同功能。如汽车和马车，它们是差距较大的两种结构，它们都有运载功能；又如，电子表和机械表，它们的结构截然不同，它们却都有计时功能；再如，不同住宅，它们的内部结构可能完全不同，但它们都具有居住功能。又如，不同的管理组织，他们的内部组织结构可能完全不同，但他们可能具有同样良好的外在管理功能。又如，我们对翻译对象的翻译，不同译者所选择的语言元素的语言结构会大不相同，但它们具有同样能传递语言功能的相同功能。再放大一些说，两种不同的语言系统，它们的语法结构大不相同，但它们却有使不同语言受众产生相似性理解的相同功能。

需要特别注意的是，无论是"同构多功"还是"异构同功"的非对应关系，它们都是有条件的，而不是无条件的。"尽管一定的系统结构就具有一定的功能，但功能的实际表现则是与具体的环境条件相关的，环境条件的不同，系统可以表现出不同的功能，这就有了同样的结构可以表现出不同的功能，不同的结构也可以表现出同样的功能。"① 所以，从"同构多功"或"异构同功"的非对应关系来研究翻译和教学研究对象系统的结构功能的相关性，需要研究相关的各种环境条件，研究在哪些环境条件下翻译和教学研究对象系统"同构多功"，哪些环境条件下翻译和教学研究对象系统"异构同功"。

还应注意的是，翻译和教学研究对象系统的结构和功能的非对应关系，其运动、变化、发展的演化过程是必然性和偶然性的对立统一。翻译和教学的系统结构决定系统功能，系统功能反作用于系统结构，这是系统结构和功能的必然性关系的一面。翻译和教学的现实系统都是开放性自组织系统，现实系统都处在不断运动、变化、发展的演化过程中，现实系统都处在非平衡态和失稳过程中，这种非平衡态和失稳会使翻译和教学研究对象系统产生要素的随机涨落，要素的随机涨落就会改变翻译和教学研究对象系统的结构和功能，这种随机涨落成为翻译和教学研究对象系统的结构和功能的偶然性关系的一面。这时候，我们似乎可以将翻译和教学研究对象系统的结构和功能的必然性关系的一面理解为这种关系的总体平均稳定态，将翻译和教学研究对象系统的结构和功能的偶然性关系的一面理解为对必然性关系的失稳或非平衡的随机涨落。

---

① 魏宏森，曾国屏．系统论——系统科学哲学［M］．北京：世界图书出版公司，2009：293.

三、从系统结构的优化认识系统结构功能相关律与翻译和教学研究的联系

由于系统结构和系统功能是系统整体属性的两方面，它们既相互联系又相对分离，使得我们可以根据需要和可能侧重于某一方面着眼研究翻译和教学研究对象系统的优化问题。

翻译和教学研究对象系统的结构决定系统的功能，系统结构实现了最优化，系统功能也就实现了最优化，系统结构的优化和系统功能的优化总是密切联系不可分割。由于翻译和教学研究对象系统结构的优化必然导致翻译和教学研究对象系统功能的优化，我们就可以根据需要和可能，侧重于从实体系统、关系系统要素之间的系统结构的整体优化来研究翻译和教学研究对象系统整体功能的优化。

从翻译和教学实体系统研究要素之间的系统结构的优化，是比较容易理解的。以社会系统为例，一个学校就是一个实体系统，它按照决策层—管理层—执行层的层次秩序结合起来，其结构是否合理必然影响学校教书育人的总体功能的发挥，这就需要从整体出发去研究系统结构，研究学校各层次各相对独立体之间的关系，确定其机构设置是否符合整体最优的原理。当学校组织结构得以整体最优化，学校功能也自然随之最优化。

从翻译和教学关系系统研究要素之间的系统结构的优化，就比较难于理解。关系系统从表面看是一种无形的不可见系统，但它仍然是人脑思维（活动）对客观实体系统的抽象和概括，它们的结构形式往往通过文字、图表等媒介显现出来。

首先，翻译和教学的实体系统是关系系统存在的基础，关系系统是实体系统的抽象。譬如，国家关系、民族关系、阶级关系、社会关系、人事关系的研究，它们都以具体的国家、民族、阶级、社会、人事为研究对象，翻译和教学都以具体的翻译和教学研究对象为研究对象，都具有一定的实体作为研究基础，它们的各种关系是对实体研究对象一般性的抽象。又如，各种法律法规、各种管理规章的研究，它们是一种制度的关系系统，它们的研究对

象是以人的关系为核心的实体存在，制度之间的各种关系是实体研究对象各种关系一般性的抽象。又如，各种概念系统，诸如系统理论的概念、方法、原理、规律等，它们作为概念系统，其一系列的概念、方法、原理、规律等，它们的研究对象是自然界和人类社会，它们是自然界和人类社会一般性规律的抽象。所以，关系系统结构的规律性往往反映了实体系统演化的规律性，关系系统的结构优化虽不等同于实体系统结构的优化，但它们在优化过程中却要以实现实体系统的结构优化为基础和目的。

其次，人的思维（活动）是关系系统的载体，关系系统是人的思维（活动）承载的信息。人的思维（活动）的特殊功能使其成为关系系统最基础最核心的要素，承载并激活关系系统的信息交换，使关系系统能成为活的开放系统。因此，关系系统就成为可能优化的开放的活结构，而不是封闭的死结构。

因此，从关系系统的结构入手研究翻译和教学研究对象系统的优化，就是以实体系统结构的整体优化为基础和目的，通过人的思维（活动）的特殊功能，将其结构关系转化为文字、图表等媒介显现出来，对文字、图表等媒介再通过人的思维（活动）对翻译和教学研究对象系统的结构进行优化。这里包含三层意思：第一层意思是研究翻译和教学研究对象系统的结构优化是以相关的实体对象为研究基础；第二层意思是翻译和教学研究对象系统的结构优化是由人的思维（活动）承载和激活；第三层意思是翻译和教学研究对象系统的结构优化是通过文字、图表等媒介显现出来，通过人的思维（活动）对其结构进行优化。三者有机联系在一起综合研究，才能理解翻译和教学研究对象系统的结构优化问题。《结构功能翻译理论》[①] 一文，就是从关系系统的结构优化入手研究翻译理论问题。该理论将语义学的并列分类结构形式改变为系统的递进层次结构形式，从而按语义系统的三个递进层次的结构功能整体构建"系统分层翻译""系统优化翻译"，通过翻译及翻译优化的程序化最终实现结构功能翻译的系统整体功能最优化。该理论被北京语言大学教授、博导郭风岚承担的国家语委"十三五"科研规划项目阶段性成果《论

---

① 张湖婷.结构功能翻译理论［J］.教育文化论坛，2018，10（2）：24–30.

少数民族语地名生态及其规范化——以新疆少数民族语地名为例》^①一文作为项目研究的原则基础和依据，对国家少数民族语地名译写的规范化、标准化提出了非常系统可行的建议。

无论是实体系统还是关系系统，研究翻译和教学研究对象系统结构的合理性，实质上是研究系统结构的整体优化，仍然体现的是系统整体性的核心思想。所以，着眼侧重从翻译和教学研究对象系统结构研究翻译和教学研究对象系统问题，仍然要从翻译和教学研究对象系统的整体入手进行结构研究。翻译和教学研究对象系统之下还有分系统（要素），分系统作为要素，又有其在系统整体中的地位和结构。翻译和教学研究对象系统结构的优化不是以要素的结构最优为目的，而是要以翻译和教学研究对象系统结构的相对整体或整体最优为研究目的。在某种条件下，为谋求翻译和教学研究对象系统结构的整体最优，可以以牺牲翻译和教学要素结构的部分最优为代价。我国九年义务教育六年制小学教科书第十册第五单元有一篇课文，讲的是我国历史上战国时期一个著名的历史故事，叫田忌赛马。田忌作为齐王大将，与齐王赛马。田忌的马整体上不如齐王，如果在赛马结构上田忌以下等马对下等马，中等马对中等马，上等马对上等马，必输无疑。田忌采纳了孙膑的主意。第一场比赛，田忌按照孙膑的安排，用上等马鞍将下等马装饰起来，冒充上等马，与齐王的上等马比赛。比赛开始，只见齐王的好马飞快地冲在前面，而田忌的马远远落在后面，齐王得意地开怀大笑。第二场比赛，田忌还是按照孙膑的安排，用自己的上等马与齐王的中等马比赛，在一片喝彩中，只见田忌的马竟然冲到齐王的马前面，赢了第二场。关键的第三场，剩下田忌的中等马和齐王的下等马比赛，田忌的马又一次冲到齐王的马前面，结果二比一，田忌赢了齐王。在今天看来，田忌采纳了孙膑的主意，实际上采纳的是从系统结构整体最优化入手获取系统功能整体最优化的策略。田忌如果在赛马结构上只顾要素功能的最优，而不是考虑整体结构最优，不是以牺牲第一轮比赛要素结构的部分最优为代价，就不可能取得整场比赛的胜利。

---

① 郭风岚.论少数民族语地名生态及其规范化——以新疆少数民族语地名为例［J］.语言规划学研究，2019（1）：10–16.

四、从系统功能的优化认识系统结构功能相关律与翻译和教学研究的联系

翻译和教学研究对象系统的结构和系统的功能是相互联系、相互制约、相互作用、相互转化、相对区别、相对独立的。翻译和教学研究对象系统的结构决定系统的功能，翻译和教学研究对象系统的功能又反作用于系统结构。翻译和教学研究对象系统结构和功能的相对独立性不仅使我们能从系统结构的优化来认识翻译和教学研究对象系统结构功能的相关性，而且还能从翻译和教学研究对象系统功能的优化来认识系统结构功能的相关性。

我们可以通过研究翻译和教学研究对象系统功能的优化来促进系统结构的优化。如长颈鹿的脖子，按照拉马克"用进废退"的观点，他认为长颈鹿的脖子长是长期伸长脖子吃树叶的结果。即长颈鹿脖子长的结构变化是长期伸长脖子吃树叶的功能变化的结果。又如，人类的演变，人因为劳动功能的不断演化发展，使猿变成人，人体结构得以进化，尤其是人的大脑结构越来越复杂化。"劳动创造人类"，就是功能优化促进结构优化的生动事例。

既然系统功能的优化必然促进系统结构的优化，那么，我们应该从哪些方面入手研究翻译和教学研究对象系统功能的优化问题呢？

一是可以从"功能瞬时性"出发，将翻译和教学研究对象的功能"截取"一个静态点来研究系统功能的优化。

功能的"连续"演化是由一个一个的"瞬时"演化连接起来的。如果将这些"瞬时"演化的点连接成线，这一定是一条有起伏的抛物线，这是由系统通过涨落有序的规律决定的。这种情况下，我们就可以将有规律的最优点作为功能最优化的研究对象，研究获取功能最优点的外部环境条件，以及内部系统结构的涨落变化，以实现翻译和教学研究对象系统功能化。

二是可以从功能需要和优化目的出发去研究翻译和教学研究对象系统结构功能的相关性。

可以根据功能应用的具体环境条件，选择所需要的功能来研究翻译和教学研究对象系统结构的优化。一定的翻译和教学研究对象系统具有一定的

功能，也可能一定的翻译和教学研究对象系统具有多种功能，但并非所有的功能我们都需要。实际过程中，翻译和教学研究对象系统所处的环境条件不同，我们所需要的功能就有所不同。这种情况下，我们就可以根据环境条件的需要选择适宜的功能作为翻译和教学研究对象，以功能需要为目的去研究系统结构。

三是可以从"功能结果"出发，研究翻译和教学研究对象系统功能的演化优化过程。

我们在上面有过这样的讨论：系统功能是不可见的，系统与外部环境相互联系和相互作用中表现出来的性质、能力和功效，我们只能通过感觉认识它们的存在，我们可见的只是它们的功用结果。事实上，自然界和人类社会的运动、变化、发展的历史演化过程，是各种功能的共同作用过程。人类不可能感知和经历这一功能演化过程。但历史却真真正正地把自然界和人类社会作为其功能演化"成果"展现在现代人类的面前，却对其"成果"的演化留下诸多"谜底"让人类去"猜测"。譬如，宇宙的演化、地球的形成，人类的研究都是根据现有的"结果"去研究演化的功能、再去深入研究其结构。又如，在现实社会中，我们有很多有待研究的领域，我们只知道一定功能形成一定结果，我们并不知道它们的演化功能，我们只能根据结果来研究形成结果的功能，从而进一步深入研究其结构。同理，我们可以根据翻译教学研究对象系统的"功能"的"结果"出发，研究翻译和教学研究对象系统功能的演化优化过程。

四是可以从"功能模拟"出发，去研究翻译和教学研究对象系统的演化优化。

"系统科学的一个重要贡献，是发现了可以从系统的功能相似角度来研究和运用模型，即可以从模型的功能与原型相似的角度建立模型，这就是功能模拟方法。"[①]

"功能模拟方法"与上面所说的"从功能需要和优化的目的出发去研究

---

① 魏宏森，曾国屏．系统论——系统科学哲学［M］．北京：世界图书出版公司，2009：293.

结构功能的相关性"不同，翻译和教学研究对象系统的功能模拟方法是研究如何用系统翻译、教学"模型"模拟翻译、教学"原型"的功能和行为。翻译和教学研究对象系统的功能模拟方法以功能和行为的相似性为基础，用"模型"模拟"原型"的功能和行为，功能模拟的特点是系统结构可以不同但功能和行为相同。功能模拟方法是控制论的主要方法之一。功能模拟方法运用模型对研究对象的系统功能和行为进行模仿或仿真，即模仿真实系统，从而实现功能研究和优化的目的。翻译和教学研究对象系统功能模拟的具体方法：第一，不直接研究系统本身，而是通过建立模型进行实验，模仿真实系统的功能和行为，用间接方法研究真实系统。第二，不去模仿真实系统的外形、结构，而是模仿真实系统的功能或行为。第三，功能模拟方法的目的不是研究系统的构造和形态，而是研究系统的功能和行为，通过功能和行为的模仿，建立起在功能和行为上与原型相同的系统模型。第四，功能模拟方法往往把研究对象视为"黑箱"，即先不问系统的结构，而是通过对系统输入与输出关系的研究，再通过系统功能行为的模仿来推断系统内部结构。

翻译和教学研究对象系统功能模拟法以行为功能的模仿研究为侧重点，暂时撇开对系统的结构、要素的研究。在翻译和教学研究对象系统结构和功能的研究中，有时候系统结构的高度复杂性和不可复制性，使得人类不能先从结构的相似性入手来研究系统的相似性，只能从行为功能的相似性入手来研究系统的相似性，实现翻译和教学的研究目的。例如，人工智能的仿真模拟，人脑的物质结构是高度复杂的，人的大脑皮层约有 140 亿个神经元。我们如果要从结构模仿入手对人工智能进行仿真模仿，实现相同功能，几乎是不可能的。功能模拟方法忽略人工智能的结构、要素，仅从行为功能上来认识，根据人工智能的行为功能去另行研究其他仿生系统的结构来实现人工智能的行为功能，就使人工智能的仿真模拟具有了可行性。

但无论从上述哪一方面侧重从系统功能的研究入手去研究翻译和教学研究对象系统结构和功能的相关性，仍然需要将其放到系统的整体中去认识，仍然要从系统整体功能最优进行研究。系统整体功能之下还有部分功能，整体功能制约部分功能，部分功能在保持其独立性的同时，必须服从整体功能最优的需要，在获取整体功能最优的前提下再去进行系统结构的整体优化。系统功能的优化不是以要素功能的最优为目的，而是要以系统功能的相对整体或整体最优为目的。在某种条件下，为谋求翻译和教学研究对象系统功能的整体最优，仍然需要以牺牲翻译和教学研究对象系统的要素功能最优为代价。以苏联研制米格–25喷气式战斗机为例，在当时，米格–25喷气式战斗机的许多零部件与同时期美国的战斗机相比，其零部件的部分功能要落后得多，但因设计者从飞机的整体功能最优出发考虑，对各零部件进行了整体协调设计，使该机在升降、速度、应急反应等方面的功能达到了当时世界一流水平。这一从系统整体功能最优进行组合协调而产生的令人意想不到的结果，被后人称为"米格–25效应"。

第二节 系统的信息反馈律与翻译和教学研究的联系

"物质、能量和信息，是现代社会文明的三大支柱"[①]，信息反馈对研究翻译和教学系统的稳定和发展具有重要意义。

"信息反馈在系统中是一种普遍现象，通过信息反馈机制的调控作用，使得系统的稳定性得以加强，或系统被推向远离稳定性。据此，我们把揭示信息反馈调控影响系统稳定性的内在机制概括为信息反馈律。"[②]

通俗解释，"信息反馈是指施控系统将信息输出，输出的信息对受控系统作用的结果又返送回施控系统，并对施控系统的信息再输出发生影响的过程"[③]。一般表现形式为受控系统的实施结果，通过信息返送回施控系统，施控系统根据反馈回来的信息修改或补充原来的方案，受控系统再拿到实际中去实施，从而取得预期效果。

信息反馈是一门横断科学，涉及工程、管理、社会、经济、文化、医学

① 魏宏森，曾国屏.系统论——系统科学哲学［M］.北京：世界图书出版公司，2009：308.
② 魏宏森，曾国屏.系统论——系统科学哲学［M］.北京：世界图书出版公司，2009：305.
③ 360问答.加强信息反馈工作应着手的方面［EB/OL］.（2017–12–16）.https：//wenda.so.com/q/1460621697729518.

等各行各业。维纳①在《人有人的用处：控制论和社会》一文中认为："信息这个名称的内容，就是我们对外界进行调节并使我们的调节为外界所了解时而与外界交换来的东西。接受信息和使用信息的过程，就是我们对外界环境中的种种偶然性进行调节并在该环境中有效地生活着的过程。"

对信息的定义具有多种版本。"在日常生活中，信息是指具有新内容、新知识的消息（如书信、情报、指令）。"②

魏宏森、曾国屏把信息定义为："信息不是物质也不是能量，但是信息离不开物质载体，信息的传送也离不开能量，物质和能量总是包含有信息的物质和能量。"③这句话的含义说明信息是以物质为载体，以能量进行传送，物质和能量虽然包含有信息，但它们是相互联系又相对分离的关系。物质、能量、信息构成了现代文明的三大支柱，可见信息概念是十分重要的概念。魏宏森、曾国屏对信息的定义，与之前的各种定义相较，具有更大的一般性和普遍性意义。

反馈又称回授，英语译词为 feedback，泛指发出的事物返回发出的起始点并产生影响。反馈是控制论的基本概念，是将系统的输出再返回到输入端并以某种方式改变输入。它们之间是一种因果关系的回路，输出时由"原因变结果"，输入时由"结果（原因）变原因（结果）"，系统的输出返回到输入端时原结果变为原因，原因变为结果，再以某种方式改变输入并影响系统功能的过程。这种情况相当于系统的输出反馈到了它的自身。信息反馈回路的本质是系统调控的信息通道。以人体的反射活动为例：刺激（输入）作用于感受器—神经兴奋沿传入神经传递给大脑中枢—再沿传出神经控制效应器的活动（输出）—效应器的活动情况又作为刺激信息（输入）返回作用于感受器—进而通过大脑中枢的调节影响效应器的活动（输出）。通过简化，我们可以得出人体反射活动反馈回路：（输入）感受器—传递给大脑中枢—效应器（输出）—（输入）感受器—效应器（输出）。这样就比较形象说明了

① 维纳.人有人的用处：控制论和社会［M］.上海：商务印书馆，1978.
② 魏宏森，曾国屏.系统论——系统科学哲学［M］.北京：世界图书出版公司，2009：306.
③ 魏宏森，曾国屏.系统论——系统科学哲学［M］.北京：世界图书出版公司，2009：308.

系统信息反馈回路的本质是系统调控的信息通道。

我们从以下几方面来认识系统的信息反馈律与翻译和教学研究的联系。

一、从反馈概念认识系统信息反馈律与翻译和教学研究的联系

魏宏森、曾国屏对信息反馈下的定义是，"把反馈理解为系统的输出和输入之间，以及系统之中的不同要素、不同关系之间的相互作用"[①]。"通俗地说，信息反馈就是指由控制系统把信息输送出去，又把其作用结果返送回来，并对信息的再输出产生影响，起到制约的作用，以达到预定的目的。"[②]

信息反馈是一个完整的过程，不仅是信息的传递，而且包括信息的调控。施控方将信息输出发送给受控方，受控方输入并执行施控方发送的信息产生执行结果，然后受控方将执行结果的信息再输出发送给施控方，施控方输入受控方发送的信息并修改或完善，施控方再将修改或完善的信息输出发送给受控方执行，即"施控系统—受控系统—施控系统—受控系统"的过程。这是"系统 A 作用于系统 B 反作用于系统 A"的因果循环过程。当"系统 A 作用于系统 B"即"输出 A—输入 B"时，A 是原因，B 是结果；"系统 B 反作用于系统 A"即"输出 B—输入 A"时，B 是原因，A 是结果。信息反馈就是这样的因果轮回关系。这一循环过程叫信息反馈。有如图 27 形式：

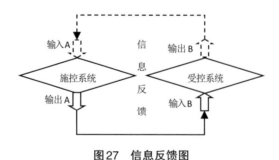

图27　信息反馈图

① 　魏宏森，曾国屏．系统论——系统科学哲学［M］．北京：世界图书出版公司，2009：311.
② 　张星元．科学网博客反馈专题［EB/OL］．［2015-11-10］.http://blo.sciencenet.cn/blo-41364-291923.html.

信息反馈分正反馈和负反馈，都是平衡系统作用的两种方式：信息负反馈是从研究系统的稳定和平衡方向来调控系统信息以达到平衡系统的目的，它的有利方面是保持系统稳定，它的不利方面是抑制系统发展；信息正反馈是从研究系统的失稳和失衡方向来调控系统信息以达到系统失稳的目的，它的有利方面是有利于系统发展，它的不利方面是有时会使系统失稳，甚而全面崩溃。在系统信息反馈调控过程中，既要重视信息负反馈的调控，又要重视信息正反馈的调控。

翻译和教学研究对象系统的负反馈和正反馈，简单理解：当翻译和教学研究对象系统的运动偏离既定目标运动时，这时的信息反馈是信息负反馈；当翻译和教学研究对象系统的运动朝着加强既定目标进行运动时，这时的信息反馈是信息正反馈。翻译和教学研究对象系统的负反馈是受控方将执行结果发送给施控方时，其执行结果与施控方发送给受控方的信息相反，负反馈采取相反措施调控后再重新输入系统。负反馈使翻译和教学研究对象受控系统的执行结果与计划目标值的误差减小，系统目标趋于稳定和平衡。翻译和教学研究对象系统的正反馈是受控方将执行结果发送给施控方时，其执行结果与施控方发送给受控方的信息相同，正反馈采取相同措施调控后再重新输入系统，是一个使输出持续增强的过程，正反馈使系统偏差不断增大，放大控制作用，系统目标趋于失稳和失衡。对翻译和教学研究对象系统负反馈的研究是研究系统的稳定和平衡，对翻译和教学研究对象系统正反馈的研究是研究系统的失稳和失衡。

对翻译和教学研究对象系统正负反馈的理解，可以举生物体的正负反馈为例加以说明。当生物的体内进行激素调节时，一种激素能促使另一种激素分泌，当另一种激素不足时，这种激素分泌就会增多，从而促进它的产生，这种叫作正反馈；当另一种激素的量超过适宜的量从而产生过度分泌时，过多的量又会反过来抑制这种激素的产生，使激素的产生保持体内平衡，这就叫作负反馈。对生物体内的这种反馈，简单理解就是促进作用是正反馈，抑制作用是负反馈。促进作用即正反馈造成体内激素分泌不平衡时，说明生物体内结构和功能出现了问题，就必须从抑制作用负反馈机制来研究生物体内结构和功能问题，实现激素分泌的平衡。

翻译和教学研究对象系统的信息反馈是系统一种最普遍的本质属性。虽然系统的运动是物质、能量、信息的交换，系统的交换牵涉物质流、能量流、信息流，但物质是传送信息的载体，能量是传送信息的动力，系统反馈的本质就是通过物质载体和能量传送传递信息，从而对物质流、能量流进行调控。

在讨论翻译和教学研究对象系统的信息反馈时，翻译和教学研究对象系统的信息反馈会形成反馈回路，翻译和教学研究对象系统的输出和输入之间的各种关系是一种非线性不可叠加的关系。翻译和教学研究对象系统的信息反馈实际上是一种因果轮回，但系统因果轮回关系对于反馈系统，很难做出简单的推理归因，需要将系统作为一个整体来看待。因为当"系统 A 作用于系统 B 反作用于系统 A"，信息反馈就形成了反馈循环回路。这种反馈循环回路不能脱离物质载体和能量传送来传递信息，这种反馈就不仅是输出和输入相互作用的不断循环，也是翻译和教学研究对象系统中不同要素和不同关系之间的相互作用的不断循环。这种输出和输入、不同要素和不同关系的相互作用就使系统因果关系的循环回路并非简单的线性叠加的关系，而是排斥和吸引、竞争和协同的非线性不可叠加的关系。

翻译和教学研究对象系统具有自己确定不移的发展趋势，这就是翻译和教学的系统目的。当信息反馈的翻译和教学研究对象偏离系统目的的运动信息时，这是信息反馈的负值，这是负反馈，这时我们要制约和调控不利于翻译和教学研究对象系统目的的信息输出，以保持翻译和教学研究对象系统的稳定和平衡；当信息反馈的是翻译和教学研究对象朝着系统目的的运动信息时，这是信息反馈的正值，这是正反馈，这时我们要促进利于翻译和教学研究对象系统目的的失稳和失衡的信息输出，以促进系统的发展，同时要注意过度正反馈调控导致的失稳和失衡的翻译和教学研究对象系统的"崩盘"。

从反馈概念认识系统信息反馈律与翻译和教学研究的联系，还可以从以下几方面来认识^①：

1. 比例不同

翻译和教学研究的负反馈为大多数情况下的控制机制，正反馈为少数情况下的控制机制。

2. 定义不同

翻译和教学研究的负反馈，受控方发出的反馈信息调整控制方的活动，最终使受控方的活动朝着与它原先活动相反的方向改变。

翻译和教学研究的正反馈，受控部分发出的反馈信息促进与加强控制部分的活动，最终使受控部分的活动朝着与它原先活动相同的方向改变，反馈信号的极性与系统输入信号的极性相同，从而起着增强系统净输入信号的作用，称之为正反馈方式。

3. 作用不同

翻译和教学研究的负反馈起纠正、减弱控制信息的作用，使输出起到与输入相反的作用，使系统输出与系统目标的误差减小，系统趋于稳定。翻译和教学研究的正反馈起加强控制信息的作用，使输出起到与输入相似的作用，使系统偏差不断增大，使系统放大控制作用。

从反馈概念认识系统信息反馈律与翻译和教学研究的联系，还有一个"度"的问题。正反馈和负反馈都有一个"度"，过度的正反馈自然会使翻译和教学系统崩溃，但过度的负反馈也自然会使翻译和教学系统崩溃。就犹如驾驶汽车，汽车驶离预定线路时驾驶员会采取负反馈措施进行调控，但负反馈措施必须适度，过度的负反馈措施可能会车毁人亡。

二、从系统的稳定认识信息反馈律与翻译和教学研究的联系

系统的稳定在于系统存在信息负反馈机制。

"所谓的负反馈就是使得系统的运动和发展保持向既有目标方向进行的

_____

① 360问答.正反馈和负反馈的区别是什么？［EB/OL］.（2017-11-28）［2022-12-09］. https：//wenda.so.com/q/1570927982211141.

反馈",“一般来说,负反馈是使得系统保持稳定的因素,使得系统保持合目的行为”①。

通俗理解,“负反馈是使系统的输入的影响减少,可以及时发现和纠正系统的偏差和谬误,使系统偏离目标的运动得到纠正,趋向稳定状态,保证系统达到预期的目的,也就是说,返回的信息对决策者的组织指挥起减弱、否定或部分否定的作用。改变或部分改变原来的工作或生产经营活动的方向和状态,以期取得系统目标的最佳效益”②。

翻译和教学研究对象系统的信息负反馈是翻译和教学研究对象系统偏离既定目标运动的信息反馈,一般是不足、教训等结果,需要采取措施加以补救。将翻译和教学问题作为系统问题进行研究时,要稳定系统,就要不断研究不利于系统稳定的信息,即不断研究不利于翻译和教学系统既定目标的不稳定、不足、教训等信息,采取相反措施保持系统继续向着既定目标稳定发展。

翻译和教学研究对象系统信息负反馈的作用是纠正、减弱控制信息,使系统输出与系统目标的误差减小,使系统趋于稳定。

翻译和教学研究对象系统的信息负反馈是研究如何保持翻译和教学研究对象系统的稳定和平衡,研究翻译和教学研究对象系统的运行如何符合翻译和教学研究对象系统的目的性行为。翻译和教学研究对象系统信息反馈调节的对象实质上是信息流的结果,翻译和教学研究对象系统负反馈的表现是信息流的结果对信息流的过程起着抑制作用。负反馈的结果对过程起抑制作用,是反应的结果反过来作为反应的原因抑制反应的进行。因为反馈信息与控制信息的作用方向相反,因而可以纠正控制信息的效应。

尤其是翻译和教学研究对象系统信息负反馈的调控,对于研究如何保持翻译和教学研究对象系统的稳定和平衡具有重要的实践意义。

翻译和教学研究对象系统的信息负反馈反馈的是系统偏离稳定的信息,

① 魏宏森,曾国屏.系统论——系统科学哲学[M].北京:世界图书出版公司,2009:312.
② 360问答.加强信息反馈工作应着手的方面[EB/OL].[2017-12-16].https://wenda.so.com/q/1460621697729518.

需要采取相反的措施进行调控，以保持稳定。

在翻译和教学过程中，翻译和教学人员作为施控系统，需要通过信息负反馈来揭示翻译和教学活动中的不足，采取相反措施对翻译和教学过程进行不断调节，使翻译和教学结果趋于完善，不断达到翻译和教学整体优化状态。翻译和教学作为信息反馈系统，大量的工作是信息负反馈系统调节。作为翻译和教学系统的翻译和教学职能，都具有确立翻译和教学标准（目标、标准、计划）、衡量翻译和教学成效、纠正翻译和教学偏差三个基本步骤，以确保翻译和教学目标、翻译和教学标准、翻译和教学计划能够得以实现。翻译和教学人员会不间断对翻译和教学工作进行衡量、测量和评价，在出现偏差时予以纠正，以防止偏差继续发展和再度发生，这就是翻译和教学系统的信息负反馈调节。在翻译和教学过程中，需要对与实际不符的翻译和教学的目标、标准、计划进行修订调整。这些行为统称为翻译和教学控制系统的信息负反馈调节。

在教学过程中，信息负反馈对教学工作的稳定发展具有重要的积极意义。作为教学过程，学校有培养方案、教学大纲，教师有教学任务、教学计划。当学生的学习成绩达不到培养标准时，其信息负反馈会促使学校、学院、教师查找问题、总结经验，采取相关措施甚至批评或处罚来实现学生学习成绩达标。学校在教学过程中，学生对课堂氛围、教学方式、教育设施、教师教学、课时安排、课程设计、图书馆开馆时间等有意见，都属于信息负反馈，学校和相关人员都会采取相反的措施进行调控，这都属于一种信息负反馈的调控过程，目的是保持教学系统的稳定性，朝着教学既定目标发展。

在教学过程中，学校利用信息负反馈保持教学稳定性的例子较多。如某学院在一次信息反馈调查表中收集到如下信息：部分青年教师对整体教材把握不准；个别教师讲课过快，普通话不标准；个别教师管理不严，课堂纪律松懈；白天上实验课晚上上课的时间安排不合理。某学院根据反馈信息采取了以下调控措施：实行导师制，对青年教师采取一帮一对口帮扶；加强教师传统技能培训；调整时间，白天上课晚上上实验课；加强教师责任，严肃课堂纪律；等等。这一系列调控措施使学校教学朝着稳定目标前行，这就是信息负反馈的作用。

三、从系统的发展认识信息反馈律与翻译和教学研究的联系

系统的发展在于系统存在信息正反馈机制。

"正反馈的作用与负反馈的作用表现出恰恰相反的效应，负反馈是控制系统保持在既有目标的作用手段，而正反馈则可以使得系统越来越偏离既有目标值，甚至导致系统解体。"①

通常理解，"正反馈是使系统的输入对输出的影响增大，不断地打破旧的平衡状态，促使系统变化和发展，也就是说，返回来的信息对决策者的组织指挥起肯定或加强的作用，使工作或生产经营按既定的方向发展，一般为反映决策执行中的成绩、经验方面的反馈信息"②。

在翻译和教学系统中，系统的信息正反馈反馈的同样是翻译和教学的成绩、经验等结果，是系统放大符合既定目标运动的信息调控。信息正反馈的作用可以肯定和加强放大翻译和教学的成绩、经验等结果信息，使翻译和教学的成绩、经验不断增大，推动翻译和教学系统演化发展。

翻译和教学系统是有目的的系统，有自己既定的发展趋势。翻译和教学系统的信息正反馈，反馈调控的是符合翻译和教学系统既定的发展趋势的信息，一般是推动翻译和教学系统朝着更有利的方向发展。

利用信息正反馈进行教学调控的例子很多。如某校③对教师教学建立了一套既定目标的信息反馈表，其目标反馈信息有 14 项：一、教学观念：具有现代教学观念，注重调动学生参与教学，引导学生思考、探索，经常请学生发表见解，并能恰当引导和点评，而不是"满堂灌"。二、课改理念：传

---

① 魏宏森，曾国屏.系统论——系统科学哲学［M］.北京：世界图书出版公司，2009：315.
② 360 问答.加强信息反馈工作应着手的方面［EB/OL］.［2017-12-16］.https：//wenda. so.com/q/1460621697729518.
③ 360 文库.石家庄一中东校区（实验学校）教师教学信息反馈表［EB/OL］.［2020-06-22］. https：//wenku.so.com/d/89509853b6a1a1ef86255925fade2554.

授知识的同时，更加注重学生能力提升、学科思维渗透，注重情感、态度和价值观的培养。三、教师素质：教学语言准确，条理清楚，幽默生动；声音洪亮，富有感染力；板书工整、规范；教态自然大方。四、教学方法：教学方法灵活、实用，学生学习兴趣浓厚、积极性高，课堂上经常给学生自主和探究时间。五、教学能力：对高考方向把握清晰，对教材内容理解透彻，驾驭课堂能力较强，做到重点突出、难点突破。六、技术手段：熟练掌握多媒体应用技术，并经常使用 PPT、音频、视频辅助教学；理、化、生学科教师重视教材中的实验演示，并规范进行实验操作。七、师生关系：热爱学生，尊重学生，注重与学生沟通、交流，师生关系融洽。八、工作纪律：上课或学科辅导时，教师不迟到，课上不接打电话，中途不随意离开教室，不提前下课。九、参与管理：积极参与管理，从预习、上课、作业等各环节严格要求学生，并持之以恒督促学生不断进步。十、课堂效果：结构紧凑，内容连贯；讲解透彻，指导有方；课堂效果好，效率高。十一、自习辅导：教师及时到位，盯得紧，抓得实，有明确的学习任务，而且还经常单独辅导。十二、作业布置：经常分层次布置作业，作业形式多样、数量适中。十三、作业批改：及时收缴学生作业，做到全批全改，经常有评语，时常有面批。十四、整体评价：教师师德、业务素质、学生满意度等综合评价。该校对信息反馈分四个等次：很好、好、一般、不好。在这里，考核时如果反馈的信息都属于"很好""好"，那就是教学信息正反馈。在这种情况下，信息反馈机制使得学校继续实施正反馈调控，巩固加强已取得的成绩。这样的信息正反馈必将使学校取得更大的教学成果，进一步放大信息正反馈，就会使学校的教学整体失稳。这种失稳是有利于教学的失稳。所以，信息正反馈并非完全是不利要素。当然，考核时如果某一项或某些项是"一般""不好"，就要按信息负反馈从相反方向进行调控。

四、从稳定和发展的对立统一认识信息反馈律与翻译和教学研究的联系

翻译和教学系统的稳定和发展是对立统一的矛盾体，翻译和教学系统的

信息负反馈和信息正反馈同样是对立统一的矛盾体。翻译和教学系统的信息负反馈要极力保持系统的稳定的发展趋势，翻译和教学系统的信息正反馈却要极力打破系统稳定的发展趋势。

翻译和教学系统的信息反馈是和目的性联系在一起的。一般情况下，翻译和教学研究的信息反馈系统是一个事先设定目的的目的性信息反馈系统。这种目的性信息反馈系统的发展趋势是预先根据现实情况和需要进行设定的，是我们希望的结果。这种目的性系统有两种情况：一种是放大现有有利的发展趋势，所谓的推广经验、成绩的发扬，就是放大有利的发展趋势，这是大多数情况下的信息反馈机制；另一种是抑制现有不利的发展趋势，所谓的教训的吸取、错误的纠正，就是抑制不利的发展趋势，这是少数情况下的信息反馈机制。这两种情况下：如果信息反馈的是放大现有有利的发展趋势和抑制现有不利的发展趋势，这是合目的的信息正反馈，可以推动翻译和教学系统的发展；如果信息反馈的是抑制现有有利的发展趋势和放大现有不利的发展趋势，这是不合目的的信息负反馈，可以保持翻译和教学系统的稳定。这就产生了一个问题：为了翻译和教学系统的稳定，我们需要抑制有利的发展趋势和放大不利的发展趋势的负反馈吗？

事实并非如此，在翻译和教学系统中，我们需要从系统整体来认识信息正负反馈问题。从系统整体而言，翻译和教学系统的信息反馈是一个系统概念，即一个系统中同时存在信息负反馈和信息正反馈。翻译和教学系统是一个系统整体，由很多要素组成，其翻译和教学系统整体的信息反馈也由很多要素的信息反馈组成，翻译和教学系统的信息反馈也是一个复杂的系统。由于要素的行为总存在与系统总体目标的偏离，其偏离有涨有落，所以其信息反馈行为也就总是存在着涨落，即总是存在着正反馈和负反馈。从系统整体上而言，由于系统要素的行为是自组织行为，翻译和教学系统要素的信息负反馈和信息正反馈也是一种系统自组织行为，同时存在于系统整体中，其执行结果在系统内部是不稳定的，是具有涨落的，是不以人的意志为转移的，信息负反馈和信息正反馈是交替出现、互相转化的。当系统内部要素的信息负反馈和信息正反馈保持平衡时，系统是稳定的，系统的性质保持不变；当系统内部要素的信息负反馈和信息正反馈失去平衡时，系统产生失稳，系统的性质发生变化。正如上面某校对教师教学建立的一套既定目标的信息反馈表一样，14 项目标是 14 个系统要素，在系统执行过程中，14 个系统要素既会有"很好""好"的信息正反馈，也会有"一般""不好"的信息负反馈。"很好""好"的信息正反馈需要发扬，"一般""不好"的信息负反馈需要抑制。发扬是为了推动教学系统的发展，抑制是为了保持教学系统的稳定。当"很好""好"的信息正反馈 100% 大于"一般""不好"的信息负反馈时，信息正反馈调控使教学系统整体发生优质质变；当"一般""不好"的信息负反馈 100% 大于"很好""好"的信息正反馈时，信息负反馈过度调控反而会使教学系统整体发生崩盘；当"很好""好"的信息正反馈等于"一般""不好"的信息负反馈时，教学系统整体保持平稳。因此，在教学系统中，要使系统保持目前的稳定状态，信息反馈有时候需要对某些要素进行信息正反馈抑优、信息负反馈汰劣；要使系统有所发展，信息反馈有时候需要对某些要素进行信息正反馈扬优、信息负反馈汰劣；要使系统有所崩盘，信息反馈有时候需要对某些要素进行信息正反馈抑优、信息负反馈扬劣。根据需要有求发展有求稳定，"在稳定中求发展，在发展中求稳定"，这是一种正、负信息反馈的对立统一关系。

在日常工作中，需要从翻译和教学系统的发展过程中认识信息正、负反馈的抑优汰劣、扬优汰劣、抑优扬劣的对立统一关系，从而认识"在稳定中求发展，在发展中求稳定"。

一是从发展的阶段性和连续性认识翻译和教学系统信息正、负反馈的对立统一关系。翻译和教学的任何系统的发展，都是信息正、负反馈的阶段性和连续性的对立统一。发展是有阶段的，连续性由一个一个的阶段性组成。任何系统都会有一个一个的相对稳定的发展阶段，稳定之后需要发展。在稳定阶段，保持稳定是发展趋势，需要对翻译和教学系统的某些要素进行信息正、负反馈的抑优汰劣；在发展阶段，打破稳定是发展趋势，需要对翻译和教学系统的某些要素进行信息正反馈的扬优汰劣；在发展过程中，有可能为了建设一个全新系统，会有意使系统崩盘，需要对翻译和教学系统的某些要素进行过度的信息负反馈的抑优扬劣。

二是从发展的量变和质变认识翻译和教学系统信息正、负反馈的对立统一关系。翻译和教学的任何系统的发展，都有一个量变到质变的过程。在量变阶段，保持稳定是发展趋势，需要翻译和教学系统信息正、负反馈的抑优汰劣；在质变阶段，打破稳定是发展趋势，需要翻译和教学系统信息正反馈的扬优汰劣。

三是从发展的偶然性和必然性认识翻译和教学系统信息正、负反馈的对立统一关系。翻译和教学的任何系统的发展，都存在偶然性和必然性问题。偶然性会破坏翻译和教学系统的稳定趋势，要保持翻译和教学系统的稳定趋势，需要对翻译和教学系统的某些要素的偶然性进行信息正、负反馈的抑优汰劣。必然性会保持翻译和教学系统的稳定趋势，要打破翻译和教学系统的稳定趋势，发展翻译和教学系统，需要对翻译和教学系统的某些要素的必然性进行信息正、负反馈的扬优汰劣。

四是从发展的目的性和创造性认识翻译和教学系统信息正、负反馈的对立统一关系。翻译和教学的任何系统都是有目的的系统。目的性是我们预定的发展趋势，在预定的发展趋势中也有创造性问题。当我们需要保持预定的发展趋势时，目的性需要稳定，要保持翻译和教学系统的稳定趋势，需要对翻译和教学系统的某些要素的目的性进行信息正、负反馈的抑优汰劣。当我们需要保持对预定的发展趋势有所创造时，目的性需要发展，要打破翻译和教学系统的稳定趋势，需要对翻译和教学系统的某些要素的目的性进行信息正、负反馈的扬优汰劣。

五是从发展的因果关系认识翻译和教学系统信息正、负反馈的对立统一关系。翻译和教学的任何系统都如图 27 所示，是一个因果轮回系统。由于信息反馈的因果轮回关系，当"输出 B—输入 A"的信息大于"输出 A—输入 B"的信息时，翻译和教学系统是信息正反馈；当"输出 B—输入 A"的信息小于"输出 A—输入 B"的信息时，翻译和教学系统是信息负反馈。是需要抑优汰劣还是扬优汰劣还是抑优扬劣，要根据翻译和教学系统的发展需要决定。

第三节　系统的竞争协同律与翻译和教学研究的联系

"系统内部的要素之间以及系统与环境之间，既存在整体同一性又存在个体差异性，整体同一性表现为协同因素，个体差异性表现出竞争因素，通过竞争和协同的相互对立、相互转化，推动系统的演化发展，这就是竞争协同律。"

"系统是要素有机联系的统一体，即是个体的统一体。一系统区别、独立于它系统，也就是该系统具有个体性，可以看作是个体。个体为了保持自己的个体性，个体也处于发展演化之中，决定了它们之间必然处于相互竞争之中。"

"协同反映的是事物之间、系统或要素之间保持合作性、集体性的状态和趋势，这与竞争反映的是事物、系统或要素保持的个体性的状态和趋势正好相反。"[①]

可以从以下几方面来认识系统竞争协同律与翻译和教学研究的联系。

一、从非线性关系认识系统竞争协同律与翻译和教学研究的联系

在系统中，"要素与要素""要素与系统"之间普遍存在着线性相互作用和非线性相互作用。线性相互作用是指系统各要素间的性质和功能不存在排斥和吸引、竞争和协同的复杂的相互作用，要素可以从系统整体中分割开来单独讨论，这种情况下是不存在竞争的。非线性相互作用是指系统各要素间的性质和功能的相互作用是一种排斥和吸引、竞争和协同的复杂的相互作用，这种相互作用互为条件、互相纠缠，要素之间要适应整体需要，就会优胜劣汰，所以就要竞争，使得各要素组成系统整体后，不可以从系统整体中

[①]　魏宏森，曾国屏.系统论——系统科学哲学［M］.北京：世界图书出版公司，2009：324.

分割开来单独讨论。翻译和教学研究对象系统由于存在非线性关系，要素为了保持自己的独立发展趋势需要竞争，系统为了保持自己的整体发展趋势需要协同，竞争和协同就因此而产生。

现实中的翻译和教学研究对象系统，都是非线性系统，所以就会产生竞争和协同。从性质和功能来讨论：翻译和教学研究对象系统的线性的性质和功能是指系统内部各翻译和教学要素的性质和功能可以简单叠加，是一种机械和，它们的性质和功能叠加服务于整体但可以分开讨论；翻译和教学研究对象系统的非线性性质和功能是指系统内部各翻译和教学要素的性质和功能不可以简单叠加，它们的性质和功能通过竞争和协同机制服从整体需要进行选择，它们的性质和功能服务于整体后不可以分开讨论。在非线性条件下，翻译和教学研究对象非线性系统内部各要素在系统中的地位和作用，需要通过要素之间的排斥和竞争来实现，翻译和教学研究对象系统会根据整体性质和功能的需要进行选择，进行整体协同。

二、从要素的竞争认识系统竞争协同律与翻译和教学研究的联系

翻译和教学系统的竞争是要素因保持其独立发展趋势在发展过程中的生存努力。

翻译和教学的要素之间存在差异，在演化过程中都有保持自己独立性质的发展趋势的选择。

翻译和教学的任何系统都是一个有机联系的整体，而系统又是一个相对性概念。翻译和教学系统的任何要素都可以认为是一个相对性的系统整体，因此任何要素作为相对性的系统整体都有保持其独立发展趋势的性质和功能。

翻译和教学系统的任何要素都存在差异性，翻译和教学系统的任何要素都处在发展过程中。在发展过程中，有差异就有竞争，就必须符合达尔文的"物竞天择，适者生存"的自然选择。翻译和教学系统的竞争是要素之间因为差异在发展过程中为了保持自身的发展趋势做出的生存努力，即"竞争是

要素因差异在发展过程中的生存努力"。

我们可以举一些例子说明"竞争是要素因差异在发展过程中的生存努力"。

在翻译和教学的概念系统中,如果将一句话作为一个相对性系统整体,这一句话通过人的思维进行激活,这一句话中的各种要素在发展过程(研究过程)中就因为差异具有了竞争性。如句子成分,它们都有语法和词性成分。汉语的语法成分是主谓宾定状补,词性成分有名词、动词、形容词、数词、量词、代词、副词、介词、连词、助词、拟声词、叹词;英语的语法成分是主、谓、宾、定、状、表、补、同位语和独立成分,词性成分有名词、代词、形容词、副词、动词、数词、冠词、介词、连词、感叹词。如果将语法和词汇看成句子系统的两个要素,从语法成分上,在句子结构中谁先谁后,不同的语言有不同的差异,它们的差异在发展过程(研究过程)中根据人的思维需要进行选择;从词汇成分上,同一意思表述,选择不同的词性成分的词汇对表达同一意思有优有良,它们的差异也在发展过程(研究过程)中根据人的思维需要进行选择。句子成分在发展过程(研究过程)中根据差异参与竞争选择,这是一种"竞争是要素因差异在发展过程中的生存努力"。

在翻译和教学的概念系统中,如果将一篇论文写作作为一个相对性系统整体,这一篇论文中的各个要素,是总论点下的各分论点,是总标题下的各小标题。这一篇论文在写作过程中通过人的思维激活后,这篇论文中的各个要素在发展过程(研究过程)中就因为差异具有了竞争性。由于人的思维的激活,在研究过程中,各分论点,各小标题的选择和确定,会有其他分论点、小标题待选,其待选就是一种"竞争是要素因差异在发展过程中的生存努力"。作者为贯彻党的二十大精神,从专业角度写作了《系统视角下从外语课程思政教育机制铸牢中华民族共同体意识——兼论课程思政教育机制的系统建设》一文,发表在北大核心、CSSCI、AMI 核心期刊。由于期刊要求比较严格,根据编辑部要求进行了反复修改。其小标题作为论文要素,修改过程就体现了系统要素的竞争过程。该文初稿的标题是"一、问题的提出""二、铸牢中华民族共同体意识的里程碑意义""三、教育领域铸牢中华民族共同体意识理论研讨的缺失""四、从外语课程思政及课程思政教育机制的系统建设铸牢中华民族共同体意识""五、结语"。小标题和内容经反复修改，该文定稿的标题是"前言""一、教育领域铸牢中华民族共同体意识理论研讨的缺失""二、从外语课程思政及课程思政教育机制的系统建设铸牢中华民族共同体意识""三、结语"。显然，由于小标题在竞争中的改动，文章的格局就大了许多！

在翻译和教学系统中，处处体现出"竞争是要素差异在发展过程中的生存努力"。如教师教学系统，教师是要素。教师与教师的教学质量存在系统差异性。为放大优质教师的教学经验，学校每年会组织教学质量评比，这是一种"竞争是要素差异在发展过程中的生存努力"。如学生学习系统，学生是要素。学生与学生的学习质量存在系统差异性。为放大优质学生的学习经验，学校每年会组织进行学生评优活动，这也是一种"竞争是要素差异在发展过程中的生存努力"。

三、从系统的协同认识系统竞争协同律与翻译和教学研究的联系

翻译和教学系统的协同是系统因保持其整体发展趋势在发展过程中的生存努力。

翻译和教学的任何系统，都有自己的整体同一的性质和功能，在发展过程中都有保持自己的整体同一性质和功能的发展趋势。

翻译和教学的任何系统都是一个有机联系的整体，而系统又是一个相对性概念。翻译和教学系统的任何要素都可以认为是一个相对性的系统整体，任何相对性的系统整体在发展过程中都有保持其整体性质和功能的整体同一的发展趋势。

翻译和教学的任何要素，一旦组成系统，就有不同于独立要素的整体同一性质和功能。因此，由于系统的相对性，无论系统处在哪一层次，都存在整体同一性，这种整体同一性是在发展过程中的整体同一性，是系统为了保持自己的整体发展趋势做出的生存努力。

在实际过程中，随处可见翻译和教学系统做出的生存努力的整体协同。

如教育部产学合作协同育人项目。是教育部为贯彻落实《国务院办公厅关于深化高等学校创新创业教育改革的实施意见》（国办发〔2015〕36 号）和《国务院办公厅关于深化产教融合的若干意见》（国办发〔2017〕95 号）精神，深化产教融合、校企合作，由教育部高等教育司组织有关企业支持高校共同开展产学合作协同育人的协同项目。这是一种大系统的生存努力的整体教育协同。

在日常教学活动中，处处存在生存努力的整体协同。我们日常的计划、方案、规划等，都体现了一种整体协同。如一个专业培养方案，需要上上下下很多人协同各种要素才能共同完成，其目的就是要保持专业整体性质和功能的良好发展趋势。我们日常教学工作中的总结经验，放大推广，也是一种发展过程中生存努力的整体协同。

四、从系统整体最优认识系统竞争协同律与翻译和教学研究的联系

系统理论的核心思想是系统的整体性，"系统的整体性，常常又被说成系统整体大于部分"①。也就是说，在要素的竞争和系统的协同关系中，系统的演化发展大于要素的演化发展，要素的独立性质和功能的演化发展需要服从系统的整体性质和功能的演化发展，可以将其总结为"系统整体最优原则"②。

翻译和教学研究对象系统的系统和要素的关系是：系统是整体，要素是部分。翻译和教学研究对象系统，系统有系统的整体性质和功能，要素有要素的独立性质和功能。翻译和教学研究对象系统是在不断演化发展中，系统有系统整体的发展目的，要素有要素独立的发展目的。翻译和教学研究对

① 魏宏森，曾国屏.系统论——系统科学哲学［M］.北京：世界图书出版公司，2009：205-289.
② 张湖婷，余学军，王涛，等.高校课程教学的系统整体研究原则及方法［J］.湖北经济学院学报（人文社会科学版），2022，19（9）：153-160.

象系统的系统和要素，它们都有各自的性质和功能，都有各自的独立发展目的。从翻译和教学研究对象系统的要素与要素之间的关系而言，要素各自为了实现自己的发展，互相之间必然存在排斥和竞争；从翻译和教学研究对象系统的系统与要素之间的关系而言，要素之间的排斥和竞争，目的都是适应翻译和教学研究对象系统的整体需要。在某种意义上，翻译和教学研究对象系统的要素之间的排斥和竞争，即使因个别要素的失稳导致整个系统发生涨落，产生新的整体质变，都是系统发展的整体需要，最终都是在服从"系统整体最优原则"的协同。

"系统整体最优"关乎系统的稳定和发展问题。在稳定阶段，翻译和教学研究对象系统的要素的竞争是以服从系统整体最优为出发点，翻译和教学研究对象系统的系统协同是以稳定系统整体最优为出发点，稳定阶段是量变阶段；在发展阶段，翻译和教学研究对象系统的要素的竞争是以推动新的系统整体最优为出发点，翻译和教学研究对象系统的系统协同是以发展系统整体最优为出发点，发展阶段是质变阶段。无论稳定阶段还是发展阶段，要素的竞争都需要服从"系统整体最优"的协同。

我们不能片面理解"系统整体最优"原则。"系统整体最优"是具有阶段性的，具有稳定阶段和发展阶段的"系统整体最优"。翻译和教学研究的任何系统，它在一定阶段内（注意是在一定阶段内），其系统整体性质和系统整体功能是一个相对稳定状态，具有似乎确定不移的运动趋势，各要素的活动，必须首先符合系统阶段性的系统整体性质和系统整体功能总的运动趋势的协同。但是，各个要素的活动是独立的，有其独立的性质和功能，总是与系统总的运动趋势存在涨落偏差，即部分的活动总存在与总趋势的偏离。当系统地放大建设性的或有利于系统整体最优的要素部分的活动，要素部分的涨落得到整体协同，教学问题系统发生整体质变，就会进入更高级阶段的稳定状态，产生更高级阶段的系统整体性质和功能，系统得以优化和发展。

用"系统整体最优"原则协同研究翻译和教学研究对象系统问题：一是对系统外部，"强调总是将局部问题放到整体环境中，从整体出发去研究问题"①。将任一翻译和教学研究对象系统问题作为系统研究对象，都受环境制约，必须放到一定层次的环境中，服从环境整体最优的协同。二是对系统内部，强调"根据整体最优的需要对部分进行调整和取舍"①。翻译和教学系统内部，不同层次系统的翻译和教学要素与要素存在排斥和吸引、竞争和协同的关系。一翻译和教学要素部分的性质及功能发生变化，会对另一翻译和教学要素部分的性质及功能产生影响甚而使其发生变化，同时会对该翻译和教学问题系统的整体性质和功能产生影响甚而使其发生变化。因此，翻译和教学的"系统整体最优"是系统要素的最佳组合，任何翻译和教学要素的规定性及其功能不是单纯追求某一要素的个体最优，而是系统整体最优。"系统整体最优"协同需要对部分要素的规定性及其功能作用有所取舍或扬弃，有时甚至为了整体最优需要抑优汰劣。

第四节　系统的涨落有序律与翻译和教学研究的联系

"系统的发展演化通过涨落达到有序，通过个别差异得到集体响应放大，通过偶然性表现出来必然性，从而实现从无序到有序、从低级向高级的发展，这就是涨落有序律"。②

翻译和教学研究对象系统遵循系统的涨落有序律，通过翻译和教学研究对象系统在演化发展过程中个别要素与整体平均状态的偏离或者突变的涨落得到整体响应放大，使翻译和教学研究对象系统从无序状态变为有序状态，从而实现整体质变，系统得以从低级向高级发展。

我们可以从以下几方面来认识系统的涨落有序律与翻译和教学研究的联系。

---

① 张湖婷.结构功能翻译理论［J］.教育文化论坛，2018，10（2）：24-30.
② 魏宏森，曾国屏.系统论——系统科学哲学［M］.北京：世界图书出版公司，2009：334.

一、从涨落认识系统的涨落有序律与翻译和教学研究的联系

"涨落也被称作起伏，有时也被称作噪声、干扰，从系统的存在状态来看，涨落是对系统的稳定的平均的状态的偏离；从系统的演化过程来看，涨落是系统同一发展演化过程之中的差异。因此，从平衡非平衡角度看，涨落就是系统的一种不平衡性"。

从翻译和教学研究对象系统存在状态来认识，翻译和教学研究对象系统的涨落是对系统的稳定的平均状态的偏离，即对翻译和教学研究对象系统存在的正常状态的偏离。如在翻译标准的发展历史过程中，一种翻译标准被译界公认后，往往会在历史上有较长时间的稳定存在的平均状态，当一种新标准产生，往往就会与原有的翻译标准产生偏离，引起争论，产生不平衡性，这是一种对原有翻译标准的系统的稳定的平均状态的偏离的涨落。又如，在高校教学过程中，高校思想政治工作在过去一定时期有一个稳定存在的平均正常状态，但为了进一步做好新形势下高校思想政治工作、发展高等教育事业，教育领域提出了高校课程思政的教育理念，随后在教育领域引起广泛反响，形成大思政课、大中小学一体化思政教育、大中小学思政教育一体化的改革热潮。种种改革都属于对原有思政教育平均稳定状态的偏离涨落。

从翻译和教学研究对象系统演化过程来认识翻译和教学研究对象系统的涨落，是翻译和教学研究对象系统同一发展演化过程之中的差异。如就文学名句"感时花溅泪，恨别鸟惊心"的翻译而言，同一翻译的历史演化过程中，有许渊冲 "Grieved o' er the years, flowers make us shed tears ; Hating to part, hearing birds breaks our heart." 的翻译，有杨宪益、戴乃迭 "Even flowers seem to shed tears for the sadness of our time. The very birds grieve at the sight of people parting from their beloved." 的翻译，有吴钧陶 "Blossoms invite my tears as in wild times they bloom. The flitting birds stir my heart that I am parted from home." 的翻译。他们之间的翻译，在同一发展演化过程之中存在差异，其差异就是翻译演化过程中的一种涨落。又如，同一教师教授的同一班级的学生，同时

教学同时学习，在同一发展演化过程之中存在德智体各种个体差异，其差异就是教学过程中的一种涨落。

翻译和教学研究对象系统的涨落，如果得到系统的整体响应，就会使翻译和教学研究对象系统发生整体质变，如果没有得到系统的整体响应，就不会使翻译和教学研究对象系统发生整体质变。翻译和教学研究对象系统的整体质变既可以是建设性的，也可以是破坏性的。所以，研究翻译和教学研究对象系统的涨落，是为了遏制破坏性的涨落，放大建设性的涨落。

涨落普遍存在于翻译和教学研究对象系统，具有不同的形式。根据湛垦华等 ① 对涨落形式的分类分析，我们可以从以下几种形式来研究系统的涨落与翻译和教学研究的联系：一是从内涨落与外涨落来研究系统的涨落与翻译和教学研究的联系。翻译和教学研究对象系统的内涨落与外涨落是从形成涨落作用的主要因素来考察。内涨落是翻译和教学研究对象系统内部因素的涨落作用形式，外涨落是翻译和教学研究对象系统外部因素所引起的涨落作用形式。二是从微涨落和巨涨落来研究系统的涨落与翻译和教学研究的联系。翻译和教学研究对象系统的微涨落和巨涨落是从各种涨落作用对系统整体稳定性的不同程度的影响来考察。翻译和教学研究对象系统，微涨落的作用程度不能改变系统结构的整体性，作用力不足以破坏系统结构原有稳定性，巨涨落的作用程度可以改变系统结构的整体性，作用力足以破坏系统结构原有的稳定性。三是从正向涨落与反向涨落来研究系统的涨落与翻译和教学研究的联系。翻译和教学研究对象系统的正向涨落与反向涨落，是从各种涨落作用与系统整体演化方式、演化方向等方面的不同关系来考察。翻译和教学研究对象系统，正向涨落能够推动系统结构整体稳定演化，促进系统结构不断达到新的稳定态与新的有序化阶段，反向涨落可以干扰或破坏系统结构整体稳定演化，导致系统结构整体失稳并趋向相对无序化。

涨落是把双刃剑，既可以使翻译和教学研究对象系统得以发展，也可以使翻译和教学研究对象系统产生崩溃。在实践中，要放大有利的翻译和教

---

① 湛垦华，孟宪俊，张强.涨落与系统自组织［J］.中国社会科学，1989（4）：173–184.

学研究对象系统要素的涨落，抑制不利的翻译和教学研究对象系统要素的涨落。

二、从有序认识系统的涨落有序律与翻译和教学研究的联系

"有序是指系统内部要素之间，以及系统与系统之间的有规则的联系或联系的规则性。""无序是指系统内部要素之间，以及系统与系统之间的无规则的联系或联系的无规则性。"①

一方面，翻译和教学研究对象系统的有序是系统内部要素之间以及系统与系统之间的有规则的联系或联系的规则性，无序是系统内部要素之间及系统与系统之间的无规则的联系或联系的无规则性。就翻译标准的演化而言，在一个阶段译者一般会遵循某一翻译标准，这时候译者的翻译似乎是有规则、有序的。但新的翻译标准出现后，有的译者会采用新的翻译标准，这时新的翻译标准和原有翻译标准产生碰撞，遵循哪一翻译标准就变成联系的无规则无序状态。历史上各种标准谁是唯一的翻译标准的争论，就是因为面对各种翻译标准，由于历史局限性和科学发展水平，没能制定各种翻译标准的应用规则，遵循哪一翻译标准就变成联系的无规则无序状态。就具体某一翻译而言，某一翻译如果符合原语和译语的思维习惯，就是有规则的联系的有序翻译，事实上每个译者的翻译不可能做到某一翻译统一符合原语和译语的思维习惯。这样，每个译者不符合原语和译语的思维习惯的部分翻译就是无规则联系的无序翻译。教学亦如此，当教学各要素有规则而又按照规则进行教学时，体现了系统内部要素之间以及系统与系统之间的有规则的联系或联系的规则性，是有序教学；当教学各要素无规则或不按照规则进行教学时，体现了系统内部要素之间以及系统与系统之间的无规则的联系或联系的无规则性，是无序教学。一般情况下，有规则的有序教学是建设性因素，无规则的无序教学是破坏性因素。所以，制定和遵循规则是实现有序教学的重要环

---

① 魏宏森，曾国屏.系统论——系统科学哲学［M］.北京：世界图书出版公司，2009：337.

节。在实际教学过程中，有时候部门与部门、教师与教师之间就某些问题互相推诿扯皮，往往是没有制定和没有遵循规则，是教学的无规则无序状态。

另一方面，翻译和教学研究对象系统的有序和无序是一定发展阶段存在的总趋势：当系统发展的总趋势是稳定时，系统是有序的；当系统发展的总趋势是失稳时，系统是无序的。翻译和教学研究对象系统的有序和无序遵循超循环理论，是一个"……有序—无序—有序……"的超循环演化发展过程，有序通过无序在超循环演化过程中得以发展。同时，翻译和教学研究对象系统的有序是相对的，无序是绝对的。翻译和教学系统的个别要素总是在发展过程中，总会产生与平均有序状态的偏离，要素与要素之间总会产生差异即涨落。因此，我们可以从翻译和教学研究对象系统的演化发展过程中研究个别要素偏离翻译和教学研究对象系统平均稳定状态的情况，通过在超循环发展过程中不断遏制个别要素破坏性的涨落，整体放大个别要素建设性的涨落，不断使翻译和教学研究对象系统从演化发展过程中的失稳无序走向稳定有序、从低级稳定有序向更高级稳定有序发展。

翻译和教学研究对象系统的有序和无序的规定性具有多面性。可以直接间接从翻译和教学研究对象系统的结构、功能、时间、空间、宏观、微观来研究翻译和教学研究对象系统的有序和无序多面性的规定性和规则性问题，制定互相联系、互相制约的系统最优规则，以保证翻译和教学研究对象系统的基本秩序和正常运行。

三、从涨落的突变性和多定态选择准则认识系统的涨落有序律与翻译和教学研究的联系

我们可以从突变分叉来认识系统的涨落有序律与翻译和教学研究的联系。

翻译和教学研究对象系统的涨落是对系统的稳定的平均的状态的偏离，是系统发展过程中的不平衡性。翻译和教学研究对象系统的涨落是系统要素发生了某些变化，其变化得到翻译和教学研究对象系统的整体认同从而使翻译和教学研究对象系统发生整体质变。

翻译和教学研究对象系统的演化过程是一种突变过程，突变是系统演化的基本形式。

在自然界和人类社会，突变是一种普遍现象，如自然界天空中的一道闪电，人的精神活动的灵感突至，都是突变现象。

从系统的演化发展来看，"突变对于系统发展变化的最重要贡献是使得系统的发展变化出现分叉"①。开放性自组织系统是非线性非平衡系统，"非线性非平衡系统发生相变时，面临多种可能的前途，存在着多种可能的选择，即系统的发展演化出现了分叉"②。

翻译和教学研究对象系统的突变分叉的演化机制，是从"突变"讨论临界点上变化的不连续性或突跳性，从"分叉"讨论临界点上变化的多重性和选择性。开放性和自组织特性，使系统在演化过程中不断出现突变分叉，产生新的稳定定态。

"通常人们在两层意义上来谈论突变。一层是在系统的要素的层次上，另一层是在系统的层次上。"③

从要素的层次上看，翻译和教学研究对象系统的要素的突变分叉，是翻译和教学研究对象系统要素的增加，是系统内部结构的改变及相对应的功能的强化，是翻译和教学研究对象系统要素的"量变"。

从系统的层级上看，翻译和教学研究对象系统的突变分叉，是系统对外部结构及功能的改变，是翻译和教学研究对象系统系统的"质变"。

总之，翻译和教学研究对象系统的突变，是个别翻译和教学要素对系统总体平均稳定状态的超常偏离。这种偏离逐渐得到整个翻译和教学研究对象系统的整体响应，差异进一步扩大，涨落得以整体（起伏）放大，翻译和教学研究对象系统"通过涨落达到有序"。

我们也可以从突变分叉的多定态选择准则认识系统的涨落有序律与翻译和教学研究的联系。

---

① 魏宏森，曾国屏.系统论——系统科学哲学［M］.北京：世界图书出版公司，2009：256.
② 魏宏森，曾国屏.系统论——系统科学哲学［M］.北京：世界图书出版公司，2009：343.
③ 魏宏森，曾国屏.系统论——系统科学哲学［M］.北京：世界图书出版公司，2009：253.

翻译和教学研究对象系统的突变分叉，无论是翻译和教学研究对象系统要素的"量变"，还是翻译和教学研究对象系统系统的"质变"，在开始突变时，或者说在分叉点，会面临结构及功能的改变状况的多种"前途"。多种结构及功能的改变，都是多种结构及功能的多种稳定状态即多定态，我们会面临多种前途的多定态选择问题。如翻译标准，几千年的翻译历史，突变分叉演化发展出众多的翻译标准，谁是唯一的翻译标准，译界至今争论不休。其实，唯一的翻译标准是不存在的，突变分叉形成的是一个具有稳定定态点的翻译标准系统。突变分叉形成的翻译标准系统是一个非线性系统，非线性系统使各要素翻译标准之间形成了非此即彼的竞争、排斥的非线性关系，非线性关系使各要素翻译标准面临多种稳定定态点选择，选择哪一种标准，需要有一种普遍意义的选择准则。这实际上牵涉突变理论的多定态选择理论问题。

突变理论的多定态选择理论为解决突变分叉面临的多定态选择问题，"引入习惯概念，把用来确定系统如何在多个定态点中进行选择的准则称为习惯。习惯多种多样，遵循哪种习惯，由系统本身的动力学特性和涨落两方面决定"。翻译标准系统"属于概念系统，由于人是概念系统最基础的核心要素，人的思维活动承载并激活翻译标准和翻译对象，人的思维习惯就成了如何在多个稳定定态点中进行选择的方法"[①]。就翻译标准或者说翻译而言，选择哪种翻译标准，或者说如何进行翻译，应根据译文受众的思维习惯决定。因为，译文受众的思维习惯决定着对原语思维习惯的认同，只有译文受众在思维习惯上的"涨"，即对原语思维习惯的一致认同，才能产生与原语思维习惯高度的相似性理解。

四、从通过涨落达到有序认识系统的涨落有序律与翻译和教学研究的联系

翻译和教学研究对象系统的涨落是翻译和教学研究对象系统的要素在存在状态下对系统平均稳定状态的偏离，或者要素在系统同一发展演化过程之

---

① 张湖婷.少数民族语地名译写标准的系统策略探究［J］.贵州民族研究，2022，43（2）：85-90.

中要素之间存在的发展演化的差异，是翻译和教学研究对象系统的一种不平衡性。翻译和教学研究对象系统要素远离整体平均稳定状态的偏离或要素之间的发展演化的差异就是翻译和教学研究对象系统的涨落。

翻译和教学研究对象系统要素远离整体平均稳定状态的偏离或要素之间的发展演化的差异，在系统整体作用机制下得以放大，得到整体响应，产生巨大涨落，使翻译和教学研究对象系统产生整体质变，从无序走向有序，从低级有序走向高级有序，即通过涨落达到有序。

翻译和教学研究对象系统通过要素的偏离或差异的涨落达到有序，其根本原因在于翻译和教学研究对象系统存在非线性和整体性机制。

一方面，翻译和教学研究对象系统存在的非线性机制导致翻译和教学研究对象系统产生涨落。

翻译和教学研究对象系统的非线性机制不同于线性机制。翻译和教学研究对象系统既有实体系统，又有概念系统。翻译和教学研究对象系统的组织机构属于实体系统。如一个学校，有各级管理部门，有各级教学机构，他们具有可叠加关系时是线性关系，他们具有不可叠加关系时是非线性关系。非线性关系使得他们之间在演化发展过程中会有差异，这种差异是一种实体系统的涨落。翻译和教学研究对象系统的理论研究属于概念系统。如一个课题、一篇论文、一个观点、一条规律组成的系统，属于概念系统。概念系统的系统和要素由词或词组担当，功能是词或词组的词义。翻译和教学研究对象概念系统的线性机制，是指词或词组词义相同或相近，可以替换使用。如"英语"翻译成"汉语"，"英语"一词可以用"原语"一词替代，"汉语"一词可用"译语"替代。翻译和教学研究对象系统的非线性机制，是指词或词组词义不相同或不相近，不可以替换使用，这是一种排斥、竞争的非线性关系，这种排斥、竞争是一种涨落。

另一方面，翻译和教学研究对象系统存在的整体性机制导致翻译和教学研究对象系统通过涨落走向有序。翻译和教学研究对象的任何系统，都是由两个以上相互联系相互作用的要素组成，翻译和教学研究对象的要素一旦组成系统，就具有独立要素所不具有的整体性质。这种整体性质，在相对稳定状态下，翻译和教学研究对象的要素的演化发展需要服从"系统整体最优"①的需要，翻译和教学研究对象的要素在演化发展过程中，并非越优越好，而要以翻译和教学研究对象系统的整体最优为出发点，为了系统整体最优有时需要抑劣汰劣。但由于系统存在排斥和吸引、竞争和协同的非线性关系，翻译和教学研究对象的要素在演化发展过程中总是处于不平衡的演化发展过程中，存在要素此起彼伏的涨落，当涨落不断发展，就会打破原有的稳定状态，系统逐渐走向无序状态，当涨落得到整体响应，系统产生整体质变，又会由无序状态走向有序状态。翻译和教学研究对象系统就是在"……无序—有序—无序……"的超循环过程中得以发展。就高等学校课程教学而言，多年来各科课程教学都按照常规教材进行。而各科课程教材都是从专业角度编写，并未考虑全程全方位育人的政治理念。所以，长期以来各科课程教学适应当时国家教育的整体要求，处于稳定的演化发展过程中。但在 2016 年 12 月 7 日至 8 日在北京召开的全国高校思想政治工作会议上，习近平总书记提出"要坚持把立德树人作为中心环节，把思想政治工作贯穿教育教学全过程，实现全程育人、全方位育人，努力开创我国高等教育事业发展新局面"。习近平总书记的讲话成为巨涨落因素，在高校引起整体响应。尔后有的学校提出了课程思政的教育理念，课程思政的教育理念又进一步在全国高校得到整体响应，各高校都在试水课程思政教学，各高校教师发表在中国知网的论文无数。但在一段时间课程思政教学由于没有现存经验可供借鉴，处于无序状态。2020 年 5 月 30 日教育部发布的《教育部关于印发〈高等学校思政教育建设指导纲要〉的通知》，课程思政基本完善。之后，各高校立足不同学科专业的育人要求和特点，"将课程思政建设与'四新'建设结合，打通专业教育与思政教育紧密融合的'最后一公里'；发挥课程思政示范课程、教学名师和团队、教学研究示范中心的引领带头作用，加快形成校校有精品、门门有思教、课课有特色、人人重育人的良好局面；各高校要着力引导教师准确把握课程思政建设的内涵和要求，深入研究课程思政教学中的重难点问

① 张湖婷，余学军，王涛，等 . 高校课程教学的系统整体研究原则及方法［J］. 湖北经济学院学报（人文社会科学版），2022，19（9）：153—160.

题，提高教师课程思政教学能力，锻造'金师''大先生'。"① 由于各高校积极探索，教育部门积极部署协调，课程思政教学逐渐从无序走向有序，从而使思政教育产生了新的整体质变。

第五节　系统的优化演化律与翻译和教学研究的联系

"系统处于不断的演化之中，优化在演化之中得以实现，从而展现了系统的发展进化，这就是优化演化律。"②

翻译、教学系统的理论和实践研究，从有翻译和教学历史以来，它们就在不断的演化过程中，在演化过程中不断得以优化，通过优化不断得以发展。

可以从以下几方面来认识系统优化演化律与翻译和教学研究的联系。

一、从演化认识系统优化演化律与翻译和教学研究的联系

"演化与存在是一对相对应的范畴。演化标志着事物和系统的运动、发展和变化，而存在反映事物和系统的静止、恒常和不变。"③

翻译和教学系统处于运动、发展和变化的演化过程中。从有翻译的历史以来，翻译理论的演化从硬译、直译、意译到归化、异化，再到严复的"信、达、雅"，克特福德的"语言学观"，巴斯奈特的"文化转向说"，克里斯蒂娜·诺德的"功能翻译理论"（functionalism），尤金·奈达的"功能对等理论"（functional equivalence），以至于现代系统翻译理论的出现等，翻译理论的演化历来是百花齐放，多彩纷呈。教学的演化亦如此，历史上从个体教学到私塾、学校，到现代的幼儿、小学、初中、高中，再到研究生教学，教学从来

---

① 林洁，王功敏.中国青年报客户端.2023年高等院校课程思政建设研讨会在穗举行［EB/OL］.（2023-03-16）［2023-03-21］. https://cj.sina.com.cn/articles/view/1726918143/66eeadff02001gyq8.

② 魏宏森，曾国屏.系统论——系统科学哲学［M］.北京：世界图书出版公司，2009：349.

③ 魏宏森，曾国屏.系统论——系统科学哲学［M］.北京：世界图书出版公司，2009：350.

都处于不断演化的过程中。演化是翻译和教学系统的绝对运动状态。

"世界上没有离开演化的存在，也没有离开存在的演化，存在和运动具有辩证统一性。"[①] 翻译和教学系统的存在不是恒常不变，而是一种阶段性的缓慢演化的存在状态。翻译和教学的演化，在连续演化过程中，都有一个阶段性的缓慢演化的似乎相对静止的存在状态。研究翻译和教学系统的理论和实践问题时，需要在研究阶段性的缓慢演化的似乎相对静止的存在状态中来研究演化过程的变动规律性，从中研究翻译、教学理论和翻译、教学实践的优化。

二、从优化认识系统优化演化律与翻译和教学研究的联系

"优化是系统演化的进步方面，是在一定条件下对于系统的组织、结构和功能的改进，从而实现耗散最小而效率最高、效益最大的过程。"[②]

可以从组织、结构、功能的改进来研究翻译和教学研究对象系统的优化。

翻译和教学研究对象系统的"组织"一词是对结构功能的优化。结构和功能的关系，结构决定功能，功能反作用于结构。我们可以从翻译和教学研究对象系统结构的优化来实现翻译和教学研究对象系统功能的演化发展，也可以从翻译和教学研究对象系统功能的优化来实现翻译和教学研究对象系统结构的演化发展。

翻译、教学理论和翻译、教学实践的演化过程是一个不断优化的过程，没有离开演化的优化。翻译理论不断从硬译演化到直译、意译，到归化、异化翻译，再不断演化到严复的"信、达、雅"，克特福德的"语言学观"，巴斯奈特的"文化转向说"，克里斯蒂娜·诺德的"功能翻译理论"，尤金·奈达的"功能对等理论"，以至于演化到现代系统翻译理论，等等。整个演化过程，都是优化过程。教学的演化亦如此，从历史上个体教学演化到私塾、学校，再到现代的幼儿、小学、初中、高中、研究生教学，教学从

① 魏宏森，曾国屏. 系统论——系统科学哲学［M］. 北京：世界图书出版公司，2009：350.
② 魏宏森，曾国屏. 系统论——系统科学哲学［M］. 北京：世界图书出版公司，2009：349.

来都处于不断演化过程中，从来都在不断演化的过程中优化。优化从来都离不开演化。我们研究翻译和教学系统的理论和实践的发展，从来都是在演化过程中来研究优化问题。

翻译和教学系统的优化，是在一定条件下研究翻译和教学系统的组织、结构和功能的改进，通过研究翻译和教学系统的组织、结构和功能的改进来优化翻译和教学系统的理论和实践问题。这是一种重要的系统研究方法。

英国著名语言学家韩礼德（M. A. K. Halliday）的系统功能语法，就是从系统的组织、结构和功能的改进研究系统功能语法问题。韩礼德认为："结构是过程的底层关系，是从潜势中衍生的，而潜势可以更好地用整合关系来表达。这就是说，韩礼德的系统的思想把语言系统解释成一种可进行语义选择的网络，当有关系统的每个步骤一一实现后，便可产生结构。"他从系统结构的层次性进行研究，认为"语言是有层次的，至少包括语义层、词汇语法层和音系层"，"各个层次间存在'体现'的关系（realisation），即对'意义'的选择（语义层）体现于对'形式'（词汇语法层）的选择；对'形式'的选择又体现于对'实体'（音系层）的选择"。他从系统的角度研究功能语法问题。他认为："功能的思想对'功能'这个术语有不同的理解。在传统语法中，词汇和句法的区别有时可以'形式'和'功能'的区别表示。词的不同形式和类别属词法，词在句子中的'功能'属句法，如'主语''宾语''补语'等所表达的都是句法功能。在这个基础上，又把功能的概念扩大到大于词的单位，如在'The old man met his former classmate in Beijing'一句中'The old man'和'his former classmate'叫名词性短语，因此它们起'名词'的功能。"[①]

本书"第四篇翻译和教学理论的系统探究"的论文范例《结构功能翻译理论》一文，也是从结构和功能的关系演化优化来讨论翻译理论问题。"结构功能翻译理论是用系统论的原理和方法，从结构形式、功能过程、优化方法几方面研究语义系统结构功能的系统翻译理论。结构功能翻译理论以语义

---

① 360文库. 韩礼德与系统功能语法［EB/OL］.（2017-11-07）［2023-06-22］. https://wenku.so.com/d/ce64118b92f183cfeec20282a4896eaf.

学为基础，以系统结构功能相关律为核心，以系统的整体性原理、相对性概念、结构—功能方法为支撑，将语义及其语言、语用分类视作系统要素，运用结构形式构建成语义系统，并将语义学的并列分类结构形式改变为系统论的递进层次结构形式，从而按系统递进层次的结构功能整体构建"系统分层翻译""系统优化翻译"，通过翻译及翻译优化的程序化实现结构功能翻译的系统相对性整体功能最优化。《结构功能翻译理论》一文提出系统程序化的三个翻译步骤，实际是系统的三个递进层次结构的系统翻译功能的演化优化过程。这三个演化优化过程："程序 1：'语言功能契合点翻译'。程序 1 是首先对翻译对象进行考查，如有语用意义则进入'程序 2'，无语用意义则进行程序 1 '语言功能契合点翻译'。""程序 2：'语用功能契合点翻译'。对进入'程序 2'的翻译对象进行考查，如需翻译语用意义的按'它意'进行'语用功能契合点翻译'，无须翻译语用意义的则按'本意'仍作'程序 1''语言功能契合点翻译'。""程序 3：'语义功能契合点翻译'。将程序 1、2 的语言、语用两个层次功能契合点的翻译译品放到两种语言文化环境中进行考察，从字到词到句到段到节到章到篇以至整个翻译对象所有层次进行整体协同优化，在两种语言文化环境中去寻求最大限度符合译入语文化思维习惯的最佳功能契合点。""以上'三个步骤'是三个递进式的功能翻译和优化过程，得出的是三个不同难度和水平的译品。形象地说：'语言功能等效翻译'是'粗加工'，得出的是'初级译品'；'语用功能等效翻译'是'细加工'，得出的是'中级译品'；'语义功能等效翻译'是'精加工'，得出的是'高级译品'。每一个过程的译品均具有相对独立存在的意义，但最后过程的译品才是最佳译品。"

三、从整体性认识系统优化演化律与翻译和教学研究的联系

系统的整体性认为：整体大于部分之和。这里的整体是指翻译和教学研究对象系统，部分是指翻译和教学研究对象系统的要素。翻译和教学研究对象系统的优化是寻求整体优化，整体优化的含义不光是系统最优，而且也应

是要素组合的最优。系统优化有三种情况：1. 系统局部的子系统最优，组合起来的整体系统也最优。2. 系统局部子系统最优，但组合为整体系统并非最优。3. 系统局部子系统并非最优，但组合为全局却是最优。[①] 当然，翻译和教学研究对象系统的研究追求的必然是第 1 种情况，但也得根据翻译和教学研究对象系统的各要素的实际条件和实际情况，实事求是进行系统的优化组合，在条件不允许的情况下，第 3 种情况也许是翻译和教学研究对象系统研究的最好选择。

翻译和教学的任何研究问题作为系统问题研究时，需要应用"系统整体最优原则"来研究系统优化问题。"系统整体最优原则"[②] 认为，由于系统存在排斥和吸引、竞争和协同的非线性关系，在翻译和教学不同研究的系统整体中，要素部分机制的性质和功能在系统中的优劣的选择，并非越优越好，而要以系统整体最优为出发点。在翻译和教学问题不同的研究系统中，我们在演化过程中要重点研究系统优化的三种情况，使之做到系统整体最优。第一、二种情况，"系统局部的子系统最优，组合起来的整体系统也最优""系统局部子系统最优，但组合为整体系统并非最优"。作为翻译和教学问题系统的研究，这两种情况都要注意一个问题，翻译和教学问题系统的子系统最优，不是无原则的子系统最优，而是在"系统整体最优原则"束缚下的子系统最优。就是说，要素的最优化应该以"系统整体最优原则"为出发点。如在一句话的翻译过程中，译语有很多意义相同的同义语可供使用，这些作为子要素的同义语译语词语作为原语词语的翻译，单独来看可能都是最优的翻译，但用在一句话的翻译系统中，并非系统整体最优的翻译。因此，作为子要素的同义语的译语词语的选择，应该以一句话的翻译的表达符合两种语言思维习惯最佳功能契合点[③]的系统整体最优为出发点。又如，在教学的演化发展过程中，人们总结出很多优秀的教学方法，如讲授法、讨论法、直观演

① 邹珊刚，黄麟雏，李经宗，等.系统科学［M］.上海：上海人民出版社，1987：283.
② 张湖婷，余学军，王涛，等.高校课程教学的系统整体研究原则及方法［J］.湖北经济学院学报（人文社会科学版），2022，19（9）：153–160.
③ 张湖婷.结构功能翻译理论［J］.教育文化论坛，2018，10（2）：24–30.

示法、练习法、读书指导法、任务驱动法、参观教学法、现场教学法、自主学习法等。但不是所有的优秀教学方法组合在一起就是系统整体最优的教学方法。因为，教学的整体最优取决于教学的科目、教学的对象、教学的层次的系统整体性质和功能等的系统整体最优，只有根据不同的教学科目、教学对象、教学层次的系统性质和功能等的系统整体最优来选择组合适合的优秀教学方法，才能实现教学的整体最优效果。第三种情况，"系统局部子系统并非最优，但组合为全局却是最优"。第三种情况用在翻译和教学的优化演化，具有重要意义。在翻译和教学的研究过程中，无论翻译和教学的任何问题，作为系统问题进行研究，都有一个子系统（要素）性质和功能的最佳组合问题。最佳组合并非是子系统（要素）的独立性质和功能越优秀越好，而要以组合后的系统的整体性质和功能的系统整体最优为好。有时为了组合后的系统整体性质和功能实现整体最优，对翻译和教学子系统会抑优汰劣，即不选择最优的，淘汰最劣的，以系统的整体最优需要去实现子系统（要素）的最佳组合。

在现实中，系统的三种情况往往共同存在于翻译和教学的系统研究过程中，需要在演化过程中按照系统整体最优原则进行优化。

四、从目的性认识系统优化演化律与翻译和教学研究的联系

翻译和教学的系统优化是翻译和教学的理论、实践演化的目的。

翻译和教学的系统研究，是通过翻译和教学系统的演化过程研究优化过程，是研究符合系统目的性的规律运动。因此，翻译和教学的系统演化优化，与系统的基本原理、规律紧密联系。我们可以用系统的基本原理、规律来研究翻译和教学的系统演化，在研究演化过程中研究翻译和教学的系统优化，从而得出翻译和教学系统理论和实践问题的一般规律性认识。

翻译和教学系统理论和实践问题的研究都是具有目的性的研究，目的都是通过研究发现新的理论和实践的规律性认识。用系统的基本原理、规律研究翻译和教学系统的理论和实践问题，就是用系统的基本原理、规律去认识

翻译和教学系统的演化，从演化过程优化翻译和教学的理论和实践，获得新的翻译和教学的理论和实践的规律性认识。

可以说，用系统的原理、规律研究特定研究对象的系统问题，目的都是希望在研究演化过程中优化旧有的理论和实践认识，获得新的特定研究对象的理论和实践的规律性认识。

"第四篇翻译和教学理论的系统探究"的论文范例，研究的目的就是希望从演化过程优化翻译和教学的理论和实践，获得新的翻译和教学的理论和实践的规律性认识。论文范例中：

《结构功能翻译理论》一文，以系统的结构功能相关律贯穿整篇论文，支撑该项研究的核心观点，研究目的是得出"改变语义系统的结构可以优化系统翻译功能"的理论认识和方法途径，获得新的特定研究对象的理论和实践的规律性认识。

《从多民族地区的无字方言谈语言翻译的悖论——以贵州方言为例》一文，以系统的整体性原理、系统的层次性原理、系统的相似性原理及其功能模拟法为系统理论支撑，研究目的是得出"翻译理论、翻译定义、翻译标准存在形式和内容两个不同的研究方向，语言翻译理论、语言翻译定义、语言翻译标准是翻译的形式，思维习惯翻译理论、思维习惯翻译定义、思维习惯翻译标准是翻译的内容"的理论认识和方法途径，获得新的特定研究对象的理论和实践的规律性认识。

《少数民族语地名译写标准的系统策略探究》一文，以系统的整体性原理为核心系统理论支撑，研究目的是得出"少数民族语地名译写标准是一个系统，在标准化、规范化问题上应作为一个系统进行整体研究"的少数民族语地名译写标准化的理论认识和方法途径，获得新的特定研究对象的理论和实践的规律性认识。

《高校课程教学的系统整体研究原则及方法》一文，以系统的整体性原理为核心系统理论支撑，以系统的超循环理论为辅助系统理论支撑，研究目的是设计出一种"高校课程教学的系统整体研究原则及方法"，获得新的特定研究对象的理论和实践的规律性认识。

　　《系统视角下从外语课程思政教育机制铸牢中华民族共同体意识——兼论课程思政教育机制的系统建设》一文，以系统的整体性原理为核心系统理论支撑，以系统的层次性原理、系统的相对性概念、系统的相似性原理及其功能模拟法等为辅助系统理论支撑，研究目的是得出"在'中华民族'全面复兴的新征程中，外语课程思政及课程思政教育是铸牢中华民族共同体意识的前沿阵地。'中华民族'的全面复兴需要全面开放，全面开放需要全面铸牢中华民族共同体意识，全面铸牢中华民族共同体意识需要强化中华民族共同体意识教育，强化中华民族共同体意识教育需要系统建设全程全方位各种方式的外语课程思政及课程思政教育机制"的理论性认识，并"对外语课程思政及课程思政教育机制的系统建设进行了全程全方位的系统讨论"，获得新的特定研究对象的理论和实践的规律性认识。

　　可见，用系统的原理、规律研究特定研究对象的系统问题具有重要意义，能够在研究演化过程中优化旧有的理论和实践认识，实现获得新的特定研究对象的理论和实践的规律性认识的研究目的。

第四篇　翻译和教学理论的系统探究

　　本篇共两章。第一章"翻译理论的系统探究"、第二章"教学理论的系统探究"，从"论文发表情况""论文核心观点和主要内容""创新之处""系统理论的应用"几方面，讨论了应用系统理论探究翻译、教学理论和实践的论文范例。本篇的论文范例及作者其他相关论文的研究，是本书理论和方法的基石。

　　系统理论的应用分为显性应用和隐性应用，在文章中标注引证文献时称为显性应用，在文章中不标注引证文献时称为隐性应用。有些系统理论的应用由于属于隐性应用，并不能完全从论文中剥离出来进行阐释。因此，范例中的"系统理论的应用"并不能完全说明应用系统原理、规律、概念、方法进行研究的全部情况。

　　系统理论是一个概念系统，有如本书图 16 的基本结构形式。"系统理论"是该概念系统的系统整体，"系统理论"的原理、规律是该概念系统的要素部分。用"系统理论"的某些原理、规律对论文、项目（著作）的特定研究对象的系统、要素、结构、功能、环境的相互联系进行系统研究，得出的是特定研究对象的整体或相对整体即某些方面的理论和方法途径的认识；用"系统理论"的某一原理、规律对论文、项目（著作）的特定研究对象的系统、要素、结构、功能、环境的相互联系进行系统研究，得出的是对特定研究对象的部分即某一方面的理论和方法途径的认识。

第一章　翻译理论的系统探究

　　"翻译理论的系统探究"是应用系统原理、规律、概念、方法，从不同角度探究翻译理论的论文范例，先后发表于有关刊物。

第一节　结构功能翻译理论

A. 论文发表情况

该文 2018 年 2 月发表于《教育文化论坛》第 2 期。

B. 论文核心观点和主要内容

核心观点

将语义的"语言语义""语用意义"两种并列分类关系改变为系统的递进关系，通过语义分类结构的改变优化系统翻译功能。

主要内容

论文基于系统结构功能相关律，讨论了"结构功能翻译的立论依托""结构功能翻译的结构形式、功能过程、优化方法""结构功能翻译的理论意义""结构功能翻译的实践意义"。论文认为语义系统的结构和功能是相互作用、相互决定的对应范畴，将语义的语言、语用意义的并列结构改变为系统的递进层次结构，可以优化翻译功能。因此，论文从系统的结构形式、功能过程整体构建"语言功能契合点翻译—语用功能契合点翻译—语义功能契合点翻译"三个递进层次的"系统分层翻译"和"系统优化翻译"步骤，通过翻译及翻译优化的程序化最终实现结构功能翻译的系统整体功能最优化。

C. 创新之处

观点创新

观点的创新有三方面。

1. 提出改变语义的分类结构为递进结构以优化翻译功能的观点。文章将语义的"语言语义""语用意义"两种并列分类结构关系改变为系统的递进结构关系，通过语义分类结构的改变优化系统翻译功能。

2. 提出"系统分层翻译"和"系统优化翻译"分层翻译观点。认为翻译具有"语言功能契合点翻译—语用功能契合点翻译—语义功能契合点翻译"的语义系统三个层次的翻译结构。

3. 提出翻译应"最大限度符合译入语思维习惯"的观点。文章用系统理论的功能模拟法，从原语和译语思维习惯的功能相似性出发，提出了原语的翻译应"最大限度符合译入语思维习惯"的功能模拟翻译方法。这里翻译应"最大限度符合译入语思维习惯"，思维习惯是原语和译语的功能，"最大限度符合译入语思维习惯"的翻译就是从功能模拟原语的思维习惯。

方法创新

提出并诠释了语义系统翻译的三个程序化翻译步骤，对程序 1 "语言功能契合点翻译"、程序 2 "语用功能契合点翻译"、程序 3 "语义功能契合点翻译"进行了诠释，对三个程序化翻译步骤的功能翻译过程的翻译路线、翻译范围、翻译和优化方法进行了整体构建，以实现语义系统功能翻译及整体最优化的系统程序化。

D. **系统理论的应用**

该文以系统的结构功能相关律对《结构功能翻译理论》进行研究，作为贯穿整篇论文核心观点的核心系统理论支撑，以系统的整体性原理、系统的层次性原理、系统的相对性概念分别为论文各部分的辅助系统理论支撑，得出《结构功能翻译理论》的研究成果的理论认识和方法途径。

核心系统理论支撑

论文以系统的结构功能相关律贯穿整篇论文支撑该项研究的核心观点，得出"改变语义系统的结构可以优化系统翻译功能"的整体的理论认识和方法途径。

系统结构功能相关律认为，系统的结构和系统的功能是相对应关系，系统的结构可以决定系统的功能，系统的功能也可以决定系统的结构。因此，可以从系统结构的改变研究系统功能的优化，也可以从系统功能的改变研究系统结构的优化。论文通过将语言学的语义的语言、语用意义的并列分类结构改变为系统理论的语言、语用意义的递进层次结构，通过语义结构的改变研究翻译功能的优化，从而得出"结构功能翻译"的理论认识和方法途径。

辅助系统理论支撑

论文的部分内容分别用到了整体性原理、层次性原理、相对性概念、相似性原理及功能模拟法、"结构—功能方法"作为辅助系统理论支撑，用于支撑部分内容的理论认识和方法途径，为一般辅助系统理论支撑。论文辅助系统理论支撑的应用是一个复杂过程，某一部分有可能同时用到几个系统理论支撑，因此，下面的讨论以概括论述。

一是以系统的整体性原理为辅助系统理论支撑。

论文从语义系统的角度研究翻译理论，将语义作为系统，从系统整体研究语义的层次、要素、结构、功能的相互联系、相互作用，以系统整体最优的观点优化语义系统的翻译问题。

论文从"结构功能翻译的立论依托""结构功能翻译的结构形式、功能过程、优化方法""结构功能翻译的理论意义""结构功能翻译的实践意义"对《结构功能翻译理论》文章整体进行了"系统整体最优"的整体研究。

二是以系统的层次性原理为辅助系统理论支撑。

系统具有层次，翻译也具有层次。用系统的层次性原理为支撑，就是用系统的层次性原理将语义的并列关系改变为系统的递进层次来研究翻译理论。语义系统翻译的递进层次为"语言功能翻译—语用功能翻译—语义功能翻译"。

三是以系统的相对性概念为辅助系统理论支撑。

系统和要素、整体和部分是相对性概念。语义翻译系统的系统和要素、整体和部分是相对性概念，低层次相对于高层次是要素部分，高层次相对于低层次是系统整体。在"语言功能翻译—语用功能翻译—语义功能翻译"的系统层次中:"语言功能翻译"相对于"语用功能翻译"是要素部分,"语用功能翻译"相对于"语言功能翻译"是系统整体;"语用功能翻译"相对于"语义功能翻译"是要素部分,"语义功能翻译"相对于"语用功能翻译"是系统整体。相对性要素部分服从上一层次相对性系统整体的最优协同。

四是以系统的相似性原理及功能模拟法为辅助系统理论支撑。

功能是一种有效作用。论文基于系统的相似性原理,研究功能有效作用的相似性,用系统理论下的功能模拟法,从原语和译语思维习惯的功能相似性出发,提出了原语的翻译应"最大限度符合译入语思维习惯"的功能模拟翻译方法。这里翻译应"最大限度符合译入语思维习惯",思维习惯是原语和译语的功能,"最大限度符合译入语思维习惯"的翻译就是从功能模拟原语的思维习惯。

五是以"结构—功能方法"为辅助系统理论支撑。

系统的结构方法是从结构形式认识、复制和创造事物,功能方法是从功能过程认识、复制和创造事物,"结构—功能方法"是既从结构形式又从功能过程认识、复制和创造事物。结构功能翻译理论既从结构形式又从功能过程综合研究结构功能的翻译问题,强调从构建语义系统的整体结构形式中去认识系统的结构功能等效翻译,强调从寻找语义系统的整体最优结构形式中去寻找最佳的结构功能等效翻译,强调从语义系统结构功能翻译的相对整体功能最优化的功能交换过程中去获取最佳的结构功能等效翻译。

摘要:结构功能翻译理论是用系统论的原理和方法,从结构形式、功能过程、优化方法几方面研究语义系统结构功能的系统翻译理论。结构功能翻译理论以语义学为基础,以系统论的结构功能相关律为核心,以系统的整体性原理、相对性概念、结构—功能方法为支撑,将语义及其语言、语用分类视作系统要素,运用结构形式构建成语义系统,并将语义学的并列分类结构形式改变为系统论的递进层次结构形式,从而按系统递进层次的结构功能整体构建"系统分层翻译""系统优化翻译",通过翻译及翻译优化的程序化实现结构功能翻译的系统相对性整体功能最优化。结构功能翻译理论及翻译程序，对翻译、翻译教学、翻译研究有一定的使用价值。论文提出的翻译"最大限度符合译入语思维习惯"，是从方法论上对巴斯奈特文化转向理论的一种补充完善。

关键词：结构功能翻译；结构改变功能；系统分层翻译；系统优化翻译；思维习惯

一、引言

在历史上，翻译理论的讨论历来是百花齐放，多彩纷呈。著名的翻译理论有：严复的"信、达、雅"，克特福德的"语言学观"，巴斯奈特的"文化转向说"，克里斯蒂娜·诺德的"功能翻译理论"（functionalism），尤金·奈达的"功能对等理论"（functional equivalence），等等。这些翻译理论，有的只停留在理论讨论层面，有的却可以通过训练进行操作。

在现代，随着系统理论的出现，谈"系统"翻译理论的文章开始涌现。最先从文学研究开始，由"俄国形式主义首次提出了'系统'这一概念。他们指出，系统作为一种多层结构，构成要素之间有相互作用，整体的系统功能大于各个要素的总和"，后来由此引申"具体到翻译领域，以色列学者埃文·佐哈尔在20世纪70年代从形式主义出发提出了多元系统理论"，但其系统翻译理论"是从文学系统本身的运作来假说的，而没有顾及其他系统（如意识形态系统）对文学的影响"[1]。对多元系统理论，中国先后有很多译者撰文评价和探讨，如丁科家的《社会系统理论在现代翻译研究中的应用》[2]，隋荣谊的《多元系统论》[3]，刘玲的《多元系统论及其在翻译研究中的运用》[4]，等等。这些评价和探讨，其系统翻译理论的讨论都未能脱离原作的研究对象的局限性。中国改革开放以来，随着系统理论的兴起，中国译者谈系统翻译的论文如"春潮涌现"。司显柱、陶阳对国内2004年开始十余年系统功能语言学视角翻译研究的相关文献进行搜集梳理，从系统功能语言学及其组成部分——纯理功能理论、语境理论、评价分析及语法隐喻理论等五方面，就不同译者系统功能语言学数十篇翻译方面的论文开展述评[5]，彰显了中国系统翻译理论研究的繁荣状况。囿于系统科学理论的发展及认识，用今天的系统论观点来看待以上系统翻译理论，我们会发现，上述翻译理论往往站在某一局部、某一层面对某一方面的特殊翻译对象做出研究，按照系统观点仅属于要素层面的讨论，而没有哪一篇论文能从要素、结构、功能的有机联系入手用系统理论的原理和规律来研究一般的系统翻译理论问题。

基于系统理论在翻译理论领域的研究现况，结构功能翻译理论试图用系统论的原理和规律来系统地认识翻译理论问题，并将其付诸翻译实践。

系统是由两个或两个以上的元素（要素）结构而成的具有特定功能的有机整体。现实世界由各层次系统组成，各层次问题都可以作为系统问题进行研究。"要素、结构、功能"是构成系统的基本三元素，缺一便不能称为系统。在系统功能翻译的研究中，如果缺乏对系统三元素和系统原理、规律、方法为立论依托的系统研究，就非系统意义上的功能翻译研究。

结构功能翻译理论运用系统论原理和规律，将语义及其语言、语用分类构建成系统，将视角聚焦语义系统各层次"结构功能"，从结构形式、功能过程、优化方法几方面对语义系统功能翻译的理论和方法展开研究，整体构建了系统分层翻译和系统优化翻译的程序化。

二、结构功能翻译的立论依托

结构功能翻译的立论依托是：以"语义学"为基础，以"系统结构功能相关律"为核心，以"系统的整体性原理""系统的相对性概念""结构—功能方法"等为支撑，由此去认识、复制并创造结构功能的翻译理论和翻译方法。

（一）以"语义学"为基础

语义是语言形式表达的内容。从语义学角度，语义分为"两类"：一类是语言意义，即语汇意义（词语意义）和语法意义，它是音义结合的语言系统固有的意义，是"本意"；另一类是语用意义（言语意义），即词语在交际中特定的语言环境下产生的具体的、临时的、特殊的意义。语用意义是一种环境意义，是具体的人在具体的环境中对语言意义具体运用的结果，是"它意"。语用意义的分类尚无定论，有的将语用意义分为语用拓展义、语用缩小义、语用畸变义三类[6]，有的将语用意义分为言外之力、会话隐含、修辞意义、所指意义、情感内涵、言外效果六类[7]，等等。不管其具体分类如何，我们可以博采众长，参照各种分类，循着"本意"—"它意"这一轨迹，从"本意"（语言意义）出发去分析由"本意"产生的"它意"（语用意义）。语言意义和语用意义是既互相区别、互相排斥又互相联系、互相补充的关系，充分理解语义及其语言意义和语用意义两个分类，是结构功能翻译理论的应用基础。

为了研究结构功能翻译的需要，我们对语义学的研究对象进行了拓展，进行了广义定位，即结构功能翻译的语义研究对象不仅是词语和句子，它的研究对象包括从字到词到句到段到节到章到篇以至整个翻译对象所有层次。所以，论文所指的语言意义和语用意义，都涵盖了所有层次的研究对象。这里，在广义的语义两个分类中：第一类语言意义就是指语言系统固有的意义，是"本意"；第二类语用意义就是指环境意义，是不同环境下对语言意义具体运用的结果，是"它意"。

在广义定位下，结构功能翻译理论以语义为系统，以语义及其分类语言、语用作为系统要素。

（二）以"系统结构功能相关律"为核心

"结构和功能是系统普遍存在的既相互区别又相互联系的两种基本属性，揭示结构与功能相互关联和相互转化就是结构功能相关律。"[8]

一定的系统结构必然具有一定的系统功能，只有结构合理的系统，系统功能才能得以很好发挥。在某种意义上，系统结构决定系统功能，系统结构的优化必然引发系统功能的优化。结构功能翻译研究正是应用"结构功能相关律"，将语义学的语义及其语言、语用两个要素构建成语义系统，并将语义学的并列分类结构形式优化为系统论的递进结构形式，使语义系统局部结构和功能的改变形成新的系统整体结构和整体功能。当语义系统局部结构和功能的改变在功能翻译过程中得到系统涨落放大时，新结构和新功能会使功能翻译过程实现不间断的动态的整体优化。

（三）以"系统的整体性原理""系统的相对性概念""结构—功能方法"等为支撑

1. 以"系统的整体性原理"为支撑

"系统整体性原理指的是，系统是由若干要素组成的具有一定新功能的有机整体，各个作为系统子单元的要素一旦组成系统整体，就具有独立要素所不具有的性质和功能，形成了新的系统的质的规定性，从而表现出整体的性质和功能不等于各个要素的性质和功能的简单加和。"[9]

系统整体性原理认为，整体不是部分的简单叠加，整体大于部分之和。系统整体性原理强调总是将局部问题放到整体环境中，从整体出发去研究问题，根据整体需要对部分进行调整和取舍。结构功能翻译理论将系统论的整体性原理引入翻译研究，总是将各层次结构功能的翻译放到译入语文化思维习惯②的环境中去进行相对整体功能最优化，从"最大限度符合译入语文化思维习惯"的"最佳功能契合点"③出发去研究功能等效翻译，使得不同层次的功能等效翻译信息的交换过程始终保持在相对整体最优状态。

2. 以"系统的相对性概念"为支撑

系统具有相对性，系统相对性是指衡量系统的划分标准是改变的，其划分标准的改变呈相对性。系统相对性表现在系统的方方面面：从系统的要素、系统、环境的关系划分，低层次称要素、高层次称系统或低层次称系统、高层次称环境；从系统的部分、整体的关系划分，低层次称相对部分、高层次称相对整体；从系统的功能划分，低层次称相对部分功能、高层次称相对整体功能；等等。依此类推。

3. 以"结构—功能方法"为支撑

系统具有层次等级秩序结构，系统功能也具有相对应的层次等级秩序结构。"系统的功能是与系统的结构相对应的范畴。"[11]

系统的结构方法是从结构形式认识、复制和创造事物，功能方法是从功能过程认识、复制和创造事物，结构—功能方法是既从结构形式又从功能过程认识、复制和创造事物。结构功能翻译理论既从结构形式又从功能过程综合研究结构功能的翻译问题，强调从构建语义系统的整体结构形式中去认识系统的结构功能等效翻译，强调从寻找语义系统的整体最优结构形式中去寻找最佳的结构功能等效翻译，强调从语义系统结构功能翻译的相对整体功能最优化的功能交换过程中去获取最佳的结构功能等效翻译。

三、结构功能翻译的结构形式、功能过程、优化方法

结构功能翻译理论是从系统的结构形式、功能过程、优化方法几方面来研究系统功能翻译问题。由于功能是结构形式的外在表现，结构形式的论述离不开功能过程；又由于功能过程是优化方法的载体，优化方法的论述也离不开功能过程。因此，功能过程的论述就体现在结构形式和优化方法的论述中。在结构形式上，将语义、语言、语用作为系统要素构建成系统，并将并列结构形式改变为递进结构形式，进行"系统分层翻译"；在优化方法中，引入思维习惯的概念，从不同思维习惯的最佳功能契合点切入研究不同层次的功能翻译，进行"系统优化翻译"。系统分层翻译和系统优化翻译，使整个功能翻译过程成为程序化的全程优化翻译过程，既改变了传统的翻译理念，又奠定了现代功能翻译的方法论基础。

首先，从系统结构形式上，提出按语义系统结构功能的三个递进层次进行程序化的"系统分层翻译"的观点。

由于语义系统的结构与功能是相对应的范畴，结构功能翻译理论按照结构的需要，根据功能的复杂程度，将语义学的两个并列分类结构功能形式改变为系统论的三个递进层次结构功能形式，进行翻译研究。

我们可以用系统结构图分析语义学的分类法和系统论的分层法的语义系统结构功能形式，如图1、图2所示：

图1是按照语义学分类法构建的两个层次的结构形式，其语言功能、语用功能两个要素的功能是同一层次，在系统概念中是两个并列的分系统，是并列结构。在并列结构关系状态下，或是无主次之分，或是同时并举，或是不分先后，或是不分高下，或是同地进行，其功能翻译路线及功能优化路线具有多项选择性。图2是按照系统论的分层法构建的三个层次的结构形式，其语言功能、语用功能两个要素的功能，在系统概念中是同一个系统的不同

层次。图 2 的语义系统功能翻译路线是一条直线，具有单一选择性。在翻译中，并列关系的"分类法"犹如一道"多项选择题"，翻译人员的翻译做的是"多项选择"，难度要大很多；递进关系的"分层法"犹如一道"单项选择题"，翻译人员的翻译做的是"单项选择"，难度要小得多。

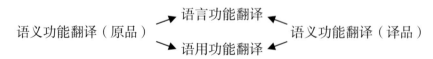

图1　语义系统功能翻译并列结构功能形式图

语义功能翻译（原品）→语言功能翻译→语用功能翻译→语义功能翻译（译品）

图2　语义系统功能翻译递进结构功能形式图

其次，在优化方法上，引入思维习惯的概念，提出了按"最大限度符合译入语思维习惯"的"最佳功能契合点"进行"系统优化翻译"的观点。

杰弗里·利奇（Geoffrey Leech）认为，理想的译文应该完整地表达原文的交际值。结构功能翻译理论认为，理想的译文应该"最大限度符合译入语思维习惯"。

在"语义功能翻译（原品）→语言功能翻译→语用功能翻译→语义功能翻译（译品）"结构功能形式中，人是最基础的核心要素。系统原理认为，"系统的不同层次，往往发挥着不同层次的系统功能"[8]。在语义系统中，人的思维活动的特殊功能是自始至终负责承载并激活各层次翻译功能，只有人的思维活动才能实现系统功能翻译的作用。

翻译是两种语言思维习惯的信息交流，是在两种语言思维习惯的多种稳定定态点中进行选择，其翻译过程是非常复杂的选择过程。对于系统复杂的不确定因素的"多定态选择"，"突变理论引入习惯概念，把用来确定系统如何在多个定态点中进行选择的准则称为习惯"[8]。习惯多种多样，遵循哪种习惯由系统的性质确定。由于人是语义系统最基础的核心要素，人的思维活动承载并激活翻译对象，人的思维习惯就成了如何在多个定态点中进行选择的准则。由于思维在翻译活动中的承载和激活功用，引入习惯概念后，我们就可以按照思维习惯在两种语言的信息交流中去进行语义系统结构功能翻译的"多定态选择"。

翻译牵涉两种语言系统功能的思维习惯，翻译的目的是让两种语言受众对原语的功能产生相似性理解。"系统的相似性涉及相似程度的大小，也就是有一个系统的相似度问题"[14]，我们通常所说的功能等效或对等翻译，其等效或对等的实质是一种相似度。两种语言的相似度有一个交集，所以，两种语言不同受众的思维习惯的功能相似度即有效作用的相似度的交集，就成为两种语言翻译信息交流的功能契合点。功能契合点即相似度是一个尺度范围，是一种概量，作为译者，追求的极致翻译当然是两种语言信息交流的最佳相似度即最佳功能契合点。由于原语的思维习惯是一个不变因素，其思维习惯可以作为原语和译入语两种语言的功能相似度即功能契合点的参照物，在译入语这一可变因素中去选择两种语言思维习惯的最佳功能相似度即功能契合点。

在结构功能翻译过程中，寻求思维习惯最佳功能契合点的具体方法，是对各层次翻译是否"最大限度符合译入语思维习惯"做出判断：对译品"最大限度符合译入语思维习惯"的功能翻译，做出"肯定"判断；对译品未"最大限度符合译入语思维习惯"的功能翻译，做出"否定"判断。对做出"否定"判断的译品，要从"最大限度符合译入语思维习惯"的最佳功能契合点中去寻求"答案"。简单地说，寻找最佳功能契合点的具体翻译方法是：判断译品是否"最大限度符合译入语思维习惯"，对"否定"判断寻求"肯定""答案"。这整个翻译过程，实质上是一种文化向另一种文化的"文化转向"过程。

上述从结构形式、功能过程、优化方法几方面对系统结构功能翻译进行的讨论，"系统分层翻译"是从结构形式上将语义系统结构功能划分为三个层次的程序化翻译，"系统优化翻译"是从功能过程中对语义系统三个层次结构功能翻译的整体优化的程序化翻译，它们之间是相互区别、相互联系、相互完善的翻译关系。从系统相对性概念和系统的整体性原理进行研究，结构功能翻译任一层次翻译信息的功能交换都是在相对整体功能最优化和整体优化的过程中完成。这一过程使得每一层次相对性结构功能的翻译都是本层次最佳的相对整体的结构功能等效翻译，终点层次结构功能的翻译则是低层次最佳结构功能等效翻译基础上的最终和最佳的结构功能等效翻译。所以，结构功能翻译的过程不是孤立完成，而是在相对整体功能最优化的程序化的翻译信息功能交换过程中，系统地完成一种文化向另一种文化的功能转换。

四、结构功能翻译的理论意义

结构功能翻译的理论意义在于：（1）用系统论的原理和规律，从要素、结构、功能的有机联系诠释了系统功能翻译；（2）论文提出翻译"最大限度符合译入语思维习惯"，是从方法论上对巴斯奈特文化转向理论的一种补充完善。

结构功能翻译理论的定义：以语义为系统研究对象，将语义及其分类语言、语用的广义定位作为系统要素，从语义系统的结构和功能的相互作用研究系统功能翻译。

具体地说，结构功能翻译理论以语义学为基础，以系统的结构功能相关律为核心，以系统的整体性原理、相对性概念、结构—功能方法等为支撑，将语义及其语言、语用分类视作系统要素，运用结构形式构建成语义系统，并将语义学的并列分类结构形式改变为系统论的递进层次结构形式，从而按系统递进层次的结构功能整体构建"系统分层翻译""系统优化翻译"，通过"最大限度符合译入语思维习惯"的翻译及翻译优化的程序化实现结构功能翻译的系统相对性整体及整体功能最优化。

结构功能翻译理论的方法论，是在两种语言系统的思维习惯中去寻找最佳功能契合点，我们称为"功能契合点翻译"。一是将语义功能契合点翻译通过递进层次结构形式改变为从简单到复杂的"语言功能契合点翻译→语用功能契合点翻译→语义功能契合点翻译"三个结构功能翻译层次，进行系统分层翻译，实现翻译路线和范围的程序化；二是"总是将局部问题放到整体或全局中去研究"[15]，将本层次的功能契合点翻译放到译入语文化思维习惯的更大环境中，对不同层次的功能交换过程进行相对整体功能最优化，实现优化方法的程序化。

结构功能翻译研究在翻译及翻译优化的程序化过程中，引入思维习惯概念，从寻求思维习惯相似度即功能契合点去翻译，其寻求翻译"最大限度符合译入语思维习惯"的"最佳功能契合点"的整体优化翻译方法，是从方法论上对巴斯奈特《文化与翻译》的文化转向理论"'文化转向'无向可转"[16]问题的一种补充完善。

五、结构功能翻译的实践意义

结构功能翻译的实践意义，在于首次提出了"系统分层翻译"和"系统优化翻译"的观点，对"语言功能等效翻译→语用功能等效翻译→语义功能等效翻译"的三个层次结构功能翻译过程的翻译路线、翻译范围、翻译和优化方法进行了整体构建，实现了系统功能翻译和优化的系统程序化。

由于《结构功能翻译理论》的方法论是在两种语言系统的思维习惯中去寻找最佳功能契合点，所以，根据系统理论"结构功能相对应"的原理，按照图2的结构功能形式，整体构建了"语言功能契合点翻译→语用功能契合点翻译→语义功能契合点翻译"的系统程序化的功能翻译步骤。

"寻求两种语言思维习惯的最佳功能契合点"的翻译，必须遵循"整体大于部分之和"的系统整体性原理。所以，在"语言功能契合点翻译→语用功能契合点翻译→语义功能契合点翻译"这一翻译过程中，不同层次功能契合点的翻译，最终都必须受文化思维习惯这一整体功能的制约，即接受相对整体功能的优化。但是，不同翻译层次具有不同的优化制约过程：对无语用意义的翻译对象，须先进行初译，再将初译放到译入语文化思维习惯环境中，按"最大限度符合译入语文化思维习惯"的最佳功能契合点进行相对整体功能最优化；对有语用意义的翻译对象，须先将其放到译入语文化思维习惯环境中进行相对整体功能最优化，按"最大限度符合译入语文化思维习惯"的最佳功能契合点确定是做语言意义还是语用意义的功能契合点翻译，然后再进行翻译活动;最后,还要将语言、语用功能等效翻译后的全句、全篇所有翻译对象,放到译入语文化思维习惯环境中,按"最大限度符合译入语文化思维习惯"的最佳功能契合点进行全局的综合的整体功能最优化。这整个过程是系统程序化的整体优化的翻译过程:

程序 1:"语言功能契合点翻译"。

程序 1 是首先对翻译对象进行考查,如有语用意义则进入"程序 2",无语用意义则进行程序 1"语言功能契合点翻译"。一般情况下,下列几种情况可直接作"语言功能契合点翻译":(1)科技、法律、政治性特强的翻译,对忠实于原文要求较高,需要绝对精确不能产生歧义,既要求保持原文内容又要求保持原文形式,这几类语言源品即使有语用意义也只作语言层次的功能契合点翻译;(2)无语用意义的古代语言源品,须用现代文对"自身"作出功能等效的解释方能翻译,对其释义的翻译,仍然属于寻求语言功能契合点翻译的范畴,也只作语言层次的功能契合点翻译;(3)无语用意义的现代语言源品,直接对语言固有意义寻找功能契合点作翻译。

当我们确定属"语言功能契合点翻译"时,再在语言层面语言规范④和语言学理论的思维习惯中"寻求最大限度符合译入语语言思维习惯的最佳功能契合点",作出语言层次语言思维习惯功能契合点的初译。

将语言层次的初译放到两种语言的文化环境中,从语言规范、文学艺术、思维方式、传统习俗、生活方式、行为规范、风土人情、历史地理、价值观念有关方面,按译品是否"最大限度符合译入语文化思维习惯"的优化方法,切入研究两种语言的文化功能契合点,进行相对整体功能最优化。

这一过程是先翻译后优化。

程序 2:"语用功能契合点翻译"。

对进入"程序 2"的翻译对象进行考查,如需翻译语用意义的按"它意"进行"语用功能契合点翻译",无须翻译语用意义的则按"本意"仍作"程序 1""语言功能契合点翻译"。

"程序 2"对具有语用意义的翻译对象,并非一定要作"语用功能契合点翻译",是选择语言还是语用意义做功能契合点翻译,根据翻译对象的语言和语用意义谁"最大限度符合译入语文化思维习惯"的优化方法确定。将翻译对象放到译入语文化环境中，从语言规范、文学艺术、思维方式、传统习俗、生活方式、行为规范、风土人情、历史地理、价值观念等有关方面，按翻译对象的语言或语用意义谁"最大限度符合译入语文化思维习惯"做出选择。当确定按"语用意义"的"它意"进行"语用功能契合点翻译"时，要参照语用扩展义、语用缩小义、语用畸变义、言外之力、会话隐含、修辞意义、所指意义、情感内涵、言外效果等不同的语用分类，按照"最大限度符合译入语文化思维习惯"最佳功能契合点的要求，对"语用意义"的"它意"作出"语言意义"的"本意"界定，然后对新界定的"本意"寻求"最大限度符合译入语语言思维习惯的最佳功能契合点"，按程序 1 的方法作出"语言功能契合点翻译"。

这一过程是先优化后翻译。

程序 3："语义功能契合点翻译"。

将程序 1、2 的语言、语用两个层次功能契合点的翻译译品放到两种语言文化环境中进行考察，从字到词到句到段到节到章到篇以至整个翻译对象所有层次进行整体协同优化，在两种语言文化环境中去寻求最大限度符合译入语文化思维习惯的最佳功能契合点。第一、二步骤的语言、语用两个思维习惯功能契合点的翻译往往以字词和语句最大到段为翻译单位，而"语义功能契合点翻译"则是以字、词、句、段、节、章、篇以至整个翻译对象的所有层次为翻译单位，将它们放到两种语言的文化大环境中，对源品和译品进行综合比对分析，从语言规范、文学艺术、思维方式、传统习俗、生活方式、行为规范、风土人情、历史地理、价值观念等文化层面的方方面面，按译品是否"最大限度符合译入语文化思维习惯"的优化方法，切入研究两种语义系统的文化功能契合点，进行全局的综合的全方位的整体功能最优化，做出文化层次文化思维习惯功能契合点的最后翻译。

这一最后过程实质上是先翻译后优化。

以上"三个步骤"是三个递进式的功能翻译和优化过程，得出的是三个不同难度和水平的译品。形象地说："语言功能等效翻译"是"粗加工"，得出的是"初级译品";"语用功能等效翻译"是"细加工",得出的是"中级译品";"语义功能等效翻译"是"精加工",得出的是"高级译品"。每一个过程的译品均具有相对独立存在的意义,但最后过程的译品才是最佳译品。

经过以上语义系统功能翻译逐层整体协同的三个程序化步骤,最终实现了系统整体同一的整体优化翻译。

六、结束语

结构功能翻译理论是以语义为系统研究对象,将语义及其分类语言、语用的广义定位作为系统要素,从语义系统的结构和功能的相互作用研究系统功能翻译的理论。

结构功能翻译理论以系统论的原理和规律为立论依托,从系统结构形式、功能交换过程、功能优化方法几方面研究语义系统"结构功能"的翻译原理和翻译方法,是翻译理论与翻译实践的结合。

结构功能翻译理论以"语义学"为基础,以"系统结构功能相关律"为核心,以"系统的整体性原理""系统的相对性概念""结构—功能方法"等为支撑,由此认识、复制并创造了语义系统结构功能的翻译理论和翻译方法。

结构功能翻译的理论意义在于:(1)用系统论的原理和规律,从要素、结构、功能的有机联系诠释了系统功能翻译;(2)引入"思维习惯功能契合点"的概念,从"最大限度符合译入语思维习惯"的最佳功能契合点切入研究不同语言的功能翻译,是从方法论上对巴斯奈特文化转向理论"'文化转向'无向可转"问题的一种补充完善。

结构功能翻译的实践意义,在于首次提出了"系统分层翻译"和"系统优化翻译"的观点,对"语言功能契合点翻译→语用功能契合点翻译→语义功能契合点翻译"的语义系统三个层次结构功能翻译过程的翻译路线、翻译范围、翻译和优化方法进行了整体构建,实现了语义系统功能翻译及整体最优化的系统程序化。

注释

① 张湖婷：思维习惯——人们思考问题时所偏爱的思考方式和方法。思维习惯有个人思维习惯、群体性思维习惯。

② 张湖婷：文化思维习惯，是不同国家、不同民族、不同地域的不同人群群落长期在精神和思想层面积淀下来的对语言规范、文学艺术、思维方式、传统习俗、生活方式、行为规范、风土人情、历史地理、价值观念等物质和精神诸方面的群体性的思考方式和方法。它是人类之间进行交流普遍认可的一种能够通过模仿来传承和扩散并产生变异和发展的文化模因。文化思维习惯的定义，是日常翻译所遵循的语音、词汇、语法修辞、篇章结构等语言规范，仅属文化思维习惯的一个范畴。

③ 张湖婷：功能契合点——功能是指有效作用，契合点是指切入点、结合点或共同点，功能契合点是指有效作用的切入点、结合点或共同点。

④ 张湖婷：语言规范——语音、词汇、语法、篇章结构等语言形式的标准和典范。

参考文献

［1］陆阳.源头、范式与局限——评《借鉴与开拓：多元系统翻译理论研究》［J］.中国教育学刊，2014（3）：111.

［2］丁科家.社会系统理论在现代翻译研究中的应用［J］.英语知识，2012（11）：30-31.

［3］隋荣谊.多元系统论［J］.英语知识，2009（11）：31-32.

［4］刘玲.多元系统论及其在翻译研究中的运用［J］.西安社会科学，2010（4）：138-139.

［5］司显柱，陶阳.中国系统功能语言学视角翻译研究十年探索——回顾与展望［J］.中国外语，2014（3）：30-32.

［6］李佳.概述词汇语用意义的分类研究［J］.哈尔滨职业技术学院学报，2014（3）：133-134.

［7］张琼.浅析语用意义的翻译：隐含与明示［EB/OL］.（2011-05-12）

［2016-08-07］.http://www.lunwentianxia.com/pro duct.free.10043699.3/.

［8］魏宏森，曾国屏.系统论［M］.北京：世界图书出版公司，2009.

［9］张湖婷.一种系统教学方法及英语教学案例［J］.中国科教创新导刊，2013（35）：20-23.

［10］蔡新乐."文化转向"无向可转？——巴斯奈特论文《文化与翻译》批判［J］.外国语文研究，2015（1）：78-85.

第二节　从多民族地区的无字方言谈语言翻译的悖论

——以贵州方言为例

A. 论文发表情况

该文 2020 年 7 月发表于《贵州民族研究》第 7 期，发表期间该刊为 CSSCI 来源期刊，北大核心期刊。

B. 论文核心观点和主要内容

核心观点

翻译理论、翻译定义、翻译标准存在形式和内容两个不同的研究方向，语言翻译理论、语言翻译定义、语言翻译标准是翻译的形式，思维习惯翻译理论、思维习惯翻译定义、思维习惯翻译标准是翻译的内容。

主要内容

论文通过"语言翻译定义与语言标准的讨论""从贵州无字方言的翻译谈语言翻译的悖论""语言翻译悖论的解悖"的讨论：提出了"语言翻译理论"的"一元翻译理论""一元翻译定义""一元翻译标准"和"思维习惯翻译理论"的"二元翻译理论""二元翻译定义""二元翻译标准"两个悖论；用形式和内容对立统一的哲学观点进行了解悖，提出了"两元翻译理论""两元翻译定义""两元翻译标准"的概念；进行了形式和内容的统一，从系统整体做出了"两元翻译理论""两元翻译定义""两元翻译标准"的界定。

C. 创新之处

观点创新

1. 文章提出翻译存在语言翻译、思维习惯翻译的两个"元翻译理论""元翻译定义""元翻译标准"观点，做出了"语言翻译""思维习惯翻译"理论的"两元翻译理论""两元翻译定义""两元翻译标准"的界定。

2. 提出了"翻译过程应先寻求、判断、选择同一交流对象两种思维习惯的'最佳功能契合点'，才能在文字语言多种释义的多种思维习惯的表达形式中，去寻找译入语最佳相似性理解最贴切的文字、语言表达形式"的观点。这里，思维习惯是两种语言的功能，"最佳功能契合点"就是两种语言思维习惯功能模拟的"最佳相似度"。翻译寻求、判断、选择同一交流对象两种思维习惯的"最佳功能契合点"就是一种功能模拟。

方法创新

提出"翻译理论、翻译定义、翻译标准存在形式和内容两个不同的研究方向"的理论认识及方法途径。

D. 系统理论的应用

论文以系统的整体性原理、系统的层次性原理、系统的相似性原理及其功能模拟法为辅助系统理论支撑，对《从多民族地区的无字方言谈语言翻译的悖论——以贵州方言为例》进行研究。

一是以系统的整体性原理为辅助系统理论支撑。

文章从系统整体布局：从"语言翻译定义与语言翻译标准的讨论"中提出翻译存在语言翻译、思维习惯翻译的两个"元翻译理论""元翻译定义""元翻译标准"的悖论，从"语言翻译悖论的解悖"的讨论中做出了"语言翻译""思维习惯翻译"理论的"两元翻译理论""两元翻译定义""两元翻译标准"的解悖和界定。

二是以系统的层次性原理为辅助系统理论支撑。

论文在"语言翻译定义与语言翻译标准的讨论"中，用系统的层次性原理研究翻译的发展史，从系统角度讨论界定了"语言翻译理论"的"文字翻译→语言翻译→文化翻译"三个翻译标准层次。

三是以系统的相似性原理及其功能模拟法为辅助系统理论支撑。

论文在"从贵州无字方言的翻译谈语言翻译的悖论"讨论中，基于系统的相似性原理，从功能有效作用的相似性出发，用系统理论下的功能模拟法，从原语和译语思维习惯的功能相似性出发，提出了"翻译过程应先寻求、判断、选择同一交流对象两种思维习惯的'最佳功能契合点'，才能在文字语言多种释义的多种思维习惯的表达形式中，去寻找译入语最佳相似性理解最贴切的文字、语言表达形式"的观点。这里，思维习惯是两种语言的功能，"最佳功能契合点"就是两种语言思维习惯功能模拟的"最佳相似度"。翻译寻求、判断、选择同一交流对象两种思维习惯的"最佳功能契合点"就是一种功能模拟。

摘 要：文章对多民族地区无字方言翻译问题进行讨论，提出了"语言翻译理论"的"一元翻译理论""一元翻译定义""一元翻译标准"和"思维习惯翻译理论"的"二元翻译理论""二元翻译定义""二元翻译标准"两个悖论，用内容和形式对立统一的哲学观点进行了解悖，认为翻译理论、翻译定义、翻译标准应存在形式和内容两个不同的研究方向。

关键词：语言翻译；思维习惯翻译；悖论；无字方言

一、语言翻译定义与语言翻译标准的讨论

翻译理论的核心内涵是翻译定义和翻译标准。

最初人们虽然没有对翻译下一个明确的定义，但自打有翻译的历史以来，历代译家都自然而然地认为翻译是语言翻译问题。以至于现代，中外都不言而喻地围绕语言为中心对翻译一词进行定义。《现代汉语词典》1999 年 7 月修订第 3 版第 345 页将翻译定义为："把一种语言文字的意义用另一种语言文字表达出来（也指方言与民族共同语、方言与方言、古代语与现代语之间一种用另一种表达）。"《学生新华大字典》2016 年第 1 版第 172 页将翻译定义为："把一种语言文字的意义用另一种语言文字表达。"《新华汉语词典》2017 年 8 月第 2 版第 266 页也将翻译定义为："把一种语言文字的意义用另

一种语言文字表达。"美国著名翻译理论家尤金·奈达（Eugene A.Nida）对翻译的定义是："Translating consists in reproducing in the receptor language the closest natural equivalent of the source language message, first in terms of meaning and secondly in terms of style." 用汉语翻译过来，尤金·奈达对翻译的定义是："所谓翻译，是指从语义到语体（风格）在译语中用最切近而又最自然的对等语再现原语的信息。"[1] 可见，中外翻译的定义都是以语言为基准，围绕语言路线进行的讨论。

数千年翻译研究说明，语言翻译定义既是数千年语言翻译的理论概括，又是数千年语言翻译标准研究的方向标。不管译者是自觉地或不自觉地认识语言翻译定义，语言翻译定义作为一种无形的方向标，始终导引着历代译家按照如何将原语转向为译语的方向去研究语言翻译标准问题。

翻译是与生产力的发展相适应的范畴，中外翻译标准的研究伴随着生产力的发展经历了三个发展阶段。

第一阶段："文字翻译"标准阶段。"文字翻译"标准阶段主要从文字层面研究翻译活动。最初的翻译活动，由于生产力比较落后，文化环境因素简单，人类交流沟通的需求简单，翻译未上升到理论高度加以认识。翻译活动仅仅只局限于佛经翻译，而且是字对字、词对词的硬译。在中国，最早的翻译是从佛经翻译开始，"早在东汉年代（2世纪）就开始了系统的佛经翻译活动"[2]。在国外，公元前4世纪中期罗马帝国的西塞罗之前，处于字对字、词对词的硬译阶段。

第二阶段："语言翻译"标准阶段。生产力的快速发展，使翻译标准的研究从文字层面上升到语言层面。这一阶段，翻译活动逐渐上升到理论高度加以认识，译者以句子、话语以及整个作品为翻译单位，以语言规范和语言学理论为基础研究翻译，产生了大量的语言翻译标准。"在我国的翻译史上，后汉三国时代的译经大师们一般都采用直译方法；而后秦时代的译坛盟主鸠摩罗什一改以前译家古直风格，主张意译；初唐时三藏法师玄奘则自创'新译'。"[3] 近现代，清末马建忠提出了"善译"的翻译标准，八国联军以后严复提出"信、达、雅"的翻译标准，民国时期梁实秋、赵景深派提出"宁顺而毋信"的翻译标准，鲁迅派提出"宁信而毋顺"的翻译标准，王佐良提出"照原作"的翻译标准，等等。改革开放以来，系统理论逐渐引入翻译标准的研究，司显柱、陶阳[4]搜集梳理了国内 2004 年以来 10 余年数十篇相关论文，这些论文都是"系统功能语言学立足于对语言使用的研究"。这些翻译标准，都是紧紧围绕语言翻译进行的讨论。在"语言翻译标准"中，尤以严复的"信、达、雅"三字真经影响深远，至今仍发挥巨大作用。在严复的三字真经影响下，翻译的定义有人就理解为："翻译是在准确（信）、通顺（达）、优美（雅）的基础上，把一种语言信息转变成另一种语言信息的行为。"在国外，公元前 4 世纪中期罗马帝国的西塞罗"明确地使用了'以词译词'（word for word translation，即'逐词翻译'）和'以意译义'（sense for sense translation，即'意译'）等术语概念。他提倡'意义对意义'而非'词对词'"[5]。之后，贺拉斯（Horace）提出"灵活翻译"、劳伦斯·韦努蒂（Lawrence Venuti）提出"归化和异化"的翻译标准，等等。20 世纪开始，"一些学者开始引用语言学理论研究翻译，这批学者被称为西方翻译研究中的语言学派"[6]，其翻译研究以现代语言学理论为基础。国外主要的语言翻译标准还有：尤金·奈达（Eugene A.Nida）的"动态对等"、纽马克（Peter Newmark）的"两种方法"、克特福德（J.C.Catford）的"语言学观"、克里斯蒂娜·诺德（Christiane Nord）的"功能翻译理论"（functionalism）等。

第三阶段："文化翻译"标准阶段。这是一个刚开始的历史时期。由于生产力高速发展，文化环境因素高度复杂化，人类交流沟通的需求也高度复杂化，从语言翻译规范和语言学理论角度研究翻译标准已不适应翻译需要，有学者尝试寻找新的翻译理论"元"泉，从文化层面研究翻译标准。与前两个阶段不同，文字、语言翻译阶段直接针对文字、语言研究翻译标准，而"文化翻译"阶段则是针对影响、制约文字、语言翻译的文化环境研究翻译标准。在中国，1933 年，林语堂在《论翻译》一文中提出"翻译是一门艺术"的"翻译美学观"，"将美学引入翻译研究，无论从理论上还是实践上，美学对翻译都有着特殊的意义"[7]。"傅雷在 1951 年《高老头·重译本序》中便提出了'独树一帜、卓然成家'的'神似'说：'以效果而论，翻译应当像临画一样，所求的不在形似而在神似。'"[8] 对翻译研究有极大的启示作用。但其"神似"说的理论基础仍是"语言翻译"。比较有影响的，还有钱锺书在"化境说"中借用佛经的"投胎转世"，许渊冲提出"三美论"美学准则，都是从文化层面研究翻译，实质仍未跳出语言翻译定义的框框。在国外，鉴于语言翻译标准的局限性，国外译家极尽努力想从文化层面探讨新的翻译标准路径。从 1972 年霍尔姆斯发表《翻译研究的名与实》一文开始，越来越多的学者采用描述性或结构性范式从文化层面研究翻译标准。以色列学者埃文·佐哈尔（Itamar Even Zohar）在 20 世纪 70 年代从形式主义出发提出了多元系统理论，将系统理论引入翻译理论研究，从文学本身的运作来讨论翻译标准。1990 年，英国学者巴斯奈特（S. Bassnett）与美籍比利时学者勒菲弗尔（A. Lefevere）在《翻译、历史与文化》一书中提出"文化翻译"理论和"文化转向"说。认为翻译是文化内部与文化之间的交流，翻译不应以语言为单位而应以文化为单位，以语言为单位的翻译应向以文化为单位的翻译转向。国外"文化翻译"标准，还有图里（Gideon Toury）的"文化制约规范"、斯内尔·霍恩比（Mary Snell Hornby）的"综合法"、勒菲弗尔（Andre Lefevere）的"改写理论"和"三因素论"，等等，都比较有影响。这些讨论都似乎要寻找新的翻译理论"元"泉，但都未跳出语言翻译框框的束缚。

以上翻译标准的三个发展阶段，形成了"文字翻译→语言翻译→文化翻译"三个翻译标准层次，但都未脱离语言翻译理论定义下的语言翻译标准的讨论。

我们把语言翻译理论称为"一元翻译理论"。"一元翻译理论"的元定义称为"一元翻译定义"，"一元翻译理论"的元标准称为"一元翻译标准"。"把一种语言文字的意义用另一种语言文字表达出来"，认为是"语言翻译"理论的"元定义"和"元标准"。

二、从贵州无字方言的翻译谈语言翻译的悖论

国家推广普通话，多民族聚居地区的汉语言文字使用的都是统一的普通话汉字。但中国地大物博，人口众多，56 个民族语言融合发展、交流互鉴，

形成了无数具有地域特点的汉语言无字方言。"方言发展轨迹受少数民族语言、外来语言和自身演变的渗透及影响，形成了汉语方言与民族语融合发展的特殊反映形态"[9]，这种特殊反映形态往往只有语音表达而无文字记载。

以多民族地区的贵州为例，据多彩贵州官网[10]介绍：贵州 2017 年年末常住人口 3580 万人，其中少数民族人口占 36.3%，有苗族、布依族、侗族等 17 个世居少数民族。另据贵州大学杨军昌教授等[11]研究，贵州"少数民族的人口总量在全国位居第四，比重位居第五，在我国 56 个民族中，除塔吉克族和乌孜别克族外在贵州省均有居住"。多民族聚居必然形成多民族语言的交流互鉴，汉语言中必然融汇出许多地域性的无字方言。多民族地区无字方言的翻译，对面向世界全方位人文交流开放的翻译带来挑战。贵州作为多民族地区，如何翻译多民族地区的无字方言，显现出翻译的难点，也折射出语言翻译理论的缺失。

贵州汉语言在长期的多民族语言交流互鉴的过程中，形成了大量的在汉语言中没有对称性文字表达而仅有语音形式的无字方言。贵州方言不太注意卷舌音，不太注意儿化音，声调大多为第二声，而且不少发音在汉语拼音中没有规范的拼读方法。贵州无字方言大致有三种情况。

一是汉语字词典中完全查找不到对应字词但有相似音调的汉字替代发音的无字方言。这种替代方言发音的替音汉字仅发音相似，且替音与方言发音并不完全相同，而意思与替音汉字也完全不同。例如，"一哈哈"，贵州方言的发音是"yí hā hā"，普通话的意思是"一会儿"；"我喝"，贵州方言的发音是"wó hō"，普通话的意思是"完蛋了"，是贵州方言的感叹词；"作不住"，贵州方言的发音是"zuó bú zú"，普通话的意思是"受不了"；"假巴耳饰"，贵州方言的发音是"jià bā ér sí"，普通话的意思是"假仁假义"；"惯实"，贵州方言的发音是"guán sí"，普通话的意思是"溺爱"；等等。这些方言的发音，即使我们采取了不规范拼读法，实也难以达到原音的"原生态"。无论我们是将贵州方言翻译成任何文字，或者是我们将任何文字翻译成贵州方言，我们在翻译时都无法做到"把一种语言文字的意义用另一种语言文字表达出来"。因为，这些方言的替音汉字仅是一个抽象的替音形式，无表达文字。

　　二是汉语字词典中完全查找不到对应字词又无相似音调的汉字替代发音的无替音汉字的无字方言。这种方言只能以不规范的汉语拼音拼读方法去发音。这类方言的翻译情况又如何呢？如贵州人邀约朋友："我们明天要 kí 打鸡洞玩，你 kí 不 kí。"这个读音"kí"的方言，在汉字中不仅无对应文字，也找不到"kí"字读音的字来替代发音，只能以不规范的汉语拼音拼读方法去发音。这个读音"kí"的方言发音，是"去"的意思。"kí"是"去"，贵州当地人都知道这个意思。这个意思虽无文字表示，但却是贵州各民族人民在长期的生产生活中形成的对人的行为方式共同认可的一种思维习惯。如果我们要把这句话翻译成外语，"kí"是无替音汉字的无字方言，外语也就没有对称性的语言文字可供择用，翻译时就只能进行思维习惯的转换，然后在译入语中寻求最贴切（妥帖、确切）的语言文字来表达，语音、文字只是思维习惯的表达形式。

　　三是用方言发音说汉语字词的无字方言。如"角落"，普通话的发音是"jiǎo luò"，而贵州方言的发音则是"guó luō"。这类方言与第二类有相似之处，不容易区分，区别在于该类方言是直接用贵州方言发音"读"汉字。因"读"音不同，方言和汉民族共同语的思维习惯也就不同。

　　由于地域性方言是仅有语音的无字方言，在翻译时，无论我们是将方言翻译成任何文字，或者是我们将任何文字翻译成方言，我们在翻译时都无法做到"把一种语言文字的意义用另一种语言文字表达出来"。因为，方言本身是无字语音，与其他语言没有意义对称的语言文字，无法做到"把一种语言文字的意义用另一种语言文字表达出来"。

　　可以举一个贵州方言语音语句，将其翻译成规范普通话文字，从翻译过程来讨论其折射出的理论问题。

　　例如，方言：我喜欢吃"máo lá gó"。

　　译文 1：我喜欢吃"西红柿"。

　　译文 2：我喜欢吃"番茄"。

　　这句话中的贵州方言的发音是"máo lá gó"，它的替音汉字是"毛辣果"。如果将这句含方言发音的方言语句翻译成普通话文字，我们怎样翻译呢？译者如果通晓普通话，那么例1中属普通话的发音"我喜欢"的意思不言自明。但如果译者不是贵州方言区人，而"máo lá gó"由于属于贵州地域方言，译者汉语共同语的知识储备中肯定搜索不出"máo lá gó"这一地域性方言发音的词语。这时候，这句话中的方言语音"máo lá gó"一词，在译者思维状态中反映的只是"máo lá gó"这一抽象的语音形式。"máo lá gó"这一抽象的语音形式，只是地域方言区人群在长期的相互交流中，对交流对象这一种蔬菜在相互大脑中形成的共同认可的思维习惯的一种思考方式。要将"máo lá gó"翻译成普通话文字，译者需要知道这句方言的"máo lá gó"语音在原语人群中的思维习惯即思考方式指的交流对象是什么，才能将方言语句的思维习惯的语音表达的"我喜欢吃'máo lá gó'"的意思，翻译转向为思维习惯高度相似的普通话的语言文字"我喜欢吃'西红柿'"或者"我喜欢吃'番茄'"的意思。在翻译过程中，"máo lá gó"只是地域方言区人群对交流对象共同的思维习惯的语音表达形式，译者要将"máo lá gó"的语音翻译成普通话，译者需要确切知道原语"máo lá gó"的语音表达形式是一种蔬菜交流对象的思维习惯，才能从汉民族共同语的思维习惯中去寻找同一交流对象思维习惯最佳相似度最贴切（妥帖、确切）的语言文字"西红柿，番茄"来表达。

"西红柿，番茄"在翻译过程中，译者实际上翻译的是交流对象的思维习惯，而不是方言语音，翻译并未实现"把一种语言文字的意义用另一种语言文字表达出来"，实现的只是将原语交流对象语音的思维习惯转向为译入语同一交流对象语音文字的思维习惯，"máo lá gó""西红柿，番茄"只是不同思维习惯的表达形式。这一过程并非是"把一种语言文字的意义用另一种语言文字表达出来"的过程，而是把一种思维习惯转向为另一种思维习惯的过程。这一过程中，方言音节和普通话字词的意思，是不同思维习惯的表达形式，方言语音和普通话文字的意义，起到的只是同一交流对象的思维习惯的表达作用。显然，这里讨论的思维习惯的翻译与语言文字的翻译就有了本质区别，思维习惯翻译的翻译对象是同一交流对象的思考方式和方法，语言翻译的翻译对象是语言文字的意义，一个翻译的主体是内容，一个翻译的主体是形式。

　　同理，将任一语言文字翻译成另一语言文字，也都是一个寻求思维习惯的最佳相似性理解的翻译转向过程。由此追溯数千年的翻译历史，翻译开始也并非是直接就能"把一种语言文字的意义用另一种语言文字表达出来"，而同样是先通过认识同一交流对象原语人群的思维习惯，再将原语人群的思维习惯作为参照物，再在译入语中寻求、判断、选择两种思维习惯的"最佳功能契合点"[12]，最后在译入语中寻找最贴切的文字、语言表达形式，才能形成思维习惯的翻译转向。后人将表达这些思维习惯的相似点的对称性的语言文字逐步整理出来，才根据思维习惯的相似度逐渐形成两种语言文字意思相对应的字词典和语言规范。不同字词典中的多种释义和多种语言规范，只是不同人群文字语言表达形式的多种思维习惯。翻译过程应先寻求、判断、选择同一交流对象两种思维习惯的"最佳功能契合点"，才能在文字语言多种释义的多种思维习惯的表达形式中，去寻找译入语最佳相似性理解最贴切的文字、语言表达形式。

　　至此，对无字方言的翻译讨论，可以得出这样的认识：翻译是思维习惯的翻译。由此，我们提出了一个"思维习惯翻译"理论，将思维习惯翻译理论称为"二元翻译理论"，其元定义和元标准称为"二元翻译定义"和"二元翻译标准"。

　　根据以上的讨论，我们可以对思维习惯翻译理论的"二元翻译定义"和"二元翻译标准"做出界定：

　　思维习惯翻译理论的"二元翻译定义"是：翻译是将交流对象原语的思维习惯转向为译入语的思维习惯。

　　思维习惯翻译理论的"二元翻译标准"是：将交流对象原语的思维习惯作为参照物，在译入语中寻求、判断、选择两种思维习惯的"最佳功能契合点"。

　　这样，翻译就存在语言翻译、思维习惯翻译的两个"元翻译理论""元翻译定义""元翻译标准"的悖论。

三、语言翻译悖论的解悖

"悖论是表面上同一命题或推理中隐含着两个对立的结论，而这两个结论都能自圆其说……所谓解悖，就是运用对称逻辑思维方式发现、纠正悖论中的逻辑错误。"[13]

我们认为：思维习惯翻译"悖论"和语言翻译"原论"，是翻译内容与翻译形式、翻译主体与翻译客体、思维内容与思维形式的不对称。我们可以用对称逻辑思维方式得出这样的认识：语言翻译理论的"一元翻译定义"与"一元翻译标准"是翻译形式，思维习惯翻译理论的"二元翻译定义"与"二元翻译标准"是翻译内容。形式和内容形成对立统一的对称性逻辑关系，也就实现了语言翻译、思维习惯翻译悖论的解悖。

当我们将语言翻译的"一元翻译定义""一元翻译标准"界定为翻译的形式，将思维习惯翻译的"二元翻译定义""二元翻译标准"界定为翻译的内容，就可以用内容和形式对立统一的哲学观点来认识原论和悖论的关系。按照对立统一的哲学观点：内容决定形式，形式反作用于内容，矛盾双方可以互相转化。因此，思维习惯翻译理论决定语言翻译理论，语言翻译理论反作用于思维习惯翻译理论，其定义和标准亦如此。

实现解悖以后，我们可以根据以上的讨论提出一个"两元翻译理论"及"两元翻译定义""两元翻译标准"的概念，对语言翻译理论和思维习惯翻译理论的概念进行形式和内容的统一，做出"两元翻译理论""两元翻译定义""两元翻译标准"的界定。

"两元翻译理论"是二合一基础翻译理论：翻译是语言翻译形式的元定义、元标准和思维习惯翻译内容的元定义、元标准的统一。

"两元翻译定义"是二合一基础翻译定义：翻译是将交流对象原语的思维习惯转向为译入语的思维习惯，用最贴切的语言文字表达。

"两元翻译标准"是二合一基础翻译标准：翻译是将交流对象原语的思维习惯作为参照物，在译入语中寻求、判断、选择两种思维习惯的最佳功能契合点和最贴切的语言文字表达。

四、结语

论文通过对多民族地区无字方言翻译问题的讨论，提出了"语言翻译理论"的"一元翻译理论""一元翻译定义""一元翻译标准"和"思维习惯翻译理论"的"二元翻译理论""二元翻译定义""二元翻译标准"两个悖论。论文用形式和内容对立统一的哲学观点进行了解悖，提出了"两元翻译理论""两元翻译定义""两元翻译标准"的概念，进行了形式和内容的统一，做出了"两元翻译理论""两元翻译定义""两元翻译标准"的界定。论文认为翻译理论、翻译定义、翻译标准应存在形式和内容两个不同的研究方向，对翻译研究和翻译评价具有一定的理论和实践意义。

参考文献

［1］道客巴巴.笔译速成第一周：翻译的性质和范围［EB/OL］.（2020-01-27）［2020-01-30］.http：//www.doc88.com/p-1 798037020921.html.

［2］潘一鸣.浅议翻译理论的历史沿革［J］.盐城师范学院学报（人文社会科学版），2000（2）.

［3］仲伟合.翻译标准多元化——从中外翻译发展史谈起［J］.语言与翻译，1991（4）.

［4］司显柱，陶阳.中国系统功能语言学视角翻译研究十年探索——回顾与展望［J］.中国外语，2014（3）.

［5］陈莹.西方文学翻译中的意译与直译向异化与归化转变的研究［J］.太原大学教育学院学报，2009（6）.

［6］赵文婷.语言学派西方翻译理论研究综述［J］.齐齐哈尔师范高等专科学校学报，2016（5）.

［7］缪静静.林语堂的翻译美学观探析——以《浮生六记》英译本为例［J］.无锡商业职业技术学院学报，2011（2）.

［8］刘国波.傅雷翻译思想研究［J］.忻州师范学院学报，2010（3）.

［9］张艳艳.古音、少数民族语言对渝东南地区方言的影响——以瓦乡话、土家话、苗家话为例［J］.贵州民族研究，2019（1）.

[10]多彩贵州网.贵州省情[EB/OL].(2018-12-04)[2019-06-20]. http://news.gog.cn/system/2018/12/04/016967 912.shtml.

[11]杨军昌,杨应旭,常岚.贵州省少数民族人口与经济社会发展问题 研究[M].北京:知识产权出版社,2016.

[12]张湖婷.结构功能翻译理论[J].教育文化论坛,2018(2).

[13]360百科.悖论[EB/OL].(2020-01-08)[2020-02-17].https:// baike.so.com/doc/5388982-5625560.html.

第三节　少数民族语地名译写标准的系统策略探究

A. 论文发表情况

该文2022年4月发表于《贵州民族研究》第2期,发表期间该刊为 CSSCI来源期刊,北大核心期刊。

B. 论文核心观点和主要内容

核心观点

少数民族语地名译写标准是一个系统,在标准化、规范化问题上应作为 一个系统进行整体研究。

主要内容

论文通过"关于系统概念""少数民族语地名译写标准的系统化""少数 民族语地名译写标准的多定态选择"的讨论,将少数民族语地名译写标准的 规范化问题作为系统问题进行研究,从层次、要素、结构、功能、环境的相 互联系中探讨了"少数民族语地名译写标准的系统化",探讨了少数民族语 地名译写标准系统化后用来选择翻译标准进行翻译的"思维习惯最佳功能契 合点""系统整体最优"的"多定态"的翻译准则,系统地从理论、实践上 提出了一个"少数民族语地名译写标准的系统策略"方案。

C. 创新之处

观点创新

文章提出少数民族语地名译写标准是一个系统的观点。文章认为少数民族语地名译写标准属于翻译标准系统一个相对独立的分系统，它首先应遵循一般的翻译标准，其次才是遵循少数民族语地名译写的具体翻译标准，而少数民族语地名译写的具体翻译标准又有国家标准和地方标准。文章对少数民族语地名译写标准的系统化进行了探究。

方法创新

文章提出了"以'思维习惯最佳功能契合点''系统整体最优'的翻译准则作为少数民族语地名译写'多定态选择'的规范化的优选标准"。其优选标准是一种翻译方法的创新。

D. 系统理论的应用

论文以系统的整体性原理对"少数民族语地名译写标准的系统策略探究"进行研究，作为贯穿整篇论文核心观点的核心系统理论支撑，以系统的层次性原理、系统的相对性概念、系统的相似性原理及其功能模拟法为辅助系统理论支撑。

核心系统理论支撑

论文以系统的整体性原理为核心系统理论支撑，得出"少数民族语地名译写标准是一个系统，在标准化、规范化问题上应作为一个系统进行整体研究"的少数民族语地名译写标准化的理论认识和方法途径。

论文引入"系统整体最优"概念，从"少数民族语地名译写标准的系统化""少数民族语地名译写标准系统的多定态选择"的讨论中，对少数民族语地名译写标准的标准化、规范化问题进行了"系统整体最优"的整体研究，从整体提出了一个少数民族语地名译写标准的系统策略方案。

辅助系统理论支撑

论文在部分的讨论中，单项用到了系统的层次性原理、系统的相对性概念、系统的相似性原理及其功能模拟法等为辅助系统理论支撑。

一是以系统的层次性原理为辅助系统理论支撑。

论文在"少数民族语地名译写标准的系统化"中，用系统的层次性原理从层次、要素、结构、功能的相互作用、相互联系构建了少数民族语地名译写标准系统化。

二是以系统的相对性概念为辅助系统理论支撑。

系统和要素的相对性表现在相邻两个层次之间，上级层次是相对性系统，下级层次是相对性要素。论文在"少数民族语地名译写标准的系统化"中，讨论了"少数民族语地名译写标准系统→一般翻译标准要素→少数民族语地名译写具体翻译标准要素"的系统和要素的相对性，确定了两个层次的要素是相对性要素。

三是以系统的相似性原理及其功能模拟法为辅助系统理论支撑。

论文在"少数民族语地名译写标准系统的多定态选择"的讨论中，基于系统的相似性原理，研究功能有效作用的相似性，用系统理论下的功能模拟法，从原语和译语思维习惯的功能相似性出发，提出了"少数民族语地名译写标准系统应用的'多定态'选择"的翻译标准。这个标准是"思维习惯最佳功能契合点""系统整体最优"。这里，思维习惯是两种语言的功能，"最佳功能契合点"是两种语言思维习惯有效作用的"最佳相似度"的功能模拟程度，"系统整体最优"是系统整体性原理在翻译标准问题上的具体应用。

摘要：新中国成立以来，国家非常重视少数民族语地名译写标准的制定和修订工作，但至今仍存在规范化、标准化问题。文章讨论了相关的系统概念；讨论了"少数民族语地名译写标准的系统化"；提出了"思维习惯最佳功能契合点""系统整体最优"的"多定态"选择的翻译准则，自然成为少数民族语地名译写标准系统"多定态"选择的规范化的翻译标准。文章从理论、实践上探讨了少数民族语地名译写标准的规范化、标准化问题，从系统整体提出了一个"少数民族语地名译写标准的系统策略"方案。

关键词：少数民族语；地名译写；规范化；标准化；系统策略

少数民族语地名译写具有主权功能、定位功能、认知功能。少数民族语地名译写，首先是一个"国家主权与尊严的重要表征"[1]，具有主权功能；其次能够标示空间方位，具有定位功能；最后是某类人群思维习惯的集中表现，是人类文化的宝贵财富，需要具有共同的认知功能。

新中国成立后，国家非常重视少数民族语地名译写标准的制定和修订工作。按照已有标准，少数民族语地名的译写要进行汉语拼音字母音译转写和汉字译写。但由于少数民族语地名语言、来源比较复杂，对如何进行音译转写和汉字译写，至今尚未建立一个规范化的少数民族语地名译写标准。

文章尝试应用系统的相关理论，来探究少数民族语地名译写标准的系统策略，以拓展少数民族语地名译写规范化、标准化策略的新思路。

一、关于系统概念

系统由两个以上的要素按照一定的结构形式结构而成，系统的要素形成结构必须具有相互作用的有机联系，没有相互作用的有机联系的要素胡乱堆积在一块不能形成系统，要素结构成系统即为整体，即具有独立要素不具有的整体性质和整体功能。

系统具有多样性，可按不同的原则和方法划分系统的不同类型。按学科领域可划分为自然系统、社会系统和思维系统；按人类干预情况可划分为自然系统、人工系统；按范围大小可划分为宏观系统、中观系统、微观系统；按系统与环境的关系可划分为开放系统、封闭系统、孤立系统；按状态可划分为平衡系统、非平衡系统、近平衡系统、远平衡系统；按存在形式可划分为实体系统、概念系统；按研究角度，可以划分不同角度系统，等等。少数民族语地名译写属于概念系统。

根据系统的整体性原理，在研究系统问题时，需要将研究对象作为系统，从系统整体的性质和功能的需要去研究要素与要素、要素与系统、系统与系统、系统与环境不同层次的结构和功能的相互关系和变动规律性，用系统整体最优化的观点来分析综合解决问题。

根据以上系统概念，从系统角度探讨少数民族语地名译写标准系统问题分为三个基本环节。首先，将少数民族语地名译写标准作为一个系统问题进行研究；其次，从系统的层次、要素、结构、功能、环境的相互联系入手，对少数民族语地名译写标准进行系统化；最后，根据少数民族语地名译写标准系统化，确定少数民族语地名译写标准系统应用的"多定态"翻译准则。

二、少数民族语地名译写标准的系统化

少数民族语地名译写标准属于翻译标准系统的一个相对独立的分系统。它首先应遵循一般的翻译标准，其次才是遵循少数民族语地名译写的具体翻译标准，而少数民族语地名译写的具体翻译标准又有国家标准和地方标准。如果将少数民族语地名译写标准作为一个相对独立的系统，从系统理论角度讨论，一般翻译标准和具体翻译标准，就已经构成了少数民族语地名译写标准系统的层次。循着少数民族语地名译写标准的系统层次，可以进一步研究少数民族语地名译写标准的系统要素、功能和结构的相互联系，实现少数民族语地名译写标准的系统化。

（一）少数民族语地名译写标准的系统要素及功能

按照翻译标准的认知范围和公认度，可以把少数民族语地名译写标准系统分为两个层次的要素及其功能。第一层次为翻译界认知范围和公认度最高的翻译标准中与少数民族语地名译写有有机紧密联系的一般翻译标准，第二层次为国内认知和公认的少数民族语地名译写的具体翻译标准，包括国家有关部门制定或有关省市、民族自治区依据国家标准制定或认可的与少数民族语地名译写有有机紧密联系的具体翻译标准。

系统、要素、环境是一个相对性概念。因此，从相对性而言，少数民族语地名译写标准系统目前有两个层次的相对性要素，其系统层次为：少数民族语地名译写标准系统→一般翻译标准要素→少数民族语地名译写具体翻译标准要素，这就存在两个层次的要素及其功能。

第一层次要素及其功能系翻译界认知范围和公认度最高的翻译标准中与少数民族语地名译写具有有机紧密联系的一般翻译标准。

翻译是与生产力发展相适应的范畴，中外翻译标准的研究伴随着生产力

的发展经历了 3 个发展阶段。第一阶段是字对字、词对词硬译的"文字翻译"标准阶段，这一阶段，由于生产力低下，尚无成文的翻译标准。第二阶段是"语言翻译"标准阶段。由于生产力的快速发展推动语言规范和语言学理论的发展，从而推动了翻译标准的研究从文字层面上升到语言层面。第三阶段是"文化翻译"标准阶段。由于生产力高速发展，影响语言翻译的文化因素高度复杂化，有学者尝试从文化层面研究翻译标准。在中国，出现了"翻译美学观""神似说""化境说""三美论"等文化翻译标准。在国外，出现了"描述性或结构性""多元系统理论""文化翻译理论"和"文化转向""文化制约规范""综合法""改写理论""三因素论"等文化翻译标准，都比较有影响，但尚无翻译界认知范围和公认度最高的文化翻译标准。

以上翻译标准的 3 个发展阶段，形成了诸多高水平的翻译标准，从不同角度推动了世界翻译理论和翻译实践的发展，都是有应用价值的翻译标准。但从翻译界认知范围和公认度最高的翻译标准中与少数民族语地名译写有有机紧密联系的角度来讨论，翻译界认知范围和公认度最高的一般翻译标准是"直译""意译""归化""异化"，它们与少数民族语地名译写有有机紧密联系，应优选为少数民族语地名译写标准的第一层次要素。它们的含义和功能译界早有共识。

第二层次为国家有关部门制定或有关省市、民族自治区依据国家标准制定或认可的与少数民族语地名译写有有机紧密联系的具体翻译标准，包括国家标准或地方标准。具体来说，是国家有关部门或有关省市、民族自治区制定或认可的与少数民族语地名译写相关的具有法律效力的法律法规。这些相关的法律法规的文件名是第二层次要素，它们的具体规定就是第二层次要素的功能。

新中国成立至今，少数民族语地名译写规范化工作一直处于不断探索完善过程中。地名译音委员会于 1959 年出台了《地名翻译原则草案四种（征求意见稿）》，制订了少数民族语地名六条译写标准；中国文字改革委员会、国家测绘总局于 1965 年联合发布了《少数民族语地名的汉语拼音字母音译转写法（草案）》，该草案 1976 年进行了修订。1986 年国发〔1986〕11 号《地

名管理条例》第七条、中华人民共和国民政部 1996 年民行发〔1996〕17 号
《地名管理条例》、2010 年民政部令第 38 号《民政部关于废止、修改部分规
章的决定》，内容也都涉及少数民族语地名译写的规范化问题。至今，国家
有关部门仍在对有关标准进行修订。据新京报快讯，民政部官网 2019 年公
布的立法工作计划，《地名管理条例》的修订工作又被列入其中 [2]。充分说
明国家重视和不断探索完善包括少数民族语地名及其译写标准在内的规范化
工作。

由于少数民族语地名译写标准的规范化工作一直处于不断探索完善的过
程中，国家有关部门或有关省市、民族自治区发布的与地名有关的标准或办
法随着社会发展不断地进行修正。因此，作为一种少数民族语地名译写的规
范化、标准化的翻译策略，第二层次要素及其功能的国家有关部门或有关省
市、民族自治区制定或认可的与少数民族语地名译写有紧密联系的翻译标准
是一种行政规定，国家随时会根据社会发展变化进行修正，所以，并不能将
具体翻译标准作为一种具有普遍意义的翻译策略，即不能作为第二层次具有
普遍意义的要素及其功能。

那么，第二层次要素及其功能如何设定？只能进行抽象处理，将与少
数民族语地名译写有有机紧密联系的具有法律效力的国家有关部门制定
或认可的相关的法律法规的具体翻译标准设定为"国标 1""国标 2""国
标……"将与少数民族语地名译写有有机紧密联系的具有法律效力的地方法
规的具体翻译标准设定为"地标 1""地标 2"……

（二）少数民族语地名译写标准的系统结构和功能优化过程

少数民族语地名译写标准属于概念系统，由译者的思维活动进行激活。
因此，少数民族语地名译写标准系统结构的优化原则是便于译者进行"系统
整体最优"的协同研究。基于这一原则，可以初步设定少数民族语地名译写
标准系统的结构形式（如图 1）。

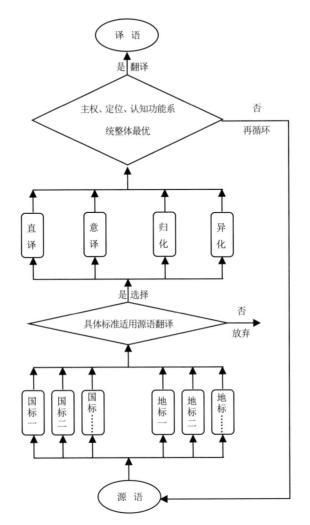

图1　少数民族语地名译写标准系统结构形式

图 1 是以综合为目的的系统结构形式图，其研究是从最低层次开始，即从"原语"开始，逐层次进行部分到整体的综合研究。综合研究的原则是依据图 1 "少数民族语地名译写标准系统结构形式"，逐层次实现功能的"系统整体最优"。

按照前面的讨论，图 1 "少数民族语地名译写标准系统结构形式"有两个层次要素，第一层次为"直译""意译""归化""异化"。第二层次为"国标 1""国标 2""国标……"，"地标 1""地标 2""地标……"。同一层次要素之间有两种关系，即线性关系和非线性关系。线性关系是指两个以上的具体标准具有协同作用，可以共同叠加用于上一层次要素或系统；非线性关系是指具体标准之间不具有协同作用，不可以共同叠加用于上一层次要素或系统。无论是线性关系和非线性关系的要素，都需要服从"系统整体最优"原则的选择。

根据"系统整体最优"原则，按照图 1 箭头方向，从低层次到高层次，以图 1"少数民族语地名译写标准系统结构形式"为导引，少数民族语地名译写标准系统的功能优化即系统应用过程包括三个过程。

第一过程，"对标"过程，是从"原语"到"具体标准适用原语翻译"。

从"原语"开始，以"原语"为少数民族语地名译写对象，以"原语"逐一对照第二层次的"国标 1""国标 2""国标……""地标 1""地标 2""地标……"等各个具体翻译标准，按"具体标准适用原语翻译"，做出"是选择"。无论是线性关系和非线性关系的具体翻译标准，无论标准有几个，只要符合"具体标准适用原语翻译"的具体标准都进入"是选择"，不符合则作"否放弃"处理，以后的研究中不再考虑。

第二过程，"选标"过程，是从"具体标准适用原语翻译"到"直译""意译""归化""异化"。

将第一层次"直译""意译""归化""异化"的功能作为相对整体功能，由"直译""意译""归化""异化"对第二层次"具体标准适用原语翻译"的"是选择"的标准做出选择。由于标准之间存在线性关系和非线性关系，第二层次"具体标准适用原语翻译"的标准也可能都被第一层次"直译""意译""归化""异化"的翻译功能选中，暂且保留各标准的选中状态。

第三过程，"优化"过程，是从"直译""意译""归化""异化"到"主权、定位、认知功能系统整体最优"。

"优化"过程是根据少数民族语地名译写的整体功能，对"选标"过程中"直译""意译""归化""异化"的各个一般翻译标准及其选中的具体翻译标准，再进行"系统整体最优"的选择，决定适用"直译""意译""归化""异化"哪种一般翻译标准及其选择的具体翻译标准。符合"主权、定位、认知功能系统整体最优"的一般翻译标准及其选中的具体翻译标准进入"是翻译"，即按照"直译""意译""归化""异化"的翻译功能依据具体翻译标准对原语进行翻译。否则，进入"否再循环"，重新重复以上三个功能优化过程。

　　系统结构是系统要素、结构、功能三要素的核心部分。从图1可以看出，少数民族语地名译写标准系统化，需要从系统整体规划三个关键问题：一是要将少数民族语地名译写标准作为系统问题进行研究，二是要将"直译""意译""归化""异化"纳入少数民族语地名译写标准系统体系，三是要从系统整体统筹兼顾制定一般翻译标准、具体翻译标准。

三、少数民族语地名译写标准系统应用的"多定态"选择

　　"少数民族语地名译写标准的系统化"中并未解决"少数民族语地名译写标准系统策略"的全部问题，"少数民族语地名译写标准系统化"之后要解决如何应用的问题。

　　少数民族语地名译写标准系统的应用和翻译过程是一个"系统整体最优"过程，是一个具有多种翻译功能稳定定态点的非常复杂的"多定态"选择过程。少数民族语地名译写标准系统的应用是如何在标准优选和翻译的"多定态"选择过程中认定"主权、定位、认知功能系统整体最优"。如何进行多种稳定定态点的"多定态"选择才能使译语和原语的翻译具有相似度最佳的认知功能，既是"少数民族语地名译写标准系统策略"的难点，也是"少数民族语地名译写"规范化、标准化的难点。

　　"少数民族语地名译写"规范化、标准化的难点，在于少数民族语地名译写标准系统"多定态"的选择用什么方法，在于少数民族语地名译写标准系统"多定态"选择的准则是什么的问题。为此，需要引入系统突变理论的"习惯"概念和"思维习惯最佳功能契合点"概念。

　　当系统存在两个或两个以上稳定定态点时，系统选择哪一个稳定定态点，成为系统复杂的不确定因素的"多定态"选择。对于系统复杂的不确定因素的"多定态"选择，"突变理论引入习惯概念，把用来确定系统如何在

多个稳定定态点中进行选择的准则称为习惯。习惯多种多样，遵循哪种习惯，由系统本身的动力学特性和涨落两方面决定。"[3] 少数民族语地名译写标准系统属于概念系统，由于人是概念系统最基础的核心要素，人的思维活动承载并激活翻译标准和翻译对象，人的思维习惯就成了如何在多个稳定定态点中进行选择的方法。由于思维在翻译活动中的承载和激活功用，引入习惯概念后，我们就可以按照不同语言认知功能思维习惯，在多层次的翻译标准、多语种的翻译中去进行少数民族语地名译写的"多定态"选择。

思维习惯是人们思考问题时所偏爱的思考方式和方法。思维习惯有个人思维习惯，群体性思维习惯。少数民族语地名译写的认知功能，和其他翻译一样，选择的当然是原语或译入语群体共同认可的具有稳定定态点的思维习惯。

问题的关键是，少数民族语地名译写和任何翻译一样，都存在两种语言、多种标准的思维习惯的"多定态"选择，应选择哪种语言、哪种标准的思维习惯，需要有一个优选准则。

翻译牵涉多种语言系统功能的思维习惯，翻译的目的是让多种语言受众对原语的功能产生相似性理解，涉及相似程度的大小即相似度问题。两种语言翻译的相似度有一个交集，两种语言不同受众的思维习惯的功能相似度即有效作用的相似度的交集，就是两种语言翻译信息交流的功能契合点。功能是指有效作用，契合点是指切入点、结合点或共同点，功能契合点是指有效作用的切入点、结合点或共同点。功能契合点即相似度的切入点、结合点或共同点是一个尺度范围，是一种概量，作为译者，追求的极致翻译当然是"思维习惯最佳功能契合点"[4]"系统整体最优"。这样，"思维习惯最佳功能契合点""系统整体最优"就成为"多定态"选择的翻译准则，自然成为少数民族语地名译写标准系统"多定态"选择的规范化的翻译标准。

以"思维习惯最佳功能契合点""系统整体最优"的翻译准则作为少数民族语地名译写"多定态选择"的规范化的优选标准，就可以对少数民族语地名译写标准系统的应用和实际翻译过程进行"系统整体最优"化的"多定态"选择。

对少数民族语地名音译转写和汉字译写的有关具体标准，有关学者提出过诸多问题。譬如，音译转写，同一标准在实践过程中：有学者提出，《少数民族语地名汉语拼音字母音译转写法》有很多优点，但是，存在有的标音与实际语音相去甚远的问题[5]；有学者提出，藏语地名的音译转写，1965年草案规定"以拉萨语音为准，安多方言和康方言可以参照并补充使用"。1976年草案规定"以中央人民广播电台藏语广播的语音为依据"。经过几年大量藏语地名的音译转写工作实践，1965年的草案是可行的，1976年修订案在除卫藏方言区以外的地方反而是行不通的。草案照顾到三个方言，而修订案实际上成了卫藏方言的音译转写法[6]。

这些问题从侧面说明，只有进行少数民族语地名译写标准系统化，才能解决少数民族语地名译写标准规范化问题。少数民族语地名译写标准系统化后，牵涉两种语言和多种标准的多种稳定定态点的选择，"思维习惯最佳功能契合点""系统整体最优"的"多定态"选择的优选准则，就可以作为少数民族语地名译写标准系统音译转写和汉字译写的规范化的整体标准。

少数民族语地名译写标准系统的整体功能是"主权、定位、认知"，是主权、定位、认知三部分功能的系统契合。主权、定位、认知三部分功能的思维习惯整体应符合"思维习惯最佳功能契合点""系统整体最优"的"多定态"选择的少数民族语地名译写的翻译标准。

新中国成立至今，少数民族语地名译写的主权、定位功能随着国家的强大，不断优化，毋庸置疑。少数民族语地名译写的复杂性不在于主权、定位功能，而是认知功能，所谓少数民族语地名译写标准的规范化问题，也集中体现在认知功能上。所以，少数民族语地名译写标准的规范化，主要是认知功能译写标准的规范化。

少数民族语地名的认知功能由原语和译语的"音、形、义"功能组成，少数民族语地名译写的"系统整体最优"，从系统角度是少数民族语地名"音、形、义"的翻译，最终都要服从"思维习惯最佳功能契合点""系统整体最优"的协同。郭风岚教授提出的"字段问题""用字问题"，都属于"音、形、义"认知功能的翻译问题，从系统策略的角度，"思维习惯最佳功能契合点""系统整体最优"的"多定态"选择的优选准则能解决"音、形、义"认知功能的翻译问题。

在"字段问题"上，据郭凤岚统计，新疆 7394 个少数民族语村名汉字译写，村名字段最少为 1 个汉字，最多为 10 个汉字，小于 2 字大于 4 字的村名比例高达 43.29%[7]。从"思维习惯最佳功能契合点""系统整体最优"来分析字段，汉字地名字段"音、形"的思维习惯一般为 2～4 字组成，1字和 5 字以上的村名，汉字受众读起来佶屈聱牙，并不符合汉语受众地名字段的思维习惯，不能成为两种语言思维习惯的结合点、共同点，不是两种语言"思维习惯最佳功能契合点"，当然不是"系统整体最优"的翻译。按照汉字地名字段的思维习惯，2～4 字的"音、形"翻译是最佳翻译。因此，对汉字地名符合"思维习惯最佳功能契合点"的 2～4 字的翻译，可以约定俗成，赋予原语意义的思维习惯，使其意义成为原语和译语共同认知的思维习惯。这样，两种语言的"音、形、义"就有了"思维习惯最佳功能契合点"。对小于 2 字大于 4 字的村名，按照"思维习惯最佳功能契合点""系统整体最优"进行规范化处理。

在"用字问题"上，具体存在"多音字与非常用字辨识不易""部分单字字义易引发不雅或不愉快联想""地名整体结构或意义不和顺"等问题。对这些问题，按"字段问题"的处理方法，用"思维习惯最佳功能契合点""系统整体最优"的"多定态"选择的优选准则，就能恰当地予以解决。

四、结语

在少数民族语地名译写标准的规范化问题上，应从系统角度进行研究，从层次、要素、结构、功能、环境的相互联系中探讨"少数民族语地名译写标准的系统化"，同时，需要从系统整体规划少数民族语地名译写标准系统化的 3 个关键问题。本文讨论了"少数民族语地名译写标准系统应用的多定态选择"，提出了"思维习惯最佳功能契合点""系统整体最优"的"多定态"选择的翻译准则，从理论、实践上探讨了少数民族语地名译写标准的规范化、标准化问题，从系统整体提出了一个"少数民族语地名译写标准的系统策略"方案。

参考文献

［1］李宇明.中国语言规划续论［M］.北京：商务印书馆，2010.

［2］《地名管理条例》修订纳入民政部今年立法计划［EB/OL］.（2019-07-16）［2021-12-07］.http://www.mzyfz.com/cms/faxunkuaibao/xinwenkuaibao/zhengfadongtai/html/1049/2019-07-16/content-1399833.html.

［3］魏宏森，曾国屏.系统论——系统科学哲学［M］.北京：世界图书出版公司，2009.

［4］张湖婷.结构功能翻译理论［J］.教育文化论坛，2018（2）.

［5］王尧.对音译转写地名的一点补充意见［J］.民族语文，1980（2）.

［6］武振华.音译转写与"名从主人"［J］.民族语文，1980（2）.

［7］郭风岚.论少数民族语地名生态及其规范化——以新疆少数民族语地名为例［J］.语言规划学研究，2019（1）.

第二章　教学理论的系统探究

　　"教学理论的系统探究"，是应用系统原理、规律、概念、方法，从不同角度探讨教学理论的论文范例，先后发表于有关刊物。

第一节　高校课程教学的系统整体研究原则及方法①

A. 论文发表情况

　　该文 2022 年 9 月发表于《湖北经济学院学报》（人文社会科学版）第 9 期。

B. 论文核心观点和主要内容

核心观点

　　用什么方法使高校课程教学的整体目标与部分目标更好地协同发展，始终是高校课程教学改革的难题。该文基于系统理论，设计出一种"高校课程教学的系统整体研究原则及方法"。

主要内容

　　在系统理论支撑下，论文从"高校课程教学研究的系统概念""高校课程教学的系统整体研究原则""高校课程教学的系统超循环研究方法及其思维导图""'高校课程教学的系统整体研究原则及方法'的整体应用"几方面，对"高校课程教学的系统整体研究原则及方法"进行了系统的整体研究。

---

　　① 本文为贵州师范学院 2020 年教学内容和课程体系改革项目"从整体性原则探究'英语口译'课程教学改革"的阶段性成果，第二、三、四作者为余学军，王涛，程俊龙。

C. 创新之处

观点创新

根据"系统整体大于部分"的整体性核心思想，提出了研究方法的指导原则"系统整体最优原则"。该原则虽然指向"高校课程教学"，但却具有普遍意义。

论文认为："'系统整体最优'概念，是指高校课程教学问题系统的部分的性质和功能在系统中的优劣的选择，并非越优越好，而是要以系统整体最优为出发点，根据整体最优的要求对部分的性质和功能的优劣有所扬弃。将高校课程教学的任一问题作为一个相对性的系统整体时，该系统都是由两个以上的要素部分组成，要素部分一旦组合成系统整体，系统整体就会有不同于部分的整体性质和功能，系统整体会反过来制约要素部分，系统整体的性质和功能处于'统治'地位，要素的性质和功能要服从系统的性质和功能，部分的性质和功能要服从整体的性质和功能。因此，在系统整体机制下，高校课程教学各个要素的性质和功能的优劣的选择，都要以'系统整体最优'为出发点。"

方法创新

根据系统的超循环理论，提出了一种"系统超循环研究方法"及其具体应用该方法的"系统超循环思维导图"。该方法和思维导图虽然指向"高校课程教学"，但却具有普遍意义，系重要的方法创新。作者在研究过程中，多次用到"系统超循环研究方法"和"系统超循环思维导图"。

"系统超循环研究方法"认为：按照系统超循环理论，"分析方法"和"综合方法"在系统运动过程中，是一个不分起点和终点的周而复始的"分析—综合—分析……"的系统超循环研究过程。分析方法是将整体逐层次分解为部分，综合方法是将部分逐层次归纳综合为整体。我们可以根据不同的研究目的，截取某一方法作为超循环运动过程的起点和终点，进行不同目的的教学的分析和综合的系统超循环研究。如果我们的研究目的是获取部分的性质功能，通过整体认识部分，我们截取的是"分析方法"作为超循环研究过程的起点和终点，"分析方法"是运动的总趋势，"综合方法"是中间环节，系统超循环运动一周的研究过程是"分析—综合—分析"过程。如果我们的研究目的是获取整体的性质功能，通过部分认识整体，我们截取的是"综合方法"作为超循环研究过程的起点和终点，"综合方法"是运动的总趋势，"分析方法"是中间环节，系统超循环运动一周的研究过程是"综合—分析—综合"过程。

"系统超循环研究思维导图"是"系统超循环研究方法"的具体应用，其作用是作为整体和部分结合的络合剂，从整体和部分两个层次对研究对象进行双向的协同研究。一是可以站在研究对象的系统整体层次，根据获取部分性质和功能的研究目的，按照系统超循环研究思维导图用"系统分析超循环研究方法"，从研究对象的最高层次开始进行分析分解研究，实现分析研究目的。二是可以站在研究对象的部分层次，根据获取整体性质和功能的研究目的，按照系统超循环研究思维导图用"系统综合超循环研究方法"，从研究对象的最低层次开始进行综合研究，实现综合研究目的。

由于以"系统超循环研究思维导图"作为整体和部分双向结合的络合剂，分别从整体和部分两个层次对同一研究对象进行双向超循环的系统整体研究，就能较好地实现研究对象系统整体和部分双向协同发展的研究目的。

D. 系统理论的应用

该文用系统的整体性原理对"高校课程教学的系统整体研究原则及方法"进行研究，作为贯穿整篇论文核心观点的核心系统理论支撑，以系统的超循环理论为辅助系统理论支撑。

核心系统理论支撑

论文以系统的整体性原理为核心系统理论支撑。

论文通篇贯彻了系统的整体性核心思想，论文的整体研究和"高校课程教学的系统整体研究原则""高校课程教学的系统超循环研究方法及其思维导图"都是系统整体性原理的具体应用。

辅助系统理论支撑

论文以系统的超循环理论为辅助系统理论支撑。

论文在"高校课程教学的系统超循环研究方法及其思维导图"讨论中，

以系统的超循环理论为辅助系统理论支撑。

超循环理论是系统学的前阶理论之一。"高校课程教学的系统超循环研究方法及其思维导图"是超循环理论的具体应用。按照系统超循环理论,"分析方法"和"综合方法"在系统运动过程中,是一个不分起点和终点的周而复始的"分析—综合—分析……"的系统超循环研究过程,截取某一方法作为超循环运动过程的起点和终点,就能进行不同教学目的的分析和综合的系统超循环研究及整体和部分的系统双向协同。

摘要:整体和部分始终是伴随并推动事物演化发展的一对矛盾。在长期的高校课程教学过程中,教育工作者逐渐认识到,用什么方法使高校课程教学的整体目标与部分目标更好地协同发展,始终是高校课程教学改革的难题。该文基于系统理论,将高校课程教学整体和部分的矛盾作为一个系统问题,放到系统整体中进行研究,提出了一种"高校课程教学的系统整体研究原则及方法"。

关键词:高校;课程教学;系统整体研究;原则;方法

一、问题的提出

"法国哲学家笛卡尔说,最有价值的知识是方法的知识。"[1]

整体和部分始终是伴随并推动事物演化发展的一对矛盾。在长期的高校课程教学过程中,教育工作者逐渐认识到,高校课程教学的整体目标与部分目标如何更好地协同发展,始终是高校课程教学改革的难题。

近年来,为了破解教学的整体与部分协同发展的难题,不少教学工作者提出从"整体研究教学"的方法。至今,"整体研究教学"已成为使用频率很高的词汇。笔者 2020 年 11 月 18 日曾上中国知网,输入"整体研究教学"一词,进行"篇名"搜索,搜索到 7135 篇论文信息。仅 2020 年 1 月 1 日至 11 月 18 日,不同作者关于整体研究教学方面的论文就有 638 篇。如孙雯[2]《整体教学理念指导下的大学英语教学行动探究——评〈大学英语教学行动研究〉》一文,评的就是从整体研究教学问题。可见,整体研究教学已渐成教学研究的创新发展方向和热门论题。但就多数论题而言，强调的仅仅是用传统的综合方法将部分综合为整体来研究教学问题，而如何协同整体和部分的矛盾，并没有必然的解决方法。

"高校课程教学的系统整体研究原则及方法"，是基于系统理论的整体性核心思想及超循环理论，将高校课程教学的整体和部分的矛盾作为一个系统问题进行研究，将系统的整体性原理转化为"高校课程教学的系统整体研究原则"，用系统超循环理论将传统的分析方法和综合方法转化为"高校课程教学的系统整体研究原则"指导下的"分析—综合—分析……"的"系统超循环研究方法"，将"系统超循环研究方法"转化为高校课程教学问题的具体研究对象的系统超循环研究思维导图，用系统超循环研究思维导图作为整体和部分的络合剂和系统"规矩"，对高校课程教学研究对象进行"'环境—系统''系统—要素''要素—要素''要素—系统''系统—环境'……"的"分析—综合—分析……"的"系统整体研究"和"系统整体最优"的系统超循环研究，对高校课程教学研究对象的整体和部分进行双向的系统整体协同。

二、高校课程教学研究的系统概念

系统理论是现代最科学的方法理论，为解决各领域各种复杂问题提供了最科学的认识手段。

系统理论认为，万事万物都可以作为系统问题进行研究。我们可以把高校课程教学的任何问题都分别作为高校课程教学问题系统进行研究，譬如，把高校课程教学机制、高校课程教学等分别作为高校课程教学机制系统、高校课程教学系统进行研究。

任何一个高校课程教学问题系统都是由两个以上相互作用的要素结构而成的具有特定性质和功能的有机联系的整体。整体是系统，部分是要素。

高校课程教学问题系统是一个无限层次范围中的相对性概念，环境和系统、系统和要素、整体和部分概念的划分标准具有相对性。将任一层次作为相对性系统整体，该层次的下级层次是相对性要素部分，该层次的上级层次是相对性环境整体；将该层次的下级要素部分作为相对性系统整体，该层次

又是相对性环境整体，该层次的下级层次要素部分的再下一级层次又是相对
性要素部分；站在相对性的某一点，该点的边界是"系统"，该点边界之外
是"系统"的"环境"，该点边界之内是"系统"的"要素"。

　　高校课程教学问题系统的环境和系统、系统和要素、整体和部分概念，
依据不同的研究对象而不同。我们总是根据研究目的的需要，从某一层次的
相对性来研究高校课程教学某一问题的整体和部分的协同。如我们的研究目
的是高校课程教学机制时，高校课程教学机制的内容是高校课程教学问题系
统整体和部分之间相互联系相互作用的过程和方式，其表现形式是高校课程
教学大纲和课程课堂教学之间相互联系相互作用的过程和方式。高校课程教
学大纲是相对性系统整体，课程课堂教学是相对性要素部分，高校课程教学
大纲之外是系统环境。研究高校课程教学机制，就是从高校课程教学大纲整
体和课程课堂教学部分的相对性来研究高校课程教学机制的整体和部分的协
同发展。

　　将某一点作为高校课程教学的相对性系统，其纵向有不同层次，横向有
不同类型。系统的纵向层次是地位与作用、结构与功能的等级秩序，系统
的横向类型是系统的多种状态及其共性，不同层次有不同层次要素的系统类
型。我们可以根据实际需要，按照质量大小、时空尺度、组织化程度、运动
状态、历史长度、范围大小、性质功能等[3]，作为划分标准划分不同的纵向
系统层次和横向要素类型。划分标准可以是单一标准，也可以是混合标准，
但同一层次必须是一个统一标准。

　　高校课程教学问题系统是一种概念系统：首先，概念系统没有独立的系
统层次结构，其系统层次结构依附于研究方法而存在，概念系统依附的研究
方法是什么系统层次结构形式，概念系统就是什么系统结构形式。如我们的
研究目的是探讨将分析方法和综合方法系统整合为系统超循环研究方法来获
取高校课程教学问题系统的部分或整体的性质和功能，那么系统运动的总趋
势分析方法或综合方法的系统层次结构就是高校课程教学问题系统的层次结
构。分析方法或综合方法的区别在于运动（研究）方向相反，但系统层次结
构形式具有高度相似性。由于同一研究目的的研究对象依附的分析方法或综

合方法的系统层次结构形式具有高度相似性，所以，同一研究对象的分析或综合的系统层次结构具有高度相似性。其次，概念系统的系统层次结构由一个个不同层次相互联系互相制约的独立概念组成，每一个独立概念都有其内部系统结构层次。由于分析方法或综合方法的系统层次结构形式具有高度相似性，在系统研究中，每一个概念都是一个独立概念系统，其内部有相似的系统结构形式，其系统内部结构形式如图1：

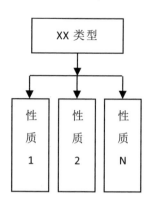

图1　独立概念系统内部结构形式图

性质是一种质的规定性，是一事物与它事物的根本区别。功能是与质的规定性相对应的范畴，是在运动过程中对外发生的有效作用，是性质作用的外在表现。概念系统的性质和功能是一种协同耦合（协调统一、互相交合）关系，这种协同耦合关系是一种系统集合关系，往往是一种说不清道不明，只能意会无法言传的系统整体关系和系统整体作用。概念系统由一个个不同层次相互联系的"独立概念"组成，不同层次的每一个概念都有其内部系统和要素层次结构，是"相对独立的概念系统"。"相对独立的概念系统"有其内部系统的整体性质功能和要素的部分性质功能，有如图1。"××类型"既是类型，也是这一概念的系统整体，代表内部的整体性质和功能，"性质1""性质2""性质N"是这一概念的要素，分别代表内部的部分性质和功能。在研究过程中，"相对独立的概念系统"的系统内部的整体性质功能和部分性质功能，都需要按照系统内、外部的整体需要进行系统整体最优的协同。

三、高校课程教学的系统整体研究原则

系统理论的核心思想是系统的整体性，高校课程教学的系统整体研究原则讨论如何将"系统的整体性原理"转化为"高校课程教学的系统整体研究原则"。

"系统整体性原理指的是，系统是由若干要素组成的具有一定新功能的有机整体，各个作为系统子单元的要素一旦组成系统整体，就具有独立要素所不具有的性质和功能，形成了新的系统的质的规定性，从而表现出整体的性质和功能不等于各个要素的性质和功能的简单加和。"[3]

"高校课程教学的系统整体研究原则"将"系统的整体性原理"转化为"系统整体研究"和"系统整体最优"两个概念，然后以"系统整体研究"和"系统整体最优"作为原则来指导高校课程教学问题系统的研究。

"系统整体研究"概念，是指将高校课程教学研究对象作为系统问题研究时的一个相对完整的研究过程，这一过程是"环境—系统""系统—要素""要素—要素""要素—系统""系统—环境"的相互联系的整体研究过程。在这一整个研究过程中，"环境—系统""系统—要素""要素—要素"是从整体到部分的逐级分析过程，"要素—要素""要素—系统""系统—环境"是从部分到整体的逐级综合过程。系统的整体研究过程始终在整体和部分两个层次之间进行。

"系统的整体性，常常又被说成系统整体大于部分"[3]。从研究角度，"系统整体大于部分"即是"系统整体最优"。

"系统整体最优"概念，是指高校课程教学问题系统的部分的性质和功能在系统中的优劣的选择，并非越优越好，而是要以系统整体最优为出发点，根据整体最优的要求对部分的性质和功能的优劣有所扬弃。将高校课程教学的任一问题作为一个相对性的系统整体时，该系统都是由两个以上的要素部分组成，要素部分一旦组合成系统整体，系统整体就会有不同于部分的整体性质和功能，系统整体会反过来制约要素部分，系统整体的性质和功能处于"统治"地位，要素的性质和功能要服从系统的性质和功能，部分的性

质和功能要服从整体的性质和功能。因此，在系统整体机制下，高校课程教学各个要素的性质和功能的优劣的选择，都要以"系统整体最优"为出发点。

我们不能片面理解"系统整体最优"概念。"系统整体最优"，是指高校课程教学的任何问题作为系统研究时，它在一定阶段内（注意是在一定阶段内），其系统整体性质和系统整体功能是一个相对稳定状态，具有似乎确定不移的运动趋势，各个高校课程教学子系统的教学活动，必须首先符合高校课程教学问题系统阶段性的系统整体性质和系统整体功能总的运动趋势。但是，各个高校课程教学要素的教学活动是独立的，有其独立的性质和功能，高校课程教学要素的教学活动总是与高校课程教学问题系统总的运动趋势存在涨落偏差，即部分的教学总存在与教学总趋势的偏离。教学要素的教学活动与高校课程教学问题系统总运动趋势存在的涨落偏差，有建设性的，有破坏性的。建设性的涨落偏差是高校课程教学问题系统创新发展的动力，破坏性的涨落偏差是高校课程教学问题系统彻底崩溃的隐患。当教学要素的部分教学活动的涨落偏差一旦得到整体响应，就会引起教学问题系统的整体质变，教学问题系统会进入一个新的稳定状态。如果进入建设性的稳定状态，就推动系统发展，进入新的高级教学稳定状态，教学问题系统具有更高级阶段的整体功能，教学的整体质量向更高级发展，这是高校课程教学改革所期望的成果；如果进入破坏性的稳定状态，教学的整体质量严重下降，要回到正常状态，为时已晚。所以，"高校课程教学的系统整体研究原则"是在一定阶段内系统相对稳定状态下求发展的原则，是各个要素在排斥和吸引、竞争和协同的相互关系中，是在强调整体最优的原则下，系统地放大建设性的或有利于系统整体最优的要素部分的教学活动，遏制破坏性的或不利于系统整体最优的要素部分的教学活动的系统整体最优原则。当系统地放大建设性的或有利于系统整体最优的要素部分的教学活动，要素部分的涨落得到整体响应，教学问题系统发生整体质变，就会进入更高级阶段的稳定状态，产生更高级阶段的系统整体性质和功能，教学问题系统得以优化和发展。

用系统整体研究原则研究高校课程教学问题，系统完整的研究过程是"环境—系统""系统—要素""要素—要素""要素—系统""系统—环境"

的系统整体研究过程，对同一高校课程教学对象，其研究过程分两方面：一是分析方面，研究高校课程教学对象系统的环境对系统、系统对要素、要素对要素的制约，教学以服从"系统整体最优"为分析目的；二是综合方面，研究高校课程教学对象系统的要素对要素、要素对系统、系统对环境的影响，教学以适应"系统整体最优"为综合目的。

用系统整体研究原则研究高校课程教学问题：一是对系统外部，"强调总是将局部问题放到整体环境中，从整体出发去研究问题"[4]。将任一高校课程教学问题作为系统研究对象，都受环境制约，必须放到一定层次的高校课程教学环境中，服从环境整体最优的协同。譬如，在研究高校课程教学机制系统时，高校课程教学大纲和课堂教学要放到国家省市学校一定层次的教学环境中，根据环境需要进行教学时数、目标、内容等质的规定性及其功能的系统整体最优的协同。二是对系统内部，强调"根据整体最优的需要对部分进行调整和取舍"[4]。高校课程教学问题系统内部，不同层次系统的教学要素与要素存在排斥和吸引、竞争和协同的关系。一教学要素部分的性质及功能发生变化，会对另一教学要素部分的性质及功能产生影响甚而发生变化，同时会对该教学问题系统的整体性质和功能产生影响甚而发生变化。因此，高校课程教学的"系统整体最优"是系统要素的最佳组合，任何教学要素质的规定性及其功能不是单纯追求某一要素的个体最优，而是系统整体最优。"系统整体最优"需要对部分要素质的规定性及其功能作用有所取舍或扬弃，有时甚至为了整体最优需要抑优汰劣。

在排斥和吸引、竞争和协同的发展过程中，教学问题系统的整体性质功能和部分性质功能的关系，不外乎下面三种情况：要么教学问题系统的整体性质功能优于部分性质功能之和、要么教学问题系统的整体性质功能等于部分性质功能之和、要么教学问题系统的整体性质功能劣于部分性质功能之和。这三种情况对教学问题系统的"系统整体最优"的协同至关重要。

第一种情况，教学问题系统的整体性质、功能优于部分性质、功能之和，这是我们所希望的最优教学结果。这种情况，一是教学问题系统各个教学要素之间的协同组合做到系统整体最优，各部分的具体教学性质、功能进行了适时调整，该强化则强化、该弱化则弱化，各要素性质、功能做到最佳匹配，具有优异的协同作用，这种情况下就会产生整体优于部分的教学效果；二是个别教学要素的教学活动有利于系统优化，得到整体响应和推广，教学问题系统产生发展中的整体质变，这种情况下也会产生整体优于部分的教学效果。所以，按"系统整体最优"强化教学目标的系统整体协同和经验总结推广，是实现优质教学的前提和发展条件。

第二种情况，教学问题系统的整体性质、功能等于部分性质、功能之和，这是我们所希望的一般教学结果。这种情况，一是教学问题系统各个教学要素之间的协同未能做到整体最优，各部分的具体教学性质、功能未进行适时调整，该强化则未强化、该弱化则未弱化，各教学要素性质、功能未能很好匹配，只具有一般的协同作用，这种情况下就会产生整体等于部分的教学效果；二是个别教学要素的实施有利或不利于系统优化，都未得到整体响应，这种情况下也会产生整体等于部分的教学效果。

第三种情况，教学问题系统的整体性质、功能劣于部分性质、功能之和，这是最坏的教学效果。这种情况，一是教学问题系统各个教学要素之间的协同未能做到整体最优，各部分的具体教学性质、功能未进行适时调整，该强化则弱化、该弱化则强化，各要素性质、功能的协同、匹配最差，没有协同作用或性质、功能不匹配，这种情况下就会产生整体劣于部分的教学效果；二是个别教学要素的实施不利于系统优化甚而得以放大，得到整体响应，这种情况下也会产生整体劣于部分的教学效果。所以，要遏制不利的教学要素的运动，强化有利的教学的系统整体协同和经验总结推广，以提升教学达到"系统整体最优"的发展条件。

高校任何课程教学问题作为系统问题研究时，都需要遵循"系统整体研究"和"系统整体最优"的系统整体研究原则，研究以上三种情况。从课程教学问题系统的"环境—系统""系统—要素""要素—要素""要素—系统""系统—环境"的相互联系的系统整体研究过程中，讨论课程教学问题系统的环境、层次、系统、要素、结构的相互联系、相互制约和变动规律性，强化有利的教学的系统整体协同和经验总结推广，遏制破坏性的或不利于"系统整体最优"的要素部分的教学活动。

四、高校课程教学的系统超循环研究方法及其思维导图

"高校课程教学的系统超循环研究方法",是按照"系统整体研究原则",用系统超循环理论将传统的分析方法和综合方法转化为"系统超循环研究方法",然后将"系统超循环研究方法"转化为高校课程教学研究对象的系统超循环研究思维导图,以思维导图作为整体和部分结合的络合剂和系统"规矩",站在整体和部分两个层次双向对高校课程教学研究对象进行"环境—系统""系统—要素""要素—要素""要素—系统""系统—环境"的"系统整体最优"的系统分析和综合的系统超循环研究,从双向协调高校课程教学研究对象整体和部分的矛盾。

(一)高校课程教学的传统研究方法

高校课程教学的整体与部分协同发展的矛盾突出,深究其原因,受中西方传统研究方法差异性的影响。

受思维方式支配的中西方传统研究方法,在总的趋势上存在差异性,中国人重综合,西方人重分析。中国人过分强调整体作用,常用综合方法把部分层层综合为整体来加以认识,以求取整体的性质和功能为主要目的;西方人过分强调部分的作用,常用分析方法把整体层层分解为部分来加以认识,以求取部分的性质和功能为主要目的。

中国人擅长于综合思维,西方人擅长于分析思维,学界早有研究。"一些学者常用综合(整体)辩证思维来描述东方人,尤其是中国人的思维方式;用逻辑思维或分析思维来描述西方人,尤其是欧美人的思维方式"[5]。刘长林[6]先生在《中国系统思维》一书中谈道:"中国民族传统思维往往着眼于整体而轻个体,偏重综合而不善于分析,时间和历史观念很强而空间观念相对较弱,重视人际和其他一切事物的关系方面,而忽视其形质实体方面,强于直觉体验而弱于抽象形式的逻辑思辨,并且总是将抽象思维和形象思维紧密地结合起来,等等。十分有趣的是,西方的传统思维却与我们几乎一一相反,从而在历史上与中国思维形成均衡对称的绮丽格局。"刘长林先生的研

究也说明，中西方在传统研究方法的思维方式上，中国偏重于综合为主的传统思维方式，西方偏重于分析为主的传统思维方式。

中西方传统思维方式影响其研究方法，中国人重综合，西方人重分析，实质是将综合方法和分析方法分开来研究问题。不同的研究方法给东西方文明带来了不同的文明结果。中国古代的"阴阳合历""北斗和 28 宿""圭表原理""都江堰和灵渠""铜绿山古井矿""方剂、炼丹、火药""从雕版到活字""群炉汇流法""联窑"等，都是我们的祖先擅长多种因素综合研究的伟大贡献。[6] 中国早于西方 1500 年就认识到了"场""远程作用力"等概念，但现代电磁学和量子力学却最先由西方而不是中国提出。现代电磁学和量子力学，西方就是建立在对微观世界的电、磁现象和微粒子运动"波粒二象性"不断地进行分析、分解、研究的基础上发现的，西方学者较东方学者在传统研究方法上更善于运用逻辑分析方法把事物从整体中分离出去[5]。把分析方法或者综合方法分开来讨论问题，存在"只看树木不见森林或者只看森林不见树木"的片面性和局限性，不能很好地协同整体和部分的矛盾。

受中西方传统研究方法的影响，中西方传统教学研究方法往往存在差异性：中国过分强调整体的作用，常用传统的综合方法把教学的部分层层综合为整体来加以认识，以求取整体的性质和功能为主要目的；西方过分强调部分的作用，常用传统的分析方法把教学的整体层层分解为部分来加以认识，以求取部分的性质和功能为主要目的。二者未能很好地协同教学整体和部分的矛盾。

（二）高校课程教学的系统超循环研究方法

对于传统分析方法或综合方法，现代系统理论赞成的是"在分析基础之上的综合，在综合之中的分析"[3] 的系统整体研究方法。

在高校课程教学中，如何将传统分析方法或综合方法转化为高校课程教学的"系统整体研究"和"系统整体最优"的系统分析综合研究方法？需要用系统超循环理论进行理解和阐释。

超循环理论是系统学的前阶理论之一，20 世纪 70 年代由德国科学家艾肯（Manfred Eigen）从生物领域的研究角度提出，后来成为系统理论的一个组成部分。他认为，系统的演化有三种基本形式，即"反应循环、催化循环以及超循环，不同层次的循环具有不同的特性，反应循环是自再生的，催化循环可以进行自复制，超循环则具有了选择的能力"[3]。"研究这种循环运动的状态、特点，揭示其自我选择、自我复制和进化、变异规律的一种科学理论和方法，称之为超循环论。"[7]

运动是系统的属性，高校课程教学问题系统的研究是"分析方法"和"综合方法"的运动。

将高校课程教学的任一问题作为系统研究时，其系统整体研究概念是指"环境—系统""系统—要素""要素—要素""要素—系统""系统—环境"的动态研究过程。分开来看，"环境—系统""系统—要素""要素—要素"的研究是通过整体认识部分的分析过程，"要素—要素""要素—系统""系统—环境"的研究是通过部分认识整体的综合过程。这一系统的整体研究过程是一个"分析方法"和"综合方法"的系统运动过程。这一过程如何实现"在分析基础之上的综合，在综合之中的分析"，需要用系统超循环理论来解决。

按照系统超循环理论，"分析方法"和"综合方法"在系统运动过程中，是一个不分起点和终点的周而复始的"分析—综合—分析……"的系统超循环研究过程。所以，高校课程教学的系统超循环研究方法，是"'环境—系统''系统—要素''要素—要素'—'要素—要素''要素—系统''系统—环境'—'环境—系统''系统—要素''要素—要素'……"的不分起点和终点的周而复始的系统分析综合的超循环研究过程。

我们可以根据不同的研究目的，截取某一方法作为超循环运动过程的起点和终点，进行不同目的的教学的分析和综合的系统超循环研究。如果我们的研究目的是获取部分的性质功能，通过整体认识部分，我们截取的是"分析方法"作为超循环研究过程的起点和终点，"分析方法"是运动的总趋势，"综合方法"是中间环节，系统超循环运动一周的研究过程是"分析—综合—分析"过程，是"'环境—系统''系统—要素''要素—要素'—'要素—要素''要素—系统''系统—环境'—'环境—系统''系统—要素''要素—要素'"的分析过程。这一过程构成"反应循环—催化循环—超循环"过程，这是一种"系统分析超循环研究方法"。如果我们的研究目的是获取整体的性质功能，通过部分认识整体，我们截取的是"综合方法"作为超循环研究过程的起点和终点，"综合方法"是运动的总趋势，"分析方法"是中间环节，系统超循环运动一周的研究过程是"综合—分析—综合"过程，是"'要素—要素''要素—系统''系统—环境'—'环境—系统''系统—要素''要素—要素'—'要素—要素''要素—系统''系统—环境'"的综合过程。这一过程构成"反应循环—催化循环—超循环"过程，这是一种"系统综合超循环研究方法"。可见，截取某一方法作为超循环运动过程的起点和终点，"分析方法"或"综合方法"在超循环过程中便具有不同的特性。谁成为起点和终点，谁就成为系统超循环研究的"反应物"和"生成物"，谁成为中间环节，谁就成为系统超循环研究的直接"催化剂"。系统之外的"环境"是系统的制约条件，"环境"是系统外部的"助催化剂"。

（三）高校课程教学的系统超循环研究思维导图

高校课程教学的系统超循环研究方法可以转化为一种具体教学研究对象的系统超循环研究思维导图，作为高校课程教学研究的系统"规矩"。这个系统"规矩"犹如络合剂，将同一高校课程教学研究对象的整体和部分的研究结合起来，协同发展。如图2"高校课程教学系统超循环研究思维导图"。

图2"高校课程教学系统超循环研究思维导图"是一种系统思维方式，将其用于具体研究就转化为具体行为方式。图2始终贯彻了系统理论的整体性核心思想，是"环境—系统""系统—要素""要素—要素"的分析研究和"要素—要素""要素—系统""系统—环境"的综合研究的系统整体超循环研究过程。

图2高校课程教学系统超循环研究思维导图，由于分析或综合方法的系统的层次结构具有高度相似性，其系统层次结构，可以以分析方法的层次结构作为系统层次结构框架基础。

图2是一个平面结构图，"父系统"是最高层次，"孙孙要素"是最低层次。根据系统的相对性概念，"父系统"是"子要素"的系统整体，"子要素"

又是"孙要素"的系统整体，依次类推。

图 2 中：头像矩形框表示"分析方法"或"综合方法"，从一种头像矩形框到一种头像矩形框，表示"分析方法"或"综合方法"的起点和终点。正负号（+−）表示同一层次要素之间的排斥和吸引、竞争和协同的关系，正号（+）是吸引、协同关系，负号（−）是排斥、竞争关系，正负号之间的关系表明需要服从相对"系统整体最优"的协同。长横线表示系统要素范围。矩形框表示相对性系统或相对性系统的要素或要素集合。箭头表示运动方向和结构方式，实线箭头表示"分析方法"的运动方向和结构方式，短划线箭头表示"综合方法"的运动方向和结构方式。

图 2 蕴含两种研究方法："高校课程教学系统分析超循环研究方法"和"高校课程教学系统综合超循环研究方法"。图 2 截取不同的起点和终点，便构成不同系统超循环研究方法循环一周的研究路线："系统分析超循环研究方法"，循环一周的起点和终点的路线是"分析方法头像矩形框—综合方法头像矩形框—分析方法头像矩形框—综合方法头像矩形框"；"系统综合超循环研究方法"，循环一周的起点和终点的路线是"综合方法头像矩形框—分析方法头像矩形框—综合方法头像矩形框—分析方法头像矩形框"。

对同一高校课程教学问题系统，可以站在整体和部分两个层次，通过图 2 高校课程教学系统超循环研究思维导图的整体和部分的络合作用，以系统分析超循环研究方法和系统综合超循环研究方法双向进行整体和部分的研究，使整体和部分协同发展。

对同一研究对象：当我们的研究目的是获取部分的性质和功能时，我们可以通过图 2 从整体开始研究部分，使用的是"高校课程教学系统分析超循环研究方法"；当我们的研究目的是获取整体的性质和功能，我们可以通过图 2 从部分开始研究整体，使用的是"高校课程教学系统综合超循环研究方法"。

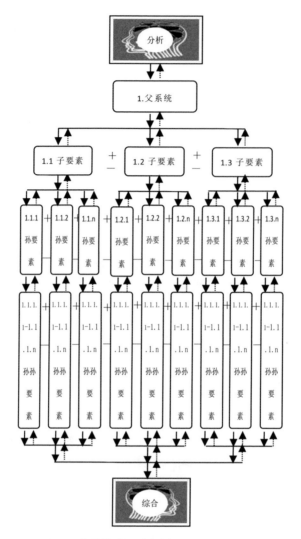

图2 高校教学系统超循环研究思维导图

两种高校课程教学系统超循环研究方法，其中的分析方法或综合方法的具体研究过程是：

分析方法是按照思维导图，根据"系统整体最优"的原则，从整体的最高层次开始向部分进行分析分解。具体研究顺序是从最高层次往最低层次（父系统—子要素—孙要素—孙孙要素）逐层次按顺序进行"系统整体最优"的分析研究，从系统整体分析分解出"系统整体最优"的要素性质及功能。

　　综合方法是按照思维导图，根据"系统整体最优"的原则，从部分的最低层次开始向整体进行归纳综合。具体研究顺序是从最低层次往最高层次（孙孙要素—孙要素—子要素—父系统）逐层次按顺序进行"系统整体最优"的综合研究，从要素归纳综合出"系统整体最优"的系统性质及功能。

　　在系统纵向层次和横向类型过多时，受纸张大小的限制：我们可以把最低层次的同一分系统的诸多类型的要素，集合在一个矩形框中，按需要进行分析或综合，如图2的"孙孙要素"的矩形框。

　　图2的系统超循环研究思维导图到"孙孙要素"，如果"孙孙要素"下面还有层次，可以继续往下构建。

　　图2是一个系统思维方式的研究导引图，事实上，当我们熟悉这一思维方式后，我们并非一定要将这一思维研究导引图画在纸上，画在我们的脑子里就行。

　　高校课程教学系统超循环研究思维导图是整体和部分双向研究的络合剂，其作用在于：

　　1. 通过系统超循环研究思维导图将高校课程教学的系统超循环研究方法"规矩"化；

　　2. 通过系统超循环研究思维导图实现高校课程教学的系统整体研究；

　　3. 通过系统超循环研究思维导图实现高校课程教学的系统整体最优的协同；

　　4. 对同一高校课程教学研究对象，可以站在高校课程教学的整体和部分的双向研究层次，通过系统超循环研究思维导图作为络合剂，按照思维导图，站在整体层次用"系统分析超循环方法"对研究对象进行整体到部分的系统分析超循环研究，站在部分层次用"系统综合超循环方法"对研究对象进行部分到整体的系统综合超循环研究，从而使两个层次的课程教学研究和教学活动通过思维导图的结合和络合，实现高校课程教学整体和部分双向的协同发展。

五、"高校课程教学的系统整体研究原则及方法"的整体应用

"高校课程教学的系统整体研究原则及方法"在高校课程教学研究中的整体应用，可以归结为原则步骤和方法步骤。原则步骤是系统思维方式，方法步骤是系统研究方法，原则步骤支配方法步骤。

（一）原则步骤

原则步骤是系统思维方式：

一是将高校课程教学的具体研究对象作为系统。

将高校课程教学的具体研究对象作为系统，是要树立系统观念，从高校课程教学的"环境""系统""要素""层次""结构""性质""功能"之间的相互联系、相互制约来研究高校课程教学问题。

二是始终贯彻"高校课程教学的系统整体研究原则"。

始终贯彻"高校课程教学的系统整体研究原则"：

1. 将"环境—系统""系统—要素""要素—要素""要素—系统""系统—环境"的系统分析综合过程作为高校课程教学问题系统的系统整体研究过程。

2. 将高校课程教学的每一层次研究都放到更高层次中去进行系统整体研究。高校课程教学的要素问题要放到系统整体中进行系统整体研究，高校课程教学的系统问题要放到系统的环境整体中进行系统整体研究。

3. 以"系统整体最优"为每一层次研究的出发点。高校课程教学要素部分的性质和功能要以系统的整体性质和功能的"系统整体最优"为出发点，高校课程教学问题系统的性质和功能要以环境的整体性质和功能的"系统整体最优"为出发点。一切层次的研究都要服从"系统整体最优"的需要。

（二）方法步骤

方法步骤是原则步骤指导下的系统行为方式：

一是确定具体研究对象的系统整体和部分。

确定具体研究对象的整体是什么？部分是什么？如具体研究对象是高校

课程教学机制，根据研究，高校课程教学机制的整体是高校课程教学大纲，高校课程教学机制的部分是课程课堂教学。

二是从具体研究对象的整体开始确定高校课程教学的系统超循环研究思维导图。

由于分析方法或综合方法的系统层次结构具有高度相似性，用"高校课程教学的系统分析超循环研究方法"，从高校课程教学具体研究对象的整体开始，确定具体研究对象的系统层次结构性质的规定性类型，构建一个研究对象的教学问题系统超循环研究思维导图。

三是从整体和部分两个层次进行双向的系统整体协同研究。

以"高校课程教学系统超循环研究思维导图"作为整体和部分结合的络合剂，从整体和部分两个层次双向研究高校课程教学问题的协同发展：一是站在高校课程教学研究问题的系统整体层次，按照获取部分性质和功能的研究目的，对系统超循环研究思维导图用"系统分析超循环研究方法"，从高校课程教学研究问题的整体的最高层次开始进行分析分解研究，形成分析研究结果，实现整体到部分的分析研究；二是站在高校课程教学研究问题的系统的部分层次，按照获取整体性质和功能的研究目的，对系统超循环研究思维导图用"系统综合超循环研究方法"，从高校课程教学研究对象的分析研究结果的部分的最低层次开始进行综合研究，形成综合研究结果，实现部分到整体的综合研究。

由于以"高校课程教学系统超循环研究思维导图"作为整体和部分双向结合的络合剂，分别从整体和部分两个层次对同一研究对象进行双向超循环的系统整体研究，就能较好地实现高校课程教学问题系统整体和部分双向协同发展的教学目的。

参考文献

[1]李鸥，宗强.最有价值的知识——经济分析方法漫谈［J］.中国统计，2009（4）：52-54.

[2]孙雯.整体高校课程教学理念指导下的大学英语高校课程教学行动

探究——评《大学英语高校课程教学行动研究》[J].外语电化高校课程教学，2020（5）：132.

［3］魏宏森，曾国屏.系统论［M］.北京：世界图书出版公司，2009：205-289.

［4］张湖婷.结构功能翻译理论［J］.教育文化论坛，2018，10（2）：24-30.

［5］杨家祚.东西方思维方式：差异、渊源、趋势［J］.国际关系学院学报，2005（6）：36-40.

［6］刘长林.中国系统思维［M］.北京：中国社会科学出版社，1990.

［7］李良美.超循环的内容及意义［J］.新闻战线，1989（6）：44-45.

第二节　系统视角下从外语课程思政教育机制铸牢中华民族共同体意识

——兼论课程思政教育机制的系统建设

A. 论文发表情况

该文 2023 年 4 月发表于《贵州民族研究》第 2 期，发表期间该刊为 CSSCI 来源期刊，北大核心期刊。

B. 论文核心观点和主要内容

核心观点

在"中华民族"全面复兴的新征程中，外语课程思政及课程思政教育是铸牢中华民族共同体意识的前沿阵地。"中华民族"的全面复兴需要全面开放，全面开放需要全面铸牢中华民族共同体意识，全面铸牢中华民族共同体意识需要强化中华民族共同体意识教育，强化中华民族共同体意识教育需要系统建设全程全方位各种方式的外语课程思政及课程思政教育机制。

主要内容

中华民族共同体意识从"情感属性"演变到"本质属性"，对实现党的二十大提出的"全面建设社会主义现代化国家、全面推进中华民族伟大复兴"的历史任务具有非常重要的里程碑意义。因此，全程全方位铸牢中华民族共同体意识成为教育领域最大的课程思政内容。目前的研究说明，如何从外语课程思政及课程思政教育机制入手铸牢中华民族共同体意识，国家教育部门及有关部委的基金资助层面以至理论界，都鲜有人探究，不能不说是理论研讨的一种缺失。外语课程思政及课程思政教育是铸牢中华民族共同体意识的前沿阵地，文章将外语课程思政及课程思政教育铸牢中华民族共同体意识纳入系统机制进行研究，从"系统整体最优原则""系统结构""构建路线""系统构建"的研究中，对外语课程思政及课程思政教育机制的系统建设进行了全程全方位的系统讨论。

C. 创新之处

观点创新

文章认为铸牢中华民族共同体意识是教育领域最大的课程思政内容，对实现党的二十大提出的"全面建设社会主义现代化国家、全面推进中华民族伟大复兴"的历史任务具有非常重要的里程碑意义，应纳入系统机制进行研究，全程全方位从外语课程思政及课程思政教育铸牢中华民族共同体意识。

方法创新

文章将外语课程思政及课程思政教育铸牢中华民族共同体意识纳入系统机制进行研究，用系统方法从"系统整体最优原则""系统结构""构建路线""系统构建"对外语课程思政及课程思政教育机制的系统建设进行了全程全方位的系统探究。

D. 系统理论的应用

该文用系统的整体性原理对"系统视角下从外语课程思政教育机制铸牢中华民族共同体意识——兼论课程思政教育机制的系统建设"进行研究，作为贯穿整篇论文核心观点的核心系统理论支撑，以系统的层次性原理、系统的超循环研究方法、系统的要素结构功能的有机联系方法、系统整体最优原则为辅助系统理论支撑。

核心系统理论支撑

论文以系统的整体性原理为核心系统理论支撑一项研究成果的整体的理论认识和方法途径，得出"从外语课程思政及课程思政教育机制的系统建设铸牢中华民族共同体意识"的研究新成果。

一是从系统整体界定"教育机制是指国家教育管理层面和教育教学层面之间相互联系相互作用的过程和方式"。

二是从系统整体界定中华民族共同体的"本质属性"。中华民族共同体是一个系统整体，56个民族是系统的要素部分，中华民族共同体的整体性质大于各民族的部分性质，对于世界而言，中国只有一个民族——中华民族。

三是从系统整体讨论了"从外语课程思政及课程思政教育机制的系统建设铸牢中华民族共同体意识"，对"系统整体最优原则""系统结构""构建路线""系统构建"的外语课程思政及课程思政的教育机制的方方面面，进行了全程全方位的系统整体建设。

辅助系统理论支撑

论文在部分的讨论中，单项用到了系统的层次性原理、系统的相对性概念、系统的相似性原理及其功能模拟法等为辅助系统理论支撑。

一是以系统的层次性原理为辅助系统理论支撑。

1. 论文标题《系统视角下从外语课程思政教育机制铸牢中华民族共同体意识——兼论课程思政教育机制的系统建设》主标题和副标题是同一系统不同层次的关系。从系统角度，铸牢中华民族共同体意识的"外语课程思政教育机制"和"课程思政教育机制"是部分和整体、要素和系统、子系统和父系统的关系。"外语课程思政教育机制"是子系统，"课程思政教育机制"是父系统。

2. 论文在"从外语课程思政及课程思政教育机制的系统建设铸牢中华民族共同体意识"中的""中华民族共同体意识外语课程思政及课程思政教育机制'的系统结构""'中华民族共同体意识外语课程思政及课

程思政教育机制'的构建路线""'中华民族共同体意识外语课程思政及课程思政教育机制'的系统构建"的讨论，都是系统层次性原理的具体应用。

二是以系统的超循环研究方法为辅助系统理论支撑。

图1"'中华民族共同体意识外语课程思政及课程思政教育机制'系统结构图"是一个不分起点和终点的"分析—综合—分析……"的系统超循环研究过程，截取不同的起点和终点就能得到不同的研究方法和研究成果。

三是以系统的要素、结构、功能的有机联系为辅助系统理论支撑。

图1"'中华民族共同体意识外语课程思政及课程思政教育机制'系统结构图"，从整体反映了"中华民族共同体意识外语课程思政及课程思政教育机制"的要素、结构、功能的有机联系。

四是以"系统整体最优原则"为辅助系统理论支撑。

文中介绍了"系统整体最优原则"的应用。

摘要：中华民族共同体意识从"情感属性"演变到"本质属性"，对实现党的二十大提出的"全面建设社会主义现代化国家、全面推进中华民族伟大复兴"的历史任务具有非常重要的里程碑意义。外语课程思政及课程思政教育是铸牢中华民族共同体意识的前沿阵地，文章将外语课程思政及课程思政教育铸牢中华民族共同体意识纳入系统机制进行研究，对外语课程思政及课程思政教育机制的系统建设进行了系统探究。

关键词：中华民族共同体意识；外语课程思政；课程思政；教育机制；系统建设

前言

在系统理论下，系统机制是指系统整体和部分之间相互联系相互作用的过程和方式，包括系统、要素、结构、功能、环境之间整体和部分相互联系相互作用的过程和方式，教育机制是指国家教育管理层面和教育教学层面之间相互联系相互作用的过程和方式。这里所指的教育管理层面包括国家、省、市、县等各级教育管理部门，教育教学层面包括学前、小学、初中、高中、中等职业、大学、高等职业等公办和民办各级学校。习近平指出，"要坚持把立德树人作为中心环节，把思想政治工作贯穿教育教学全过程，实现全程育人、全方位育人"。习近平"站在实现中华民族伟大复兴的全局和战略高度，科学回答了高校培养什么样的人、如何培养人以及为谁培养人这一根本问题，为做好新形势下高校思想政治工作、发展高等教育事业指明了行动方向"[1]。习近平"全程育人、全方位育人"的讲话在教育领域具有普遍意义，应在教育领域通过各层次各种方式的课程思政教育机制的系统改革才能实现全程全方位育人。"教育强则国家强，人才兴则民族兴。"[1] 在"中华民族"全面复兴的新征程中，外语课程思政及课程思政教育是前沿阵地。"中华民族"的全面复兴需要全面开放，全面开放需要全面铸牢中华民族共同体意识，全面铸牢中华民族共同体意识需要强化中华民族共同体意识教育，强化中华民族共同体意识教育需要系统建设全程全方位各层次各种方式的外语及课程思政教育机制。

一、教育领域铸牢中华民族共同体意识理论研讨的缺失

截至 2022 年 11 月 19 日，上中国知网进行中华民族共同体意识"主题"搜索，搜索到中华民族共同体意识相关讨论的论文 6282 篇。可见，党的十九大后中华民族共同体意识研究范围之大。将搜索范围缩小至基金项目，各层次基于基金资助的中华民族共同体意识的科研项目发表的论文有 2158 篇，仅 2022 年内各级基金项目论文就有 853 篇。说明国家相关部门已经把如何铸牢中华民族共同体意识的研究提高到重要位置。

在教育领域，对铸牢中华民族共同体意识的研究上升到历史高度，仅教育部立项的基金项目，2018—2022 年的五年中，中国知网可见的教育部立项的基金项目 88 项，发表的阶段性成果论文 88 篇，逐年呈增加的趋势。我们可以从教育部立项的基金项目中发表在核心期刊上的论文，讨论教育领域铸牢中华民族共同体意识的研究方向。

孔亭、毛大龙承担的教育部哲学社会科学研究重大课题攻关项目"铸牢

中华民族共同体意识研究"的阶段性研究成果论文《论中华民族共同体的基本内涵》，发表于《社会主义研究》。该研究认为："'中华民族共同体'概念到党的十八大之后方才逐渐成熟，是指中华各民族在历史演进中结成的相互依存、共担共享的有机统一体和亲缘体，突出中华民族以共同体形式存在和发展的状态和实质，蕴含了中华民族共同体的整体性、共同性和实体性特征。"[2] 王云芳承担的教育部哲学社会科学研究重大课题攻关项目"铸牢中华民族共同体意识研究"的阶段性研究成果论文《中华民族共同体意识的社会建构：从自然生成到情感互惠》，发表于《中央民族大学学报》（哲学社会科学版）。该研究认为："在新时代，中华民族共同体意识从关注差异到聚焦共性的社会建构路径是利益、观念和情感的三维结合，通过情感互惠，最终实现中华民族共同体意识的社会建构。在此过程中，一种政治信仰系统之所以能够对社会生活产生影响，其前提是引发国民认同，激发国民情感，形成国民风尚，最终形成支配性行为。"[3] 陈茂荣承担的教育部人文社会科学研究一般项目"西北边疆地区民族的中华文化认同与铸牢中华民族共同体意识研究"的阶段性研究成果论文《中华民族共同体建设中"四大关系"的处理———种马克思主义唯物辩证法视角的分析》，发表于《西南民族大学学报》（人文社会科学版）。该研究认为："新时期，围绕'铸牢中华民族共同体意识'这一党的民族工作的主线，建设中华民族共同体，必须处理好'四大关系'，即共同性与差异性的关系、中华民族共同体意识与各民族意识的关系、中华文化与各民族文化的关系、物质与意识的关系。"[4] 徐爽、黄泰博承担的教育部新文科项目"铸牢中华民族共同体意识法治人才政产学研协调培养模式改革"的阶段性研究成果论文《铸牢中华民族共同体意识与民族高校课程体系改革》，发表于《民族教育研究》。该研究从实践出发认为：新时代民族高校现有课程体系的改革，应体现铸牢中华民族共同体意识的要求。首先，要解决"在哪讲"的问题；其次，要解决"讲什么"的问题；最后，要将中华民族历史文化通识与法学专业结合起来，完成培养担当民族复兴大任时代新人的重任[5]。武显云承担的教育部高校示范马克思主义学院和优秀科研团队建设项目"铸牢中华民族共同体意识和民族院校思想政治理论课的建设研究"的阶段性研究成果论文《跨文化视域下民族高校铸牢大学生中华民族共同体意识路径》，发表于《民族学刊》。该研究认为："在外语课堂加强对跨文化信息的解读和鉴别以及对中国优秀传统文化、中华民族团结历史和新中国各行各业建设成就的学习宣讲，以此不断增强大学生中华民族共同体意识，提升他们对外传播中华文化的能力。"[6]

从教育部立项的基金项目中发表在核心期刊上的论文来看，教育领域铸牢中华民族共同体意识的研究方向，和全国理论研究一样，目前，"主要集中在基本内涵、基本属性、构成要素、建设实践、铸牢路径等方面"[7]。

从基本内涵、基本属性、构成要素、建设实践、铸牢路径等方面研究如何铸牢中华民族共同体意识，在理论上取得了丰硕成果，但如何使之落到实处，需要一种运行机制来加载运行，否则这些理论研究成果不能真正发挥作用。这些理论研究成果的运行机制很多，但需要从课程思政教育机制入手才能从根本上解决问题。在全面建设社会主义现代化国家、全面推进中华民族伟大复兴的征程中，中华民族共同体意识的运行机制是一种"唤起机制"，这种"唤起机制"需要从教育机制入手。教育机制有各种路径，从外语课程思政及课程思政教育机制铸牢中华民族共同体意识，无疑是全面开放过程中铸牢中华民族共同体意识的前沿阵地！目前的研究说明，如何从外语课程思政及课程思政教育机制入手铸牢中华民族共同体意识，国家教育部门及有关部委的基金资助层面以至理论界，都鲜有人探究，不能不说是理论研讨的一种缺失。从外语课程思政及课程思政教育机制在幼儿、少年、青年中铸牢中华民族共同体意识，是根本性的基础性的工作。中华民族有 56 个民族，促进 56 个民族像一个"石榴子"一样紧紧抱在一起，让每个成员都为中华民族伟大复兴作奉献，需要从长远计，需要从铸牢一代一代幼儿、少年、青年的中华民族共同体意识抓起。所以，需要从学前小学教育、初中教育、高中与中等职业教育、大学与高等职业教育四个层次的外语课程思政及课程思政教育机制入手，通过外语课程思政及课程思政教育机制系统强化一代又一代中华民族的幼儿、少年、青年的中华民族共同体意识。

在外语及各科课程思政教育中全面铸牢中华民族共同体意识具有重要的

现实意义和历史意义。在"两个全面"的伟大新征程中，外语及各科教育应成为"全面建设社会主义现代化国家、全面推进中华民族伟大复兴"的桥梁。改革开放以来，我国大力发展各层次外语和各科教育，花大量的人力物力培养了大批的世界型高精尖人才，但人才流失现象却不断发生。因此，在"两个全面"的伟大新征程中，从外语思政及课程思政教育机制入手铸牢中华民族共同体意识，尤有必要。

二、从外语课程思政及课程思政教育机制的系统建设铸牢中华民族共同体意识

系统视角下从外语课程思政及课程思政教育机制入手铸牢中华民族共同体意识，是将铸牢中华民族共同体意识的外语课程思政及课程思政教育机制作为不同层次系统整体，研究"立法机制"及其下级层次"教材机制""学校机制""教师机制"各个要素的独立性质和功能，研究"立法机制"及其下级层次"教材机制""学校机制""教师机制"各个要素的独立性质和功能之间相互联系相互作用的过程和方式，研究"立法机制"及其下级层次"教材机制""学校机制""教师机制"各个要素的独立性质和功能与"中华民族共同体意识外语课程思政及课程思政教育机制"系统整体的性质和功能之间相互联系相互作用的过程和方式，逐层次按"系统整体最优原则"研究解决"中华民族共同体意识外语课程思政及课程思政教育机制"的建设问题。

（一）"中华民族共同体意识外语课程思政及课程思政教育机制"的"系统整体最优原则"

"系统整体最优原则"认为，由于系统存在排斥和吸引、竞争和协同的非线性关系，在"中华民族共同体意识外语课程思政及课程思政教育机制"的系统整体中，部分机制的性质和功能在系统中的优劣的选择，并非越优越好[8]。"立法机制"及其下级层次"教材机制""学校机制""教师机制"的部分之间相互联系相互作用的过程和方式要以"中华民族共同体意识外语课程思政及课程思政教育机制"的系统整体最优为出发点，根据整体最优的要求对部分的性质和功能的优劣有所扬弃。"中华民族共同体意识外语课程思

政及课程思政教育机制"的整体由"立法机制"及其下级层次"教材机制""学校机制""教师机制"不同层次要素部分组成，要素部分一旦组合成系统整体，系统整体就会有不同于要素部分的整体性质和功能，系统整体会反过来制约要素部分，系统整体的性质和功能处于"统治"地位，要素的性质和功能要服从系统的性质和功能，部分的性质和功能要服从整体的性质和功能。因此，在系统整体机制下，"中华民族共同体意识外语课程思政及课程思政教育机制"系统的整体性质功能和"立法机制""教材机制""学校机制""教师机制"不同层次要素的部分性质功能的优劣选择，都要逐层次以"中华民族共同体意识外语课程思政及课程思政教育机制""系统整体最优"为出发点进行系统协同研究。

（二）"中华民族共同体意识外语课程思政及课程思政教育机制"的系统结构

将"中华民族共同体意识外语课程思政及课程思政教育机制"作为系统问题进行研究，首先要构建系统结构，然后才能循着系统结构进行"整体到部分""部分到整体"的系统的双向的"系统整体最优"研究。

"中华民族共同体意识外语课程思政及课程思政教育机制"系统结构见图1。

图1"+"号表示同层次教育要素之间具有紧密的相互联系相互作用，同时也表示教育要素之间的并列关系。实线箭头表示分析方法的研究方向，虚线箭头表示综合方法的研究方向。图1是一个系统超循环研究结构图，是一个不分起点和终点的"分析—综合—分析……"的系统超循环研究过程，截取不同的起点和终点就能得到不同的研究方法和研究成果。截取分析方法作为系统超循环研究一周的起点和终点，系统分析超循环研究一周的过程是"分析—综合—分析—综合"，这是系统分析超循环研究方法。截取综合方法作为系统超循环研究一周的起点和终点，系统综合超循环研究一周的过程是"综合—分析—综合—分析"，这是系统综合超循环研究方法。用系统分析超循环研究方法，可以从整体开始研究部分，得出部分的性质和功能；用系统综合超循环研究方法，可以从部分开始研究整体，得出整体的性质和功能。

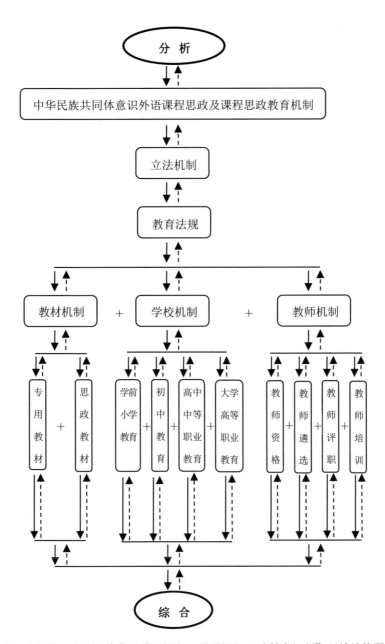

图1 "中华民族共同体意识外语课程思政及课程思政教育机制" 系统结构图

（三）"中华民族共同体意识外语课程思政及课程思政教育机制"的构建路线

图1标明了"中华民族共同体意识外语课程思政及课程思政教育机制"的两种运行过程和实践路径。

一种是用系统综合超循环研究方法从低层次往高层次逐层次进行归纳综合构建外语课程思政及课程思政教育机制。即在"系统整体最优原则"指导下，按"{（专用教材＋思政教材）→教材机制}+{（学前小学教育＋初中教育＋高中与中等职业教育＋大学与高等职业教育）→学校机制}+{（教师资格＋教师遴选＋教师评职＋教师培训）→教师机制}→教育法规→立法机制→中华民族共同体意识外语课程思政及课程思政教育机制"的路线构建。这是"从群众中来"的系统构建路线，现阶段的理论研究走的是这一条路线。

另一种是用系统分析超循环研究方法从高层次往低层次逐层次进行分析分解构建外语课程思政及课程思政教育机制。即在"系统整体最优原则"指导下，按"中华民族共同体意识外语课程思政及课程思政教育机制→立法机制→教育法规→{教材机制→（专用教材＋思政教材）}+{学校机制→（学前小学教育＋初中教育＋高中与中等职业教育＋大学与高等职业教育）}+{教师机制→（教师资格＋教师遴选＋教师评职＋教师培训）}"的路线构建。这是"到群众中去"的系统构建路线，现阶段外语课程思政及课程思政教育机制的系统构建，应该走这一条路线。

在实际构建过程中，两种构建路线互相交替，共同作用。一般情况下，总是根据外语课程思政及课程思政教育的演化发展过程和实践要求，选择构建路线。中华民族共同体意识的理论研究已经有了丰硕的群众研究成果，当今的情况是需要选择"到群众中去"的系统构建路线，从高层次（顶层设计）开始往低层次逐层次进行分析分解构建外语课程思政及课程思政教育机制。

（四）"中华民族共同体意识外语课程思政及课程思政教育机制"的系统构建

系统构建是指根据需要按照图1的两种构建路线的运行过程和实践路

径，逐层次对"中华民族共同体意识外语课程思政及课程思政教育机制"的不同层次的要素进行系统化的整体协同研究，确定不同层次机制的构建内涵、性质、功能。系统构建是一个非常庞大的系统工程。

立法机制系统构建。立法机制的系统构建是指各层次教育管理部门从上至下订立系统化的各种外语课程思政及课程思政教育的政策法规，这是非常重要的环节，是"教材机制系统构建""学校机制系统构建""教师机制系统构建"的政策法规依据。各层次教育管理部门应根据铸牢中华民族共同体意识的系统整体要求，对"教材机制的系统构建"包括"专用教材构建""思政教材构建"，对"学校机制的系统构建"包括"学前小学教育、初中教育、高中与中等职业教育、大学与高等职业教育"，对"教师机制的系统构建"包括"教师资格""教师遴选""教师评职""教师培训"等各方面，制定系统的具体的部门政策法规。

教材机制系统构建。教材机制系统构建包括专用教材构建和思政教材构建。教材机制的系统构建依据立法机制的教育法规进行。专用教材构建是指将中华民族共同体意识教育从政治课程中剥离出来，专门设立中华民族共同体意识教材，组织专班对不同层次的教材进行编写，把现有的基本内涵、基本属性、构成要素、构建实践、铸牢路径的研究成果以及民族历史、民族复兴等方面的内容，按照学前小学教育、初中教育、高中与中等职业教育、大学与高等职业教育等四个层次的教育特征、学生认知规律和中华民族共同体意识的逻辑层次组织专用教材编写，从专用教材的角度铸牢中华民族共同体意识。思政教材构建是指引入"课程思政"的概念，在编写各门外语及各科课程教材时，将中华民族共同体意识的教育元素，包括理论理念、精神追求等融入各门外语及各科课程教材相关内容中去，通过课程思政教材潜移默化地对学生的中华民族共同体意识、行为产生影响。从外语课程思政教材及各科思政教材的角度铸牢中华民族共同体意识。

学校机制系统构建。学校是中华民族共同体意识外语课程思政及课程思政教育机制构建的实施主体，学校范围广，层次多，具有个体性。学校机制的系统构建亦依据立法机制的教育法规进行。学前小学教育、初中教育、高中与中等职业教育、大学与高等职业教育不同范围、不同层次，每个学校有每个学校的个体性，不同的学校应根据不同的情况建立自己的外语课程思政及课程思政教育机制。学前小学教育、初中教育、高中与中等职业教育、大学与高等职业教育四个层次的学校教育机制，目前有很多"铸牢中华民族共同体意识"项目的科研成果可供借鉴。如祖力亚提·司马义承担的研究阐释党的十九大精神国家社科基金重大专项项目"新疆各民族铸牢中华民族共同体意识研究"的阶段性成果论文《学校铸牢中华民族共同体意识的逻辑层次及实践路径》，提出了层次化的系统建议，认为："学校铸牢中华民族共同体意识应遵循学前及小学教育、初中教育、高中及中专教育和大学教育四个阶段的教育特征和学生认知发展规律，结合铸牢中华民族共同体意识的逻辑层次，分阶段、有侧重地开展相关教育教学活动。学校在不同阶段铸牢各民族学生中华民族共同体意识的主要实践路径为：学前及小学教育阶段启蒙共同体意识、孵育爱国情感；初中教育阶段强化共同体认知、激发共同体情感；高中及中专教育阶段树立价值理性、增强共同体认同；大学教育阶段践行共同体意识、实现知行合一。"[9]

教师机制系统构建。育人先育己。教师机制系统构建包括教师资格、教师遴选、教师评职、教师培训等系统构建，通过教师机制系统构建强化外语及各科教师队伍的中华民族共同体意识。教师机制系统构建亦依据立法机制的教育法规进行。教师资格系统构建是各级外语及各科教师资格考试时，将"铸牢中华民族共同体意识"专列为一门必考科目，达到标准方能发放外语及各科教师资格证。教师遴选系统构建是各级各类外语及各科教师招聘，也都将"铸牢中华民族共同体意识"专列为必考内容，达到标准方能进入外语及各科教师岗位。教师评职系统构建是各级各类外语及各科教师评聘职称时，在论文发表、职称答辩等环节，嵌入"铸牢中华民族共同体意识"的条件，作为外语及各科教师评聘职称的基本条件，不合格不予评聘职称。教师培训系统构建是将"铸牢中华民族共同体意识"教育纳入各级各类外语及各科教师"继续教育"学时，每隔一定年限，给予外语及各科教师一次培训机会。只有通过全方位的外语及各科教师机制的系统构建，才能铸牢教师队伍的中华民族共同体意识，也才能通过教师队伍的强化，系统地去影响一代一代幼儿、少年、青年的中华民族共同体意识。

三、结语

中华民族共同体意识从"情感属性"演变到"本质属性"，对实现党的二十大提出的"全面建设社会主义现代化国家、全面推进中华民族伟大复兴"的历史任务具有非常重要的里程碑意义。因此，全程全方位铸牢中华民族共同体意识成为教育领域最大的课程思政内容。外语课程思政及课程思政教育是铸牢中华民族共同体意识的前沿阵地，本文将外语课程思政及课程思政教育铸牢中华民族共同体意识纳入系统机制进行研究，从"系统整体最优原则""系统结构""构建路线""系统构建"等方面，对外语课程思政及课程思政教育机制的系统建设进行了讨论，以期对铸牢中华民族共同体意识有所裨益。

参考文献

［1］新华网 . 立德树人，为民族复兴提供人才支撑——学习贯彻习近平总书记在全国高校思想政治工作会议重要讲话［EB/OL］.（2016-12-08）［2022-11-10］. http : //www.xinhuanet.com/ politics/2016-12/08/ c_1120083340. htm.

［2］孔亭，毛大龙 . 论中华民族共同体的基本内涵［J］. 社会主义研究，2019（6）：51-57.

［3］王云芳 . 中华民族共同体意识的社会建构：从自然生成到情感互惠［J］. 中央民族大学学报（哲学社会科学版），2020，47（1）：43-52.

［4］陈茂荣 . 中华民族共同体建设中"四大关系"的处理——一种马克思主义唯物辩证法视角的分析［J］. 西南民族大学学报（人文社会科学版），2022，43（11）：8-18.

［5］徐爽，黄泰博 . 铸牢中华民族共同体意识与民族高校课程体系改革［J］. 民族教育研究，2022，33（1）：64-70.

［6］武显云 . 跨文化视域下民族高校铸牢大学生中华民族共同体意识路径［J］. 民族学刊，2021，12（7）：85–111.

［7］于玉慧，周传斌 . "四个共同"：中华民族共同体理论阐释的新向度［J］. 贵州民族研究，2021，42（6）：35–41.

［8］张湖婷，余学军，王涛，等 . 高校课程教学的系统整体研究原则及方法［J］. 湖北经济学院学报（人文社会科学版），2022，19（9）：153–160.

［9］蒋文静，祖力亚提·司马义 . 学校铸牢中华民族共同体意识的逻辑层次及实践路径［J］. 民族教育研究，2020，31（1）：13–21.

参考文献

［1］李鸥，宗强.最有价值的知识——经济分析方法漫谈 [J].中国统计，2009（4）：52-54.

［2］陆阳.源头、范式与局限——评《借鉴与开拓：多元系统翻译理论研究》[J].中国教育学刊，2014（3）：111.

［3］丁科家.社会系统理论在现代翻译研究中的应用 [J].英语知识，2012（11）：30-31.

［4］隋荣谊.多元系统论 [J].英语知识，2009（11）：31-32.

［5］刘玲.多元系统论及其在翻译研究中的运用 [J].西安社会科学，2010（4）：138-139.

［6］司显柱，陶阳.中国系统功能语言学视角翻译研究十年探索：回顾与展望 [J].中国外语，2014（3）：30-32.

［7］魏宏森，曾国屏.系统论 [M].北京：世界图书出版公司，2009.

［8］360问答."要素""因素""元素"的区别 [EB/OL].（2014-02-28）［2019-12-25］.https：//wenda.so.com/q/1465946681721111.

［9］360百科.系统要素 [EB/OL].（2018-04-19）［2019-12-25］.https：//baike.so.com/doc/27620317-29028981.html.

［10］搜狐.关于系统的基本理论 [EB/OL].（2019-04-16）［2019-12-25］.http：//www.sohu.com/a/308294932_120109270.

［11］360百科.系统层次性 [EB/OL].（2020-03-27）［2020-04-25］.https：//baike.so.com/doc/28308140-29727149.html.

［12］维纳 . 人有人的用处：控制论和社会 [M]. 上海：商务印书馆，1978.

［13］杨家祚 . 东西方思维方式：差异、渊源、趋势 [J]. 国际关系学院学报，2005（6）：36–40.

［14］李良美 . 超循环的内容及意义 [J]. 新闻战线，1989（6）：44–45.

［15］徐志明，等 . 研究方法 [EB/OL].（2018–07–05）［2019–02–11］. https：//baike.baidu.com/item/%E7%A0%94%E7%A9%B6%E6%96%B9%E6%B3%95/3923699.

［16］360 问答 . 灵渠和都江堰谁更杰出？ [EB/OL].（2017–08–11）［2020–07–17］.https：//wenda.so.com/q/1515275564214445.

［17］360 问答 . 都江堰和灵渠给我们带来了什么启示？ [EB/OL].（2019–11–29）［2020–07–17］. https：//wenda.so.com/q/1582279390217501.

［18］学术博客平台 – 学问社区 . 谈谈方法与手段的区别 [EB/OL].（2018–07–07）［2022–01–07］.http：//blog.51xuewen.

［19］百度百科 . 方法 [EB/OL].（2018–07–07）［2021–01–07］.https：//baike.baidu.com/item/%E6%96%B9%E6%B3%95/2444?fr=aladdin.

［20］刘长林 . 中国系统思维 [M]. 北京：中国社会科学出版社，1990.

［21］张湖婷 . 一种系统教学方法及英语教学案例 ——"系统教学思维方法"和"系统教学模型"探讨［J］. 中国科教创新导刊，2013（35）：20–22.

［22］西瓜视频 . 中国结无脑编工作室 [EB/OL].（2023–05–17）［2023–08–07］.https：//www.ixigua.com/7257841694660526628?logTag=f186338fc685f2e52322 .

［23］刘艳 . 思维导图 [M]. 北京：文化发展出版社，2017.

［24］360 百科 . 流程图 [EB/OL].（2020–04–27）［2020–05–01］.https：//baike.so.com/doc/5343509–5578952.html.

［25］张湖婷 . 结构功能翻译理论 [J]. 教育文化论坛，2018，10（2）：24–30.

［26］占志勇，侯彦芬，陈明灿，等. 基于系统论的研究生课程教学机制探讨 [J]. 黑龙江高教研究，2013，31（9）：125-127.

［27］张湖婷. 少数民族语地名译写标准的系统策略探究 [J]. 贵州民族研究，2022，43（2）：85-90.

［28］沈小峰，吴彤，曾国屏. 自组织的哲学 [M]. 北京：中共中央党校出版社，1993.

［29］庞元正，李建华. 系统论、控制论、信息论经典文献选编［M］. 北京：求实出版社，1989：284.

［30］钱学森，等. 论系统工程 [M]. 长沙：湖南科学技术出版社，1982.

［31］邹删刚，黄麟邹，李继宗，等. 系统科学［M］. 上海：上海人民出版社，1987：181-184.

［32］郭风岚. 论少数民族语地名生态及其规范化——以新疆少数民族语地名为例 [J]. 语言规划学研究，2019（1）：10-16.

［33］魏宏森，宋永华. 探索复杂性的新学科 [M]. 成都：四川教育出版社，1991.

［34］张星元. 科学网博客反馈专题［EB/OL］.（2015-11-10）. http：// blo.sciencenet.cn/blo-41364-291923.html.

注：参考文献仅为第一、二、三篇引用的参考文献，第四篇引用的参考文献依从论文范例的标注。

附 录　第 一 至 第 三 篇 图

图1　系统—要素示意图 ·································· 016

图2　系统静态形式图 ······························· 040

图3　两种系统基本运动静态形式图 ···················· 045

图4　相对性系统要素链接形式图 ···················· 048

图5　系统方法定义集合形式图 ······················· 095

图6　系统方法定义静态形式图 ······················· 097

图7　系统分析超循环研究方法运动形式图 ············· 109

图8　系统综合超循环研究方法运动形式图 ············· 110

图9　系统平面直角坐标系形式图 ···················· 116

图10　系统方法定义的要素坐标"布阵"图 ············· 120

图11　分析方法 xj^r、综合方法 xj^z 的结构功能坐标"布阵"图 ········ 127

图12　系统分析超循环研究方法的结构功能坐标"布阵"图 ········ 129

图13　系统综合超循环研究方法的结构功能坐标"布阵"图 ········ 131

图14　系统分析超循环研究方法流程图 ················ 133

图15　系统综合超循环研究方法流程图 ················ 134

图16　系统超循环研究思维导图 ····················· 137

图17　"少数民族语地名译写标准的系统策略探究"第一层级系统
　　　结构图 ······································· 162

图18　"系统结构"第五层级分系统结构图 ·············· 163

图19　"从多民族地区的无字方言谈语言翻译的悖论"系统结构图 ··· 163

图20　"从外语课程思政教育机制铸牢中华民族共同体意识项目"
　　　第一层级系统结构图 ························· 168

图21　"系统结构"第五层级分系统结构图 ·············· 169

图22　"××教学内容和课程体系改革项目"第一层级系统结构图 ··· 174

图23　"研究总论"第二层级分系统结构图 ·············· 175

图24　"高校课程教学的系统整体研究原则及方法"第二层级
　　　分系统结构图 ······························· 176

图 25 "系统超循环研究思维导图"第四层级分系统结构图⋯⋯⋯⋯ 177

图 26 "《英语口译》本科课程教学系统改革方案设想"第二层级
　　　分系统结构图 ⋯⋯⋯⋯⋯⋯⋯⋯⋯⋯⋯⋯⋯⋯⋯⋯⋯⋯⋯ 178

图 27 信息反馈图 ⋯⋯⋯⋯⋯⋯⋯⋯⋯⋯⋯⋯⋯⋯⋯⋯⋯⋯⋯⋯⋯ 268

后记

系统理论作为现代最先进的科学理论，对指导各领域的科学研究发挥了巨大作用。本书研究的主要目的，是从人文社科的角度探讨如何将系统理论转化为翻译、教学的系统研究方法，并用于翻译、教学的实践研究。鉴于系统理论博大精深，跨学科学习和应用有一定难度，因此，有关笔者观点，仅供参考！

本书"第三篇系统的基本原理、规律与翻译和教学研究的联系"，是作者对魏宏森、曾国屏先生《系统论》一书的八大基本原理、五大基本规律如何用于翻译和教学研究的理解和认识，在此对魏宏森、曾国屏先生表示特别致谢！

张湖婷

2023 年 6 月 17 日